Paul Deussen

Allgemeine Geschichte der Philosophie

Paul Deussen

Allgemeine Geschichte der Philosophie

ISBN/EAN: 9783742813343

Hergestellt in Europa, USA, Kanada, Australien, Japan

Cover: Foto ©Klaus-Uwe Gerhardt /pixelio.de

Manufactured and distributed by brebook publishing software (www.brebook.com)

Paul Deussen

Allgemeine Geschichte der Philosophie

ALLGEMEINE
GESCHICHTE DER PHILOSOPHIE

MIT

BESONDERER BERÜCKSICHTIGUNG DER RELIGIONEN.

VON

Dr. PAUL DEUSSEN
PROFESSOR AN DER UNIVERSITÄT KIEL.

ERSTER BAND, ERSTE ABTEILUNG:

ALLGEMEINE EINLEITUNG UND PHILOSOPHIE DES VEDA
BIS AUF DIE UPANISHAD'S.

LEIPZIG:

F. A. BROCKHAUS.

1894.

Druck von F. A. Brockhaus in Leipzig.

VORREDE.

Mannigfach und widersprechend, wie über so viele Dinge, sind die Ansichten der Menschen über Bedeutung und Wert der allgemeinen Geschichte der Philosophie; und während manche in ihr die eine, allen gemeinsame, ewige Wahrheit erblicken, wie sie, vom Spiegel des Genius anders und wieder anders reflektiert, in immer neuer und immer interessanter Beleuchtung erscheint, — so ist für andere die Geschichte der Philosophie ganz oder doch zum gröfsten Teile nicht viel mehr als ein Repertorium von allerlei vormaligen Irrgängen der menschlichen Vernunft, welches sie, als einen nutzlosen und beschwerlichen Ballast, am liebsten wohl ganz über Bord werfen möchten, hätte ihnen nicht die Natur für so manches, was ihnen versagt wurde, einen um so gröfsern Respekt eingepflanzt für alles, was Geschichte heifst. Dafs aber so viele blofs dieses historische Interesse an der Geschichte der Philosophie nehmen, das liegt zum Teil an der Art, wie dieselbe bisher zur Darstellung gebracht worden ist. Zwar, wem ein für allemal nur das Auge gegeben ist, mit dem man das Pferd, nicht auch dasjenige, mit dem man die Pferdheit sieht*, dem dürfte selbst ein *Plato redivivus* vergeblich zu helfen bemüht sein; aber vieles kann doch geschehen, um den Nebel, der von Geburt an auf unser aller Augen liegt, zu heben, sodafs wir nicht mehr die Dinge blofs empirisch, das heifst von dem höchst einseitigen Observatorium unseres Intellektes aus, betrachten, sondern zu einem Standpunkte geführt werden, von welchem aus wir Intellekt und Natur in ihrem Gegeneinanderarbeiten beobachten können, — worauf im Grunde alle Philosophie hinausläuft. Dafs dieser Standpunkt, welcher uns über die einseitige Betrachtungsweise des Intellektes erheben will, zugleich doch immer (von Zuständen wie *yoga*, ἔκστασις, *unio mystica* abgesehen) in gewissem Sinne ein solcher des Intellektes bleiben mufs, darin liegt die unsägliche Schwierigkeit aller Metaphysik, und auf ihr beruht es, dafs es gerade bei den gröfsten Philosophen da, wo sie uns in das innerste Adyton ihrer Weisheit einführen wollen, — so dunkel wird. Aber wo viele Lichter zusammenkommen, da wird viel Licht, und hiermit ist für die Geschichte der Philosophie eine grofse und lohnende Aufgabe angedeutet, von deren Lösung wir noch weit entfernt sind. Oder dürfen wir uns rühmen, einen Platon, einen Kant wirklich verstanden zu haben, so lange wir an den Ideen, an dem „Ding an sich" mit Kopfschütteln vorübergehen? Hier und überall ist es mit dem fleifsigen Zusammentragen, Sichten und Verknüpfen der Nachrichten nicht gethan, — noch weniger freilich mit einem blofsen Reflektieren, Zerfasern, Raisonnieren, — das alles ist im besten Falle nur μύησις, über die hinaus

---

* Ὥσπερ Ἀντισθένης, ὅς ποτε Πλάτωνι διαμφισβητῶν „ὦ Πλάτων" ἔφη „ἵππον μὲν ὁρῶ, ἱππότητα δὲ οὐχ ὁρῶ". — Καὶ ὃς εἶπεν „ἔχεις μὲν ὦ ἵππος ὁρᾶται τόδε τὸ ὄμμα, ᾧ δὲ ἱππότης θεωρεῖται οὐδέπω κέκτησαι". (Simplic. in Arist. Categ., scholia ed. Brandis p. 66 b 46.)

wir zur ἐποπτεία, zu einem innern Schauen gelangen müssen, und es ist das nächste und dringlichste Ziel aller Geschichte der Philosophie, uns dahin zu bringen, dafs wir die Natur der Dinge, die äufsere wie die innere, gleichsam mit den Augen jedes einzelnen Philosophen anschauen lernen.

> Steigt herab in meiner Augen
> Welt- und erdgemäfs Organ!
> Könnt sie als die euern brauchen;
> Schaut euch diese Gegend an!

— so ruft es uns dann aus der Geschichte der Philosophie von allen Seiten zu, und wenn die Aussicht aus der Zelle des *Pater Seraphicus* anders ist als aus der des *Pater Profundus*, *Pater Ecstaticus* und *Doctor Marianus*, so ist es doch eine und dieselbe Gegend, welche sie von so verschiedenen Standpunkten aus betrachten. So ist es auch die eine und mit sich einstimmige Natur der Dinge, auf welche sich alle Philosophen, je origineller sie sind (d. h. je mehr sie es verdienen, dafs eine Geschichte der Philosophie sich mit ihnen beschäftigt), um so unmittelbarer beziehen; und wenn sich die verschiedenen Weltanschauungen derselben nicht sofort, wie die photographischen Aufnahmen der nämlichen Gegend von verschiedenen Standpunkten aus, zum einheitlichen Bilde der ewigen philosophischen Wahrheit zusammenschliefsen, so beruht das wesentlich nur darauf, dafs die Fläche des Bewufstseins, welche das Bild aufzunehmen hat, bei keinem Philosophen von Haus aus eine *tabula rasa*, sondern stets (je später und je gelehrter der Philosoph ist, um so mehr) mit allerlei Traditionen aus dem jedesmaligen Volksbewufstsein, der Religion, der vorhergehenden Philosophie beschrieben ist, mit welchen sich dann die ursprünglichen, auf Autopsie beruhenden Erkenntnisse, so gut und so schlecht es manchmal gehen will, zum Ganzen eines Systems zu verbinden pflegen. Dafs hierdurch für die kritische (das Heterogene von einander sondernde) Betrachtungsweise bei jedem Philosophen eine Scheidung zweier Elemente, des originellen und des traditionellen, und eine Abschmelzung des letztern als blofser Schlacke geboten ist, damit das reine Gold echter, ursprünglicher Erkenntnis von allen Seiten zusammenströmend sich verbinde und aus der Geschichte der Philosophie die philosophische Wahrheit selbst, soweit sie für Menschen erreichbar ist, von überallher uns entgegenstrahle, — das ist in der Einleitung vorläufig auseinandergesetzt worden, und im übrigen wird abzuwarten sein, inwieweit sich in der Ausführung diese Betrachtungsweise als fruchtbar erweisen wird.

Auch dafür wollen wir der Ausführung selbst die Rechtfertigung überlassen, dafs wir viel mehr, als es bisher in der Geschichte der Philosophie zu geschehen pflegte, auch die Lehren der Religionen in den Kreis unserer Betrachtung ziehen werden, nicht nur sofern sie, wie bekannt, in mannigfacher Beziehung zur Philosophie stehen, sondern auch weil sie, innerlich und nach Abstreifung des mythischen Gewandes betrachtet, selbst Philosophie sind. Denn, was die Urheber derselben ursprünglich inspirierte, das war, so kraus und bunt verbrämt es auch oft in den Dogmen auftritt, ein sehr Reales, innerlich Erlebtes und Geschautes, — war, wenn man so will, eine Offenbarung, welche, als eine und dieselbe in allen Zeiten und Ländern, aus den Abgründen unseres Innern uns entgegenquillt, und wir würden vielfach gerade auf das Beste von dem, was wir suchen, verzichten müssen, wollten wir das religiöse Element von unserer Betrachtung ausschliefsen; — ganz abgesehen davon, dafs überall, in Indien, Griechenland und der Neuzeit, der lebenskräftigste und fruchtbarste der Schöfslinge, aus denen die Philosophie erwachsen ist, im Boden der Religion emporsprofs, ja, dafs bis zur Gegenwart hin die neuere Philosophie, im Guten wie im Schlimmen, kaum weniger unter dem Einflusse der religiösen als der philosophischen Tradition steht, sodafs jeder Versuch, den gegenwärtigen Zustand der Philosophie aus seinen Wurzeln zu begreifen, fast ebenso sehr auf Jesus und Paulus wie auf Platon und Aristoteles zurückleitet.

Eine weitere Neuerung in unserer Behandlung der allgemeinen Geschichte der Philosophie besteht darin, dafs wir der westasiatisch-europäischen (griechischen, christlichen und neuern) Philosophie, deren Darstellung erst im zweiten Bande des Werkes unternommen werden soll, in einem ersten Bande die ostasiatische d. h., der Hauptsache nach, die indische Philosophie als die einzige wirkliche Parallele zu ihr, welche die Geschichte der Menschheit aufzuweisen hat, gegenüberzustellen gedenken. Wer hierin eine ungerechte Bevorzugung sehen wollte, der wäre vielleicht daran zu erinnern, dafs Indien zunächst schon als Land ebenso grofs ist wie das ganze philosophierende Europa zusammengenommen, dafs ferner die Inder früher als die Europäer über die Rätsel des Daseins nachzudenken begonnen und damit durch alle Jahrhunderte hindurch bis zur Gegenwart hin fortgefahren haben, dafs aber, was die Intensität des philosophischen Interesses betrifft, das durch so viele andere Dinge in Anspruch genommene Europa mit Indien schwerlich einen Vergleich aushalten dürfte. Inwieweit freilich auch ihrem innern Werte nach die indische Philosophie verdient, dem ganzen Komplex der abendländischen Gedankenwelt oder auch nur einem Teile derselben gleichberechtigt zur Seite gestellt zu werden, das ist zur Zeit noch nicht zu entscheiden und wird sich jedenfalls um so besser beurteilen lassen, je eingehender jenes bisher so sehr vernachlässigte Kapitel aus der Geschichte des menschlichen Geistes einmal zur Darstellung gebracht wird. Zwar ist das indische Denken in der Art seines Auftretens wie in seinen Grundbegriffen auf den ersten Blick von dem unsern so sehr abweichend, dafs viele Fernerstehende sogar Bedenken tragen, den Namen der Philosophie auf dasselbe anzuwenden; aber gerade in dieser völligen Verschiedenheit und Unabhängigkeit von der abendländischen Denkweise liegt der Hauptwert der indischen Philosophie für uns, die wir am klassischen Altertum und an der Bibel grofsgezogen sind, und es wird abzuwarten sein und ist bis jetzt in keiner Weise vorauszusehen, ob und inwieweit nicht ein vollständiges und zureichendes Bekanntwerden indischer Weisheit in dem religiösen und philosophischen Denken des Abendlandes nach und nach eine nicht so sehr die Oberfläche wie gerade die letzten Tiefen berührende Umwälzung zur Folge haben wird.

— Wer Gelegenheit gehabt hat, mit indischen Denkern und Gelehrten der Gegenwart persönlichen Verkehr zu pflegen, der wird durch nichts so sehr überrascht gewesen sein wie durch die Wahrnehmung, dafs sie, trotz Scharfsinn, Tiefsinn und ausgebreitetem Wissen, sich oft in den engsten und einseitigsten Auffassungen befangen zeigen, ohne sich doch dessen bewufst zu sein. Wer weifs, ob nicht eine ähnliche Einseitigkeit und Enge auch uns und allen den überlieferten Begriffen, in denen wir aufgewachsen sind, anhaftet, und ob wir nicht, wenn auch in anderer Art, von den Indern ebensoviel lernen können wie sie von uns? — Befrage ich meine eigene Erfahrung, so glaube ich nicht irre zu gehen, wenn ich die vielfach veränderten und, wie ich denke, vertieften Anschauungen, unter denen (falls mir die Ausarbeitung des zweiten Bandes vergönnt sein sollte) die griechische, biblische und neuere Philosophie erscheinen wird, zum nicht geringen Teile der Freiheit gegenüber den ererbten Vorstellungen verdanke, welche mir aus der längern Beschäftigung mit der wesentlich anders gearteten Gedankenwelt der Inder erwachsen ist. Diese letztere selbst nach ihrem geschichtlichen Zusammenhange zur Darstellung zu bringen, das wird die nächste, dem ersten Bande zufallende Aufgabe sein, von welchem in den nachfolgenden, die Philosophie des Veda bis zu den Upanishad's hin behandelnden Bogen nur der erste, aber vielleicht doch in mancher Hinsicht der schwierigste Teil vorliegt, sofern in demselben mehr als irgendwo sonst alles erst von Grund aus zu gestalten war. Zwar fehlt es nicht ganz an Vorarbeiten auf diesem Gebiete, aber dieselben konnten keine erhebliche Hülfe gewähren, da selbstverständlich alles aus den ursprünglichen Quellen zu schöpfen war, diese aber vielfach in einem andern Lichte erscheinen, sobald man die Dinge nicht mehr, wie bisher, vereinzelt, sondern in ihrem natürlichen Zusammenhange auffafst. Die gebührende Rücksicht auf die Leistungen der Vorgänger wird man, denke ich, nirgendwo vermissen; hingegen schien mir eine eingehendere Polemik sowie die Aufnahme neuer, noch nicht hinreichend bewährter Hypothesen in einem Werke von so allgemeiner Bestimmung, wie es das vorliegende werden soll, nicht am Platze zu sein. Namentlich hielt ich es für angemessen, in unserer kurzen Skizze der vedischen Mythologie für jetzt beim Herkömmlichen zu bleiben, ohne dafs damit dem Gärungsprozesse, welcher in diesem Gebiete neuerdings eingetreten ist, seine Berechtigung abgesprochen werden soll. Mit Dank habe ich zwei handschriftliche Stellensammlungen benutzt: die eine, von Professor Weber für das Petersburger Wörterbuch angefertigte, aber dort nicht vollständig verwertete, über die Begriffe *Prajāpati* und *Brahman*, die andere von Professor Oldenberg über wichtige Stellen des *Çatapathabrāhmaṇam*. Beide machten mich, neben dem schon Bekannten, welches sie enthielten, doch auf manche Stelle aufmerksam, die ich sonst vielleicht übersehen haben würde. Im übrigen war ich auf meine eigenen Erinnerungen und Excerpte angewiesen und hoffe, dafs mir nichts für die Sache Wesentliches entgangen ist. Vollständigkeit wird auf diesem Gebiete, wo die meisten Texte noch so wenig bearbeitet, einige nur unzureichend oder noch gar nicht publiziert sind, so bald nicht zu erreichen sein. Es wird daher wohl jeder Kenner des Veda aus dem Kreise seiner Lektüre der *Saṃhitā*'s und *Brāhmaṇa*'s mancherlei nachzutragen wissen, und es empfiehlt sich, für derartige Zwecke das Buch mit Papier durchschiefsen zu lassen. Dafs dadurch die von mir aufgestellten Grundanschauungen wesentlich modifiziert werden sollten, glaube ich nicht befürchten zu müssen; und zwar darum nicht, weil der grofse innere Zusammenhang, in welchem hier zum erstenmal die ältesten Philosopheme der Inder erscheinen, von mir nicht künstlich gemacht worden ist, sondern sich, so wie das eine Stück zum andern kam, ganz von selbst eingestellt hat. Vielfach sind es freilich blofse Keime und Ansätze philosophischer Gedanken, die hier vorliegen, und zur vollen Geltung werden sie erst kommen können, wenn auch die Fortentwicklung derselben zur Blüte in den Upanishad's und zur Frucht in den philosophischen Systemen sich daran anschliefsen wird. Bis dahin werden indessen wohl noch einige Jahre verstreichen, da ich vorher meine seit langer Zeit vorbereitete deutsche Übersetzung der Upanishad's nebst Einleitungen zu veröffentlichen gedenke.

Schliefslich sei noch bemerkt, dafs das Buch, trotz dem hin und wieder unvermeidlichen Eingehen auf philologische Dinge, doch so eingerichtet ist, dafs es (namentlich mit Hülfe des am Schlusse des ersten Bandes zu liefernden Index) in allem Wesentlichen auch dem weitern Kreise aller Freunde der Philosophie verständlich sein wird. Für die Mühe aber, über dieses und jenes Nebensächliche hinweglesen zu müssen, werden dieselben nicht unbelohnt bleiben. Denn jeder, der für die philosophische Betrachtungsweise der Dinge Verständnis und Liebe besitzt, wird auch das erste kindliche Lallen des philosophierenden Menschengeistes, wie es uns aus den Mantra's und Brâhmaṇa's des Veda entgegentritt, mit teilnehmender Freude und nicht ohne eigene Förderung vernehmen.

Kiel, im September 1894.

P. D.

AUSSPRACHE.

In indischen Wörtern ist

c, ch wie tsch, tschh
j, jh wie dsch, dschh

zu sprechen; also: *Pradschâpati*, *Vâtsch* u. s. w.

ç ist ein mittlerer Laut zwischen s (stets scharf) und sh (= sch).

Die Betonung richtet sich, wie im Lateinischen, nach der Quantität der vorletzten Silbe; ist dieselbe lang, so hat sie den Accent, ist sie kurz, so liegt er auf der drittletzten Silbe (e und o sind stets lang).

Nach der von uns befolgten Schreibweise sind alle Wörter auf a Maskulina, alle auf â Feminina, alle auf am Neutra: der *Vedânta*, die *Mîmâṅsâ*, das *Sâṅkhyam* (sc. *darçanam*).

INHALTSÜBERSICHT.

	Seite
Vorrede.	V

EINLEITUNG.

I. Begriff der Philosophie . .	1
II. Vorläufige Übersicht . . .	6
III. Quellen und Methode .	22

ERSTER TEIL: DIE PHILOSOPHIE DER INDER.
EINLEITUNG ZUR PHILOSOPHIE DER INDER.

I. Vorbemerkung über den Wert der indischen Philosophie . .	35
II. Land und Leute.	37
III. Perioden der indischen Philosophie.	40
IV. Die philosophische Litteratur der Inder. (Episodisch: *Der Prasthâna-bheda des Madhusûdana-Sarasvati*.) . . .	44
V. Der Veda und seine Teile	64

ERSTE PERIODE DER INDISCHEN PHILOSOPHIE.
DIE HYMNENZEIT.

I. Die altvedische Kultur	72
II. Die altvedische Religion	77
III. Der Verfall der altvedischen Religion und die Anfänge der Philosophie.	95
1. Zweifel und Spott	95
2. Aufdämmern des Einheitsgedankens.	103
3. Das Einheitslied des Dîrghatamas, Rigv. 1,164. .	105
4. Der Schöpfungshymnus, Rigv. 10,129 . .	119
IV. Das Suchen nach dem „unbekannten Gotte". .	127
1. Der Prajâpati-Hymnus, 10,121.	128
2. Die Hymnen an Viçvakarman, 10,81.82 .	134
3. Die Hymnen an Brahmaṇaspati	141
Anmerkung. Die Hymnen über die Vâc, 10,125.71 .	146
4. Der Hymnus an den Purusha, Rigv. 10,90 .	150

ZWEITE PERIODE DER INDISCHEN PHILOSOPHIE.
DIE BRÂHMANAZEIT.

		Seite
I.	Die Kultur der Brâhmaṇazeit	159
II.	Die Brâhmaṇa's als philosophische Quellen	172
III.	Geschichte des Prajâpati	181
	1. Prajâpati als Schöpfer	181
	2. Prajâpati als Erhalter und Regierer	191
	3. Versuche, den Prajâpati aus einem noch höhern Princip abzuleiten	194
	4. Versuche, den Prajâpati durch Umdeutung zu beseitigen	204
	5. Anhang zur Geschichte des Prajâpati: Die Hymnen des Atharvaveda an *Kâla, Rohita, Anaḍvân, Vaçâ*	209
IV.	Geschichte des Brahman bis auf die Upanishad's	239
	1. Die Bedeutungen des Wortes Brahman	240
	2. Brahmaṇaspati und Brahman	248
	3. *Brahma prathamajam*, das Brahman als Erstgebornes	250
	4. *Brahma svayambhu*, das durch sich selbst seiende Brahman	259
	5. Anhang zur Geschichte des Brahman: Die Hymnen des Atharvaveda über *Brahman* und den *Brahmacârin*	264
V.	Geschichte des Âtman (und der verwandten Begriffe, Purusha und Prâṇa) bis auf die Upanishad's	282
	1. Etymologie und Bedeutung des Wortes *âtman*	285
	2. Der *Purusha*	288
	3. Der *Prâṇa*	294
	4. Suchen nach einer noch schärfern Fassung des Princips: *Ucchishṭa* und *Skambha* als Anzeichen desselben	305
	5. Der *Âtman*	324

EINLEITUNG.

I. Begriff der Philosophie; Unmöglichkeit, eine andere als eine Idealdefinition derselben aufzustellen. Sie ist, der Hauptsache nach, das Suchen nach dem Ding an sich.

Die Geschichte der Philosophie ist die Geschichte einer Reihe von Gedanken über das Wesen der Dinge, welche im Laufe der Jahrhunderte im Oriente und Occidente in einer Anzahl überlegener Köpfe aufgetreten sind und, von ihnen mitgeteilt, in engeren oder weiteren Kreisen Verständnis, Beifall und Verbreitung gefunden haben. Der Historiker hat sich zunächst mit diesen Gedanken selbst, dann aber auch mit der Einwirkung derselben auf die Menschheit zu beschäftigen.

Eine Definition der Philosophie, welche das philosophische Denken gegen die übrige Gedankenwelt abgrenzte und dabei allen Erscheinungen, von denen die Geschichte der Philosophie zu reden hat, gleichmäfsig gerecht würde, läfst sich nicht aufstellen, da der Begriff der Philosophie von den verschiedenen Systemen verschieden bestimmt wird, indem oft die einen ausdrücklich einschliefsen, was von den andern ebenso ausdrücklich ausgeschlossen wird.

In Indien fehlt es für unsere Disciplin sogar an einem gemeinsamen Namen; hingegen bedeuten die Namen der hauptsächlichen Systeme, wie *Mîmâṅsâ* (Forschung), *Sâṅkhyam* (Spekulation), *Nyâya* (Analysis), ein jeder für sich ungefähr das, was wir unter Philosophie verstehen, woraus zu folgen scheint, daſs diese Systeme ursprünglich unabhängig von einander entstanden sind und nicht, wie die meisten abendländischen Systeme, in der historischen Abfolge einer zusammenhängenden Tradition, durch welche mit der Sache zugleich der Name von dem Vorgänger auf den Nachfolger überliefert wurde. Auch die ältesten Systeme der griechischen Philosophie sind ungefähr gleichzeitig und im wesentlichen unabhängig von einander an verschiedenen Punkten der griechischen Welt aufgetreten. Auch sie entbehren daher noch des gemeinsamen Namens, indem das Wort *Philosophie* (mag dasselbe auch schon früher von Pythagoras u. a. gelegentlich gebraucht worden sein) doch erst herrschend wurde und werden konnte, seit durch Sokrates eine gemeinschaftliche Grundlage geschaffen worden war, von der sich alle nachfolgenden Philosophen mehr oder weniger abhängig fühlten.

Das seit Sokrates und Platon allgemein gebräuchliche Wort *Philosophie*, „Liebe zur Weisheit", befaſst ursprünglich alle Wissenschaften; ja noch etwas mehr; denn Weisheit ($\sigma o \phi i \alpha$) ist Wissenschaft ($\dot{\epsilon}\pi\iota\sigma\tau\dot{\eta}\mu\eta$) mit dem Nebenbegriffe eines bestimmten Einflusses auf das allgemeine Verhalten des Menschen in geistiger und sittlicher Hinsicht. Seitdem ist der Begriff der Philosophie von den einzelnen Systemen sehr verschieden bestimmt worden; die einen waren geneigt, alle Wissenschaften unter der Philosophie zu befassen, während die andern einen Teil derselben ausschlossen; die einen betonten den rein theoretischen Charakter der Philosophie, während die andern gerade auf das aus der Beschäftigung mit der Philosophie abflieſsende praktische Verhalten den Hauptnachdruck legten.

Trotz dieser und anderer Differenzen, welche es unmöglich machen, eine für alle im Verlaufe der Geschichte aufgetretenen Systeme gleichmäſsig gültige Definition der Philosophie aufzustellen, läſst sich doch gleichwie ein roter Faden durch die ganze Geschichte der Philosophie hindurch eine gewisse Übereinstimmung in betreff der Aufgaben und Ziele der Philosophie erkennen, welche in den aus jeder Verdunkelung immer wieder in den Vordergrund tretenden Sätzen gipfelt,

1) dafs die Philosophie, unbeschadet der Selbständigkeit
der aus ihr abgezweigten empirischen Wissenschaften, sich
nicht wie diese auf ein einzelnes Gebiet der Natur einschränken
läfst, sondern, nach jedem Versuche einer solchen Ein-
schränkung, immer wieder das Gesamtgebiet alles seiend
Vorhandenen als ihr Objekt in Anspruch nimmt; und
2) dafs sie den gesamten, von der äufsern und innern
Erfahrung dargebotenen und von den empirischen Wissenschaften durchgearbeiteten Stoff, mithin die Gesamtheit der
empirischen Realität, mag dieselbe noch so hell vor unsern
Augen daliegen, ansieht als etwas, was noch der weitern
Erklärung bedarf, als ein Problem, welches eine Lösung
fordert und damit über sich selbst hinausweist. Daher die
auffallende und allen durchgeführten philosophischen Systemen
gemeinsame Eigentümlichkeit, dafs sie es für nötig finden,
ein Princip aufzustellen, aus dem sie dann in mannigfacher
Weise bemüht sind, das Dasein der Welt und ihrer Erscheinungen zu begreifen. Als ein solches Princip der
Welterklärung erscheint z. B. im Vedânta der *Âtman*, im
Sâṅkhyam *Prakṛiti und Purusha*, bei Lao-tsee das *Tao;* bei
den ältern Joniern, wie auch bei Heraklit und den von ihm
abhängigen Stoikern, *ein materieller Urstoff*, bei den Pytha-
goreern *die Zahl*, bei den Eleaten *das Seiende;* bei Empedokles
die vier Elemente nebst φιλία und νεῖκος, bei Anaxagoras *der*
νοῦς *und die* ὁμοιομερῆ, bei Demokrit und Epikur *die Atome*.
Sokrates, als Analytiker, hat kein System und somit auch
kein Princip aufgestellt. Bei Platon und Aristoteles erscheint
als solches *die Idee*, bei den Neuplatonikern *das* ἕν, bei den
Philosophen der christlichen Zeit bis auf Cartesius und Spinoza *Gott*. Locke als Analytiker ist ohne Princip, hat aber
Anlafs gegeben zum Materialismus, welcher als Princip *die
Materie* ansieht, aus der er alle Erscheinungen erklären zu
können glaubt. Das Princip der leibnizischen Philosophie ist
die Monade. Kant stellt kein Princip der Welterklärung
auf, weist aber durch seine Zerlegung des Erfahrungsinhaltes
in das Apriorische und Aposteriorische auf das beiden zu
Grunde liegende, wenn auch unerkennbare „*Ding an sich*"
als Princip hin. Fichte glaubt das ausreichende Princip der

Welterklärung im *Ich* zu finden; Schelling erneuert in gewissem Sinne das Princip des Spinoza, Hegel das des Platon und Aristoteles, Herbart das des Leibniz, während Schopenhauer das kantische Ding an sich als *Wille* entziffert und aus dessen beiden Polen die Welt und die Überwelt ableitet.

Alle diese Bemühungen, so mannigfach sie sind, stimmen doch darin überein, dafs sie das Dasein der Welt und ihres Inhaltes betrachten als etwas, was sich nicht von selbst versteht, sondern, auch nach allen Aufhellungen durch die empirischen Wissenschaften, noch der Erklärung bedarf, und dafs sie ein Princip aufstellen, aus welchem sie das Dasein der Welt zu begreifen bestrebt sind.

Hiernach läfst sich, wenn auch nicht eine historische Definition, die allen bisher aufgetretenen Systemen im einzelnen konform wäre, so doch eine Ideal-Definition der Philosophie aufstellen, d. h. eine solche, welche das Ziel bezeichnet, auf welches alle philosophischen Bemühungen aller Zeiten und Länder gerichtet waren, wenn auch ein klares Bewufstsein über diese eigentliche Aufgabe der Philosophie erst im Verlaufe ihrer Geschichte selbst sich herausgebildet hat und noch zu bilden im Begriffe ist. Diese Ideal-Definition wird zwar nicht so weit sein, um alle Irrgänge der Philosophen der Vergangenheit zu befassen, wohl aber wird sie als Mafsstab dienen können, um aus der Gesamtheit der als Philosophie aufgetretenen Gedanken diejenigen hervorzuheben, welche als die wahrhaft wertvollen und fruchtbaren sich in der Folge erwiesen haben und noch weiter erweisen werden.

Somit begreifen wir die Philosophie als eine Wissenschaft, welche sich von allen übrigen, d. h. von allen empirischen Wissenschaften vornehmlich durch zwei Merkmale unterscheidet:

erstlich: während alle empirischen Wissenschaften bestrebt sind, einen bestimmten Teil des Erfahrungskomplexes zu erforschen, so bezieht sich die Philosophie auf die Gesamtheit alles dessen, was seiend vorhanden ist, und wenn sie auch (aus Gründen, die sogleich erhellen werden) in erster Linie den Phänomenen der innern Erfahrung (von denen die Psychologie mit ihren Zweigen: der Logik, Aesthetik und

Ethik, handelt) ihre Aufmerksamkeit zuwendet, so giebt es doch auch keinen Teil der äufsern Natur, welcher aufserhalb ihres Bereiches läge;

zweitens: während alle empirischen Wissenschaften sich damit begnügen, das thatsächlich Vorhandene zu beobachten und zu beschreiben, zu ordnen und aus seinen Ursachen zu erklären, so wurzelt Philosophie von je her in dem, wenn auch zuerst nur undeutlichen, dann aber immer klarer hervortretenden Bewufstsein, dafs durch alle diese Bemühungen der empirischen Wissenschaften nie etwas anderes erkannt und klargelegt werden könne als die äufsere Erscheinungsweise der Dinge, gleichsam die **Aufsenseite der Natur**, über welche die Philosophie, als solche, hinausgeht, indem sie versucht, in das **Innere der Natur** einzudringen, um das eigentlichste, tiefste und letzte Wesen dessen, was uns in der Gesamtheit der Natur zur Erscheinung kommt, — um „**das Selbst**" *(âtman)* der Welt, wie der Vedânta, um „**das Ding an sich**", wie Kant sagt, um, nach einem beides zusammenfassenden Ausdrucke Platons, das, was „**selbst an sich selbst**" (αὐτὸ καθ' αὑτό) ist, zu ergründen.

Mit welchem Rechte die Philosophie von allen andern Wissenschaften behauptet, dafs sie nur an der Aufsenfläche der Dinge kleben, mit welchen Mitteln sie es dann weiter unternimmt, in das innere Wesen der Natur einzudringen, und inwieweit dieses ihr Vorgehen eine wissenschaftliche Berechtigung hat, das alles wird sich im Verlaufe unserer Darstellung je weiter hin um so deutlicher ergeben; hier zu Anfang kann nur ausgesprochen werden, dafs Philosophie zu allen empirischen Wissenschaften in einem ganz bestimmten, wenn auch nicht von je her deutlich bewufsten, Gegensatze steht: alle andern Wissenschaften sind **physisch,** d. h. sie bleiben bei Betrachtung der Natur (φύσις) und ihres kausalen Zusammenhanges stehen, die Philosophie allein ist **metaphysisch,** nicht sofern sie (transscendent) über die Erfahrung hinausgeht, sondern sofern sie (immanent) durch dieselbe hindurchgreift, um den Kern zu erfassen, während alle physischen Wissenschaften bei der Schale stehen bleiben.

Nach dieser Auffassung ist alle Philosophie von Hause aus und wesentlich **Metaphysik**, und alle andern philosophischen Disciplinen sind dieser nicht nebenzuordnen sondern als integrierende Teile einzuordnen. Als solche Zweigwissenschaften der Philosophie gelten vornehmlich: Psychologie, Logik, Aesthetik und Ethik, d. h. die Wissenschaften, welche der Bearbeitung der innern Erfahrung dienen, und mit gutem Rechte. Denn soll die Aufgabe der Philosophie, das innere Wesen der Natur aufzuschliefsen, überhaupt lösbar sein, so kann sie nur von dem Punkte aus unternommen werden, wo sich dieses Innere der Natur für uns bis zu einem gewissen Grade öffnet, das heifst aus unserm eigenen Innern, mit dessen Erforschung die erwähnten Zweigwissenschaften der Metaphysik beschäftigt sind. Die ganze Aufgabe der Philosophie läfst sich daher auch kennzeichnen als die Bemühung, aus der Erforschung unseres eigenen Innern die Mittel zu gewinnen, um das innere Wesen aller andern Erscheinungen der Natur zu ergründen. Daher steht die Metaphysik in unmittelbarem Zusammenhange mit den Wissenschaften der innern Erfahrung (Psychologie, Logik, Aesthetik, Ethik), in mittelbarem, aber nicht weniger unzerreifsbarem Zusammenhange mit den Wissenschaften der äufsern Erfahrung (Mathematik und Naturwissenschaften); keine unter ihnen ist, deren ganzes Rüstzeug nicht an seinem Orte der Philosophie dienstbar würde, keine, die nicht von ihr als Entgelt reiche Aufschlüsse empfinge.

II. Vorläufige Übersicht.

Eine allgemeine Geschichte der Philosophie wird nur diejenige heifsen können, welche unsern ohnehin zeitlich und räumlich so eingeschränkten Horizont nicht ohne Not noch weiter verengert, sondern vielmehr bemüht ist, alle Gedanken von Bedeutung, welche den im vorigen Abschnitte charakterisierten Zwecken dienen, mögen sie nun im Gewande der Philosophie oder der Religion aufgetreten sein, soweit dieselben irgend erreichbar sind, in den Kreis ihrer Betrachtungen zu ziehen.

II. Vorläufige Übersicht.

— Ob auch auf den Sternen philosophiert wird, wissen wir nicht und werden wir voraussichtlich nie erfahren. Aber vielleicht verlieren wir daran weniger, als es zunächst scheinen mag. Denn sollte wirklich (wie durchaus nicht unwahrscheinlich ist) auch auf andern Planeten unseres Sonnensystems oder auf den möglicherweise zahllos vorhandenen Planeten anderer Sonnensysteme (soweit dieselben in der verhältnismäfsig kurzen Übergangsperiode sich befinden, in welcher allein sie zu Trägern organischer, lebender Wesen geeignet sind) ein menschliches oder menschenartiges Geschlecht bestehen, welches eine Kultur und als höchste Blüte derselben eine Philosophie hervorgebracht hätte, so dürfen wir als sehr wahrscheinlich annehmen, dafs diese Philosophie anderer Welten in ihren wesentlichen Entwicklungsphasen und Resultaten mit der Philosophie unseres Planeten eine weitgehende Übereinstimmung zeigen würde. Dafür spricht nicht nur die wohlberechtigte Annahme, dafs dieselbe Natur der Dinge und derselbe erkennende und denkende Intellekt dort wie hier einander gegenüberstehen werden, sondern auch gewissermafsen ein empirisches Datum, sofern wir schon hier auf der Erde zwei parallele philosophische Entwicklungen antreffen, die indische und die westasiatisch-europäische, welche fast so unabhängig von einander sind, als gehörten sie verschiedenen Planeten an, und doch in den Methoden wie in den Resultaten eine merkwürdige Übereinstimmung zeigen. Und so dürfen wir denn ähnliches auch von der möglicherweise vorhandenen Philosophie anderer Weltkörper erwarten: auch dort wird der erkennende Geist zunächst im ungebrochenen Vertrauen auf seine Kraft ausziehen, um die Welt zu erobern, bis er schliefslich der ihm von Natur gesetzten Schranken inne wird und in dem völligen Begreifen dieser Schranken und ihrer Unübersteiglichkeit Beruhigung findet, — auch dort wird man zunächst sich viel zu thun machen mit einer Abwägung der Mittel, welche zur Befriedigung des angebornen Triebes nach Glückseligkeit die dienlichsten sind, bis man schliefslich begreifen wird, dafs nicht die Befriedigung dieses Triebes, sondern ein Hinausgelangen über denselben und eine Erlösung aus den von ihm geschmiedeten Fesseln der empirischen Realität das höchste Ziel des Menschen bildet.

— Welches möchte wohl der Gesamteindruck sein, den wir von der Kultur und dem Treiben auf einem andern Planeten, wäre uns dahin ein Einblick vergönnt, empfangen würden? Vielleicht ein ähnlicher wie bei Reisen in ferne Länder, wo wir, bei allem Wechsel der Scenerie und der Kostüme denselben Spielern begegnend, uns im stillen verwundern darüber, dafs im Grunde alles so ähnlich ist dem, was wir zu Hause verliefsen? Vielleicht stehen die Menschen anderer Weltkörper kaum weiter von uns ab, als hier auf Erden der Kaukasier, der Mongole und der Neger von einander entfernt sind? Denn die Natur, wie wir sie kennen, ist zwar sehr verschwenderisch in Hervorbringung der Individuen, aber sehr sparsam in Hervorbringung der Typen der Gattungen und dürfte sich vielleicht nicht zweimal für alle Zeiten und Räume den Luxus einer Schöpfung der platonischen Ideen gestattet haben. Jedenfalls würde, wer Platons Ideen versteht, sich über das Auftreten gleichartiger, ja identischer Bildungen bei völliger materieller Unabhängigkeit von einander nicht weiter wundern. — Doch wir wollen es der Phantasie überlassen, für ihre hier auf Erden durch Wissenschaft immer mehr eingeengten und doch auch nicht unberechtigten Spieltriebe sich einen Ersatz zu schaffen in der Bevölkerung anderer Welten, — unsere Betrachtung hat sich auf die Erde und ihre Verhältnisse einzuschränken.

Aber auch hier, in dem engen Raume und in der kurzen Spanne Zeit der wenigen Jahrtausende, zu welchen die historische Erinnerung des Menschengeschlechts zurückreicht, sind es nur einige wenige von den zahlreichen rund um den Erdball angesiedelten Völkern, welche sich thätig und erfolgreich an der philosophischen Arbeit beteiligt haben. Denn abgesehen etwa von den Aegyptern und Chinesen, welche übrigens in diesem Drama nur eine Nebenrolle zu spielen berufen waren, sind es nur zwei Völkerfamilien, welche als Träger aller höhern Kultur, und so auch aller philosophischen Bestrebungen erscheinen: die Semiten und die Indogermanen. Die geographische Lagerung dieser beiden Stämme

II. Vorläufige Übersicht.

gegen einander ist, der Philosophie und ihrer Entwicklung
gegenüber, selbstverständlich eine rein zufällige; — und doch
ist dieser geographische Zufall mafsgebend geworden für die
Entwicklung der Philosophie durch alle Zeiten bis auf den
heutigen Tag, und die ganze Geschichte der Philosophie würde
wesentlich anders aussehen, wäre die ursprüngliche Lagerung
der Semiten und Indogermanen gegen einander eine andere
gewesen. Wir müssen diese Verhältnisse, als grundbestimmend
für die ganze von uns zu erzählende Geschichte, etwas näher
beleuchten.

Die **Semiten**, d. h. nach den Hauptzweigen: die Araber,
Babylonier und Assyrer, Aramäer und Kananäer, bildeten, wie die Vergleichung der Sprachen beweist, ursprünglich *ein* Volk, dessen Wiege wahrscheinlich in den Steppenländern Arabiens zu suchen ist. Nur die Araber blieben der
ursprünglichen Heimat und der durch sie gebotenen nomadischen Lebensweise bis in späte Zeiten hinein treu, während
die übrigen Stämme, nach Norden gedrängt, auf der Halbinsel Sinear gewisse fremde Einflüsse (wovon später) empfingen
und dann als Babylonier und Assyrer im Osten, als Aramäer
in der Mitte, als Kananäer und Phönicier im Westen das
Land östlich bis über den Tigris hinaus, westlich bis zum
mittelländischen Meere hin, nördlich bis in die Gebirge
Armeniens hinein in Besitz nahmen.

Als zweiter Hauptträger höherer menschlicher Kultur sind
zu nennen die **Indogermanen**, welche in ihren sieben Hauptstämmen als Inder und Iranier im mittleren und südlichen
Asien, als Griechen und Italiker im Süden, als Slaven,
Germanen und Kelten in den nördlichen Ländern Europas
sefshaft wurden. Dafs die Sprachen der Griechen und Römer
in einem nähern, die sämtlichen europäischen Kultursprachen
in einem entferntern Verwandtschaftsverhältnisse zu einander
stehen, war mit Händen zu greifen und von alters her bekannt,
ohne dafs man sich doch über dieses Verhältnis eine befriedigende Rechenschaft zu geben wufste. Aber nachdem gegen
Ende des vorigen Jahrhunderts das Sanskrit, die Sprache der
alten Inder, in Europa bekannt geworden, war es eine ebenso
grofse und folgenreiche wie naheliegende und nicht zu ver-

fehlende Entdeckung, dafs Inder und Perser in Asien, Griechen und Römer, Kelten, Germanen und Slaven in Europa die Abkömmlinge eines einheitlichen Urvolkes seien, mit gemeinsamer Sprache und Religion, welchem man von den Indern als östlichstem und den Germanen als westlichstem (bis zum *far west* Amerikas reichenden) Stamme den ganz zutreffenden Namen der *Indogermanen* gegeben hat. Weniger ist es bis jetzt gelungen, sich über die ursprünglichen Wohnsitze dieses Muttervolkes zu einigen, aber vieles (und namentlich die mit der zunehmenden Entfernung von den ursprünglichen Wohnsitzen gleichen Schritt haltende Entartung der Sprache) läfst die älteste Annahme immer noch als die wahrscheinlichste bestehen, wonach der Ursitz der Indogermanen in Centralasien, etwa östlich vom Aralsee, zu suchen ist. Von hier zogen dann die Iranier und Inder nach Süden, bis auch sie, etwa in Afghanistan, sich trennten, die Iranier, um westlich bis zu dem durch die semitischen Stämme aufgerichteten Grenzwalle sich auszubreiten, die Inder, um östlich durch das Kabulthal in das Stromgebiet des Indus und weiterhin in das des Ganges vorzudringen und dadurch von allen andern Bruderstämmen völlig isoliert zu werden. Inzwischen waren die westlichen Glieder der Indogermanen (vermutlich durch Südrufsland) nach Europa gelangt, um als Griechen und Italiker den Süden Europas einzunehmen, während die übrigen Stämme den unwirtlicheren Norden Europas, im Osten als Slaven, in der Mitte (von Skandinavien bis zur Donau) als Germanen, im Westen als Kelten in Besitz nahmen.

Hiermit und durch diese Zufälligkeiten war der Knoten geschürzt, der für die ganze weitere Gestaltung der menschlichen Kultur und mit ihr für die Entwicklung der Philosophie mafsgebend geworden ist.

Während die Inder, von allen verwandten Stämmen abgeschnürt und gegen die umwohnenden niederen Stämme sich selbst auf das strengste isolierend, rein aus sich heraus ihre so originelle Kultur, ihre so völlig ursprüngliche und darum für uns so wertvolle religiöse und philosophische Denkweise entfalteten, bildete sich in Westasien, wo alle Völkerstämme, semitische wie indogermanische, um die Halbinsel

Sinear als den gemeinsamen Anziehungspunkt gravitierten, ein
zweiter Kulturkreis aus, welcher, von Iran bis Aegypten reichend,
vorwiegend unter semitischem Einflusse stand und als
höchstes geistiges Erzeugnis die Gedankenwelt des Alten und
Neuen Testaments hervorgebracht hat. Der dritte und letzte
(der Hauptsache nach) ursprüngliche Kulturkreis ist der der
griechischen und römischen Welt, und die schönste
Blüte desselben die Philosophie der Griechen, welche eine
Fülle der wertvollsten Gedanken entfaltete und doch mit all
dem Grofsen, was sie bot und noch heute bietet, nicht im
stande war, den Anforderungen des Kopfes wie des Herzens
völlig zu genügen. Daher geschah es, dafs zu Anfang unserer
Zeitrechnung ein Gefühl der Leere und des Bedürfnisses in
der antiken Welt sich ausbildete, welches im allgemeinen in
der Hinneigung der römischen Kaiserzeit zu den orientalischen
Kulten seinen Ausdruck fand. Und hier war es, wo jener
geographische Zufall sich in einer für alle Folgezeit entscheidenden
Weise geltend machte. Denn als die griechisch-römische
Welt, im Gefühle der eigenen Unzulänglichkeit, Hülfe suchend
(wie der macedonische Mann, Apostelgesch. 16,9) ihre Hände
gegen Osten streckte, da verfiel sie nicht auf die ihr urverwandte
Weisheit der Inder, sondern auf das Christentum,
welches, auf dem semitischen Stamme, wenn auch vielleicht
nur als ein Pfropfreis, erwachsen, von Jugendkraft erfüllt,
sich eben anschickte, seinen Eroberungszug in die Welt anzutreten.
Jetzt entstand jene grofse welthistorische Verknüpfung:
wie zwei Ströme verschiedenen Wassers mischen sich die
biblische und die griechische Weisheit und erzeugen aus sich
die Weltanschauung des Mittelalters, in welchem erst
spät und nach vieler Mühe eine Verwebung der beiden heterogenen
Elemente zu stande kam. Aber das Bündnis war ein
unnatürliches und konnte nicht bestehen. Der menschliche
Geist gegen Ende des Mittelalters erwacht zum Bewufstsein
seiner Kraft und versucht es, die ihm vom Mittelalter angelegten
Fesseln zu sprengen. Dieser Befreiungskampf ist die
neuere Philosophie; zuerst wird er schüchtern, dann immer
kühner geführt, bis endlich in der kantischen Philosophie die
völlige Auflösung des bisher Bestehenden, zugleich aber auch

eine Neubegründung auftritt, welche verspricht, dem menschlichen Geist in wissenschaftlicher wie in religiöser Hinsicht die lange und vergeblich gesuchte innere Versöhnung und völlige Befriedigung zu gewähren.

Aus dieser allgemeinen Übersicht ergeben sich naturgemäfs für unsere Betrachtung fünf Hauptteile:

I. Die indische Philosophie.
II. Die griechische Philosophie.
III. Die Philosophie der Bibel.
IV. Die Philosophie des Mittelalters.
V. Die neuere Philosophie.

Wir wollen versuchen, vor dem Eintreten in unsere Darstellung, eine kurze Charakteristik dieser fünf Hauptteile und ihrer Unterabteilungen zur vorläufigen und allgemeinsten Orientierung zu unternehmen.

I. Indische Philosophie.

A. **Altvedische Periode** (ganz ungefähr anzusetzen von 1500—1000 a. C.). In den *Hymnen des Ṛigveda*, diesem ältesten Denkmale indogermanischer Kultur, welches uns zum Teil noch einen Einblick in die Genesis und Fortentwicklung des altindischen Polytheismus gewährt, sehen wir in den jüngsten Liedern das vedische Pantheon seinem Verfalle entgegeneilen. Zweifel an der Realität der Götter, ja offener Spott über dieselben wird laut, der mit ihnen ihre Sänger und Priester trifft. Zugleich aber regt sich das philosophische Bewufstsein: die Erkenntnis bricht sich Bahn und findet in einigen Vedaliedern ihren wunderbaren Ausdruck, dafs alle Vielheit der Götter, der Welten und der Wesen im tiefsten Grunde auf einer unsagbaren, unerkennbaren Einheit beruhe.

B. **Jungvedische Periode** (etwa 1000—500 a. C.). Mancherlei Versuche werden gemacht, diese Einheit näher zu bestimmen, als *Brahmaṇaspati*, als *Prajâpati*, als *Purusha* u. s. w., bis man nach manchen, durch gewisse Hymnen des Ṛigveda und Atharvaveda und durch einzelne Texte der Brâhmaṇa's zu verfolgenden Versuchen endlich diese Einheit da findet, wo sie allein zu finden ist, — **in dem eigenen**

II. Vorläufige Übersicht.

Selbst. Die Identität des eigenen Selbstes *(âtman)* mit der Kraft, welche alle Welten hervorbringt, trägt und in sich zurückschlingt *(brahman)*, ist der Grundgedanke, welchen die *Upanishad*'s, diese jüngsten und wertvollsten Erzeugnisse der vedischen Litteratur, in zahlreichen Variationen vortragen.

C. Nachvedische Periode (etwa von 500 a. C. bis auf die Gegenwart). Aus den in den Upanishad's ausgestreuten Keimen erwächst nebeneinander eine Reihe von Systemen, von denen sechs als orthodox, d. h. als vereinbar mit dem Veda, die übrigen als heterodox und ketzerisch gelten. Die ersteren sind: 1) die *Mîmâṅsâ*, 2) der *Vedânta*, welche beide allein im strengsten Sinne orthodox heißen können, da sie nichts anderes sind als die philosophische Systematisierung zweier im Veda vorliegender, in bestimmtem Gegensatze stehender Grundanschauungen, welche in merkwürdiger Analogie zu den beiden Hauptteilen der Bibel, dem Alten und dem Neuen Testamente stehen; 3) der *Nyâya*, ein System von logischen Gesichtspunkten aus, 4) das *Vaiçeshikam*, eine naturwissenschaftlich gehaltene Klassifikation der Dinge unter sechs Kategorien, 5) das *Sâṅkhyam*, eine originelle, vom Veda und Vedânta vielfach abweichende Metaphysik von atheistischer Grundanschauung, 6) der *Yoga*, eine Umdeutung des Sâṅkhyam im Sinne des Theismus, mit praktischer Tendenz. Neben diesen sechs orthodoxen Systemen steht eine Anzahl heterodoxer Systeme (im *Sarvadarçanasaṃgraha* werden neun derselben aufgezählt und besprochen); mehrere sind nichts anderes als Zurechtlegungen der Vedântalehre vom Standpunkte des Çivakultus und des Vishṇukultus aus; von den übrigen sind die bemerkenswertesten: 1) die *Cârvâka*'s, die indischen Materialisten, welche an Frivolität und Cynismus ihre Brüder im Abendlande womöglich noch übertreffen, 2) die *Jaina*'s, eine religiöse Sekte, die Anhänger des *Jina*, und 3) die *Bauddha*'s oder Buddhisten, eine ebensolche, die Anhänger des *Buddha* befassend. Die Darstellung des Lebens, der Lehre und der Gemeinde Buddhas leitet dann von selbst hinüber zur Betrachtung des Landes, wo der Buddhismus, aus Indien vertrieben, die gröfste Zahl seiner Anhänger fand, zu China und dem nahe verwandten Japan.

Anhang des ersten Teiles: die Philosophie der Chinesen. In China herrschen drei religiös-philosophische Lehren in brüderlicher Eintracht neben einander *(san kiao, i kia,* „drei Lehren, eine Familie", wie der Chinese sagt); diese sind:
1) die tiefsinnige Lehre des *Lao-tsee;*
2) die etwas nüchterne Morallehre des *Kon-fu-tsee;*
3) die Lehre des *Fo,* d. i. *Buddha.*

Analoge Bildungen finden sich in Japan. Von hier, vom fernsten Osten, wenden wir uns dann mit einem grofsen Sprunge nach Westen zu den Anfängen der griechischen Philosophie.

II. Griechische Philosophie.

Sie durchläuft in den zwölf Jahrhunderten ihres Bestehens drei Perioden, bei denen die räumliche und zeitliche Ausbreitung mit der innern Bedeutsamkeit ungefähr in umgekehrtem Verhältnisse steht. Diese drei, den drei Entwicklungsstadien der griechischen Sprache und Kultur im allgemeinen parallel laufenden, daher auch sich von selbst ergebenden Perioden sind:

1) **Die vorsokratische Philosophie oder die Philosophie der Stämme** (im VI. und V. Jahrhundert a. C.). Im VI. Jahrhundert vor Christo sehen wir an verschiedenen Punkten der griechischen Welt ein vorwiegend der Betrachtung der Aufsenwelt zugewendetes, reges philosophisches Leben sich entfalten, welches jedoch sehr bald, um 500 a. C., durch *Heraklit* und *Parmenides* in Gegensätze auseinander getrieben wurde, an deren Versöhnung die Philosophie im V. Jahrhundert sich vergebens abarbeitete, bis sie in der Sophistik einer Art Selbstauflösung verfiel.

2) **Die attische Philosophie,** vorwiegend beherrscht durch die drei grofsen Persönlichkeiten des Sokrates, Platon und Aristoteles. *Sokrates* wendet sich mit aller Energie und Einseitigkeit der Betrachtung der innern Erfahrung zu und eröffnet damit der Philosophie dasjenige Gebiet, dessen Bearbeitung (wie oben, S. 6, gezeigt) ihre nächste und wichtigste Aufgabe ist. *Platon* unternimmt auf dem Boden der Sokratik eine universelle Zusammenfassung der bisherigen

Philosopheme und wird dadurch der Schöpfer des ersten im
Abendlande aufgetretenen, universellen metaphysischen Systems,
in welchem namentlich die Gegensätze des Heraklit und Parmenides in ihrer Berechtigung anerkannt und in einer höhern Einheit aufgehoben werden. *Aristoteles* endlich weiſs die Grundgedanken des Platon (nicht ohne Abschwächung) über Welt
und Leben zu verbreiten und wird dadurch der Vater einer
Reihe von Wissenschaften der äuſsern und innern Erfahrung.

3) Die **nacharistotelische Philosophie** zieht sich vom
Tode des Aristoteles (322 a. C.) bis zur Auflösung der griechischen Philosophie (529 p. C.) im weiten griechisch-römischen
Kulturkreise in immer breiterer Entfaltung hin, ist aber in
ihren verschiedenen Systemen *(Akademiker, Peripatetiker, Stoiker,
Epikureer, Skeptiker)* nicht sowohl mit der Schöpfung neuer,
als mit der Zurechtschneidung und Zusammenfügung früherer
Gedanken für die Bedürfnisse eines immer gröſser werdenden
Publikums bemüht, welches dann endlich die Befriedigung der
Gemütsbedürfnisse, die es vor allem suchte, in konkreterer und
faſslicherer Form als bei den Philosophen in der Annahme des
Christentums fand.

III. Die Philosophie der Bibel.

Die Entstehung des Christentums ist einer der zusammengesetztesten und verschlungensten Prozesse, welche die Geschichte der Philosophie kennt, und nötigt zu einer Betrachtung
des ganzen ägyptisch-westasiatischen Kulturlebens, in dessen
Schoſse das Christentum erwachsen ist. Wir unterscheiden
dabei fünf, teils neben- teils nacheinander verlaufende Entwicklungsphasen.

1) **Religion und Philosophie der Aegypter**. Ob und
inwieweit vielleicht Aegypten und seine vielgerühmte Weisheit in früherer oder späterer Zeit einen Einfluſs auf die biblische Gedankenwelt geübt habe, das wird wohl noch länger
eine offene Frage bleiben und mag jedenfalls Veranlassung
geben, das Wenige, was nach dem Stande der heutigen Forschung über das geistige Leben im alten Aegypten mit Sicherheit gesagt werden kann, vor dem Eintreten in die biblische
Weltanschauung zusammenzufassen.

2) **Der alte Mosaismus.** Unter diesem Namen verstehen wir die Weltanschauung der Hebräer wie sie, der Tradition nach auf *Mose* zurückgehend, zur Zeit der Könige und bei den *Propheten* die herrschende war. Aus dem allgemein-semitischen, bei Arabern, Assyrern und Kananäern noch in seinen Grundzügen nachweisbaren Polytheismus sehen wir in stufenweisem Fortschritt die Lichtgestalt des **Jehovahglaubens** sich entwickeln, welcher berufen war, eine so grofse Rolle im geistigen Leben der Völker bis auf den heutigen Tag zu spielen. Für die philosophische Betrachtung erscheint der althebräische (anthropomorphische) Theismus als eine sehr konsequente, aber auch sehr einseitige und mit der Erfahrung in unversöhnbarem Widerspruche stehende Weltansicht. Es ist ein eigenartiges Schauspiel, zu sehen, wie die edleren und lebendigeren Geister unter den Hebräern schwer an diesen Widersprüchen tragen, dagegen ankämpfen und so das alte konsequente System an verschiedenen Punkten durchlöchern.

3) **Die iranische Weltanschauung.** Eine Umwandlung im grofsen erfuhr der alte Mosaismus, seit die Juden, für zwei Jahrhunderte (538—332 a. C.) zu Angehörigen des Perserreiches geworden und auch weiterhin in stetiger Beziehung zum Osten bleibend, die iranische Weltansicht, wie sie an den Namen des *Zoroaster* sich knüpft, näher kennen lernten. Eine Darstellung der Zoroasterlehre ist unumgänglich, da ohne sie als Mittelglied der Übergang der alttestamentlichen in die neutestamentliche Weltanschauung nicht wohl zu begreifen ist.

4) **Der Judaismus** ist die Weltansicht, wie sie, aus dem alten Mosaismus unter dem Einflusse der Zoroasterlehre sich durch die Zeit der *Apokryphen* fortentwickelnd, den Glauben der palästinischen Zeitgenossen Jesu bildete, mithin auch von diesem selbst und seinen Jüngern von Hause aus geteilt wurde. Es wird sich zeigen, dafs viele Gedanken Jesu selbst nur eine lebendige Reproduktion der von Mose und Zoroaster überkommenen und durch die vorhergehenden Jahrhunderte fortgebildeten Erbstücke sind.

5) **Das Christentum.** Von jener Jesu mit seinen Jüngern und übrigen Zeitgenossen gemeinsamen Weltansicht werden dann diejenigen Gedanken sich deutlich abheben, in welchen das eigentlich Neue der *Lehre Jesu* zu suchen ist, das Senfkorn, welches später zum Baume der christlichen Idee erwachsen sollte. Diese Gedanken werden weiterhin von *Paulus* übernommen und zu dem fortentwickelt, worin die eigentliche Grundanschauung des Christentums zu suchen ist. Ein Einfluß von griechischer Seite her ist bei Jesus und Paulus nicht zu spüren. Um so mehr bei dem dritten Hauptfaktor des Neuen Testaments, dem *Evangelium Johannis*. Dasselbe weist deutlich zurück auf die *jüdisch-alexandrinische* Verschmelzung der alttestamentlichen Lehren mit Elementen der platonischen und stoischen Philosophie, deren Hauptdenkmal heute für uns die Schriften des *Philon* sind. Erst nach Darstellung des Alexandrinismus wird es möglich sein, die universelle Zusammenfassung der Lehren Jesu und Pauli mit mosaischen, iranischen und griechischen Elementen zu verstehen, wie sie im vierten Evangelium, dieser, wenn nicht wertvollsten, so doch gereiftesten und einflußreichsten Urkunde des Christentums, vorliegt.

IV. Die Philosophie des Mittelalters.

Es folgt nun im geistigen Leben der Menschheit jener merkwürdige Verschmelzungsprozeß griechischer und biblischer Weisheit, oder genauer gesagt: die Projektion des christlichen Gedankens auf der bereitstehenden und wohldurchgebildeten Fläche der griechischen Philosophie. Diese Verschmelzung erfolgt in zwei Phasen, welche als *Patristik* und *Scholastik* unterschieden werden.

1) **Die Patristik und der Neuplatonismus.** Die in der Zeit der Patristik (von 200 bis 800 p. C.) erfolgende Assimilation der christlichen Idee durch die griechisch-römische Welt erfolgt in zwei Perioden, welche

    a) von 200 bis 325 die Bildung der *Grunddogmen*,
    b) von 325 bis 800 die Fortbildung derselben zur *Dogmatik* befassen.

Gleichzeitig aber entwickelt sich seit 200 p. C. von Alexandrien aus *der Neuplatonismus*, jene schöne Nachblüte hellenischer Weisheit, in dem die besten Gedanken der griechischen Philosophie, mit gewissen Elementen orientalischer Denkweise verschmolzen, auf das Mittelalter vererbt werden, und der dem erstarkenden und erstarrenden Kirchenglauben als ein um so gefährlicherer Gegner erwuchs, je mehr inneres Leben er in sich trug, und je mehr auch er denselben Herzensbedürfnissen entgegenkam, welchen das Christentum seinen Sieg verdankt hatte.

2) Die Scholastik (800—1400 p. C.). Wie der Patristik die erste Bildung der *Dogmen* und die Fortentwicklung derselben zur *Dogmatik*, so fällt der Scholastik als Aufgabe die Ausbildung einer *Religionsphilosophie* zu, welche gleichmäfsig den Bedürfnissen des Denkens wie des Herzens Genüge leisten soll. Diese Ausbildung erfolgt nicht ohne mannigfache Wechselfälle, Kämpfe und Schwierigkeiten. In der ersten Periode der Scholastik (800—1200 p. C.) treten mehrfache Versuche auf, den christlichen Gedanken völlig zu begreifen, indem man ihn auf Grund einer neuplatonischen Anschauung konstruiert, und erst nachdem diese Versuche wiederholt an dem Widerstande der immer starrer und herrischer auftretenden Orthodoxie gescheitert sind, entschliefst man sich in der zweiten Periode (1200—1400 p. C.), gewisse Grundgedanken des Christentums als Mysterien der Sphäre der Erkennbarkeit zu entrücken, und begnügt sich, dieselben mit einer wesentlich auf Aristoteles fufsenden *theologia naturalis* zu umrahmen, woraus dann als Hauptfrucht des mittelalterlichen Denkens das grofse und durchgebildete Lehrsystem des *Albertus Magnus* und *Thomas von Aquino* hervorgeht. Kaum aber ist in ihnen das endliche Bündnis zwischen Glauben und Denken, Bibel und Aristoteles geschlossen, als auch schon dessen Unhaltbarkeit in mancherlei Symptomen zu Tage tritt; solche sind namentlich: der Skepticismus des *Duns Scotus*, das Wiederaufblühen des Neuplatonismus in der Mystik des *Meister Eckhart* und die Erneuerung des Nominalismus durch *William von Occam*.

V. Die neuere Philosophie.

Dieselbe verläuft in drei deutlich unterschiedenen Perioden, deren Grenzpunkte durch das Auftreten des Descartes und Kants gebildet werden.

1) **Übergangszeit (1400—1600).** Der Befreiungskampf von den Fesseln der Scholastik erfolgt gleichzeitig von Seiten der Reformation, welche vom scholastisch verstandenen Christentum auf das urkundliche Christentum der Bibel zurückgreift, und von Seiten der Philosophie, welche zunächst vom scholastischen auf den urkundlichen Aristoteles, von diesem aber wiederum auf die Natur selbst und ihre Erforschung zurückgeht. Der Sturz der Weltherrschaft des Aristoteles, vorbereitet durch die Erneuerung des Platonismus, erfolgt und vollendet sich bis zum Jahre 1600 durch eine Selbstauflösung innerhalb des eigenen Lagers der Aristoteliker, während gleichzeitig Versuche einer Neubildung seit *Nicolaus Cusanus* immer dringlicher unternommen werden und um 1600 in den Lehren des *Giordano Bruno*, *Jacob Boehme* und *Bacon von Verulam* ihren genialsten, aber auch unreifen, vielfach sich selbst überstürzenden Ausdruck finden.

2) **Von Cartesius bis auf Kant (1641—1781).** *Cartesius*, an die Lehren des Mittelalters über Gott und Seele anknüpfend, versucht es, denselben eine wissenschaftlich begründete, logisch gegliederte Form zu geben. Hierdurch aber gerade kommt die innere Unhaltbarkeit dieser Lehren zu Tage, welche unaufhaltsam zu einer dem Pantheismus zutreibenden Fortbildung drängt, die, von *Geulincx* und *Malebranche* angebahnt, in dem Systeme des *Spinoza* zur Vollendung gelangt, welcher die Gegensätze zwischen ausgedehnter und denkender Substanz, Leib und Seele, dadurch aufhebt, daſs er beide in Gott versenkt und als zwei parallel laufende Offenbarungsweisen des göttlichen Wesens auffaſst. Diese Lösung des Spinoza war zu tief, um von seiner Zeit völlig verstanden, zu heidnisch (pantheistisch), um von ihr gebilligt werden zu können. So kam Spinoza erst in der nachkantischen Zeit, namentlich durch Schelling und Schleiermacher, vorübergehend zu Ehren, als man schon Besseres haben konnte und seiner nicht mehr bedurft hätte. Die Zeitgenossen des Spinoza

hingegen standen auch nach seinem Auftreten immer noch vor der ungelösten Frage, wie Leib und Geist, ausgedehnte und denkende Substanz, einander beeinflussen könnten? — Man fing an, sich zu fragen, ob es denn überhaupt mit der Aufstellung zweier solcher Substanzen, deren Einwirken auf einander durch alle Bemühungen nicht hatte begreiflich gemacht werden können, seine Richtigkeit habe, ob es nicht möglich sei, die eine auf die andere zu reducieren? Dies konnte in doppelter Weise versucht werden, je nachdem man realistisch den Geist als eine Modifikation der Materie, oder idealistisch die Materie als ein Geistiges begreifen zu können glaubte. Beide Wege wurden zwischen Spinoza und Kant betreten. Der Realismus, angebahnt durch den *Locke'schen Empirismus*, führte hundert Jahre später zum *französischen Materialismus*, während daneben aus dem Schofse der Locke'schen Philosophie noch zwei sehr verschiedene Früchte erwuchsen, der *Idealismus des Berkeley* und der *Skepticismus des Hume;* — im Gegensatz zu Locke hatte gleichzeitig *Leibniz* versucht, alles Körperliche als ein Geistiges zu begreifen und war dadurch zu einem sehr verstiegenen Idealismus gelangt, dessen Verbreitung in einer gewissen Abschwächung *Wolff* sich angelegen sein liefs.

So war denn unmittelbar vor Kant die Philosophie vielleicht mehr als je zuvor in Gegensätze aus einander getrieben worden, zwischen denen eine Versöhnung nicht möglich schien, und eine verzweifelnde Stimmung bemächtigte sich des denkenden Geistes, welche der Ausgangspunkt der kantischen Untersuchungen wurde und in der Vorrede zur Kritik der reinen Vernunft ihren schönen und beredten Ausdruck findet.

3) **Von Kant bis auf die Gegenwart.** *Kant* war es, der nach so vielen Irrgängen des menschlichen Denkens die Frage aufwarf, ob wir denn überhaupt in der menschlichen Vernunft das geeignete Werkzeug haben, um über die Erfahrung hinauszugeben und über solche transscendente Objekte wie Seele und Gott etwas Haltbares zu erforschen? — Dies veranlafste ihn, den ganzen Apparat des Erkennens einer Kritik und Prüfung ohnegleichen zu unterwerfen, deren Ergebnis der klare Nachweis der Unmöglichkeit, über die

II. Vorläufige Übersicht.

Erfahrung hinauszugehen, und zugleich eine vernichtende
Kritik aller bisherigen Spekulationen über Seele, Weltganzes
und Gott war. Bei dieser Untersuchung des Erkenntnisvermögens
aber machte Kant die gröfste aller Entdeckungen,
welche je in unserer Wissenschaft erfolgt ist: diese nämlich,
dafs gewisse Bestandstücke der empirischen Realität, welche
wir von Natur an ohne Bedenken der Aufsenwelt zuzählen,
als da sind: der Raum, die Zeit und die Kausalität, in Wahrheit
nichts anderes sind als angeborene Formen unseres Erkenntnisvermögens
selbst. Als Folge ergab sich, dafs die
Welt, wie wir sie kennen, als eine in Raum und Zeit ausgebreitete
und in ihrem Verlaufe durch die Kausalität geregelte,
in dieser Form nur Erscheinung ist und nicht
Ding an sich, nur die Art und Weise ist, wie die Dinge
uns erscheinen, nicht wie sie ihrem wahren und innern Wesen
nach sind, womit die Grundanschauung, in der alle Philosophie
von je her gewurzelt hatte (oben, S. 5 fg.), zum erstenmal
einen vollkommen wissenschaftlichen und streng erweislichen
Ausdruck fand. Das Wesen des „Dinges an sich" hielt Kant
für theoretisch unerkennbar, eröffnete aber gleichwohl in dem
zweiten, praktischen Teile seiner Philosophie einen gewissen
Ausblick auf dasselbe, indem er das moralische Handeln
zurückführte auf das uns a priori eingeborene Sittengesetz,
den „Kategorischen Imperativ", diesen aber erklärte
für das Gesetz, welches der Mensch als Ding an sich dem
Menschen als Erscheinung giebt.

Die Resultate der kantischen Philosophie waren zu neu
und tiefgehend, als dafs die unmittelbaren Nachfolger Kants,
wie sie in rascher Folge einander ablösten, ihnen schon völlig
hätten gerecht werden können. Zunächst sucht *Fichte* den
dunkeln Punkt der kantischen Lehre, das Ding an sich, zu
beseitigen, indem er es für einen, in dem Innern des Bewufstseins
selbst durch das Ich gesetzten „Anstofs" erklärt; von
dieser Grundlage aus kehrt *Schelling* zu einer dem Spinoza
verwandten Anschauung zurück, während *Hegel* aus derselben
heraus den Grundgedanken der platonisch-aristotelischen
Philosophie von der metaphysischen Dignität des Begriffes
durchzuführen versucht. Einen andern Weg geht *Herbart*,

indem er das Ding an sich hinter der Erscheinung durch eine ebenso nüchterne wie zügellose Phantastik zu konstruieren unternimmt. Alle diese Versuche haben das Gemeinsame, dafs sie bemüht sind, von Kant und den von ihm aufgedeckten Schwierigkeiten leichter Hand loszukommen, ehe dieselben noch völlig verstanden und gewürdigt worden waren. Im Gegensatze zu ihnen ist *Schopenhauer* zunächst bestrebt, Kant völlig zu verstehen und das eigentliche Fundament seiner Lehre von der Überwucherung durch mifsverstandene Traditionen zu befreien; dann aber führt er von diesem Fundamente aus Kants Gedanken in der von diesem selbst angedeuteten Richtung weiter und zu Ende, der Art, dafs Kant der Begründer, Schopenhauer der Vollender eines einheitlichen, durchaus auf der Erfahrung gegründeten, durchaus mit sich selbst übereinstimmenden metaphysischen Lehrsystemes ist, welches in seinem praktischen Teile als ein seiner ganzen Tiefe nach auf wissenschaftlicher Grundlage erneutes Christentum erscheint und für abschbare Zeiten die Grundlage alles wissenschaftlichen und religiösen Denkens der Menschheit werden und bleiben wird.

III. Quellen und Methode.

Alle Beschäftigung mit der Philosophie soll den Zweck verfolgen, uns tiefer einzuführen in die Erkenntnis der Natur der Dinge. Dieser Zweck kann auf zwei Wegen gefördert werden. Entweder man betrachtet die Dinge selbst, wie sie in der äufsern und innern Erfahrung uns gegeben sind, und sucht ihren Zusammenhang inne zu werden, welcher sich dann, je ungesuchter um so besser, zum Systeme gestalten wird, — oder man betrachtet die Ansichten über die Dinge, wie sie von überragenden und tiefer als wir selbst in das Wesen der Natur blickenden Geistern ausgesprochen sind, und sucht, von ihnen geleitet, eine Vertiefung, durch ihre Widersprüche angeregt, eine Klärung der eigenen Anschauungen zu gewinnen. Auch dieser letztere Weg, wenn richtig benutzt, fördert zum Ziele hin. Hierzu aber ist erforderlich, dafs wir uns nicht damit begnügen, die Gedanken früherer Philosophen kennen zu lernen: wir müssen weiter

III. Quellen und Methode.

bemüht sein, sollen dieselben nicht wie ein totes und unbrauchbares Erbstück übernommen werden, sie im Grunde zu verstehen. Denn von ihnen, mehr als von allem andern, gilt das Wort:

„Was du ererbt von deinen Vätern hast,
„Erwirb es, um es zu besitzen!"

Also das Erste wird freilich sein, dafs wir über die Gedanken der Vorzeit gesicherte Kunde erlangen, das Zweite aber, dafs wir in dieselben unmittelbare Einsicht zu gewinnen suchen. Es mag von Nutzen sein, uns vorhergehend zu verständigen über die Methode, wie wir hier zur Kunde und dann weiter zur Einsicht zu gelangen hoffen dürfen.

A. Kunde.

Sie ist zu schöpfen aus den Quellen, welche teils primäre, teils sekundäre sind.

1) Die primären Quellen sind die Werke der Philosophen selbst, wie sie, aus alter und neuer Zeit überkommen, einen ansehnlichen, und doch wohl auch den wichtigsten Teil der allgemeinen Weltlitteratur bilden. Und hier befinden wir uns in einer aufserordentlich vorteilhaften Lage. Während andere grofse Persönlichkeiten der Vergangenheit, während ein Perikles und Alexander dahin sind und nur noch in der Geschichte ein schattenhaftes Dasein führen, so sind Platon und Aristoteles noch wirklich da, halten sich jeden Augenblick bereit, auf einen Wink von uns vom Bücherbrette gleichsam leibhaftig herabzusteigen, zu uns zu reden mit einer Frische und Lebendigkeit, wie sie gröfser nicht während ihres Lebens gewesen sein kann, und uns zu unterhalten mit dem Besten, was sie gedacht haben, denn nur dieses pflegt man zur Erinnerung für sich selbst und andere niederzuschreiben. Es liegt in diesem Verhältnisse ein grofser Reiz, aber auch eine gewisse Gefahr: diese nämlich, dafs man sich mehr geben läfst, als man zu empfangen Kraft hat, wodurch man, statt sich zu stärken, sich nur schwächen und schädigen würde. *Non multa, sed multum!* Die Durchlesung eines ganzen Buches bringt oft nicht so viel Gewinn, wie das

reifliche Nachdenken über einen einzigen Satz desselben. Man kann ganze Bände des Platon durchlesen, ohne für das Verständnis seiner Grundlehre so viel zu gewinnen wie aus der Vertiefung in eine Stelle wie Phaedon c. 48; und viele haben die ganze Kritik der reinen Vernunft durchstudiert, ohne dem grofsen, einfachen Grundgedanken derselben, wie er schon auf der ersten Seite zu finden ist: „Erfahrung" (d. h. hier: Wahrnehmung, das Aposteriorische) „kann keine Notwendigkeit geben", auch nur einmal voll ins Auge geschaut zu haben. —

Wir wollen die Quellen, auf denen die Geschichte der Philosophie beruht, hier in der Kürze durchmustern.

In Indien ist für die erste, vedische Periode der Veda unsere Quelle, wie für alle andern Kulturverhältnisse, so auch für die Philosophie. Von besonderer Wichtigkeit für dieselbe sind eine Anzahl von Hymnen des *Ṛigveda* und *Atharvaveda*, einige Stellen der *Brâhmaṇa*'s und namentlich die meist den Schlufs derselben bildenden *Upanishad*'s. — Die Systeme der nachvedischen Periode sind meist überkommen in der für Schulzwecke berechneten und ein reges Leben der Schulen voraussetzenden Form der *Sûtra*'s oder Lehrsprüche. So bilden z. B. das Grundwerk der Vedântalehre die 555 Sûtra's des Vedânta, d. h. 555 kurze, abgerissene, meist nur aus zwei oder drei Worten bestehende Aussprüche, welche dazu in der Regel nicht einmal die Schlagworte des Systems enthalten, sondern blofse Stichworte zur Stütze des Gedächtnisses, daher sie auch fast unverständlich sein würden ohne die zugefügten *Kommentare*, deren mehrere vorhanden sind und vielfach abweichende Auffassungen des Systems enthalten. In ähnlicher Form sind die meisten andern Systeme überliefert, wozu dann noch andere Werke in Poesie und Prosa, Abschnitte des *Mahâbhâratam*, philosophische Dramen u. s. w. sich gesellen. Die *Buddhisten* haben, wie die *Jaina*'s, ihren *Kanon*, aus dem die ursprüngliche Gestalt ihrer Lehre zu schöpfen ist.

In China stehen im Vordergrunde die fünf heiligen Bücher *(king)* und die vier klassischen Bücher *(schu)* aus der Schule des Konfutsee, sowie der *Tao-te-king* des Lao-tsee, worüber Näheres weiter unten.

III. Quellen und Methode.

In Griechenland sind wir für die erste, vorsokratische Periode, aus der kein vollständiges Werk erhalten ist, auf *Fragmente* angewiesen, welche jedoch meist hinreichen, ein deutliches Bild zu gewinnen. Die Schriften des *Platon* sind vollständig, von denen des *Aristoteles* die wichtigsten auf uns gekommen. Aus der nacharistotelischen Philosophie sind die älteren Werke bis auf Fragmente meist verloren gegangen. Von den erhaltenen sind die wichtigsten: die Werke des *Seneca*, *Epiktet* und *Marcus Aurelius* aus der stoischen, das Lehrgedicht des *Lucretius* aus der epikureischen, die Schriften des *Sextus Empiricus* aus der skeptischen Schule. Einen eklektischen Charakter tragen die philosophischen Schriften des *Cicero* und *Plutarch*. Das Hauptwerk des Neuplatonismus sind die Enneaden des *Plotin*. — Bei so vielen Verlusten der Grundwerke wird von besonderer Wichtigkeit die Schriftstellerei über Philosophen und deren Meinungen, welche im Altertum nach zwei Richtungen geübt wurde, biographisch, indem man von jedem Philosophen für sich über Leben, Schriften und Lehren Bericht erstattete, und doxographisch, indem man die Hauptbegriffe der Philosophie nacheinander vornahm und bei jedem derselben die Ansichten der verschiedenen Philosophen verzeichnete. Nach der ersten Richtung ist von gröfster Wichtigkeit das Sammelwerk des *Diogenes Laertius*, in der zweiten Richtung gab es ein grofses Werk des *Theophrast*, aus welchem Auszüge teils bei Stobaeus u. a., teils und hauptsächlich in Gestalt der pseudoplutarchischen *Placita philosophorum* erhalten sind. Eine wertvolle Sammlung der Hauptstellen, auf denen die Kenntnis der klassischen Philosophie beruht, bietet die „*Historia philosophiae Graecae et Romanae ex fontium locis contexta*" von Ritter und Preller (ed. VII., 1888, von Schultefs und Wellmann).

Für Aegypten liegt ein reiches Material vor in Tempelinschriften, Grabinschriften und namentlich in den Papyrosrollen, wie sie dem Toten mit ins Grab gegeben zu werden pflegten, und von denen eine wichtige Sammlung, das sogenannte „*Totenbuch*", schon vor dem Neuen Reiche (ca. 1500 a. C.) zu stande kam. — Das heilige Buch der Iranier, der *Avesta*, ist nur stückweise erhalten, und seine Mitteilungen müssen aus spätern Schriften, wie namentlich dem *Bundehesch*, und den Mitteilungen der Griechen mit Vorsicht und Kritik ergänzt werden. — Für unsere Kenntnis der **jüdisch-alexandrinischen** Philosophie sind die Werke des *Philo Judaeus* die Hauptquelle. — Endlich und vor allem geben über den Entwicklungsgang des jüdischen und christlichen Denkens die Bücher des *Alten Testaments*, die *Apokryphen* und das *Neue Testament* einen durch die assyrischen *Keilschriften*, die Werke des *Josephus* und die genannten Urkunden zu ergänzenden Aufschlufs.

Für die Lehren der **patristischen und scholastischen** Periode sind die umfangreichen Werke der *Kirchenväter* und *Scholastiker* ein schwer zu übersehendes Material, und die Zusammenstellung einer philosophischen Chrestomathie aus ihnen würde eine sehr verdienstliche Arbeit sein.

Die Werke der **neuern Philosophie** liegen vollständig vor und sind, wenigstens für die vorkantische Periode, nicht allzu umfangreich. Eine nützliche Zusammenstellung der Hauptstellen der neuern vorkantischen Philosophen im Originale bietet Erdmann als Anhang in der gröfsern „Geschichte der neuern Philosophie" (1834—1853). In der nachkantischen Zeit ist die philosophische Produktion so sehr in Polygraphie ausgeartet, dafs eine Chrestomathie aus den Werken Fichtes, Schellings, Hegels, Herbarts, Schleiermachers u. a. vielleicht der beste Dienst wäre, den man diesen Schriftstellern erweisen könnte, während Schopenhauer wie kein anderer Selbstzucht in Denken und Schreiben geübt· hat, daher jede Zeile von ihm wertvoll und für das Studium lohnend ist.

2) Die **sekundären Quellen** für unsere Kenntnis der philosophischen Lehrmeinungen sind die zahlreich vorhandenen Geschichten der Philosophie, welche um so besser sein werden, je treuer sie bemüht sind, die wesentlichen Gedanken der Philosophen, unter Absonderung des Nebensächlichen, in möglichst urkundlicher Form zusammenzustellen. Zwar hat es mit ihnen allen sein Bedenken. Denn wohl zu beherzigen ist, was Schopenhauer sagt (Parerga I,35): „Statt der selbsteigenen „Werke der Philosophen allerlei Darlegungen ihrer Lehren, „oder überhaupt Geschichte der Philosophie zu lesen, ist wie

III. Quellen und Methode. 27

„wenn man sich sein Essen von einem Andern kauen lassen
„wollte. Würde man wohl Weltgeschichte lesen, wenn es
„Jedem freistände, die ihn interessierenden Begebenheiten der
„Vorzeit mit eigenen Augen zu schauen? Hinsichtlich der
„Geschichte der Philosophie nun aber ist ihm eine solche
„Autopsie ihres Gegenstandes wirklich zugänglich, nämlich in
„den selbsteigenen Schriften der Philosophen; woselbst er dann
„immerhin, der Kürze halber, sich auf wohlgewählte Haupt-
„kapitel beschränken mag; um so mehr, als sie alle von
„Wiederholungen strotzen, die man sich ersparen kann." —
Niemand wird sein, der nicht das Treffende dieser Worte
fühlte, niemand aber auch, der nicht einsähe, dafs sie ein
einseitiges, nur *cum grano salis* aufzunehmendes Urteil enthalten. Hier, wie so oft bei Schopenhauer, scheinen die paradoxen Aussprüche nicht völlig ernst gemeint, sondern mehr
darauf berechnet zu sein, die hergebrachte Meinung gründlich
zu erschüttern, die ruhende Wage ins Schwanken zu bringen,
bis sich aus der einseitigen Tradition und der ebenso einseitigen
Paradoxie im Geiste des Lesers das richtige und auch von
dem Philosophen selbst beabsichtigte Gleichgewicht herstellt.
Wohin würden wir z. B. kommen, wenn wir den obigen Rat
Schopenhauers streng befolgen wollten? Jemand, der alle
Geschichten der Philosophie von der Hand wiese, um allein
die Werke der Philosophen zu studieren, würde (jenem historischen Bilde Schopenhauers ein geographisches entgegenzu-
setzen) vergleichbar sein einem Manne, der alle Karten und
Beschreibungen eines Landes wegwirft und beschliefst, dasselbe zu durchwandern, um es aus eigener Anschauung kennen
zu lernen. Gewifs wird ein solcher die Thäler und Berge,
die Flüsse und Seen des Landes viel gründlicher nach Form
und Bildung kennen lernen, als es durch die genaueste Karte
möglich ist, aber er wird spät oder nie dazu gelangen, den
Zusammenhang der Flufsthäler, der Gebirgszüge zu erfassen
und eine Vorstellung des Ganzen zu gewinnen. Nun ist aber
ein philosophisches System von der Art, dafs jeder einzelne
Gedanke erst durch die Beziehung auf das Ganze seine volle
Bedeutung gewinnt, und dieses Ganze in kurzem Überblick
zu geben, damit wir in stand gesetzt werden, alles Einzelne

beim Studium des Philosophen gleich richtig aufzufassen, das ist die erste und wesentlichste Aufgabe einer Geschichte der Philosophie. Aber noch mehr. Der Historiker der Philosophie will den Philosophen nicht nur verstehen, er will ihn auch besser verstehen, als er sich selbst verstand, welches nach Kants Ansicht (Kritik der reinen Vernunft, 1. Aufl., S. 313) „gar nichts Ungewöhnliches" ist, da wir nicht nur, wie ihr Urheber, die Gedanken sehen, sondern auch das, was aus ihnen erfolgt ist, welche derselben sich als fruchtbar erwiesen haben, und welche als ein Irrweg späterhin erkannt und verlassen wurden. Natürlich werden wir dem Geschichtsschreiber nicht weiter trauen, als z. B. der Minister den Geheimräten traut, die ihm Vortrag zu halten haben. Der Minister kann nicht alle einzelnen Sachen selbst bearbeiten; dazu würde weder Zeit noch Kraft ausreichen; er muſs sich auf die Augen, vielfach auch auf das Urteil seiner Räte verlassen. Aber er sieht doch mehr als die Räte, so genau sie informiert sein mögen, denn er sieht die Sachen in ihrem Zusammenhange mit dem Ganzen und wird, durch die Menge verwandter Erscheinungen in der Beurteilung geübt, Wert und Unwert des Einzelfalles oft mit einem Blicke richtiger erfassen, als der, welcher sich ganz in denselben eingearbeitet hat und dann gelegentlich vor den Bäumen den Wald, vor den Einzelheiten das Ganze nicht mehr deutlich sieht. Selbstverständlich behält sich der Minister vor, überall und so oft es ihm erforderlich scheint, bis ins Einzelnste herabzusteigen, und so werden auch wir bei jeder, selbst der besten Geschichte der Philosophie unklare Punkte finden, welche ein Zurückgehen auf die Worte des Philosophen selbst erforderlich machen. Aber auch ohne dies wird jede Gesamtdarstellung einer Lehre das Verlangen wecken, sie aus eigener Anschauung kennen zu lernen, bis schlieſslich beides, die Worte des Philosophen und die Zusammenfassung durch seinen Historiker, zusammenwirkend ein möglichst deutliches Bild über das Allgemeine und das Besondere des Systems in uns hervorbringen wird.

Wir begnügen uns, unter den Geschichten der Philosophie nur die wichtigsten zu nennen. Die Philosophie des Orients entbehrt noch einer genügenden Darstellung, da Colebrooke

in seinen Abhandlungen „*On the philosophy of the Hindus*"
(Miscellaneous essays I, p. 227—419; 2. Aufl. mit Zusätzen
von *Cowell*, p. 239—460) eigentlich nur das Äußerlichste gethan hat, und einer Durcharbeitung des Materials, wie sie
für die griechische Philosophie Brandis und Zeller, für die
neuere Erdmann und Fischer geliefert haben, hier große
Schwierigkeiten im Wege stehen. Für die griechische Philosophie ist das nicht leicht zu übertreffende Hauptwerk
Zellers Philosophie der Griechen, 5 Bände, (1. Aufl., 1844—52;
3. Aufl., 1869—82; 1. u. 2. Tl., 4. Aufl., 1876 fg.); die neuere Philosophie ist in ausführlicher Darstellung von J. E. Erdmann
und von K. Fischer behandelt worden. Jede der beiden
Arbeiten hat ihre Verdienste, und auch die ältere, Erdmann'sche
Darstellung behält neben der neuern ihren Wert, sofern sie
eine treue und dabei kürzere Reproduktion der Hauptgedanken
jedes Philosophen bietet. Von den zahlreichen Gesamtdar-
stellungen erwähnen wir nur das Kompendium von Überweg,
in den neuen Auflagen besorgt von Heinze, welches schon
wegen der nahezu vollständigen Litteraturangaben jedem Forscher unentbehrlich ist (7. Aufl., 1886—88).

B. Einsicht.

Nachdem wir die unmittelbaren und mittelbaren Quellen
besprochen haben, durch welche wir Kunde von den Gedanken
der Philosophen gewinnen können, wird die weitere Frage
sein, was geschehen kann, um diese Gedanken nicht bloß
kennen zu lernen, sondern von Grund aus zu verstehen.
Vere scire est per causas scire. Eine Einsicht gewinnen
wir in eine Sache dann, wenn es uns gelingt, nicht nur sie
selbst, sondern auch die Ursachen zu erkennen, aus denen sie
erwachsen ist. Für die Gedanken eines Philosophen aber
kommen als Ursachen drei Momente in Betracht.

1) Wie die Blüte vom Stengel, so werden die Gedanken
jedes Philosophen getragen von seiner Individualität und
erhalten durch dieselbe eine gewisse Färbung, welche bei der
Abschätzung ihres allgemein, auch für alle andern Individuen,
gültigen Wertes sehr in Betracht zu ziehen ist. Es geschieht
daher mit Recht, daß man der Darstellung der Gedanken

eines Philosophen einen kurzen Blick auf seine Lebensverhältnisse vorausgehen läfst. Auf diese Individualität aber wirken zwei Momente ein, welche wir als das traditionelle und das originelle Element wohl auseinander zu halten haben.

2) **Das traditionelle Element** besteht in allem dem, wodurch ein Philosoph von den Traditionen und Meinungen seiner Zeit, insbesondere von seinen Vorgängern, beeinflufst worden ist. Es ist vorgekommen, dafs ein Philosoph die Gedanken seiner Vorgänger richtig aufgefafst und weiter fortgebildet hat. Als Regel aber findet sich, dafs er ihnen nicht vollständig gerecht wird; denn je selbständiger ein Genius ist, um so schwerer wird es ihm, sich ganz in den Standpunkt eines andern zu versetzen, als wozu eine gewisse Passivität gehört. Daher ist der durch Tradition bedingte Teil eines Systems in der Regel die wertlosere Seite, gleichsam die Schale desselben.

3) **Das originelle Element** befafst dasjenige, was ein Philosoph unmittelbar aus der Betrachtung der äufsern und innern Natur geschöpft hat. Da diese in allen Zeiten und Ländern eine und mit sich einstimmig ist, so werden auch die Gedanken über sie sich nicht eigentlich und im Grunde widersprechen können, während nach der traditionellen Seite hin alle Philosophen von Widersprüchen gegen einander voll sind. Es wird sich zeigen, wie viel wir z. B. bei Platon, bei Jesus, bei Kant gewinnen, wenn wir die Tradition als Schale abzulösen wissen, um das originelle Element als Kern übrig zu behalten. Dieses ist dann weiter mit der Natur der Dinge, aus der es stammt, zu konfrontieren; d. h. wir werden die Gesichtspunkte aufzusuchen haben, von denen aus ein Philosoph die Natur betrachtete, um gerade zu seinen besonderen Gedanken zu gelangen. Diese Gesichtspunkte sind mannigfach, aber die Natur, auf welche sie sich beziehen, ist eine; und so kann es nicht fehlen, dafs alle originellen Gedanken aller Philosophen, von der traditionellen Hülle befreit, eine wundersame Einstimmigkeit zeigen, welche eine nicht geringe Gewähr für die Wahrheit ihrer Lehren ist.

Schon aus dem Gesagten erhellt, dafs wir weit davon entfernt sind, die Ansicht derjenigen zu teilen, welche der

III. Quellen und Methode.

Geschichte der Philosophie vor Kant oder auch vor Spinoza nur noch ein sogenanntes „historisches Interesse" zugestehen. Diese Ansicht, welche viel dazu beigetragen hat, zu verhindern, dafs man aus der Geschichte der Philosophie den Gewinn zog, der in ihr liegt, beruht auf einer Verwechselung der empirischen Forschungsweise mit der philosophischen. In den empirischen Wissenschaften, welche es mit der Ermittelung von Thatsachen und ihres kausalen Zusammenhanges zu thun haben, kann die Arbeit des Vorgängers vom Nachfolgenden so sehr aufgesogen und assimiliert werden, dafs durch die letzte Form einer Wissenschaft alle vorhergehenden antiquiert werden und nur noch als Denkmäler überwundener Standpunkte dastehen. Ganz anders in der Philosophie. Denn diese ist nicht wie eine Pyramide, welche allmählich durch die im Laufe der Jahrhunderte zusammengetragenen und aufgeschichteten Bausteine zu stande gebracht worden ist oder erst noch werden soll *(rusticus exspectat dum defluat amnis)*, — vielmehr gleicht die philosophische Wahrheit einer Pyramide, welche so alt ist wie die Welt selbst, und die man schon von Anfang an voll und ganz, wenn auch erst aus der Ferne, in undeutlichen Umrissen und wie durch einen Nebel gewahrte, der man dann immer näher kam, die man im Verlaufe von den verschiedensten Seiten und immer deutlicher erblickte, bis wir schliefslich an sie heran, ja wohl gar auf dieselbe hinauf gelangt sind, ohne dafs darum die Auffassungen derselben und ihrer Teile durch Frühere ihren Wert verloren hätten. Wohl ist die genauere Erkenntnis der Natur und ihrer Einzelheiten durch die Naturwissenschaften erst eine Errungenschaft der neuern Zeit, aber neun Zehntel der Natur, alle ihre grofsen Grundverhältnisse, der Raum und die Zeit, die Materie, die Naturkräfte, das menschliche Leben und die Abgründe unseres eigenen Innern lagen von je her offen da, ja sie wurden von den alten Philosophen, „die den Göttern noch näher wohnten" (Plat. Phileb. p. 16 c), d. h. deren Blick noch nicht durch einen Wust von Traditionen getrübt war, oft reiner und deutlicher erfafst als von den späteren. Wir werden daher vor allem unser Interesse der ersten Genesis der Ideen in der indischen, griechischen und christlichen

Philosophie bis zu ihren Höhepunkten in den Upanishad's, in Platon, im Neuen Testamente, und wiederum der neuen Grundlegung durch die kantische Philosophie zuwenden, wohingegen wir uns über andere Zeiträume in dem Mafse kurz fassen können, in welchem in ihnen das Operieren mit ererbten Traditionen überwiegt über das Schöpfen ursprünglicher Erkenntnisse aus der Natur selbst. Denn nur in diesen und ihrer Nachprüfung an der Natur der Dinge liegt der eigentlich fruchtbare und fördernde Teil unserer Aufgabe, und nur dann dürfen wir in der That hoffen, Philosophie auch aus der Geschichte der Philosophie zu lernen, wenn wir es uns zum Grundsatze machen, alle Gedanken bis zu dem Quellpunkte zu verfolgen, an dem sie aus der auch uns vorliegenden Natur der Dinge entsprungen sind; — und so wollen wir zum Werke schreiten, indem wir im übrigen uns vorher noch stärken durch einen Weidspruch aus dem Aristoteles (de coelo 1,10, p. 279 b 11): καὶ γὰρ δεῖ διαιτητὰς ἀλλ' οὐκ ἀντιδίκους εἶναι τοὺς μέλλοντας τἀληθὲς κρίνειν ἱκανῶς. Nicht Partei sondern Kampfrichter sollen wir sein; aber ein wahrer Kampfrichter ist nur der, welcher selber gekämpft hat.

DER ALLGEMEINEN GESCHICHTE DER PHILOSOPHIE

ERSTER TEIL:

DIE PHILOSOPHIE DER INDER.

Einleitung zur Philosophie der Inder.

I. Vorbemerkung über den Wert der indischen Philosophie.

„Gesetzt, es gäbe — was ja wohl möglich ist — auf einem der andern Planeten unseres Sonnensystems, vielleicht auf dem Mars oder der Venus, Menschen oder menschenartige Wesen, die es, wie wir, zu einer Kultur und, als höchster Blüte derselben, zu einer Philosophie gebracht hätten, und es würde uns die Möglichkeit gegeben (etwa, indem es gelänge, von dort ein Projektil bis in den Bereich der überwiegenden Erdanziehung zu schleudern), von dieser Philosophie Kenntnis zu nehmen, so würden wir ohne Zweifel den Erzeugnissen derselben ein grofses Interesse zuwenden. Mit Aufmerksamkeit würden wir sowohl Übereinstimmung als Verschiedenheit jener translunaren Weltanschauung mit der unsrigen prüfen. Jede Abweichung in den Ergebnissen würde zu einer Untersuchung darüber anregen, auf wessen Seite die Wahrheit sei, jede Zusammenstimmung würde uns daran erinnern, dafs es eine Gewähr für die Richtigkeit der Rechnung zu sein pflegt, wenn zwei Rechner unabhängig von einander zu demselben Facit gelangen, — wiewohl auch hierbei der kantische Gedanke von den natürlichen und unvermeidlichen «Sophistikationen, nicht der Menschen, sondern der reinen Vernunft selbst» in Erwägung zu ziehen sein würde."

„Nicht ganz, aber doch annähernd werden die Hoffnungen, die wir an eine solche «vom Himmel gefallene» Philosophie knüpfen würden, erfüllt durch dasjenige, was die Philosophie der Inder uns thatsächlich bietet. Denn während alles, was an philosophischen Gedanken diesseits des Hindukusch hervorgebracht worden ist, von Mose und Zoroaster, von Pythagoras und Xenophanes an durch Platonismus, Christentum und Kantianismus hindurch bis auf die Gegenwart herab in einem einzigen grofsen Zusammenhange steht, durch welchen unser Denken mehr, als wir es oft ahnen, abhängig ist von uralten Traditionen, Einseitigkeiten der Auffassung und Irrtümern, — so haben die Inder, indem sie von ihren Bruderstämmen schon in vorhistorischer Zeit abgetrennt wurden, gegen die ursprünglichen Bewohner aber des Industhales und der Gangesebene sich selbst auf das strengste absonderten, bis zu den Zeiten der vollen Ausgestaltung ihrer Weltanschauung — so weit bis jetzt zu erkennen — keinen Einflufs auf ihr Glauben und Denken irgendwoher empfangen, und als die Stürme der griechischen, skythischen und mohammedanischen Invasionen über Indien hereinbrachen, trafen sie, allem Anscheine nach, die indische Gedankenwelt schon in einer Erstarrung und schulmäfsigen Geschlossenheit an, in welcher sie dieselbe nicht mehr erheblich zu inquinieren vermochten, während vielmehr umgekehrt die fremden Eroberer zu dem geknechteten Indien vielfach in eine fast ebenso grofse geistige Abhängigkeit traten, wie das Römerreich zu dem eroberten Griechenland."

An diesen Worten aus der Einleitung zu unserer Übersetzung der Sûtra's des Vedânta (1887) mag es genug sein, um den Wert der indischen Philosophie für uns zu charakterisieren. Man würde vielleicht für naiv gehalten werden, wollte man unserm, in allen Stücken „so herrlich weit" fortgeschrittenen Zeitalter zumuten, von den alten Indern noch etwas zu lernen; aber einen Nutzen wird das allgemeinere Bekanntwerden der indischen Weltanschauung doch haben: diesen nämlich, uns zum Bewufstsein zu bringen, dafs wir mit unserm gesamten religiösen und philosophischen Denken in einer kolossalen Einseitigkeit stecken, und dafs es noch eine ganz andere Art, die Dinge anzufassen, geben kann, als die, welche Hegel als die allein mögliche und vernünftige konstruiert hat.

II. Land und Leute.

Indien hat (wie schon Sir William Jones bemerkt) im allgemeinen die Gestalt eines unregelmäfsigen Vierecks, dessen vier Winkel den vier Himmelsgegenden zugekehrt sind und im Norden durch den Gebirgsstock des Hindukusch, im Westen und Osten durch die Mündungen des Indus und Ganges, im Süden durch das Kap Komorin und die Insel Ceylon gebildet werden. Eine Diagonale, von der westlichen nach der östlichen Spitze gezogen, fällt nahezu zusammen mit dem Wendekreise des Krebses, d. h. mit der nördlichen Breite, bis zu welcher die Sonne im Sommer senkrecht zu stehen kommt. Indien ist also seinem nördlichen Teile nach ein subtropisches, dem gröfsern Teile nach ein tropisches Land. Es bietet den einzigen Fall, wo eine ursprüngliche Kultur im hohen Sinne des Wortes unter den Tropen sich entwickelt hat, und die Poesie der Inder spiegelt in allen Gattungen, in Epos, Lyrik und Drama, den eigentümlichen Zauber der Tropenwelt wider. Jene von der Mündung des Indus zu der des Ganges laufende Diagonale teilt das Viereck Indiens in zwei Dreiecke, in das nördliche, tiefliegende und fast vollkommen ebene Hindustan und in das südliche Dekhan, ein Hochplateau, welches nach Norden durch das Vindhyagebirge, nach den übrigen Seiten durch das im Südwesten steil abfallende, im Südosten sanft sich abdachende Treppengebirge der Ghatta's abgeschlossen wird und der brahmanischen Kultur erst zugänglicher wurde, nachdem dieselbe in Hindustan ihr Grundgepräge empfangen hatte. Aber auch Hindustan, das nördliche Dreieck, zerfällt in zwei von der Natur wohlgeschiedene Teile; fällt man nämlich vom Hindukusch als der Nordspitze ein Lot auf die Grundlinie des Dreiecks, so läuft dasselbe durch die ca. 300 Kilometer breite Wüste Marusthala, welche das Indusland im Westen von der Gangesebene im Osten abscheidet und nur im Norden, an den Abhängen des Himâlaya, einen bequemern Durchgang gestattet. So zerfällt Indien von Natur in drei Teile: 1) das Stromgebiet des Indus und seiner Zuflüsse, 2) die Gangesebene zwischen Himâlaya und Vindhya, und 3) das Plateau des Dekhan, welche, wie zu zeigen sein wird, den drei Entwicklungsperioden der indischen Kultur entsprechen. Nach aufsen wird Indien abgeschlossen im Nordwesten durch das indisch-persische Grenzgebirge, im Nordosten durch den Himálaya, welcher die höchsten Gipfel der Erde trägt, im Südwesten durch das persische und im Südosten durch das indische Meer; es ist also, wie mit Recht bemerkt worden ist, „eine eigene Welt" (Lassen, Ind. Altertumskunde, I², S. 100), und wenn seine Abgeschlossenheit auch nicht so grofs war, um die Handelsverbindungen mit den benachbarten Völkern, wie sie von je her bestanden haben, erheblich zu erschweren, so genügte sie doch, um Indien, wenigstens für die Zeit seiner Entwicklung, vor der Invasion und Eroberung durch fremde Heere, vor der Überflutung und Ertränkung seiner Kultur durch ausländische Einflüsse zu schützen. Nach innen aber, gegen die Einwirkungen der eingebornen, in jedem Sinne tief unter den eingewanderten Indogermanen stehenden Urbevölkerung haben diese sich durch Mittel, die später zu besprechen sein werden, im wesentlichen zu wahren gewufst, und ein merklicher Einfluss von Seiten der Aboriginer, wie er öfter behauptet worden ist, scheint in keiner erheblichen Hinsicht stattgefunden zu haben.

Die in Indien einwandernden Indogermanen, oder, wie sie sich selbst nennen, die Árya's, d. h. „die zu den (der Stammesreligion) Treuen Gehörigen", waren schon vor der Trennung von ihren europäischen Brüdern, wie die Vergleichung der Sprachen beweist, über die ersten Anfänge der Kultur hinaus. Die Gemeinsamkeit der Worte legt Zeugnis ab sowohl für ein wohlgeordnetes Familienwesen als auch für die schon vorhandenen Anfänge einer staatlichen Ordnung. Gemeinsam sind auch die Namen fast aller Haustiere, aber nur einer Kornfrucht (*yava*, ζέα), was auf eine sehr entwickelte Viehzucht und einen in den ersten Anfängen stehenden Ackerbau schliefsen läfst. Die notwendigsten Handwerke zur Verfertigung von Wohnung, Kleidung und Fahrzeugen (wie Wagen und Schiffen) waren in Übung; auch der Begriff der befestigten Ansiedlung (*pur*, πόλις) scheint in die Urzeit zu gehören. Namentlich aber zeigt die Sprachvergleichung, dafs die Götterverehrung schon weit über den überall als ursprünglich vorauszusetzenden Dämonenkultus vorgeschritten war. Das allen indogermanischen Sprachen gemeinsame Wort für Gott *(deva, daeva,* דֵּוָּ‎ [?]*, deus, tivar, diewas, dia)* beweist, dafs schon von dem Urvolke die Götter als „die lichten, die himmlischen" verehrt wurden, und die mit Recht so benannte grofse historische Gleichung: *Dyaus pitar* = Ζεὺς πατήρ = *Jupiter* legt Zeugnis dafür ab, dafs die Grundanschauung über das Verhältnis des Menschen zu Gott nicht, wie bei den Semiten, die einer Knechtschaft, sondern einer Kindschaft war. Erst spät, und vielleicht unter indogermanischem Einflusse, gelangten die Semiten dazu, Gott als den Vater aufzufassen, erst spät auch entwickelte sich bei ihnen der Gedanke der Unsterblichkeit, während er den Indern wie den Iraniern von Anfang eigen und wahrscheinlich schon vor der Trennung von einander gemeinsam war, ja vielleicht bis in die indogermanische Urzeit zurückreicht. Wir werden in einem spätern Teile unserer Betrachtung diese verschiedenen Auffassungen über Gott und Seele daraus abzuleiten versuchen, dafs der Semit sich nur schwer und erst spät von dem natürlichen, angebornen Realismus loszumachen weifs, während der Indogermane von Anfang an eine Neigung zum Idealismus bekundet, in welchem, wie sich noch genauer ergeben wird, alle Philosophie wurzelt.

Wann die Einwanderung der Arier in Indien stattgefunden hat, läfst sich nicht bestimmen; sie mag wohl 3000 oder 4000 Jahre, wenn nicht mehr, vor unserer Zeitrechnung zurückliegen und erfolgte aller Wahrscheinlichkeit nach von Westen her durch das Thal des Kabulflusses. Von hier vollzog sich die Besetzung Indiens durch die Arier in drei zeitlich aufeinanderfolgenden Perioden, welche den drei oben besprochenen Teilen Indiens (Industhal, Gangesebene, Dekhan) entsprechen, indem die Entwicklung der arischen Kultur 1) ursprünglich auf das Pendschâb des Indus beschränkt war, sodann 2) das Thal des Ganges bis zu dessen Mündung in langsamem Vorrücken eroberte, und endlich 3) in allmählichem Fortschritte das südliche Plateau umspann und civilisierend in dasselbe eindrang. Ein deutliches historisches Bewufstsein dieses Fortschreitens ist nicht vorhanden, doch nimmt man nicht mit Unrecht an, daſs von den beiden groſsen Nationalepen das *Mahâbhâratam* eine Rückerinnerung an die Schiebungen und Kämpfe der Arier untereinander infolge der Eroberung des Gangesthales, das *Râmâyaṇam* eine symbolische Individualisierung der nach Süden durch das Dekhan und bis nach Ceylon hin vordringenden brahmanischen Kultur ist. Jedenfalls aber handelt es sich dabei nicht um einmalige Ereignisse, sondern um jahrhundertelange Prozesse; Data lassen sich hier, wie zumeist in Indien, nicht angeben, und es geschieht nur, um dem Vorstellungsvermögen einigen Anhalt zu geben, wenn wir ganz ungefähr und als mögliche Grenzpunkte der genannten drei Perioden die Jahre 1000 und 500 a. C. hinstellen. In der indischen Litteratur mögen die drei Perioden der Hymnenzeit, der Brâhmaṇazeit und der Sanskritzeit diesen drei Entwicklungsperioden im ganzen und groſsen parallel laufen und entsprechen.

III. Perioden der indischen Philosophie.

Eine eigentliche Geschichtsschreibung wie in Griechenland und Rom giebt es in Indien nicht, und die Historiker gewöhnlichen Schlages (wie sie denn auch einem Platon nicht verzeihen können, daſs er kein Demosthenes wurde) zucken mitleidig die Achsel darüber, daſs ein so hochbegabtes Volk es nicht bis zu einem dauerhaften Staatsorganismus, nicht zu einer öffentlichen Beredsamkeit, ja nicht einmal bis zu einer Aufzeichnung seiner Geschichte gebracht habe. Sie sollten lieber zu begreifen suchen, daſs die Inder zu hoch standen, um, nach der Weise der Aegypter u. a., an Königslisten sich zu ergötzen, d. h., in der Sprache des Platon ausgedrückt, Schatten zu zählen; daſs der indische Genius (äuſserlich betrachtet sehr zu seinem Schaden) es verschmähte, die zeitlichen Dinge und ihre Ordnung sehr ernst zu nehmen, weil er mit der ganzen Energie seiner durch die Milde des Klimas von gemeiner Sorge entbundenen Kräfte das Ewige suchte und dieses in einer überreichen poetischen und religiös-philosophischen Litteratur zum Ausdrucke gebracht hat. Fehlt es dieser Litteratur auch an äuſsern chronologischen Daten, so ist doch eine gewisse innere Chronologie vorhanden, vermöge

III. Perioden der indischen Philosophie.

deren es mit der Zeit gelingen wird, allem Einzelnen seine richtige Stelle in der Entwicklung des Ganzen anzuweisen. Denn wir haben in Indien nicht wie in Griechenland eine durch das Mittelalter unterbrochene, sondern eine von den ältesten Zeiten bis auf die Gegenwart kontinuierliche Überlieferung, und so etwas wie die Fragmente der griechischen Litteratur giebt es in Indien nicht. Dafür aber sind hier oft nicht mehr die ursprünglichen Geistesschöpfungen, sondern nur die verkürzte Zusammenfassung derselben zum Gebrauche der Schulen vorhanden, und die geistige Arbeit vieler Generationen, deren es bedurfte, um zu den Sûtra's des *Pâṇini* oder zur *Sâṅkhyakârikâ* zu gelangen, läſst sich nur aus diesen mutmaſsend abschätzen. Zum Glücke werden von diesem Schicksale, durch die Nachfolger verdrängt zu werden, am meisten nur die Schulwissenschaften, am wenigsten die religiösen, durch kanonisches Ansehen geschützten Werke betroffen, sodaſs wir im ganzen und groſsen in Indien eine ununterbrochene Entwicklung vor uns haben, welche von den ältesten Hymnen des Ṛigveda bis auf die modernsten Erzeugnisse der Sanskritlitteratur, d. h. etwa von 1900 a. C. bis 1900 p. C. reicht, wenn auch diese Produktion keineswegs eine stetige gewesen ist und neben Zeiten der Flut auch lange Perioden der Ebbe aufzuweisen hat. Namentlich fallen beim Überblicken des Ganzen zwei Einschnitte ins Auge, welche sich durch eine so groſse, nachfolgende Veränderung der Sprache, der Denkungsweise und der Interessen kennzeichnen, daſs wir in ihnen Stagnationen der litterarischen Produktion vielleicht für Jahrhunderte zu erkennen und nach den Gründen derselben zu fragen alle Ursache haben. Der erste Einschnitt liegt zwischen den Hymnen und Brâhmaṇa's, der zweite zwischen den Brâhmaṇa's und Sûtra's, mit denen die Sanskritlitteratur im engern Sinne anhebt.

Zunächst ist allbekannt und viel bemerkt die Lücke zwischen den Hymnen des Ṛigveda und der Abfassung der ältesten Brâhmaṇa's, eine Lücke, welche durch die, teilweise wenigstens dieser Zwischenzeit zuzuweisenden, Hymnen des Atharvaveda notdürftig überbrückt wird. Schon die Verschiedenheit der Sprache, mehr aber noch das abergläubische

Ansehen, welches die Hymnen in den Brâhmaṇa's geniefsen, weist darauf hin, dafs zwischen beiden eine Zeit der Verdunkelung liegt, die mehrere Jahrhunderte gedauert haben mag; und nehmen wir hinzu, dafs der Horizont, der in den Hymnen fast durchaus auf das Flufsthal des Indus beschränkt ist, in den Brâhmaṇa's sich über die Ebene des Ganges und die umliegenden Länder erweitert hat, so kann es keinem Zweifel unterliegen, dafs zwischen beiden die Einwanderung in das Gangesthal liegen mufs nebst der Einrichtung in den neuen Verhältnissen und Wohnsitzen, und dafs der indische Geist, als er sich endlich auf seine Vergangenheit besann, dieser so entfremdet worden war, dafs er in den Brâhmaṇa's einen neuen Anfang machen mufste.

Ein zweiter, nicht weniger merklicher Einschnitt liegt zwischen den Brâhmaṇa's und der Sanskritzeit, die mit den vedischen Sûtra's beginnt, welche zwar noch zum Veda gerechnet werden, nicht aber, wie die Mantra's (Hymnen und Sprüche) und Brâhmaṇa's, für inspiriert gelten und der Sprache nach von ihren unmittelbaren Vorgängern, den Brâhmaṇa's, vielleicht weiter abstehen als von allen Produkten der Sanskritperiode durch das folgende Jahrtausend und weiter hin.* Auch hier ist ein jäher Abbruch; die Produktion der Brâhmaṇazeit geriet in den Upanishad's mitten in der schönsten Blüte ins Stocken, als erst wenige Schulen für ihr theosophisches Denken und Empfinden einen mehr als rudimentären Ausdruck gefunden hatten. Die Sûtra's aber fangen neu an: die Brâhmaṇa's in aller ihrer Prolixität erscheinen als inspiriert und unantastbar, man sucht sich diesem massenhaften Stoffe gegenüber durch indexartige Zusammenstellung des Wesent-

---

* „Diese Schriften werden, als Sûtram des *Baudhâyana*, Sûtram des *Âpastamba*, nach dem Namen eines Menschen benannt. Man kann aber nicht annehmen, dafs es sich dabei, wie in dem Falle der Benennung [der Brâhmaṇa's] nach den *Kâṭhaka*'s u. s. w., blofs um ein Verkündigen [der göttlichen Offenbarung durch Menschenmund] handle. Denn jene [Sûtra-Verfasser] wurden bei der Ausarbeitung ihrer Werke von manchen Zeitgenossen beobachtet. Und dies ist durch ununterbrochene Tradition bis auf die Gegenwart überliefert worden. Sie sind daher, so gut wie die Werke des *Kâlidâsa* u. s. w., blofses Menschenwerk." (*Mâdhava* zum *Nyâyamâlâvistara* zu Jaim. 1, 3, 11—14, ed. Çivadatta, p. 34.)

III. Perioden der indischen Philosophie.

lichen zu orientieren, kurz man fühlt sich abermals als Epigone, und ein Zwischenraum mehrerer Jahrhunderte ist unumgänglich anzunehmen. Aber was kann den indischen Geist vermocht haben, zum zweitenmal seiner eigenen Vergangenheit sich zu entfremden? Äufsere Störungen von dem erforderlichen Umfänge sind nicht nachweisbar, denn der Alexanderzug und das aus seinen Wirren schliefslich sich erhebende, vom Indus bis zum Ganges, vom Himâlaya bis zum Vindhya reichende Reich der *Maurya* brachte zunächst nur eine vorübergehende und äufserliche Veränderung, die als solche dem Fleifse der Brahmanenschulen keine Schädigung brachte. Aber wenn wir uns erinnern, dafs der erste dieser Mauryakönige, *Candragupta* (315—291), ein Çûdra gescholten wird, und dafs sein Enkel *Açoka* (259—222) den Buddhismus, bei aller Toleranz gegen Andersgläubige, zur Staatsreligion seines Weltreiches von Kaçmîra bis zur Godâvarî, von Gujerat bis Orissa machte, so wird begreiflich, dafs die frischeren und kräftigeren Geister jener Zeit sich von der untergehenden Sonne des Brahmanismus ab zur aufgehenden des Buddhismus wandten, und als einige Jahrhunderte später der Buddhismus seine Anziehungskraft verlor, als man sich den verlassenen Opferfeuern, den vielleicht damals erst, zur Zeit des Abfalles, von den wenigen Treugebliebenen, um sie zu retten, aufgezeichneten Texten der Hymnen und Brâhmaṇa's wieder zuwandte, da wurden Inhaltsübersichten über ihre weitschichtigen Materialien Bedürfnis *(Sûtra's)*, da sprach man die Sprache der Brâhmaṇa's nicht mehr und mufste sie dem *Prâkṛit* der herrschenden Sprache gegenüber als „Kunstsprache", als *Saṃskṛitam* künstlich wieder auffrischen, woran sich dann *Mahâbhâratam* und *Manu*, sowie weiterhin *Kâlidâsa* und die ganze Litteratur der indischen Renaissance anschlofs.

Sonach unterscheiden wir, wie für die gesamte indische Litteratur so auch für den philosophischen Teil derselben, drei Perioden:

I. Hymnenzeit, das erste Aufblühen philosophischer Gedanken im Fünfstromlande befassend.

II. Brâhmaṇazeit: Die Fortentwicklung dieser Gedanken bis zu den die Schlufssteine der Brâhmaṇaperiode bildenden Upanishad's.

III. Sanskritzeit: Die Fortbildung der Upanishad-Gedanken zu den orthodoxen und heterodoxen Systemen, zu welchen auch der Buddhismus gerechnet wird.

IV. Die philosophische Litteratur der Inder.

Die indische Philosophie tritt unserer ererbten abendländischen Kultur als Ganzes so fremd gegenüber, dafs es rätlich erscheint, zur ersten Einführung, wenn nicht in den Geist, so doch in den äufsern Bestand derselben, sich der Leitung eines geeigneten Eingebornen anzuvertrauen. Als solcher erscheint *Madhusûdana*, mit dem Beinamen *Sarasvatî*, ein orthodoxer Brahmane aus der Schule des Çaṅkara, nach 1300 p. C. und vielleicht nicht lange vor 1653 lebend, aus welchem Jahre die Handschrift des kleinen Werkes stammt, das wir hier übersetzen wollen. Dasselbe (von Colebrooke vielfach benutzt, von Weber, Ind. Studien I, herausgegeben und mit trefflicher Paraphrase des Inhalts versehen) führt den Titel *Prasthânabheda* „Die Mannigfaltigkeit der Methoden", nämlich der Methoden oder Wege, um zum „Ziele des Menschen" (*purushaartha*) zu gelangen, als welches fast allen Systemen der indischen Philosophie die Erlösung von Samsâra, d. h. vom Kreislaufe der Seelenwanderung, vorschwebt.

Episodisch:

Der Prasthâna-bheda des Madhusûdana-Sarasvatî.

Verehrung dem erlauchten Gaṇeça!

Einleitung.

Da alle Lehrsysteme schliefslich auf Gott (*bhagavant*) als höchstes Ziel, sei es unmittelbar oder mittelbar, hinleiten, so wollen wir hier die Mannigfaltigkeit ihrer Wege zu diesem Ziele in der Kürze darlegen.

Es sind also:

  I. die vier Veda's: *Rigveda, Yajurveda, Sâmaveda* und *Atharvaveda*;

IV. Die philosophische Litteratur der Inder. 45

II. die sechs Vedâñga's (Veda-Glieder), nämlich: *Çikshâ* (Lautlehre), *Kalpa* (Ritual), *Vyâkaraṇam* (Grammatik), *Niruktam* (Wortbedeutung), *Chandas* (Metrik) und *Jyotisham* (astronomische Kalenderkunde);

III. die vier Upâñga's (Nebenglieder), nämlich: die *Purâṇa*'s (Erzählungen aus der Vorzeit), der *Nyâya* (Logik), die *Mîmâṅsâ* (vedische Dogmatik) und die *Dharmaçâstra*'s (Rechtsbücher), wobei die *Upapurâṇa*'s unter den Purâṇa's einbegriffen werden, ebenso das *Vaiçeshika*-System unter dem Nyâya, das *Vedânta*-System unter der Mîmâṅsâ und endlich *Mahâbhâratam* und *Râmâyaṇam*, die *Sâñkhya*'s und *Pâtañjala*'s (Anhänger des Patañjali), die *Pâçupata*'s (Çivaiten), *Vaishṇava*'s (Vishṇuiten) und andere unter dem Dharmaçâstram, sodafs alles in allem vierzehn Wissenschaften sich ergeben. Daher heifst es (Yâjñavalkya I, 3):

„Die *Veda*'s, durch *Purâṇa*'s und den *Nyâya*,
„Durch die *Mîmâṅsâ* und die *Dharmaçâstra*'s,
„Vervollständigt, sowie auch durch die *Añga*'s,
„Das sind die vierzehn Fundstätten zumal
„Der Wissenschaften und der Rechtsgebräuche."

Rechnet man hierzu noch

IV. die vier Upaveda's (Nebenvedas), nämlich: *Âyurveda* (Gesundheitslehre), *Dhanurveda* (Waffenkunde), *Gândharvaveda* (Musiklehre) und *Arthaçâstram* (praktische Unterweisung),

so kommen im ganzen achtzehn Wissenschaften heraus. Was die sämtlichen Denker von positiver Richtung *(âstika)* betrifft, so giebt es keine andern als die genannten Methoden der Lehrsysteme, indem alle übrigen als Specialwissenschaften unter ihnen enthalten sind.

Anmerkung.

Man könnte einwenden, dafs es doch noch weitere Lehrmethoden der Denker von negativer Richtung *(nâstika)* gebe, welche unter den genannten nicht einbegriffen sind und daher besonders aufzuzählen wären. So giebt es zunächst vier Richtungen der Buddhisten, nämlich:

I. die Mâdhyamika's (das Centrum), welche den vollständigen Nihilismus *(çûnya-vâda)* vertreten;

II. die Yogâcâra's (Hingebung und Nachfolge übend). welche nur den momentanen Vorstellungen Realität zugestehen [dogmatischer Idealismus];

III. die Sautrântika's (sich an die Sûtra's haltend), welche die Realität momentaner Aufsendinge, doch nur sofern sie aus der Beschaffenheit der Vorstellungen erschliefsbar sind, annehmen [problematischer Idealismus];

IV. die Vaibhâshika's (an den Kommentar sich haltend), welche die Realität wahrnehmbarer, individueller (l. *sva-lakshaṇa*), momentaner Aufsendinge lehren [Realismus].

Zu diesen vier Schulen der Buddhisten kommen als eine weitere negative Richtung

V. die Cârvâka's mit ihrer Behauptung, dafs der Leib das Selbst sei [Materialisten],

und als eine zweite Richtung.

VI. die Digambara's (*Jaina*'s), welche lehren, dafs die Seele den Leib überdaure und dabei den Umfang des Leibes behalte.

Es giebt somit, alles zusammengenommen, sechs Arten der Denker von negativer Richtung; warum also werden nicht auch diese besprochen? — Auf diese Einwendung antworten wir: wohl giebt es diese, aber da dieselben aufserhalb der Veden stehen [und da *extra Vedos nulla salus*], so können sie, ebenso wie die Methoden der Barbaren * u. s. w., auch nicht einmal mittelbar zur Erreichung des Zieles des Menschen beitragen und sind daher gänzlich *(eva)* aufser Betracht zu lassen. Hier nämlich haben wir nur die Mannigfaltigkeit der, sei es unmittelbar oder mittelbar, zur Erreichung des Zieles des Menschen beitragenden und somit den Veda unterstützenden Methoden aufgezeigt; daher zu einem Zweifel an der Vollzähligkeit unserer Aufstellung keine Veranlassung ist. Nunmehr wollen wir, zur Belehrung der Einfältigen, in der Kürze aufzeigen, wie die Mannigfaltigkeit in der Art dieser Methoden in der [unbeschadet der Einheit des Endzweckes (*artha*) möglichen] Mannigfaltigkeit der Absichten (*prayojana*) ihren Grund hat.

---

* Diese ebenso kurze wie entschiedene Abfertigung alles Ausländischen mag denen, welche immer noch von einer Beeinflussung der indischen Gedanken durch die griechische Philosophie oder das Christentum träumen, beweisen, wie wenig diese für den orthodoxen Brahmanen bis in die späte Zeit hinein auch nur existieren.

IV. Die philosophische Litteratur der Inder. 47

I. Die Veda's.

Das über die Pflicht und über das Brahman belehrende, übermenschliche Richtschnur-Wort ist der Veda. Derselbe besteht aus *Mantra's* (Gebeten) und *Brâhmaṇa's* (auf das Gebet Bezüglichem).

1. Die Mantra's.

Die Mantra's offenbaren die Gottheit als Objekt dessen, der zu einem Vollbringer der Verehrung geworden ist *(anushṭhânakâraka-bhûta-dravya-devatâ-prakâçakâḥ)*. Dieselben sind dreifach, nämlich *Ṛic* (Hymnus), *Yajus* (Opferspruch) und *Sâman* (Gesang).

1) Die Ṛic's fangen an mit *Agnim île purohitam* („Den Priester Agni preise ich", Rigveda 1, 1, 1) und sind kenntlich an den in ihnen aus Versteilen zusammengefügten Metren, wie die Gâyatrî u. s. w.

2) Die Sâman's sind dieselben und unterscheiden sich nur darin, dafs sie gesungen werden.

3) Die Yajus' sind in beiden Stücken von ihnen verschieden [weder metrisch, noch gesungen]. Zu den Yajus' gehören auch die *Nigada* (Anrede) genannten Mantra's, welche eine Aufforderung enthalten, wie: *Agnid! agnin vihara!* („Feueranzünder! teile die Feuer auseinander!"). So viel von den Mantra's.

2. Die Brâhmaṇa's.

Auch das Brâhmaṇam ist dreifach, sofern es teils *Vidhi* (Vorschrift), teils *Arthavâda* (Inhaltserklärung), teils *keins von beiden* ist.

A. Der **Vidhi** wird von den Bhâṭṭa's erklärt als „ein Bewirken durch Worte", von den Prâbhâkara's als „eine Beauftragung", von den Târkika's und allen übrigen als „das Verwendetwerden als Mittel zum Opfer". — Auch der Vidhi (die Vorschrift) ist wieder vierfach und zerfällt in die Vorschrift des Geschehens, der Berechtigung, der Verwendung und der Ausführung. 1) Eine Vorschrift des Geschehens ist eine solche, welche nur die Beschaffenheit des Werkes angiebt, z. B. wenn es heifst: „Der [Opferkuchen] für den Agni wird in acht Schalen dargebracht" (Çatap. 5, 5, 1, 1 K.). 2) Eine Vorschrift der Berechtigung ist die, welche in betreff der mit dem Befehl der Ausführung vorkommenden Handlung, wie Opfer u. s. w., die Verknüpfung mit ihrem Lohne anzeigt, z. B. „bei Neumond und Vollmond soll opfern, wer nach dem Himmel begehrt". 3) Eine Vorschrift der Verwendung ist eine Vorschrift, welche eine Verknüpfung mit Nebenbestimmungen enthält, z. B. „er lasse mit Reiskörnern opfern", oder „er opfert den Brennhölzern". 4) Eine Vorschrift der Ausführung endlich bezieht sich auf die Einheit der Ausführung der Haupthandlung mitsamt den Nebenbestimmungen und besteht in einer Zusammenfassung der drei vorher erwähnten Vorschriften. Sie wird von einigen für schriftmäfsig [in den Brâhmaṇa's vorkommend], von andern für ritualmäfsig [nur in den Kalpasûtra's vorkommend] erklärt. — Auch das [von der Vorschrift geforderte] Werk *(karman)* ist seiner Natur nach zweifach, Begleitwerk *(guṇakarman)* oder Zweckwerk *(arthakarman)*. a. Das Begleitwerk ist etwas Gebotenes, was die Opferhandlung, die Ausführung oder den Ausführenden betrifft. Dasselbe ist vierfach, sofern es ein Entstehen, Erlangen, Umwandeln oder Weihen ist. 1) Wenn es z. B. heifst: „im Frühling soll der Brahmane die Feuer anlegen" — „er behaut den Opferpfosten" u. s. w., so handelt es sich hierbei für die mit einer besondern Weihe versehenen Feuer oder Opferpfosten um ein durch das Anlegen oder Behauen bedingtes Entstehen. 2) Heifst es hingegen: „die heilige Lektion ist zu studieren" — „er melkt die Milch aus der Kuh" u. s. w., so handelt es sich hierbei nur um ein Erlangen der schon vorhandenen Lektion oder Milch durch das Studieren, Melken u. s. w. 3) Wenn es hinwiederum heifst: „er keltert den Soma" — „er drischt die Reiskörner aus" — „er zerläfst die Butter", so ist dies ein an dem Soma u. s. w. durch Keltern, Dreschen und Zerlassen bewirktes Umwandeln. 4) Heifst es endlich z. B.: „er besprengt die Reiskörner" — „die Gattin beschaut das Opfer" u. s. w., so ist dies ein an den Substanzen, wie Reiskörner u. s. w., durch Besprengen oder Beschauen u. s. w. sich vollziehendes Weihen. Alle vier Arten der Begleitwerke sind natürlich immer nur die Nebenhandlung betreffend [*aṅgam*, nicht *añgam* aufzulösen]. Ebenso ist auch b. das Zweckwerk etwas Gebotenes, was die Opferhandlung oder den Ausführenden betrifft. Dasselbe ist zweifach: Nebenwerk *(aṅgam)* oder Hauptwerk *(pradhânam)*. Nebenwerk ist, was um eines andern willen geschieht, Hauptwerk, was nicht um eines andern willen geschieht. Auch das Nebenwerk ist wieder zweifach, beispringend helfend oder nur von ferne helfend: ersteres, sofern es das Wesen der Haupthandlung fördert, letzteres, sofern es auf den Lohn einen Einflufs hat. — Eine Vorschrift, die in dieser Weise von allen Nebenhandlungen begleitet ist, heifst eine Normalform *(prakṛiti)*, ist sie hingegen nur von vereinzelten Nebenhandlungen begleitet, so heifst sie eine Abform *(vikṛiti)*; von beiden verschieden ist die [einfache] Löffelspende. In dieser Weise [trichotomisch, als Teil,

IV. Die philosophische Litteratur der Inder. 49

Gegenteil und von beiden Verschiedenes] kann man sich auch das Übrige zurechtlegen. Damit ist der Vidhi-Teil charakterisiert.

B. Der **Arthavâda** ist eine Rede, welche als Empfehlung, als Abmahnung oder auf eine von beiden verschiedene *(anyatara)* Weise dem Vidhi als Ergänzung (1. *çesha*) dient. Derselbe ist dreifach als *Guṇavâda* (Umdeutung), *Anuvâda* (Wiederholung) und *Bhûtârthavâda* (Mitteilung). 1) Der Guṇavâda sagt etwas aus, was mit andern Erkenntnisnormen [z. B. der Wahrnehmung] in Widerspruch steht, z. B. wenn es heifst: „der Opferpfosten ist die Sonne". 2) Der Anuvâda sagt etwas aus, was durch andere Erkenntnisnormen schon bekannt ist, z. B. wenn es heifst: „Heilmittel ist das Feuer für die Kälte" (Vâj. Saṃh. 23,10). 3) Der Bhûtârthavâda sagt etwas aus, was weder mit andern Erkenntnisnormen in Widerspruch steht noch auch durch sie schon bekannt ist, z. B. wenn es heifst: „er zückte gegen Vṛitra den Donnerkeil" (Taitt. Saṃh. 6,5,1,1).

Darum heifst es:

„Ein *Guṇavâda* ist bei Widerspruch;
„Ein *Anuvâda*, wo etwas schon feststeht;
„Wo beides fehlt, ist ein *Bhûtârthavâda*;
„So wird der *Arthavâda* dreigeteilt."

Während alle drei Arten des Arthavâda darin übereinstimmen, eine Anempfehlung des Vidhi zu bezwecken, so kommt überdies dem Bhûtârthavâda noch Autorität in der von ihm mitgeteilten Sache zu, nach dem Grundsatze, der gelten mufs, wo es sich um die Götter handelt. Denn seine Autorität besteht darin, dafs er Unbekanntes, aber auch Unwidersprochenes mitteilt. Dieses nun ist beim Guṇavâda, der Widersprochenes betrifft, und beim Anuvâda, der schon Bekanntes mitteilt, nicht der Fall. Und in betreff von Begebenheiten, die ihrem Inhalte nach jenen [Offenbarungs-] Zweck nicht verfolgen, bleibt die natürliche Erkenntnisautorität [der Wahrnehmung u. s. w.] dabei unangetastet. — Damit ist der Arthavâda-Teil charakterisiert.

C. Von beiden, Vidhi und Arthavâda, verschieden sind endlich die Texte des **Vedânta**. Zum Vidhi gehört der Vedânta nicht, weil er zwar auch, wie dieser, Unbekanntes kundmacht, nicht aber, wie er, ein Vollbringen befiehlt. [Er ist aber auch nicht, wie der Arthavâda, eine Ergänzung des Vidhi; denn] da er an sich selbst in dem das Ziel des Menschen bildenden, aus höchster Wonne und Erkenntnis bestehenden Brahman, welches sein Inhalt ist, auch, wie die sechs Kennzeichen des Anfangs, Schlusses u. s. w. der Stellen beweisen, seinen Endzweck hat, so ist er an sich selbst Autorität, ja, er macht alle Vidhi's, sofern durch sie Reinheit des Herzens bewirkt wird, zu Ergänzungen seiner selbst, ist aber nicht [wie der Arthavâda] Ergänzung eines andern. Somit sind die Vedântatexte von beiden verschieden, und wenn sie zuweilen, nur weil auch sie Unbekanntes kundmachen, als Vidhi bezeichnet, oder mitunter, weil sie ein von dem Vidhi verschiedenes Richtschnurwort enthalten, ein Bhûtârthavâda genannt werden, so thut das der Sache keinen Eintrag.

Hiermit ist das Brâhmaṇam nach seinen drei Arten [als *Vidhi, Arthavâda* und *Vedânta*] charakterisiert.

Schlufsbemerkungen über den Veda.

Der in dieser Weise aus einem Werkteile *(Mantra, Vidhi, Arthavâda)* und einem Brahmanteile *(Vedânta)* bestehende Veda ist die Ursache des Guten, Nützlichen, Angenehmen und der Erlösung.

Weiter wird derselbe, nach dem dreifachen Gebrauche, den er bei Ausführung der Opfer findet, eingeteilt in *Ṛigveda, Yajurveda* und *Sâmaveda*.

1) Der Ṛigveda (Veda der Verse) wird gebraucht beim Dienste des *Hotar* (der die Götter zu Anfang des Opfers anruft).

2) Der Yajurveda (Veda der Opfersprüche) wird gebraucht beim Dienste des *Adhvaryu* (der die Opferhandlung ausführt).

3) Der Sâmaveda (Veda der Lieder) wird gebraucht beim Dienste des *Udgâtar* (der das Opfer mit seinem Gesange begleitet). In allen dreien ist auch enthalten, was für den Dienst des *Brahmán* (des beaufsichtigenden Priesters) und des *Yajamâna* (des Veranstalters des Opfers) erforderlich ist. Was endlich

4) den Atharvaveda betrifft, so wird derselbe beim Opfer überhaupt nicht gebraucht, sondern giebt nur Belehrung über die Werke, welche dienlich sind, Unheil abzuwehren, das Gedeihen zu befördern und jemandem Unheil anzuthun; ist also von völlig verschiedener Art.

Noch ist zu bemerken, dafs für jeden Veda, infolge der Verschiedenheit der Darlegung seines Inhaltes, sich verschiedene *Çâkhâ's* (Schulen, eigentlich: Zweige) gebildet haben. Wenn nun auch hierdurch bei dem Werkteile eine Verschiedenheit der Behandlung des Stoffes durch die verschiedenen *Çâkhâ's* des Veda

IV. Die philosophische Litteratur der Inder.

stattfindet, so bilden sie doch, was den Brahmanteil betrifft, eine Einheit.

Somit erklärt sich die Verschiedenheit der vier Veda's aus der Verschiedenheit ihrer Bestimmung. — Nunmehr von der Verschiedenheit der *Aṅga's*.

II. Die Vedâñga's.

1. Die Çikshâ.

Zweck der *Çikshâ* (Lautlehre) ist, über die specielle Aussprache der Buchstaben, sowohl der nach Hochton, Tonlosigkeit und Tiefton, nach Kürze, Länge und Doppellänge verschiedenen Vokale als auch der Konsonanten Belehrung zu erteilen, da ohne diese die Mantra's ihren Zweck nicht erfüllen können. Denn es heifst (*Çikshâ*, v. 52. Ind. Stud. IV, p. 367):

„Ein Spruch, der falsch an Ton ist oder Laut,
„Ist nutzlos und besagt nicht, was er soll:
„Er trifft als Rede-Donnerkeil den Opfrer,
„Wie *indraçatru*, weil er falsch betont war."

[Tvashṭar wollte einen *Indraçatrú* (Indrabezwinger) schaffen und schuf durch ein Versehen der Accentuation einen *Índraçatru* (Indrabezwungenen).] Eine für alle Veden gemeinsame Çikshâ, anfangend mit den Worten: „Nun will die Çikshâ ich verkünden" und aus fünf Teilen [heute nur noch in der Yajus-Recension aus 35, in der Rig-Recension aus 60 Çloka's] bestehend, ist von *Pâṇini* veröffentlicht worden. Eine ebensolche, jedoch je nach den Vedaschulen verschiedene ist unter dem Namen *Prâtiçâkhyam* von andern Weisen ans Licht gebracht worden.

2. Das Vyâkaraṇam.

Indem man ebenso weiter die Rektion der vedischen Worte ins Auge fafst, giebt ihre Flexion u. s. w. Veranlassung zur Grammatik (*vyâkaraṇam*). Diese, anfangend mit den Worten: *Vṛiddhir âd aic* („Ablaute sind *â ai au*", Pâṇ. 1,1.1) und aus acht Lektionen bestehend, ist durch die Gnade des Maheçvara (Çiva) ebenfalls von dem erhabenen Pâṇini veröffentlicht worden. Weiter wurde eine Glosse (*vârttikam*) zu den Sûtra's des Pâṇini von dem weisen Kâtyâyana verfafst. Endlich wurde über diese Glosse der grofse Kommentar (*mahâbhâshyam*) von dem erhabenen Weisen Patañjali geschaffen. Dieses ist die Grammatik der drei Weisen, welche ein Vedâṅgam ist und auch als „die von Maheçvara (Çiva) herstammende" bezeichnet wird. Hingegen sind die Grammatiken von *Kumâra* und andern keine Vedâṅga's, sondern haben nur den Zweck, den profanen Sprachgebrauch kennen zu lehren; so steht es damit.

3. Das Niruktam.

Nachdem in dieser Weise durch Lautlehre und Grammatik die Aussprache der Buchstaben und die Rektion der Wörter erkannt worden, so entsteht weiter das Bedürfnis, die Bedeutung der in den vedischen Mantra's vorkommenden Wörter zu verstehen, und zu diesem Zweck ist von dem verehrungswürdigen Yâska das mit den Worten: „Die Zusammenstellung ist vollbracht; selbige ist zu erklären" anfangende und aus dreizehn Lektionen bestehende Niruktam verfaßt worden. In diesem werden die vier Arten der Wörter, Nomen, Verbum, Partikel und Präposition, betrachtet und dabei die Bedeutung der in den vedischen Mantra's enthaltenen Begriffe klargelegt. Da nämlich die Mantra's nur wirksam sind, sofern sie die Sache, die man ausüben soll, klar machen, da aber die Erkenntnis des Sinnes der Sätze von der Erkenntnis der Begriffe abhängig ist, so wird, um die in den Mantra's vorkommenden Begriffe zu erkennen, das Niruktam unumgänglich erfordert, denn ohne dasselbe ist eine Ausübung nicht möglich, da bei schwer verständlichen Worten wie: „*sṛiṇyeva jarbharî turphariṭû*" (Rigv. 10, 106,6) auf andere Weise eine Erkenntnis des Sinnes nicht zu bewerkstelligen ist. So sind denn auch die Nighaṇṭu's, welche die synonymen Worte für die Begriffe der vedischen Gegenstände und Gottheiten enthalten, im Niruktam mitbefaßt, und das in ihm enthaltene, Nighaṇṭu genannte und aus fünf Lektionen bestehende Werk ist ebenfalls von dem verehrungswürdigen Yâska verfaßt.

4. Das Chandas.

Da ebenso ferner die Vers-Mantra's durch specielle, nach Versgliedern verbundene Metra von einander verschieden sind, da über deren Unkenntnis die Schrift ihre Mißbilligung ausdrückt, und da die Vorschrift über bestimmte Obliegenheiten in bestimmten Metren begründet ist, so entsteht weiter ein Bedürfnis nach Kenntnis der Metra *(chandas)*, und um diese mitzuteilen, ist die mit den Worten: *dhî-çrî-strî m* („Geist-Glück-Frau ist ein Molossus") anfangende und aus acht Lektionen bestehende „Erläuterung der Metra" [*chando-viçṛiti*, fraglich, ob Titel] von dem verehrungswürdigen Piṅgala verfaßt worden. Hierbei werden in den ersten

IV. Die philosophische Litteratur der Inder. 53

drei, mit dem Worte *alaukikam* („[so weit] das nichtweltliche")
endigenden Lektionen die sieben Metra: *gâyatrî* (8 + 8 + 8 Silben),
ushṇih (8 + 8 + 12), *anushṭubh* (8 + 8 + 8 + 8), *brihatî* (8 + 8
+ 12 + 8), *paṅkti* (8 + 8 + 8 + 8 + 8), *trishṭubh* (11 + 11 +
11 + 11) und *jagatî* (12 + 12 + 12 + 12) nebst ihren Unterarten
dargestellt. In den übrigen fünf Lektionen werden, anfangend mit
den Worten: *atha laukikam* („nunmehr das weltliche"), bei dieser
Gelegenheit auch die weltlichen, in den *Purâṇa*'s, *Itihâsa*'s u. s. w.
zur Verwendung kommenden Metra betrachtet, wie ja auch in der
Grammatik die weltlichen Worte mit in Betracht gezogen werden.

5. Das Jyotisham.

Ebenso ist weiter zur Erkenntnis der Zeiten des Vollmonds u.s.w.,
wie sie einen Teil der vedischen Werke bildet, das *Jyotisham* (Stern-
kunde, Kalenderkunde) von dem verehrungswürdigen Âditya (dem
Sonnengotte) sowie von Garga u. a. hervorgebracht worden und
von vielerlei Art.

6. Der Kalpa.

Zur Erkenntnis der speciellen Reihenfolge der vedischen Kul-
tushandlungen, indem man auch die Bestimmungen anderer Vedaschulen mithereinzieht, dienen die Kalpa-sûtra's (rituellen Sutra's);
dieselben sind, entsprechend den drei Arten ihrer Verwendung,
dreifach:

1) die Gebräuche beim Hotar-Dienste lehren die Sûtra's
des *Âçvalâyana*, *Çâṅkhâyana* u. a.;

2) die Gebräuche beim Adhvaryu-Dienste die des *Baudhâyana*, *Âpastamba*, *Kâtyâyana* u. s. w.;

3) die Gebräuche beim Udgâtar-Dienste die des *Lâtyâ-
yana*, *Drâhyâyaṇa* u. a.

Damit ist die Verschiedenheit des Zweckes der sechs *Aṅga*'s
charakterisiert. Jetzt wird die der vier *Upâṅga*'s darzulegen sein.

III. Die Upâṅga's.

1. Die Purâṇa's.

Die von dem verehrungswürdigen Bâdarâyaṇa verfafsten
Purâṇa's (Erzählungen aus der Vorzeit) belehren über Schöpfung,
Wiederschöpfung, Stammbäume der Götter, Manuperioden und Ge-
schichte der Geschlechter. Es sind ihrer achtzehn, nämlich:

Einleitung zur Philosophie der Inder.

1. *Brahma-purâṇam*
2. *Padma-purâṇam*
3. *Vishṇu-purâṇam*
4. *Çiva-purâṇam*
5. *Bhâgavata-purâṇam*
6. *Nâradiya-purâṇam*
7. *Mârkâṇḍeya-purâṇam*
8. *Agni-purâṇam*
9. *Bhavishya-purâṇam*
10. *Brahmavaivarta-purâṇam*
11. *Liṅga-purâṇam*
12. *Varâha-purâṇam*
13. *Skanda-purâṇam*
14. *Vâmana-purâṇam*
15. *Kûrma-purâṇam*
16. *Matsya-purâṇam*
17. *Garuḍa-purâṇam*
18. *Brahmâṇḍa-purâṇam*.

Weiter giebt es noch mancherlei *Upapurâṇa*'s, wie zu ersehen ist aus den Versen:

„Zuerst, der Vedakenner Gröfste! kommt
„Das von *Sanatkumâra* dargelegte,
„Zu zweit das, welches *Nârasiṅham* heifst;
„Das *Nândam* drittens, viertens *Çivadharmam*,
„Fünftens *Daurvâsam*, sechstens *Nâradiyam*;
„Zusiebent *Kâpilam*, zuacht *Mânavam*,
„Sodann folgt das von *Uçanas* verfafste;
„Weiter *Brahmâṇḍam*, hierauf *Vâruṇam*,
„Dann das *Kâlipurâṇam* des Vasishṭha,
„Von ihm das *Laiṅgam* auch, dem Çiva heilig;
„Das *Sâmbam* dann und *Sauram*, wunderbar;
„Dann das *Pârâçaram* und das *Mâricam*,
„Und endlich noch das *Bhârgavam* genannte,
„Das aller Satzung Inhalt ganz enthält."

2. Der Nyâya.

Der *Nyâya* (Logik) ist die Denklehre, wie sie in fünf Lektionen von Gotama verfafst ist. Ihr Zweck ist, durch Benennung, Definition und Prüfung eine Erkenntnis des Wesens der **sechzehn Kategorien** (Grundbegriffe, *padârtha*'s) zu gewinnen, welche sind:

IV. Die philosophische Litteratur der Inder.

1. *pramâṇam* Beweis,
2. *prameyam* zu Beweisendes,
3. *saṃçaya* Zweifel,
4. *prayojanam* Motiv,
5. *dṛishṭânta* Erfahrungssatz (Beispiel),
6. *siddhânta* erwiesener Satz,
7. *avayava* Syllogismus,
8. *tarka* Apagoge,
9. *nirṇaya* Entscheidung,
10. *vâda* Unterredung,
11. *jalpa* Redestreit,
12. *vitaṇḍâ* Chicane,
13. *hetvâbhâsa* Scheingrund,
14. *chala* Verdrehung,
15. *jâti* Albernheit,
16. *nigrahasthânam* Abbruchsgrund.

Weiter ist da noch das aus zehn Lektionen bestehende, von Kaṇâda begründete *Vaiçeshika*-Lehrbuch. Sein Zweck ist, die sechs Kategorien

1. *dravyam* Substanz,
2. *guṇa* Eigenschaft,
3. *karman* Thätigkeit,
4. *sâmânyam* Gemeinsamkeit,
5. *viçesha* Unterschied,
6. *samavâya* Inhärenz,

zu denen noch 7. *abhâva* Negation kommt,

nach Gleichartigkeit und Verschiedenheit zu entwickeln. Auch dieses System wird mit dem Worte Nyâya bezeichnet.

3. Die Mîmâṅsâ.

Auch die *Mîmâṅsâ* ist zweifach, nämlich A. Karma-mîmâṅsâ (Werkforschung) und B. Çârîraka-mîmâṅsâ (Seelenforschung, auch *brahma-mîmâṅsâ*, *uttara-mîmâṅsâ*, *vedânta* genannt).

A. Karma-mîmâṅsâ.

Die Karma-mîmâṅsâ besteht aus zwölf Lektionen, fängt an mit den Worten: „Nunmehr daher die Pflichtforschung", endigt mit den Worten: „und weil sie dieselben bei der Opfergabe er-

erwähnt" und ist von dem verehrungswürdigen Jaimini hervorgebracht worden. Folgendes ist der Inhalt der zwölf Lektionen:
1. Erkenntnisgrund der Pflicht.
2. Verschiedenheit und Einheit der Pflicht.
3. Neben- und Haupthandlungen.
4. Verschiedene Bethätigung je nach dem Zwecke der Opferhandlung und dem Zwecke des Menschen.
5. Reihenfolge des von der Schrift gebotenen Reciticrens u. s. w.
6. Bestimmung der Berechtigung.
7. Erweiterung der Gebote, im allgemeinen.
8. Erweiterung im besondern.
9. Modifikationen.
10. Restriktionen.
11. Einwirken auf mehrere zugleich [wie einer Lampe, die mehreren leuchtet].
12. Gelegentliche Nebenwirkungen [wie einer Lampe, die auch auf die Strafse leuchtet].

Ferner ist verfafst von Jaimini auch das aus vier Lektionen bestehende *Sankarshaṇa-Kâṇḍam;* dieses, welches auch unter dem Namen *Devatâ-Kâṇḍam* bekannt ist, gehört, weil es die Verehrung als Werk behandelt, mit zur Karma-mîmâṅsâ.

B. Vedânta.

Die aus vier Lektionen bestehende Çârîraka-mîmâṅsâ, wie sie beginnt mit den Worten: „nunmehr daher die Brahmanforschung" und endigt mit den Worten: „keine Wiederkehr nach der Schrift", hat als Zweck, die Einheit des Brahman und der Seele vor Augen zu stellen, sowie die Regeln aufzuzeigen, welche die Betrachtung [jener Einheit] mittels Anhörens des Schriftwortes u. s. w. [lies *âdya*] lehren, und ist verfafst von dem verehrungswürdigen Bâdarâyaṇa.

I. Hierbei wird die Übereinstimmung *(samanvaya)*, mit welcher alle Vedântatexte unmittelbar oder mittelbar auf das innerliche, unteilbare, zweitlose Brahman abzwecken, in der ersten Lektion nachgewiesen. 1) Im ersten Viertel derselben werden diejenigen Stellen besprochen, in welchen deutliche Merkmale des Brahman vorkommen. 2) Im zweiten Viertel hingegen diejenigen. welche undeutliche Merkmale des Brahman enthalten und sich auf das Brahman als Gegenstand der Verehrung beziehen. 3) Im dritten Viertel solche, welche gleichfalls undeutliche Merkmale des Brahman enthalten, jedoch zumeist sich auf Brahman als Gegenstand der Erkenntnis beziehen. 4) Nachdem in dieser Weise die Untersuchung der Textstellen durch die drei ersten Viertel zum Abschlusse gebracht ist, so werden hingegen im vierten Viertel gewisse Schriftworte, bei denen es zweifelhaft sein kann, ob sie sich nicht auf das *Pradhânam* (die Urmaterie der Sânkhya's) beziehen, z. B. das von dem *avyaktam*, von der *ajâ* u. s. w., in Erwägung gezogen.

II. Nachdem in dieser Weise die Übereinstimmung der Vedântatexte in betreff des zweitlosen Brahman erwiesen worden, so wird weiter, in Erwartung eines Einspruches auf Grund der Argumente, wie sie von der in Ansehen stehenden Smṛiti (Tradition), Reflexion u. s. w. vorgebracht werden, die Beseitigung dieses Einspruches unternommen und somit in der zweiten Lektion die **Unwidersprechlichkeit** *(avirodha)* dargelegt. 1) Hierbei wird im ersten Viertel der Einspruch gegen die Übereinstimmung des Vedânta widerlegt, welcher aus den Smṛiti's des Sânkhyam, des Yoga, der Kaṇâda-Schüler u. s. w., sowie aus den von den Sânkhya's u. s. w. vorgebrachten Reflexionen herrührt. 2) Im zweiten Viertel wird die Verfehltheit der Lehrsätze der Sânkhya's u. s. w. dargelegt, sodafs diese Betrachtung aus zweien, einerseits der Befestigung der eigenen, andererseits der Bestreitung der fremden Lehre dienenden Teilen besteht. 3) Im dritten Viertel wird der gegenseitige Widerspruch der Schriftstellen in betreff der Schöpfung u. s. w. der Elemente im ersten Teile gehoben, im zweiten Teile hingegen der in betreff der individuellen Seele. 4) Im vierten Viertel wird der Widerspruch der auf die Sinnesorgane bezüglichen Schriftstellen gehoben.

III. In der dritten Lektion folgt die Erörterung der **Mittel** *(sâdhanam)*. 1) Hierbei wird im ersten Viertel durch Betrachtung des Hingehens der Seele in die andere Welt und ihres Wiederkommens die Entsagung [als Mittel, der Seelenwanderung zu entgehen] in Betracht gezogen. 2) Im zweiten Viertel wird in der ersten Hälfte der Begriff des „Du" (der Seele) und in der zweiten Hälfte der Begriff des „Das" (des Brahman) ins reine gebracht [wie sie in der Formel *tat tvam asi* „Das bist Du", Chând. 6, 8, 7, identisch gesetzt werden]. 3) Im dritten Viertel wird in betreff des attributlosen Brahman eine Zusammenfassung der in den verschiedenen Vedaschulen vorkommenden, soweit nicht tautologischen, Aussprüche vorgenommen, und bei dieser Gelegenheit wird erörtert, inwieweit in betreff der attributhaften sowohl als attributlosen

Lehren die in verschiedenen Vedaschulen vorkommenden Attribute zusammenzufassen oder nicht zusammenzufassen sind. 4) Im vierten Viertel werden die Mittel der Erkenntnis des Brahman, und zwar sowohl die aufsenseitigen (unwesentlichen) Mittel, wie Lebensstadien, Opfer u. s. w., als auch die innenseitigen (wesentlichen) Mittel, wie Beruhigung, Bezähmung, Überdenkung u. s. w., in Betracht gezogen.

IV. In der vierten Lektion erfolgt die Darlegung der besonderen **Frucht** *(phalam)* der attributhaften und der attributlosen Wissenschaft. 1) Im ersten Viertel wird ausgeführt, wie, nachdem durch wiederholtes Anhören der Schrift u. s. w. das attributlose Brahman vor Augen gestellt worden, für den noch Lebenden schon die durch Nichtanhaftung der bösen und guten Werke gekennzeichnete Erlösung-bei-Lebzeiten eintritt. 2) Im zweiten Viertel wird die Art, wie die Seele des Sterbenden auszieht, überdacht. 3) Im dritten Viertel wird der weitere Weg des das attributhafte Brahman Wissenden nach dem Tode auseinandergesetzt. 4) Im vierten Viertel wird in der ersten Hälfte gezeigt, wie der das attributlose Brahman Wissende die körperlose [erst mit dem Tode eintretende] Absolutheit erlangt, während die zweite Hälfte zeigt, wie der das attributhafte Brahman Wissende in der Brahmanwelt seine bleibende Stätte findet.

Dieses Lehrbuch ist unter allen das hauptsächlichste; alle andern Lehrbücher dienen nur zu seiner Ergänzung. Darum sollen es hochachten die nach Erlösung verlangen; und zwar in der Auffassung, wie sie von des erlauchten Çaṅkara verehrungswürdigen Füfsen dargelegt worden ist. — So viel über die Geheimlehre [den Vedânta].

4. Die Dharmaçâstra's.

Es folgen dann weiter die *Dharmaçâstra's* (Lehrbücher über Sitte und Recht), welche von *Manu, Yâjñavalkya, Vishṇu, Yama, Aṅgiras, Vasishṭha, Daksha, Saṃvarta, Çâtâtapa, Parâçara, Gautama, Çaṅkha, Likhita, Hârita, Âpastamba, Uçanas, Vyâsa, Kâtyâyana, Brihaspati, Devala, Nârada, Paiṭhinasi* und andern verfafst sind und die speciellen Pflichten der Kasten und Lebensstadien [obwohl sie schon im Veda vorkommen] noch für sich besonders darlegen.

Ebenso gehören das **Mahâbhâratam** des *Vyâsa* und das **Râmâyaṇam** des *Vâlmîki* eigentlich zu den Dharmaçâstra's, sind aber auch unter ihrem besondern Namen als Itihâsa's (epische Gedichte) bekannt.

IV. Die philosophische Litteratur der Inder. 59

Auch das Sâṅkhya-System und andere gehören eigentlich unter die Dharmaçâstra's, sollen jedoch hier unter eigenem Namen aufgeführt werden, daher ihre Stellung zum Ganzen noch besonders für sich anzugeben sein wird.

Weiter folgen, den vier Veda's der Reihe nach entsprechend, die vier *Upaveda's* [nämlich: „Der Upaveda des Ṛigveda ist der *Âyurveda*, der des Yajurveda der *Dhanurveda*, der des Sâmaveda der *Gândharvaveda*, der des Atharvaveda das *Çilpaçâstram*, so hat es der erhabene *Kâtyâyana* gelehrt", Caraṇavyûha § 38, Ind. Stud. III, 280].

IV. Die Upaveda's.

I. Der Âyurveda.

Der Âyurveda (Gesundheitslehre) enthält acht Hauptstücke, nämlich [die Übersetzung mutmafslich]:

1. *sûtram* Hodegetik
2. *çarîram* Anatomie
3. *aindriyam* Physiologie
4. *cikitsâ* Therapeutik
5. *nidânam* Diagnose
6. *vimânam* Receptierkunst (?)
7. *vikalpa* Toxikologie (?)
8. *siddhi* magische Einwirkung.

Der Âyurveda ist von Brahman, Prajâpati, den Açvin's, Dhanvantari, Indra, Bharadvâja, Âtreya, Agniveça und andern gelehrt und von Caraka zusammengefafst worden. Über denselben Gegenstand wurde von Suçruta eine andere Methodenlehre, bestehend aus fünf Hauptstücken [1. *sûtrasthânam* Hodegetik, 2. *nidânasthânam* Diagnose, 3. *çarîrasthânam* Anatomie, 4. *cikitsita-sthânam* Therapeutik, 5. *kalpasthânam* Toxikologie; nebst 6. *uttaratantram*: a. *çâlâkya-tantram* Auge, Ohr, Nase, Kopf, b. *çarîra-adhyâya* Kinder- und Frauenkrankheiten, c. *kâyacikitsâ* innere Krankheiten, d. *bhûtavidyâ* Psychiatrik, e. Hygienik u. a.], verfafst. Ebenso von Vâgbhaṭa und andern auf mancherlei Weise, doch so, dafs sie dieselbe Disciplin enthalten.

Zum Âyurveda gehört ferner auch das *kâmaçâstram* (Lehrbuch über den Geschlechtsgenufs). Auch hierüber wird dem Suçruta ein *Vâjîkaraṇam* (Über Aphrodisiaka) genanntes kâmaçâstram zugeschrieben. Ein anderes kâmaçâstram, bestehend aus fünf Lektionen, rührt von Vâtsyâyana her. Sein eigentlicher Endzweck aber ist, Enthaltsamkeit vom Sinnengenusse zu lehren, da dieselbe, auch wenn in der vom Lehrbuche illustrierten Weise betrieben, doch als Endergebnis blofs Schmerz hat.

Der Zweck des Systemes der Heilkunde ist Erkenntnis der Krankheiten und ihrer Ursachen, der Heilungen und ihrer Mittel.

2. Der Dhanurveda.

Weiter folgt der Dhanurveda (Bogenkunde, Kriegswissenschaft) in vier Teilen, von Viçvâmitra verfafst. Der erste Teil ist der *Weiheteil*, der zweite der *Inbegriffteil*, der dritte der *Übungsteil*, der vierte der *Anwendungsteil*. 1) Der erste Teil enthält den Begriff des Bogens (der Waffe) und die Bestimmung des zu seiner Führung Berechtigten. Hierbei wird das Wort *dhanus*, welches ursprünglich den Bogen bedeutet, von allen dem Bogen verwandten Waffen gebraucht. Diese sind von vier Arten: solche zum Werfen, nicht zum Werfen, zum Werfen und Nichtwerfen, zum Werfen mittels einer Maschine. Zum Werfen dienen Wurfscheiben u. s. w.; nicht zum Werfen Schwerter u. s. w.; zum Werfen und Nichtwerfen die Lanzen in ihren verschiedenen Arten u. s. w.; zum Werfen mittels einer Maschine Pfeile u. s. w. Die losgelassene Waffe heifst *astram* (Fernwaffe), die nichtlosgelassene *çastram* (Nahwaffe): letztere ist wieder von mancherlei Art, je nachdem sie dem Brahman, Vishṇu, Çiva, Prajâpati, Agni u. s. w. geweiht ist. Diejenigen nun, welche die Berechtigung haben, diese so mit Schutzgottheiten versehenen und durch Zaubersprüche geweihten viererlei Waffen zu führen, also die Söhne der *Kshatriya*'s nebst ihrem Gefolge, zerfallen in vier Klassen, je nachdem sie zu Fufs, zu Wagen, zu Elefant oder zu Pferde sind. Endlich wird noch alles, was die Weihe, die Salbung, die Auspicien und [sonstigen] Vorzeichen betrifft, im ersten Teile überliefert. 2) Im zweiten Teile wird über alle Arten der Waffen und den, der sie gebrauchen lehrt, unter vorhergehender Definition eine Art Inbegriff gegeben. 3) Die wiederholte Einübung in den mannigfachen, unter Anleitung des Meisters erlernten Waffen sowie die Bewirkung ihrer Zauberübung dadurch, dafs man sie mit Sprüchen bespricht und Gottheiten weiht, wird im dritten Teile behandelt. 4) Endlich wird im vierten Teile davon gehandelt, wie die durch Verehrung der Gottheiten, durch Übung u. s. w. wirkungskräftig gewordenen Waffenarten in rechter Weise zu gebrauchen sind.

IV. Die philosophische Litteratur der Inder. 61

Dafs die Kshatriya's die ihnen obliegende Pflicht üben, zu kämpfen, die Bösen zu bestrafen, die Unterthanen vor Dieben u. s. w. zu schützen, das ist der Zweck des Dhanurveda; und diesem dient das von Brahman, Prajâpati u. s. w. überkommene und von Viçvâmitra aufgestellte Lehrbuch ihrer Pflichten.

3. Der Gândharvaveda.

Der Gândharvaveda ferner ist von dem verehrungswürdigen Bharata verfafst. Er zerfällt in die Lehre vom Gesange, vom Instrumentenspiele und vom Tanze und hat einen mannigfachen Inhalt. Die Götter [der Sinnesorgane] zu befriedigen und dadurch die Fähigkeit zu einer unentwegten Meditation zu gewinnen, das ist der eigentliche Zweck des Gândharvaveda.

4. Das Arthaçâstram.

Auch das Arthaçâstram (Lehrbuch für praktische Zwecke) ist vielfach; als Lehrbuch der Lebensklugheit, Lehrbuch der Pferdebehandlung, Lehrbuch der Künste und Handwerke, Lehrbuch der Kochkunst und Lehrbuch der vierundsechzig Künste ist es von mancherlei Weisen in seiner Gesamtheit hervorgebracht; und diese Gesamtheit gliedert sich je nach den besondern, auf weltliche Dinge bezüglichen Zwecken.

Anhang.

Das sind die achtzehn Disciplinen, wie sie unter dem Worte *trayî* (die Dreiheit der Veden) befafst werden, wenn anders nicht eine Unzulänglichkeit [der Veden für sämtliche Zwecke des Menschen] eintreten soll [was *a priori* unmöglich ist].

So gehört denn auch zu ihnen das Lehrbuch der Sânkhya's, wie es von dem verehrungswürdigen Kapila verfafst ist. Dasselbe fängt an mit den Worten: „Nunmehr das absolute Aufhören der dreifachen Schmerzen als das absolute Endziel des Menschen" und besteht aus sechs Lektionen. In der ersten Lektion werden die Gegenstände der Forschung in Betracht gezogen; in der zweiten Lektion die Produkte der Grundursache; in der dritten Lektion die Lossagung von den Sinnendingen; in der vierten Lektion folgt die Erzählung von Beispielen solcher, welche, wie *Piñgalâ* (4,11), der Seeadler (*kurara* 4,5) und andere, sich losgesagt haben; in der fünften Lektion die Beseitigung gegnerischer Einwürfe; in der sechsten Lektion ein Résumé des ganzen Inhalts. Der Zweck der Sânkhyalehre ist die Erkenntnis der Verschiedenheit der Natur und der Seele.

Ferner gehört hierher das Lehrbuch des Yoga, wie es von dem verehrungswürdigen Patañjali verfafst ist. Dasselbe fängt an mit den Worten: „Nunmehr die Anweisung zur Hingebung *(yoga)*" und besteht aus vier Teilen. 1) Im ersten Teile wird die in der Hemmung der Gedankengeschäftigkeit bestehende Versenkung *(samâdhi)* nebst Übung und Entsagung als ihren Mitteln dargestellt. 2) Der zweite Teil handelt von den acht Stufen, durch welche auch ein zerstreuter Geist zur Versenkung gelangen kann, nämlich: Enthaltung, Bezähmung, Körperhaltung, Coercierung des Atems, Restriktion, Fixierung, Absorption und Versenkung. 3) Der dritte Teil schildert die Machtentfaltungen des Yoga; 4) der vierte Teil seine Absolutheit. — Der Zweck des Yoga ist, durch Unterdrückung entgegenstehender Vorstellungen die hingebende Meditation zu bewirken.

Ebenso ist weiter die von *Paçupati* (dem Herrn der Geschöpfe, Çiva) erdachte Lehre der Pâçupata's zum Zwecke, durch den Herrn der Geschöpfe das Geschöpf von seinen Fesseln zu erlösen, und anfangend mit den Worten: „Nunmehr daher wollen wir die Weise der Hingebung des Pâçupata erklären" in fünf Lektionen abgefafst worden. Hierbei kommen durch alle fünf Lektionen zur Darstellung: 1) als Wirkung: die individuelle Seele, „das Geschöpf" *(paçu)*; 2) als Ursache: „der Herr" *(pati)*, das heifst Gott; 3) als die Hingebung an den Herrn der Geschöpfe: das Versenken der Gedanken; 4) als die Weise dieser Hingebung: sich an den drei Spendezeiten des Tages mit Asche zu waschen u. s. w. 5) Der Zweck ist die „Schmerz-Ende" benannte Erlösung. Das sind die fünf Hauptbegriffe: Wirkung, Ursache, Hingebung, Weise und Schmerz-Ende, wie sie benannt werden.

Weiter ist da das vishṇuitische, von Nârada und andern verfafste Pañcarâtram. In diesem werden *Vâsudeva, Saṃkarshaṇa, Pradyumna* und *Aniruddha* als die vier Grundbegriffe besprochen. Der verehrungswürdige *Vâsudeva* ist die Ursache von allem, der höchste Gott; aus ihm entspringt die *Saṃkarshaṇa* genannte individuelle Seele; aus dieser *Pradyumna*, das heifst das Manas; aus diesem *Aniruddha*, das heifst der Ahaṃkâra. Alle diese aber sind nur Teile des verehrungswürdigen Vâsudeva und daher von ihm ungetrennt; daher derjenige, welcher den verehrungswürdigen Vâsudeva durch sein Verhalten in Gedanken, Worten und Werken zufriedenstellt, ein die Aufgabe erfüllt Habender ist, wie es zu Anfang der Darstellung heifst.

IV. Die philosophische Litteratur der Inder. 63

Nachwort.

Damit wäre denn die Mannigfaltigkeit der Methoden dargelegt. Fassen wir alles zusammen, so giebt es eigentlich nur drei verschiedene Wege:
1) *ârambha-vâda*, Behauptung einer Aggregation [eines Anfangs durch mechanische Verbindung],
2) *pariṇâma-vâda*, Behauptung einer qualitativen Umwandlung,
3) *vivarta-vâda* Behauptung einer subjektiven Täuschung [wörtlich: einer Entstellung].

1) Die erste Theorie behauptet, dafs die vierfachen, nämlich erdartigen, wasserartigen, feuerartigen und luftartigen Atome im Fortschritte der Verbindung zu Doppelatomen u. s. w. die im Brahman-Ei [dessen Schalen Himmel und Erde sind, also im Universum] sich vollendende Welt hervorbringen. Hiernach ist die Wirkung [d. h. die Welt] also zuerst nichtseiend und entsteht erst durch die Thätigkeit eines Wirkenden. Dieses ist die Ansicht der Târkika's *(Nyâya, Vaiçeshikam)* und der Mîmânsaka's (?).

2) Die zweite Theorie behauptet, dafs die aus den drei Bestimmtheiten, *Sattvam, Rajas* und *Tamas*, bestehende Urmaterie selbst durch *Mahad, Ahañkâra* u. s. w. hindurch sich zu der Gestalt der Welt umwandelt. Hiernach ist die Weltwirkung schon vor ihrem Entstehen ein in subtiler Form Seiendes und wird durch die Thätigkeit der Weltursache nur offenbar gemacht (lies: *abhivyajyate*). Dieses ist die Ansicht der Sânkhya's und der dem Yoga (der Hingebung) huldigenden Pâtañjala's und Pâçupata's, während die Vaishnava's die Welt für eine [gleichfalls nur qualitative] Umwandlung des Brahman erklären.

3) Die dritte Theorie lehrt, dafs das durch sich selbst leuchtende, höchster Wonne volle, zweitlose Brahman infolge der ihm einwohnenden Zauberkraft *(mâyâ)* nur irrtümlich sich in Gestalt der Welt darstellt. Dies ist die Ansicht der Brahmavâdin's (der Vedânta-Lehrer).

Eigentlich laufen die Ansichten aller der Weisen, welche diese Methoden geschaffen haben, auf die Lehre des *Vivarta* (der subjektiven Täuschung) hinaus* und bezwecken somit am letzten Ende,

---

* Diese, uns ganz aus der Seele gesprochenen Worte des wackern Madhusûdana würden, in unserer Sprache ausgedrückt, besagen, dafs alle Philosophen sich der Lehre dunkel bewufst gewesen sind, welche Kant zu wissenschaftlicher Evidenz erhob, dafs die Welt nur Erscheinung und nicht Ding an sich ist.

den zweitlosen höchsten Gott kennen zu lehren. Denn diese Weisen können doch nicht geirrt haben, da sie ja allwissend waren. Aber sie erkannten, dafs solche, welche den Sinnendingen zugeneigt sind, nicht mit einem Male zur Erkenntnis des Endzieles des Menschen gebracht werden können, und um sie daher wenigstens vor der negativen Richtung zu bewahren, stellten sie ihre mannigfachen Lehrmethoden auf. Aber die Menschen haben diese ihre Endabsicht nicht erkannt, halten, auch wo jene etwas dem Veda Widersprechendes lehren, dieses für ihre Endabsicht, und indem sie eine solche Meinung als ernstgemeint annehmen, finden sie ihre Befriedigung auf diesen mancherlei Abwegen. Als Ganzes genommen aber ist sie [die Vedalehre mit ihren Dependenzien] tadellos.

Ende
des Prasthânabheda des Madhusûdana-Sarasvatî.

V. Der Veda und seine Teile.

Für die beiden ersten der drei Perioden, in die wir oben (S. 43) die indische Geschichte eingeteilt haben, d. h. für die Hymnenzeit und die Brâhmaṇazeit, bildet die einzige Quelle, aus der wir unsere Kenntnis des Kulturlebens der Inder und somit auch ihrer Philosophie zu schöpfen haben, der Veda, unter dem wir nicht ein einzelnes Buch, wie den Koran, auch nicht eine irgend einmal veranstaltete Sammlung von Büchern, wie die Bibel, sondern die noch nie zu einer Sammlung vereinigt gewesene Gesamtheit derjenigen Schriften zu verstehen haben, welchen der orthodoxe Inder übermenschlichen Ursprung und göttliche Autorität zuschreibt, und die er demgemäfs als die Richtschnur für sein Denken wie für sein Handeln betrachtet. Die Litteratur der Inder ist also in der ältern Zeit, etwa bis 500 a. C., ausschliefslich eine heilige, aus welcher sich erst in der folgenden Periode, die wir die Sanskritzeit nannten, eine profane Litteratur entwickelt. Diese Erscheinung, welche, in etwas veränderter Weise, bei den Chinesen, Iraniern und Hebräern wiederkehrt, ist eine leicht verständliche; sie beruht darauf, dafs in den ältesten Zeiten eines Volkes der Priesterstand im alleinigen Besitze aller höhern Bildung (daher z. B. auch der Medizin

V. Der Veda und seine Teile.

und Astronomie) zu sein pflegt, dafs somit die Pfleger der Religion auch die einzigen Pfleger der Litteratur waren. Erst in einer spätern Zeit dringen mit dem zunehmenden Wohlstande materielle Unabhängigkeit und geistige Bildung in weitere Kreise ein, und es kommt zu einer zweiten, profanen Periode der Litteratur. So bei den Indern und Chinesen; und so würde sich vermutlich auch bei den Hebräern an die kanonische Litteratur eine (schon in den jüngern Schriften des Kanons ihrem Aufkeimen nach sehr wohl merkliche) weltliche Litteratur angeschlossen haben, wäre nicht ihrem nationalen Leben vor der Zeit ein jähes Ende bereitet worden.

Bei dieser Lage der Sache werden wir für Indien vor allem andern die Frage aufzuwerfen und in der Kürze zu beantworten haben: was ist eigentlich jenes merkwürdige und vielbesprochene Denkmal ältester indischer Kultur, was ist der Veda? Zur Beantwortung wollen wir unsere, als Einleitung in „das System des Vedânta" S. 5 fg. gegebene Darstellung im wesentlichen hier herübernehmen.

Der grofse, noch nicht völlig zu übersehende Schriftenkomplex, welcher den Namen Veda, d. h. „das (theologische, in der ältesten Zeit alles befassende) Wissen" führt, und dessen Umfang den der Bibel wohl mehr als sechsmal übertreffen mag, gliedert sich zunächst in vier Abteilungen:

    I. *Rigveda*, der Veda der Verse.
    II. *Sâmaveda*, der Veda der Lieder.
    III. *Yajurveda*, der Veda der Opfersprüche.
    IV. *Atharvaveda*, der Veda des Atharvan.

Bei jedem dieser vier Veden haben wir drei, nach Inhalt, Darstellungsform und Zeitalter verschiedene Schriftgattungen zu unterscheiden:

    A. die *Saṃhitâ*, Sammlung,
    B. das *Brâhmaṇam*, rituelle Erklärung,
    C. das *Sûtram*, Leitfaden.

Endlich sind die meisten dieser zwölf Abteilungen, je nach den Schulen, denen sie zum Studium dienten, in verschiedenen, mehr oder weniger abweichenden Redaktionen vorhanden, welche man gewöhnlich als die *Çâkhâ's*, d. h. als „die Zweige" des Vedabaumes, bezeichnet.

Zum Verständnisse dieser komplizierten Verhältnisse wird es förderlich sein, fürs erste die Gestalt zu betrachten, in welcher der Veda gegenwärtig vorliegt, indem wir dabei noch absehen von dem mehr als tausendjährigen Entwicklungsprozesse, durch welchen er zu dieser Gestalt erwachsen ist. Zunächst nun sind die vier Veden in der Form, wie sie uns entgegentreten, nichts anderes als die Manuale der brahmanischen Priester *(ritvij)*, welche diesen das zum Opferkultus erforderliche Material an Hymnen und Sprüchen an die Hand geben, sowie den rechten Gebrauch desselben lehren sollen. Zu einer vollständigen Opferhandlung nämlich gehören vier, ihrem Studiengange und Amte nach verschiedene Hauptpriester:

I. Der Hotar (Rufer), welcher die Verse *(ric)* der Hymnen recitiert, um dadurch die Götter zum Genusse des Soma oder sonstigen Opfers einzuladen:

II. der Udgâtar (Sänger), der die Bereitung und Darbringung des Soma mit seinem Gesange *(sâman)* begleitet;

III. der Adhvaryu (ausübender Priester), welcher die heilige Handlung vollzieht, während er die entsprechenden Verse und Opfersprüche *(yajus)* hermurmelt;

IV. der Brahmán (Oberpriester), dem die Beaufsichtigung und Leitung des Ganzen obliegt.

Das kanonische Buch für den Hotar ist der *Rigveda* (wiewohl die *Rigveda-samhitâ* schon von Haus aus eine weiter greifende, nicht blofs rituelle, sondern litterarische Bedeutung hat), das für den Udgâtar der *Sâmaveda*, das für den Adhvaryu der *Yajurveda*, während hingegen der Atharvaveda mit dem *Brahmán*, der alle drei Veden kennen mufs, eigentlich nichts zu thun hat und sich nur zum Scheine in Beziehung zu demselben setzt, um seiner Erhebung zur Dignität eines vierten Veda, die ihm lange Zeit verweigert wurde, Vorschub zu leisten (so schon *Gopatha-brâhmanam* 1,2,24). Praktische Verwendung findet derselbe a. um Feinde und Widersacher durch Zaubersprüche zu schädigen, b. um fremden Zauber von sich abzuwehren, c. um das eigene Gedeihen zu befördern, und zwar einerseits im Privatleben und beim häuslichen Kultus

(Geburt, Hochzeit, Totenbestattung, Krankheiten, Erntesegen, Viehbesprechungen u. s. w.), anderseits bei gewissen Staatsaktionen (Königsweihe, Schlachtsegen, Verwünschung der Feinde u. s. w.); in letzterer Hinsicht ist er der Veda der Kshatriya-Kaste, wie die drei andern Veden die der Brahmanen sind, und mag in einem ähnlichen Verhältnisse zum *Purohita* (Hauskaplan des Fürsten) gestanden haben, wie jene zu den *Ritvij*'s (Opferpriestern).

Jeder der genannten Priester bedarf bei seinen Verrichtungen zweierlei: eine Sammlung von Gebetsformeln *(mantra)* und eine Anweisung zur richtigen liturgischen und rituellen Verwendung derselben *(brâhmaṇam)*. Beide finden wir, mit Ausnahme des schwarzen Yajurveda, mehr oder weniger streng von einander gesondert und in zwei verschiedene Abteilungen (Saṃhitâ und *Brâhmaṇam*) verwiesen.

A. Die **Saṃhitâ** jedes Veda ist, wie der Name besagt, eine „Sammlung" der ihm zugehörigen Mantra's, welche entweder Verse *(ṛic)* oder Gesänge *(sâman)* oder Opfersprüche *(yajus)* sind. So besteht

I. die Ṛigveda-saṃhitâ aus 1017 Hymnen in 10580 Versen, aus welchen der Hotar den für den jedesmaligen Zweck erforderlichen Preisruf *(çastram)* zusammenzustellen hat;

II. die Sâmaveda-saṃhitâ enthält eine, wenn nicht aus der Ṛigveda-saṃhitâ, so doch aus dem dieser zu Grunde liegenden Materiale getroffene Auswahl von 1549 (oder, mit den Wiederholungen, 1810) Versen, welche bis auf 78 sämtlich auch im Ṛigveda sich vorfinden und zum Zwecke des Gesanges *(sâman)* weiterhin in mannigfacher Weise moduliert werden;

III. die Saṃhitâ des weifsen Yajurveda enthält teils Opfersprüche *(yajus)* in Prosa, teils Verse, welche letztere ebenfalls gröfstenteils aus dem Materiale der Ṛigveda-saṃhitâ entnommen sind; hingegen besteht

IV. die Atharvaveda-saṃhitâ wiederum aus 760 Hymnen, von denen nur etwa ein Sechstel ihr mit dem Ṛigveda gemeinsam ist, während die übrigen eine selbständige, in vieler Hinsicht ganz eigentümliche Stellung in dem Ganzen der vedischen Mantra-Litteratur einnehmen, wovon später.

Jede dieser vier Saṃhitâ's ist, je nach den çâkhâ's oder Schulen, in denen sie studiert wurden, in verschiedenen Recensionen vorhanden, welche jedoch in der Regel nicht erheblich von einander abweichen. Anders ist es, wie sogleich zu zeigen, mit der zweiten Abteilung der vedischen Litteratur.

B. Das **Brâhmaṇam**, dessen nächste Bestimmung im allgemeinen die ist, den praktischen Gebrauch des in der Saṃhitâ vorliegenden Materials zu lehren, geht in seiner meist sehr breiten Anlage weit über diesen unmittelbaren Zweck hinaus und zieht mancherlei in seinen Bereich, was man (mit Madhusûdana, oben, S. 47 fg.) unter den drei Kategorien *vidhi*, *arthavâda* und *vedânta* unterbringen kann. a. Als Vidhi (d. h. Vorschrift) befiehlt das Brâhmaṇam die Ceremonie, erörtert ihre Veranlassung sowie die Mittel zu ihrer Ausführung und schildert endlich den Gang der heiligen Handlung selbst. b. Hieran schliefsen sich unter dem Namen Arthavâda (d. h. Erklärung) die mannigfachsten Erörterungen, welche den Inhalt der Vorschrift exegetisch, polemisch, mythologisch, dogmatisch u. s. w. begründen sollen. c. Hierbei nun erhebt sich die Betrachtung zu Gedanken philosophischer Art, welche, weil sie meist gegen Ende der Brâhmaṇa's vorkommen, Vedânta (d. h. Veda-Ende) heifsen. Sie sind der wesentlichste Inhalt der Nachträge zu den Brâhmaṇa's, welche Âraṇyaka's heifsen, und deren ursprüngliche (wiewohl nicht streng durchgeführte) Bestimmung gewesen zu sein scheint, für das Leben im Walde *(araṇyam)*, welchem der Brahmane im Greisenalter obliegen soll, einen Ersatz für den, wenn nicht ganz wegfallenden, so doch wesentlich beschränkten Kultus zu bieten. Wie dem auch sei, Thatsache ist, dafs wir in ihnen vielfach eine wundersame Vergeistigung des Opferkultus antreffen: an die Stelle der praktischen Ausführung der Ceremonie tritt die Meditation über dieselbe und mit ihr eine symbolische Umdeutung, welche dann weiter zu den erhabensten Gedanken hinüberleitet. Die wichtigsten Stücke dieser Âraṇyaka's hob man später unter dem Namen Upanishad aus ihnen heraus und fafste sie aus den verschiedenen Veden zu einem Ganzen zusammen; ursprünglich aber hat, wie wir annehmen müssen, jede Vedaschule ihr besonderes rituelles und daneben ein

V. Der Veda und seine Teile.

mehr oder weniger reiches dogmatisches Textbuch, also ein *Brâhmaṇam* und eine *Upanishad* gehabt, und wenn wirklich, wie die Muktikâ-Upanishad (Ind. St. III, 324) behauptet, in den vier Veden $21 + 1000 + 109 + 50 = 1180$ Çâkhâ's bestanden hätten, so müfste es auch, wie sie daraus folgert, 1180 Upanishad's gegeben haben. In Wirklichkeit stellt sich jedoch die Sache viel einfacher, sofern die Anzahl der Çâkhâ's, die wir wirklich kennen, sich für jeden Veda auf einige wenige beschränkt, deren Textbücher den gemeinsamen rituellen und dogmatischen Stoff in verschiedener Anordnung, Bearbeitung und Ausführung darbieten. So sind uns

I. zum Ṛigveda nur zwei Çâkhâ's näher bekannt, 1) die der Aitareyin's und 2) die der Kaushîtakin's, deren jede ein *Brâhmaṇam* und ein *Âraṇyakam* besitzt, welches letztere die *Upanishad* der Schule einschliefst.

II. Zum Sâmaveda kennen wir für die Brâhmaṇa-Abteilung bis jetzt genau und vollständig nur eine Çâkhâ, nämlich 3) die der Tâṇḍin's, auf welche aufser dem *Pañcaviñça-brâhmaṇam* und seinem Nachtrage, dem *Shaḍviñça-brâhmaṇam*, auch das noch nicht näher bekannte *Chândogya-brâhmaṇam* sowie auch die *Chândogya-Upanishad* zurückgehen dürften. 4) Ein zweites, selbständiges Ritualbuch zum Sâmaveda ist möglicherweise das *Talavakâra-brâhmaṇam* der Jaiminîya-çâkhâ, nach Burnell in fünf Lektionen, deren vorletzte die bekannte, kleine *Kena-Upanishad* enthält, während die letzte aus dem *Ârsheyabrâhmaṇam* besteht. Dieses, wie auch die vier übrigen Brâhmaṇa's des Sâmaveda (*Sâmavidhâna, Vañça, Devatâdhyâya, Saṃhitopanishad*), können auf den Namen selbständiger Textbücher von Schulen keinen Anspruch machen.

III. Beim Yajurveda haben wir zwei Formen zu unterscheiden: α. den schwarzen (d. h. ungeordneten) und β. den weifsen (geordneten) Yajurveda. α. Der schwarze Yajurveda enthält den brâhmaṇa-artigen Stoff mit den Mantra's verbunden bereits in der Saṃhitâ; in solcher Form haben uns den Yajurveda die drei Schulen der Taittirîyaka's (deren Brâhmaṇam und Âraṇyakam blofse Fortsetzungen der Saṃhitâ sind), der Kaṭha's und der Maitrâyaṇîya's überliefert.

5) Das *Âraṇyakam* der Taittirîyaka's enthält am Schlusse zwei Upanishad's, die *Taittirîya-* (Buch VII. VIII. IX) und die *Nârâyaṇîya-Upanishad* (Buch X). 6) Zur Schule der Kaṭha's gehört die *Kâṭhaka-Upanishad*, die heute nur noch in einer Atharva-Recension vorhanden ist; 7) unter dem Namen der *Maitri-Upanishad* ist uns ein spätes Produkt von sehr apokryphem Charakter erhalten; 8) den Namen einer vierten Çâkhâ des schwarzen Yajurveda, der Çvetâçvatara's, trägt eine metrisch abgefaſste *Upanishad* von çivaitischem Charakter, die indes von den Vedânta-Theologen vielfach herangezogen wird. β. Im Gegensatze zu den Çâkhâ's des schwarzen Yajurveda haben 9) die Vâjasaneyin's, die Hauptschule des weiſsen Yajurveda, nach Art der übrigen Veden Mantra's und Brâhmaṇa's gesondert; erstere sind in der *Vâjasaneyi-saṃhitâ* zusammengefaſst, letztere bilden den Inhalt des *Çatapatha-brâhmaṇam*, dessen letzter Teil (Buch XIV) die gröſste und schönste aller Upanishad's, das *Bṛihadâraṇyakam* enthält. Ein ihr nahe verwandtes Stück ist (wohl nur wegen seiner metrischen Form) der Vâjasaneyi-saṃhitâ als Buch XL angehängt worden und heiſst, nach dem Anfangsworte die *Îçâ-Upanishad;* im Kanon des Anquetil Duperron werden noch vier andere Stücke derselben Saṃhitâ, *Çatarudriyam* (B. XVI), *Purusha-sûktam* (XXXI), *Tadeva* (XXXII) und *Çivasaṃkalpa* (XXXIV, Anfang) als Upanishad's aufgeführt. Als eine zweite Schule des weiſsen Yajurveda werden 10) die Jâbâla's anzusehen sein, deren *Upanishad*, wie es scheint, in verkürzter Form in einer Atharva-Recension erhalten ist.

IV. Zum Atharvaveda gehört 11) das *Gopatha-brâhmaṇam*, ein Werk von vorwiegend kompilatorischem Charakter und ohne nähere Beziehungen zur Saṃhitâ. Ebenso haben sich an den Atharvaveda, der wohl nicht in dem Grade wie die andern Veden durch zünftige Überwachung vor neuen Eindringlingen geschützt sein mochte, eine lange Reihe meist kurzer Upanishad's angeschlossen, von denen viele einen ganz apokryphen Charakter haben und nichts anderes als die Textbücher späterer indischer Sekten sind. Von den Vedântatheologen werden nur einige von ihnen, wie namentlich die *Muṇḍaka-*, *Praçna-* und *Mâṇḍûkya-Upanishad* anerkannt und benutzt.

C. Eine dritte und letzte Stufe der vedischen Litteratur bilden die gleichfalls nach Veden und Çâkhâ's (deren Verhältnisse jedoch vielfach verschoben erscheinen) verschiedenen **Sûtra's,** welche den Inhalt der Brâhmaṇa's, auf denen sie beruhen, abkürzend, systematisierend und vervollständigend zum Zwecke des praktischen Gebrauches zusammenfassen, in kompendiösester, vielfach index-artiger Form und in dem lapidaren, ohne Kommentare oft ganz unverständlichen Stile, zu welchem sich auch die grammatische und, wie bereits erwähnt (S. 24), die philosophische Litteratur in Indien zugespitzt hat. Die vedischen Sûtra's befassen drei Arten: a. die Çrauta-sûtra's, welche den öffentlichen Kultus, b. die Gṛihya-sûtra's, welche die häuslichen Gebräuche (bei Geburt, Hochzeit, Totenbestattung) regeln, und c. die Dharma-sûtra's, in denen die Pflichten der Kasten und Lebensstadien auseinandergesetzt werden und aus denen die spätern Gesetzbücher des Manu u. s. w. hervorgegangen sind. Wie die Çrautasûtra's auf der *Çruti* (d. h. der göttlichen Offenbarung), so beruhen die beiden andern Klassen auf der *Smṛiti* (d. h. der Tradition) und dem *Âcâra* (d. h. dem Usus); eine kanonische, übermenschliche Autorität kommt den Sûtra's nicht zu, sondern nur den Mantra's und Brâhmaṇa's mit Einschlufs der Upanishad's, welche letztere daher den *Vedânta,* das „Ende des Veda" bilden, während die Sûtra's noch zu ihm gehören, aber doch schon (oben S. 42) aufserhalb des Kanons stehen.

Erste Periode der indischen Philosophie:
Die Zeit der Hymnen des Ṛigveda.
(ca. 1500—1000 a. C.)

—

I. Die altvedische Kultur.

Das älteste Denkmal in dem ausgebreiteten vedischen Litteraturkreise (und somit wohl das älteste litterarische Denkmal der Menschheit überhaupt) sind die Hymnen des Ṛigveda, sofern sie, ihrem Hauptbestande nach, in eine Zeit zurückgehen, wo die Inder noch nicht im Gangesthale, sondern im Stromgebiete des Indus wohnten, noch keine Kasten, keinen privilegierten Kultus, keine brahmanische Staats- und Lebensordnung kannten, sondern, zu kleinen Stämmen *(viç)* unter meist erblichen Königen vereinigt, ihre Götter ehrend, ihren Acker bauend, ihre Herden weidend und sich gegenseitig befehdend, ein einfaches, naturfrisches Dasein genossen. Über alle diese Verhältnisse entrollen die Hymnen des Ṛigveda ein anschauliches Bild: es ist das Bild der ältesten Kultur, der wir bei den Indogermanen begegnen, und die von der Lebensweise unserer eigenen Vorfahren vor der Völkertrennung sich noch nicht weit entfernt zu haben scheint. Wir wollen die Hauptzüge dieses altvedischen Kulturbildes zusammenfassen, indem wir für nähere Einzelheiten auf die vortreffliche Zusammenstellung in Zimmer, „Altindisches Leben" (Berlin 1879) verweisen.

I. Die altvedische Kultur.

Was zunächst bei Betrachtung der altvedischen Kultur
in die Augen fällt, ist die Beschränktheit ihres Horizontes auf
das Stromgebiet des Indus und die Abwesenheit aller der
geographischen Verhältnisse, die dem spätern indischen Leben
ein so charakteristisches Gepräge geben, d. h. der Ebene des
Ganges mit ihrem tropischen Klima, mit ihrer eigenartigen
Flora und Fauna. Die *Gaṅgā* selbst, ohne welche sich der
spätere Inder die Welt nicht denken konnte (Mahâbh. 13,
1793), wird nur einmal beiläufig erwähnt, das Vindhyagebirge
mit der *Narmadā* ist gänzlich unbekannt. Wie bei uns „beraubt
der Winterfrost die Wälder ihres Gefieders" (Ṛigv. 10,68,10);
wie schon vor der Völkertrennung ist auch jetzt noch die
Hauptkulturfrucht *yava*, ζέα, wie es scheint, die Gerste,
während der Reis, das hauptsächliche Nahrungsmittel des
spätern Indiens, nirgendwo erwähnt wird. Als wilde Tiere
kommen Wolf, Bär, Eber u. a. vor, und namentlich der Löwe,
„das furchtbare, schweifende, in Bergen hausende Wild", während der später so hervortretende Tiger (der ja nirgends mit
dem Löwen dasselbe Jagdgebiet teilt) im Ṛigveda nicht einmal
dem Namen nach bekannt ist. Ebenso fehlt noch der Elefant
und wird nur ein paarmal als „das Tier mit der Hand" mit
dem Ausdrucke des Befremdens erwähnt; auch der Affe, der
später die indischen Wälder wie die indische Poesie belebt,
fehlt, bis auf ein späteres Lied (10,86), noch gänzlich. Wie
sich hieraus mit Sicherheit ergiebt, hat der Inder zur Zeit
des Ṛigveda von seiner spätern, eigentlichen Heimat noch
keine Kenntnis; aber auch das Mündungsland des Indus ist
ihm kaum bekannt; das Meer spielt keine Rolle, Fischfang
kommt nirgends vor, Schiffahrt scheint, wohl nur zum Überschreiten der Ströme, in der primitivsten Weise bestanden
zu haben. Aus diesen und manchen andern Daten ergiebt
sich als Wohnsitz des altvedischen Inders der obere Lauf
des Indus und seiner Zuflüsse, südlich bis zum Zusammenflusse, nördlich bis in die Vorberge des Himâlaya hinein
reichend, „**das Land der vielen Ströme**" *(sapta sindhavaḥ,*
die sieben Ströme, *pañcanadam,* persisch *Pendschâb,* das Fünfstromland, wobei die Zahlen mehr eine unbestimmte Vielheit
als bestimmte einzelne Flüsse bedeuten). In diesem ehemals

wasserreichen Lande mit seinem fruchtbaren Ackerboden, seinen grasreichen Triften* und waldbewachsenen Gebirgen, etwa von dem Umfange des Königreichs Preußsen, finden wir zur Hymnenzeit die eingewanderten Indogermanen, oder, wie sie sich selbst nennen, die Ârya's (oben S. 38) angesiedelt, und zwar, da jede Erinnerung an die Einwanderung fehlt, schon seit geraumer Zeit seßhaft. Hingegen bemerken wir an manchen Stellen ein Ankämpfen und allmähliches Vordringen gegen die dunkelfarbige, in die Berge zurückweichende Urbevölkerung, „die schwarze Haut", „die einer wie der andere aussehenden, schwarzen Leute", welche Gott Indra „aus ihren Wohnsitzen Tag für Tag vertreibt" (Rigv. 6,47,21); ihr gewöhnlicher Name ist Dasyu oder Dâsa, und die Vorstellung von ihnen verfließt in eigentümlicher Weise mit den von Indra im Luftraum bekämpften, dämonischen Mächten. Mit ihnen wie auch unter sich selbst liegen die Stämme der Ârya's in fortwährenden Fehden, d. h. man schlug sich um Weideplätze und suchte sich gegenseitig die Rinder wegzutreiben (*gavishṭi* der Kampf, eigentlich: „Verlangen nach Rindern").

Dem entsprechend weht in den Liedern des Rigveda ein kriegerischer Geist; Indra, der Kriegsgott, ist neben Agni, dem Gotte des häuslichen Herdes, der am meisten gefeierte Gott. Nach vorherigem Opfer unter Schlachtgesang und kriegerischer Musik ziehen die Scharen dem flatternden Banner nach, geschützt von chernen Helmen und geflochtenen Panzern (*varman*, wohl auch Schild), bewaffnet mit Pfeil, Bogen, Schleudersteinen, mit Messern, Äxten und Speeren, teils zu Fuß, teils auf Streitwagen (*ratha*) von Rossen gezogen, während das Reiten (wie bei Homer) nicht sicher nachweisbar ist. Angeführt wird der einzelne Stamm (*jana*) von seinem Könige (*râjan*), der als Beschützer des Stammes (*gopâ janasya*) das Opfer vor der Schlacht vollbringt und diese selbst leitet, während im Frieden wenig von ihm die Rede ist. Seinen

---

* Diese Verhältnisse haben sich im Laufe der Jahrhunderte, vermutlich infolge der Abholzung, gar sehr verändert. Heute ist das Pendschâb größstenteils ein trockenes Land, welches bei künstlicher Bewässerung zwei jährliche Ernten, wo diese fehlt, gar keine liefert.

I. Die altvedische Kultur.

Unterhalt hat er, von der Kriegsbeute abgesehen, durch freiwillige Beiträge *(bali)*, seine Macht ist durch den Willen der Stammesversammlungen *(samiti)* und Gemeindeversammlungen *(sabhá)* eingeschränkt. In wie viele solcher von Königen regierter Stämme die arische Bevölkerung zerfiel, ist nicht zu bestimmen; ein Zusammenschluſs der Stämme zu einem einheitlichen Reiche hat nie bestanden; jeder einzelne Stamm *(jana)* zerfällt in Gaue *(viç)* und diese in Dorfschaften *(gráma)*; doch scheint diese Organisation eine lockere, vorwiegend nur in Kriegszeiten wirksame gewesen zu sein. Auch die Rechtspflege scheint den zahlreich erwähnten Verbrechen, wie Raub, Diebstahl, Meineid, Betrug, gegenüber noch wenig entwickelt. Verbrecher werden bis zur Aburteilung an einen Holzstamm gebunden; in schwierigen Fällen entscheidet oft das Gottesurteil. Schwere Verbrecher werden verbannt, Spieler büſsen, wie bei den alten Deutschen, Habe und Freiheit ein. Sklaverei, wie auch Leibeigenschaft kommt vor.

Städte kennt der Ṛigveda noch nicht, sondern nur Burgen *(pur*, d. h. wohl: umfriedigte, mit Erdwällen oder Mauern versehene Anhöhen, zum Schutz für Familie und Eigentum in Kriegszeiten) und als Wohnorte der Bevölkerung Dörfer *(gráma)*, die darum doch umfangreich sein mochten, da neben den Häusern auch Hürden für den zahlreichen Viehstand erforderlich waren (Ṛigv. 10,149,4). Auch mögen sie, bei der herrschenden Unsicherheit, oft volkreich gewesen sein, eine Burg umschlieſsend und vielleicht, wie heute noch im Gebirge nördlich vom Pendschāb, von einer nachts verschlieſsbaren Dornenhecke umgeben, zum Schutz gegen räuberische Überfälle und wilde Tiere. An öffentlichen Gebäuden wird, da von Tempeln keine Spur sich findet, namentlich die *Sabhá* hervorgetreten sein, das Versammlungshaus der Gemeinde, wo öffentliche Angelegenheiten, wie Überfälle und deren Abwehr, besprochen, sowie gesellige Unterhaltungen über die Kühe, die Ernte u. dgl. gepflegt, auch das Würfelspiel, wie zahlreiche Stellen (und namentlich das Spielerlied 10,34) beweisen, oft mit groſser Leidenschaft betrieben wurden.

Die Häuser *(gṛiham)* der Dörfer werden mannigfach gewesen sein, von der einfachen Hütte aus lehmbekleidetem

Flechtwerk, wie sie noch jetzt im nordwestlichen Indien üblich, bis zum komplizierteren Bau aus Holz und Rohr, wie er im Atharvaveda vorkommt. Das Haus enthielt in der Regel vier Räume: das Wohngemach mit dem Herdfeuer, das Frauengemach, die Vorratskammer und den Schuppen. Die Möblierung dürfen wir uns nicht zu einfach denken; Bänke und Tragsessel, auch Betten mit Polster, Kopfkissen und Decke kommen vor.

Der Haupterwerbszweig des altvedischen Inders ist die Viehzucht, die sich vor allem auf die Kühe, daneben auch auf Rosse, Schafe und Ziegen erstreckt. In zweiter Linie steht der Ackerbau; das Auflockern des Bodens durch Pflüge, die mit metallener Pflugschar versehen und mit Rindern bespannt sind, das Abmähen des Getreides mit der Sichel, das Dreschen und Worfeln, das Zerkleinern der Körner zwischen zwei Steinen sind wohlbekannt; das Mehl, mit Milch oder Butter zu Brei und Kuchen verarbeitet, bildet, neben dem reichlich wachsenden Obste, das Hauptnahrungsmittel (für Brot* hat das Sanskrit kein Wort); Fleischnahrung ist selten und meist auf Festlichkeiten beschränkt; als Getränke dienen der *Soma*, welcher, durch Gärung des ausgepreſsten Saftes der Somapflanze mit Milchzusatz gewonnen, Götter und Menschen begeistert, und die *Surâ*, eine Art Branntwein, das gewöhnliche Getränk des Inders, namentlich später und nachdem die Priester den Soma für sich allein usurpiert hatten.

An Gewerben treten hervor: der Zimmermann für den Bau des Hauses und Wagens, der Töpfer, der Schmied, der mit einem Vogelfittich als Blasebalg das Metall zu erweichen und zu Kesseln, Waffen u. s. w. zu gestalten weiſs, der Quacksalber, der mit seinem Pflasterkasten umherzieht und seine Ware anpreist (Rigv. 10,97), der Weber, der auf dem Webstuhle die aus Schafwolle gesponnenen Fäden mit dem Weberschifflein zu Tuch verarbeitet, das dann, bunt gefärbt und

---

* In *Ujjayinî*, einer Stadt von 31.691 Einwohnern, in der aber nur drei europäische Familien leben, konnte ich (Februar 1893) nur durch die Güte des Gouverneurs ein Brot erhalten. Die Inder kennen auch heute noch anstatt desselben nur täglich frisch in der Pfanne gebackene Fladen.

verziert, mit Schere und Nadel zu mancherlei Gewändern der
Frauen und Männer verarbeitet wird.

Das Familienleben ist, wenn auch Nebenweiber gelegentlich vorkommen, doch im wesentlichen monogamisch. Die
Hochzeitsgebräuche, das Herumführen der Braut ums Feuer,
das Heimführen derselben auf dem Brautwagen, wird in den
Hochzeitsliedern des Rig- und Atharvaveda ausführlich geschildert. Die Gattin ist die Herrin des Hauses, auch über
die Schwiegereltern; sie ist dem Gatten unterthan *(anuvratâ)*
und naht mit ihm gemeinsam den Göttern in Opfer und Gebet.
Eine Monopolisierung des Kultus durch die Brahmanen, wie
in der Folgezeit, besteht noch nicht, wohl aber ist sie auf dem
Wege, sich zu bilden, daher die betreffenden Angaben darüber
vielfach schwankend und streitig sind. Zweck der Ehe ist
die Fortpflanzung des Geschlechts durch männliche Nachkommen; doch tritt die Abneigung gegen weibliche Nachkommenschaft, gelegentlich bis zur Aussetzung derselben
gehend, erst in späteren Texten hervor. Auch die später so
häufige Verbrennung der Witwe mit dem Leichnam des Gatten
kommt im Rigveda noch nicht vor, wurde jedoch Rigv. 10,18,7
durch die Biegung eines Häkchens (अग्रे: statt अग्रे) eingefälscht, welche im Laufe der Jahrhunderte ungezählten Frauen
das Leben gekostet hat; im Atharvaveda wird sie 18.3,1 schon
als „alte Satzung" bezeichnet. Auch die Bestattung der Toten
durch Begraben oder Verbrennen, welche noch gleichberechtigt
nebeneinander vorkommen, geschieht in feierlicher, wohlgeregelter Weise, wie die Totenlieder des Rigveda 10,14—18
beweisen. Über die Vorstellungen eines Fortlebens nach dem
Tode werden wir in einem spätern Zusammenhange handeln.

II. Die altvedische Religion.

Die erste und älteste Philosophie eines Volkes liegt in
seiner Religion. Denn diese enthält den ersten Versuch, das
Dasein und seine Phänomene zu verstehen und zu deuten.
Es bietet aber dieses Dasein der Betrachtung zwei Seiten:
A. die Aufsennatur mit ihren mannigfachen, die Furcht
erregenden, die Hoffnung nährenden, die Wißbegierde an-

reizenden Erscheinungen, auf die sich das Nachdenken richten mußte, sobald es überhaupt ein Nachdenken gab, d. h. sobald der Mensch zum Menschen geworden war, und B. die Innennatur, das Reich der Empfindungen, die Phänomene des Erkennens und Wollens befassend, welche ebenso ursprünglich ist, ebenso früh vorlag wie die Aufsenwelt, aber erst viel später als diese anfing, die Aufmerksamkeit auf sich zu lenken, da der Intellekt, wie das Auge, nach aufsen gerichtet und ein von Haus aus für die Erkenntnis der Aufsenwelt bestimmtes Organ ist.

A. Schon bei seinem ersten Erwachen zum menschlichen Bewufstsein sah sich der Mensch von einer Reihe von Naturerscheinungen und Naturkräften umgeben, von denen er sein eigenes Dasein und Wohlsein nach allen Seiten hin abhängig fühlte. Die nährende Erde, der sie befruchtende Himmel, die Sonne als Spenderin von Licht, Belebung und Gedeihen, der Sternenhimmel in seiner regelmäfsigen Umdrehung, der Wind, der Regen, das Gewitter, das lebendige, hülfreiche und verderbliche Feuer, — alle diese standen ihm gegenüber als überlegene, unbegriffene Mächte, die bald segensreich, bald unheilvoll in den Lauf seines Lebens eingriffen. Ähnlich wie der Mensch selbst nach Willkür Einwirkungen auf seine Umgebung übte, so, und nur in noch viel höherem Mafse, sah er jene Naturkräfte eine Reihe von scheinbar willkürlichen Wirkungen entfalten. Es war daher ein ganz natürlicher Schritt, dafs er, ähnlich wie er sein eigenes Thun von einem innern Wollen ausgehen fühlte, so auch dem Treiben jener Naturmächte als inneres Princip einen Willen unterlegte. So berechtigt diese Interpretation war (wie der Verlauf der Philosophie zeigen wird), so unberechtigt war die weitere Ausgestaltung derselben: da nämlich dem Menschen die Vorstellung des Wollens von der einer wollenden, individuellen Persönlichkeit, wie er sie an sich selbst fand, unabtrennbar war, so schrieb er nun auch jenen Kräften und Erscheinungen der Natur eine zuerst nur wenig[*], dann aber mit Hülfe der Phantasie mehr und mehr

---

[*] Auf der Stufe des Animismus, eines mit Zauberei verbundenen Dämonenglaubens, welchen wir, wie überall, so auch in Indien als Vorstufe des Polytheismus vorauszusetzen haben, den wir aber hier bei Seite

II. Die altvedische Religion.

individuell und konkret gestaltete Persönlichkeit zu;
jetzt ward die Sonne zum unermüdlichen Wanderer, der seinen
Weg kennt und findet, jetzt ward der Wind zum wilden Wagenfahrer oder zum Jäger, der mit Pfeil und Bogen die Wolken
jagt, wie der Mensch die Tiere des Waldes, jetzt erschien das
Gewitter als ein Kampf feindlicher, im Lufträume einander
entgegenstehender Mächte, und der Reichtum der Vegetation
ging Jahr für Jahr aus dem Mutterschoſse der Erde infolge
einer Befruchtung desselben durch die Zeugungskräfte des
Vaters Himmel *(dyaus pitar,* Ζεὺς πατήρ, *Jupiter)* hervor: —
so entstanden durch eine natürliche, halb unbewuſste Schöpferthätigkeit des menschlichen Geistes die Götter; sie sind, wo
sie immer sich finden mögen, nichts anderes als **Personifikationen der Naturerscheinungen und Naturkräfte**,
mögen dieselben nun, wie bei den Indern, vorwiegend der
äuſsern Natur angehören, oder, wie bei den Griechen, dem
fortgeschritteneren Bewuſstsein des homerischen Zeitalters gemäſs, teilweise schon (als Ares und Aphrodite, als Pallas,
Hermes u. s. w.) persönlich gestaltete Kräfte des menschlichen
Innern sein. So sind die Götter eine intellektuelle Schöpfung,
mag dieselbe auch ursprünglich nicht sowohl in dem reinen
Triebe des Erkennens, als vielmehr in einem praktischen Bedürfnisse wurzeln, indem man diese so personifizierten Naturmächte nach Art der menschlichen Groſsen durch Geschenke
und Schmeicheleien (Opfer und Gebete) in ihren Willensbestimmungen beeinflussen zu können wähnte, sei es um ihren
Zorn zu besänftigen, sei es, um ihrer Gnade sich zu versichern.
Als solche Produkte der kindlichen Imagination würden nun
die Götter in einem gereifteren Zeitalter mitsamt dem Himmel, welchen sie bewohnen, als eine Fiktion fallen gelassen
werden, Indra würde in die Lehre von der Elektricität, Agni
in die von der Oxydation, die ganze Religion in Wissenschaft
sich auflösen und verschwinden, hätte sie nicht noch ihren

---

lassen, da er für dasjenige religiöse Bewuſstsein, aus dem sich die indische
Philosophie entwickelt hat, längst überwunden war, so sehr er auch noch
in den Schichten des niedern Volkes fortglimmen mochte und in vielen,
ihnen angehörenden, Liedern des Atharvaveda seinen Ausdruck fand.

Halt in einem andern Verhältnisse, welches jeder Zersetzung durch die physischen Wissenschaften widersteht: dieses Verhältnis liegt auf dem, spät erst die Aufmerksamkeit auf sich lenkenden, aber als wirksam schon von je her vorhandenen Gebiete der innern Erfahrung, von dem jetzt zu reden sein wird.

B. Die Begriffe über das, was „gut" und „böse" sei, sind je nach Ort und Zeit sehr verschiedene gewesen und zeigen die mannigfaltigsten Abstufungen, von dem brutalen Kannibalen und dem wilden Fanatiker an, welche Gewissensbisse darüber empfinden, dafs sie ihren Gegner nicht verspeist oder verbrannt haben, bis hinauf zu dem Christlichgesinnten, der Gewissensbisse darüber empfindet, dafs er sich darauf betrifft, seinen Feind nicht zu lieben und das Übelwollen gegen ihn nicht los werden zu können. Merkwürdig aber ist, dafs dessen ungeachtet alle, vom Wilden bis zum Heiligen, darin übereinstimmen, irgend welche Handlungen für gut, d. h. unbedingt löblich, und irgend welche andere für böse, d. h. unbedingt tadelnswert, bei sich und andern anzusehen. Man hat sich viele Mühe gegeben, den Ursprung solcher imperativer Vorstellungen zu erforschen und hat gemeint, dafs die Begriffe gut und böse (beziehungsweise schlecht) ursprünglich so viel bedeuteten wie nützlich und schädlich, oder allgemein-nützlich und allgemein-schädlich, oder stark und schwach, oder aristokratisch und gemein, oder von Gott geboten und von Gott verboten u. s. w., und dies alles mag auch historisch seine Richtigkeit haben; die Frage ist nur, wie man dazu gekommen ist, diese Begriffe so zu modifizieren, dafs nach Abstreifung der Nebenbestimmungen des Nutzens, der Abstammung oder des Gottgebotenseins die reinen Vorstellungen eines unbedingt zu Thuenden und unbedingt zu Meidenden übrig blieben. Ohne Zweifel haben sich diese Begriffe erst nach und nach entwickelt, wie die Pflanze aus dem Samenkorn; sie würden sich aber nicht in dieser Richtung entwickelt haben, wenn sie nicht als Samenkorn, als ursprüngliche Anlage in der menschlichen Natur gelegen hätten. Ohne also jenen Entwicklungstheorien ihr historisches Recht abzustreiten, wollen wir doch abwarten, ob ihre Tragweite so weit geht, folgende Erwägungen zu entkräften.

II. Die altvedische Religion.

Daſs das hauptsächliche Triebrad der menschlichen Handlungen von je her der Egoismus gewesen ist, wird niemand bezweifeln, sowie auch, daſs dieser Egoismus oft in unliebsamer Weise sich geltend machte, um den Mitmenschen, und zwar nicht nur den Feind, sondern auch den Verwandten, den Freund, den Bruder, mit einem Worte den Nächsten zu schädigen. Daſs dieser Einbruch in die Rechte und Interessen eines andern von je her Miſsbilligung erregte, nicht nur bei dem Betroffenen, sondern auch bei dem Unbeteiligten, — daſs der Habgierige, der Grausame, der Feigling, der Hinterlistige von je her von der menschlichen Gesellschaft (wie Kain von Jehovah) gezeichnet waren, ist völlig gewiſs. Weiter aber wird jeder zugeben, daſs es überall und immer auch Menschen gegeben hat, welche es über sich vermochten, den Egoismus, den wir als die eigentliche „Natur" bei jedem voraussetzen, einzuschränken und zu bezwingen, sofern sie das eigene Selbst und seine Interessen ganz oder teilweise irgend einem nichtegoistischen Zwecke zum Opfer brachten, sei es, daſs diese Selbstverleugnung sich bethätigte in der brutalen Form der Tapferkeit, welche die eigene Gefahr nicht scheut, der erlittenen Schmerzen und Wunden lacht, oder in dem Ertragen von Hunger, Durst und Entbehrung, oder in der Treue dem gegebenen Versprechen, in der Gerechtigkeit, welche des andern Leid nicht will, und in dem Mitleide, welches bereit ist, dem Nächsten auch ohne Hoffnung auf Entgelt durch eigene Opfer in seiner Not zu helfen. Solche Menschen nannte man *gut*, und solche gute Menschen hat es zu jeder Zeit gegeben. Der Unterschied zwischen guten und bösen, zwischen selbstsüchtigen und selbstloseren Menschen ist somit uralt, ja so alt wie die Menschheit selbst. Viel später hingegen und bei einigen Völkern (wie sogleich schon bei den Indern) sehr wenig entwickelt ist die Reflexion über diesen Gegensatz und seinen Ursprung, über die wunderbare Thatsache, daſs ein Mensch im stande ist, seine eigenen, wohlverstandenen Interessen hintanzusetzen und um eines andern willen zu verleugnen. Dunkel fühlte man, daſs hier eine höhere Macht über den Menschen kommt, ein höherer Wille, der mit dem eigenen, auf Selbsterhaltung gerichteten Willen in Widerspruch

steht, mithin diesem seine Bestimmungen gleichwie ein Gesetz
aufnötigt, das ein anderer uns giebt. Aber woher dieser höhere
Wille und das Gesetz, das von ihm ausgeht? — Hier stand
man vor einem erstaunlichen, schwer zu lösenden Rätsel.

Und hier vollzieht sich nun jene merkwürdige Verschmelzung zweier völlig heterogener Elemente, in welcher
alle Religion besteht, indem man das sittlich Gute, da es aus
der eigenen Natur und ihren Interessen nicht abzuleiten war,
auffaſste als beruhend auf dem Willen eben jener Persönlichkeiten, die man durch Personifikation der umgebenden Naturerscheinungen gewonnen hatte. Ihre Übermacht, die Stetig-
keit ihres Wirkens, die Abgelöstheit derselben von den individuellen Interessen der Menschen, alles dies führte dazu,
auch das Sittliche im Menschen für eine Manifestation jener
durch die dichtende Phantasie mit Wille und Persönlichkeit
ausgestatteten Naturkräfte zu halten, und so z. B. in dem all-
sehenden Varuṇa und Helios den Wächter über Gutes und
Böses, in dem donnernden Jehovah den Verkündiger einer
moralischen Weltordnung zu erkennen.

Es beruht also die Religion auf einer Verschmelzung
zweier, ursprünglich völlig verschiedener Elemente, A. einer
Personifikation der Naturgesetze, und B. einer solchen des
Sittengesetzes, die wir als das mythologische und das moralische Element der Religion hier und in der Folge unterscheiden wollen. Es wird sich im Verlaufe zeigen, daſs eine
jede Religion um so besser, um so mehr Religion ist, je reiner
in ihr das moralische Element hervortritt, und um so schlechter,
um so weniger ihrem eigentlichen Zweck und Wesen entsprechend, je mehr das Moralische in ihr von mythologischen
Vorstellungen überwuchert und verdunkelt wird.

Wenden wir diesen Maſsstab zunächst auf die vorliegende
Aufgabe, auf die Religion des Ṛigveda an, so werden wir
derselben, bei allem Interesse das sie einflöſst, doch als Religion keine besonders hervorragende Stelle einräumen können,
da zwar das mythologische Element in sehr hohem Grade in
ihr entwickelt ist, hingegen das moralische Element, in dem
der eigentliche Wert einer Religion liegt, auffallend in den

II. Die altvedische Religion.

Schatten tritt. Wir werden wohl nicht fehlgreifen, wenn wir den so unerwartet frühen und raschen Verfall der altvedischen Religion wesentlich auf diesen ihren Mangel an moralischem Gehalte zurückführen. Doch zunächst wollen wir beide Elemente nach einander in Betracht ziehen.

A. Nach der mythologischen Seite hin ist die altvedische Religion so interessant und reich an Aufschlüssen wie keine andere der Welt. In dieser Hinsicht ist das Studium des Rigveda die hohe Schule der Religionswissenschaft, und niemand kann, ohne ihn zu kennen, über diese Dinge mitreden. Dieser einzige Vorzug beruht darauf, daſs der Prozeſs, auf dem ursprünglich alle Götter, wie gezeigt, beruhen, daſs jene Personifikation der Naturphänomene, während sie in allen andern Religionen mehr oder weniger verdunkelt ist, im Rigveda sich noch sozusagen handgreiflich vor unsern Augen vollzieht. Hiermit soll keineswegs gesagt sein, daſs die Religion im Rigveda sich noch im ersten Stadium der Entwicklung befinde. Sie steht vielmehr schon auf einer ziemlich fortgeschrittenen Stufe und läſst uns nur hie und da noch einen Blick in ihre eigene Vergangenheit thun. Ähnlich nämlich wie in der griechischen Mythologie die drei aufeinanderfolgenden Dynastien des Οὐρανός, Κρόνος und Ζεύς ziemlich deutlich drei verschiedenen Kulturperioden entsprechen, dem heroischen Zeitalter, in welchem Ζεύς, dem vorhergehenden ackerbauenden Zeitalter, in welchem Κρόνος, und dem noch ältern Zeitalter der Einwanderung, in welchem Οὐρανός an der Spitze der Götterwelt gestanden zu haben scheint. — ähnlich und nur zum Teil umgekehrt ist im Rigveda *Dyaus*, der alte Vater Himmel, nebst andern halbverschollenen Gottheiten zurückgedrängt durch *Varuṇa*; aber auch dieser schon ist, gerade in dem Augenblicke, wo sich der Vorhang für uns hebt, im Begriffe, von *Indra* an Popularität überflügelt zu werden, und ein sehr merkwürdiger Hymnus (4,42) stellt beide Götter in einer Art von Rangstreit gegenüber; beide rühmen ihre Verdienste, und der Dichter, bei allem Respekte vor Varuṇa, neigt sich nicht undeutlich dem Indra zu. Wie dieses Beispiel zeigt, steht schon

im Rigveda die Mythologie keineswegs mehr in der ersten
Jugend; aber sie hat sich, ähnlich wie die indische Sprache,
den Vorzug einer so grofsen Durchsichtigkeit erhalten, dafs
die Namen und Mythen der Götter fast überall gestatten,
noch das ursprüngliche Verhältnis der Natur zu erkennen,
dessen Personifikation die betreffende Gottheit ist; ja, in einigen Fällen ist es zu einer durchgeführten Personifikation gar
nicht gekommen; wie denn z. B. bei *Ushas*, der Morgenröte,
die Persönlichkeit nur wie ein leicht übergeworfener Schleier
erscheint, und wenn der vedische Sänger von *Agni* redet, bei
dem Worte *agni* (Feuer) die Vorstellungen eines persönlichen
Wesens und des blofsen Feuerelementes fortwährend ineinander überschweben. — Wir wollen, zur Bestätigung des Gesagten, die hauptsächlichsten Gestalten des vedischen Pantheons
in der Kürze überblicken. Ein eigentliches Göttersystem ist
den vedischen Sängern noch unbekannt (hier wie überall ist
das System nicht das Erste, sondern das Letzte), und die
Machtsphären der Götter sind so wenig gegen einander abgegrenzt, dafs wir dieselben Wunderwerke der Schöpfung u. s. w.
bald diesem bald jenem Gotte (wie es scheint, sogar von
demselben Dichter) zugeschrieben sehen, wovon später; aber
althergebracht und schon bei Yâska im Niruktam zu Grunde
gelegt ist die Einteilung der Götter nach den drei, schon in
den Hymnen unterschiedenen Gebieten: a. *Dyaus*, der Lichthimmel, b. *Antariksham*, der Luftraum, c. *Prithivî*, die Erde;
wobei Himmel und Erde, *Dyâvâprithivî*, als ein altheiliges
Elternpaar der Welt zuweilen angerufen werden; sie heifsen
auch *rodasî ubhe*, angeblich (für *rodhasî*) „die beiden Ufer",
welche das Luftreich *(antariksham)* wie einen Strom einfassen.
Nach diesen drei Gebieten verteilen sich die wichtigsten Gottheiten des Rigveda wie folgt:
   a. **Götter des Lichthimmels:**
      Varuṇa (und die übrigen *Âditya*'s).
      Die beiden *Açvin*'s und *Ushas*.
      Sûrya, Savitar, Mitra, Pûshan, Vishṇu.
   b. **Götter des Luftraums:**
      Vâyu (Vâta), Rudra, die *Marut*'s.
      Indra, Parjanya, die drei *Ribhu*'s.

II. Die altvedische Religion.

c. Götter der Erde:
Agni, *Soma* und *Bṛihaspati*.

Wir wollen diese Götter nach Ursprung und Bedeutung kurz charakterisieren.

a. Götter des Lichthimmels.

Váruṇa (Οὐρανός), von *var* „umgeben", der fernste, die Welt einschliefsende und in unwandelbarer Drehung umkreisende Fixsternhimmel, persönlich gedacht als der oberste Herr und König des Weltalls, nicht kriegerisch wie Indra, sondern in ruhiger Majestät thronend. Der Himmel ist sein goldenes Prachtgewand, der Wind sein Odem, die Sonne sein Auge, die Sterne sind seine schlummerlosen Späher, bestallt, die Welten zu überschauen. Allgegenwärtig ist er im Gröfsten und im Kleinsten, im Weltmeere und im Wassertropfen vorhanden; allwissend, kennt er die Bahnen des Windes, den Weg der Vögel in der Luft, der Schiffe auf dem Meere, und wo zwei sich heimlich beraten, da ist er als Dritter zugegen. Er ist der Wächter der göttlichen Ordnung (*gopâ ṛitasya*), den Frommen schirmend, heilend, erleuchtend und nach dem Tode zu seligem Leben hinüberführend, den Bösen aber ergreifend und mit seinen Fesseln bindend zu Leiden und Tod. Unerklärliche Krankheiten, wie namentlich die Wassersucht, gelten als eine Heimsuchung des Varuṇa. Im Fortschritte der Abstraktion wird Varuṇa zum Sohne der *Aditi*, d. h. wohl „der Unendlichkeit", und es werden ihm sechs andere Aditi-Söhne (*Âditya's*) nebengeordnet, welche, wie die Namen *Mitra*, *Aryaman*, *Bhaga*, *Daksha*, *Ança* zu verstehen geben, Personifikationen menschlicher Zustände (Freundschaft, Tüchtigkeit u. a.) nach Art mancher griechischen Götter sind. (Erst in der spätern Mythologie, nachdem die Inder mit dem Meere näher bekannt geworden waren, aus dem sie allnächtlich die Sterne des Himmels aufsteigen sahen, und für welches der Ṛigveda keine eigene Gottheit hatte, wurde Varuṇa, der ursprüngliche Gott des Himmelsoceans, zu einem Gotte der Wasser.)

Die Açvin's, wörtlich „die Rossefahrer", zwei wunderthätige Genien, welche auf ihrem dreisitzigen Wagen zur

Heilung von Krankheiten und Gebrechen, zur Rettung aus allerlei Not herbeieilen; eine gröfsere Reihe ihrer Wunderthaten an Kranken, Blinden, Unfruchtbaren und Gefährdeten werden in stereotyper Weise immer wieder erwähnt, ohne dafs man darüber Näheres erführe. Ihrer ursprünglichen Naturbedeutung nach scheinen sie eine Personifikation des, Licht und Dunkel zwillingsartig verbunden enthaltenden, morgendlichen Zwielichtes zu sein, welches den (in Sommer und Winter mehr gleichmäfsig als bei uns) anbrechenden Tag verkündet und mit Freuden begrüfst wird, weil es der Nacht und ihren Schrecknissen ein Ende macht.

Die Ushas ('Hώς, *Aurora*) ist eine sehr durchsichtige Personifikation der Morgenröte, welcher nicht viele, aber vielleicht die zartesten und schönsten Hymnen gewidmet sind. Ewig jung und schön, nicht alternd wie die Geschlechter der Menschen, erscheint sie als holdselige Jungfrau, die ihre Reize der Welt enthüllt, indem sie, die Schwester Nacht ablösend, aus den Dünsten des Ostens hoch und höher emporsteigt, um mit ihren Lichtwellen Himmel und Erde zu übergiefsen.

Sùrya, Savitar, Pùshan, Vishnu und Mitra sind Personifikationen der Sonne und ihres Wirkens nach den verschiedenen Seiten hin, welche sie der Betrachtung bietet; ursprünglich also nur verschiedene Namen derselben Sache, welche dann im Fortschritte der Gestaltung zu verschiedenen Personen wurden. (Möglich auch, dafs lokale Unterschiede mit einwirkten, indem z. B. Pùshan vorwiegend von nomadischen Stämmen verehrt wurde.) — Sùrya (Sol), „der Strahlende", ist der Sonnengott, wie er, der Ushas nachgehend wie einem Mädchen der Jüngling, das Dunkel wie ein Fell abschüttelt und, prangend in goldenem Haare, von sieben lichtfarbigen Rossen gezogen, zu der Höhe des Himmels emporsteigt, das Recht und Unrecht der Menschen überschauend. — Wie Sùrya sich auf die äufsere Erscheinung der Sonne, so bezieht sich auf ihre Wirkungen der nächstverwandte und oft synonyme Savitar, „der Erreger", welcher allmorgendlich die Wesen erweckt, Menschen und Tiere zur Thätigkeit antreibt und wiederum des Abends durch Abspannen seiner Rosse aller

II. Die altvedische Religion.

Welt das Zeichen giebt, zur Ruhe zu eilen. — Pûshan, „der Ernährer", ist die Sonne, gedacht „als der kein Stück der Herde verlierende Hirt der Welt" (10,17,3), der denn auch speciell zum Schutzgotte der Herden und Hirten, der Wanderer auf fernen Wegen wird, auch als ψυχοπομπός auf der Wanderung ins Jenseits das Geleit giebt. — Vishṇu, „der Vollbringer", der später eine so grofse Rolle zu spielen berufen war, tritt im Ṛigveda nur hervor durch die Heldenthat der drei Schritte, mit denen er den Weltraum durchmifst; sie sind der Aufgang, Untergang und Kulminationspunkt der Sonne; letzterer, „der höchste Schritt des Vishṇu" *(Vishṇoḥ paramaṃ padam)*, bezeichnet den Aufenthalt der Seligen. — Mitra, „der Freund", wird zu den Âditya's gerechnet und fast immer mit Varuṇa zusammen angerufen, wobei Varuṇa die Nachtseite der Welt, Mitra das menschenfreundliche Tageslicht zu bedeuten scheint.

b. Götter des Luftraums.

Im Lufttraume waren es namentlich die Erscheinungen des Windes, des Regens und des Gewitters, in denen man ein göttliches Wirken zu erkennen glaubte. Vâyu oder Vâta ist „der Wind" als der die Welt unsichtbar durchrauschende Odem *(âtman)* der Götter, in leicht übergeworfener Personifikation; konkreter erscheint Rudra, der „heulende" oder „funkelnde" Gott des Sturmes oder der Blitze, der schönste der Götter, welcher, zerstörend einherbrausend, mit seinem Bogen tödliche Geschosse auf die Erde schleudert, aber auch die Luft von Miasmen reinigt und daher als heilender, arzneireicher Gott gepriesen wird. Seine Äufserungen werden weiter personifiziert als die Rudra's oder Marut's, die „funkelnden" Söhne des Rudra oder auch Vâyu, die Gefährten des Indra, welche als lustige Kriegerschar auf feurigen, von Gazellen gezogenen, donnergleich rollenden Wagen heranstürmen, ihre Pfeile, die Blitze, über die Erde säen, Wirbelwinde anblasen und die Wolkenkühe freimachen, damit sie ihre Milch, den Regen, strömen lassen. — Der Regen selbst ist dann wieder personifiziert als Parjanya (vielleicht „der Rauschende"), der, als Wagenfahrer seine Rosse anpeitschend, die Wolkenschätze heranführt, um mit ihnen die lechzenden Geschöpfe zu erquicken. — Die grofsartigste Erscheinung der Atmosphäre aber, namentlich in den Tropen, ist das Gewitter, und die vedischen Sänger werden nicht müde, dasselbe zu feiern als den Kampf des Gottes Indra (vielleicht „des Bezwingers") gegen feindliche Dämonen wie *Vritra*, *Ahi* u. a., welche die Wolkenkühe in einer Felsenburg verschlossen halten, bis Indra mit dem Donnerkeil die Burg spaltet, die Kühe herausführt und ihre labende Regenmilch auf die Erde strömen läfst. Wie die irdischen Kämpfer, deren Vorbild und Anführer er ist, stärkt sich auch Gott Indra zu seinen Kämpfen durch den dargebrachten Somatrank. Er liebt und schützt die frommen Verehrer, die ihm reichlich spenden, während er den Kargen, den Stolzen, den Spötter niederschlägt. So ist er der Lieblingsgott des heroischen Zeitalters, und an ihn sind die zahlreichsten Hymnen des Rigveda gerichtet. — Endlich gehören noch dem Luftreiche an die Ribhu's, „die Anstelligen", drei kunstfertige Genien, welche den Wagen der *Açvin's*, die Rosse des *Indra*, die Wunderkuh des *Brihaspati* bilden und aus der einen Schale des *Trashtar* viere machen, worauf dieser sich beschämt verbirgt. Sie verjüngen ihre Eltern, sie erfüllen die Höhen mit Kräutern und die Thäler mit Flüssen, nachdem sie zwölf Tage im Hause des *Agohya* geschlafen haben. Agohya, „der Unverschwindbare", ist der Sonnengott, die zwölf Tage scheinen die des Wintersolstitiums, die Ribhu's aber ursprünglich die im Laufe der vier Jahreszeiten (vier Schalen) sich bethätigenden Bildungskräfte der Natur zu sein, durch welche der alte „Bildner" *Trashtar* in den Hintergrund gedrängt wurde.

c. Götter der Erde.

Die Erde selbst ist eine Göttin, ihre Berge, Flüsse, Quellen, ihre Bäume und Pflanzen werden gelegentlich angerufen, ebenso die Schlachtrosse und Waffen, die Kühe und Opfergeräte, die Ackerfurche und der Pflug, kurz alles, in dem verborgene, das Dasein des Menschen beeinflussende Kräfte sich regen. Keine dieser Kräfte aber, die den Menschen unmittelbar umgeben, erscheint so geheimnisvoll leben-

II. Die altvedische Religion.

dig*, so segensreich und wiederum unheilvoll eingreifend in das
Leben der Menschen, wie das leuchtende, wärmende und unter
Umständen verheerende Feuer, der Gott A g n i, eigentlich wohl
(vgl. lateinisches *agilis*) „der bewegliche", der die friedliche
Seite des arischen Lebens repräsentiert wie Indra die kriegerische, und an den denn auch, nächst diesem, die meisten
Hymnen gerichtet sind. Seine dreifache Heimat als Sonnen-
feuer, Blitzfeuer, Erdfeuer, seine Zeugung aus den Reibhölzern,
seitdem er durch *Mâtariçvan* (eigentlich wohl Agni selbst als
„der in der Mutter [dem Reibholze] schwellende") den Menschen gebracht worden, sein Wirken als Beschützer der Ansiedlung, Verscheucher der Kobolde und andern Mächte der
Finsternis, Verleiher und Hüter der Schätze, als menschen-
freundlicher *(vaiçvânara)*, lieber Hausfreund werden viel besungen. In ihm tritt die Gottheit unmittelbarer als irgendwo
in Beziehung zum Menschen, daher er auch als Götterbote
den Verkehr zwischen Menschen und Göttern vermittelt, sei
es, dafs er mit seinen Flammenzungen die Opferspeise leckt
und auf ihnen, wie auf wiehernden (knisternden) Rossen, sie
den Göttern nebst Lied und Gebet zuführt, sei es, dafs er die
Götter heranfährt, um den Opfertrank zu geniefsen. Die Art,
wie dabei das Feuer und seine Erscheinungen sich immer
wieder und wieder zu einer sogleich wieder zerrinnenden
Persönlichkeit gleichsam unter den Händen des Dichters gestalten, ist für die *erste Genesis* der vedischen Religion ebenso
lehrreich, wie es für die *Fortentwicklung* derselben der zweite
auf Erden weilende Hauptgott, der König S o m a ist, dem
unter andern das ganze neunte Buch des Ṛigveda gehört.

---

* Schön schildert dies namentlich der Vers Ṛigv. 1,164,30 (der freilich gewöhnlich ganz anders erklärt wird, vgl. unten, S. 115):

anac chaye, turagâtu jivam,
ejad dhruvam madhya' â pastyânâm;
jivo mṛitasya carati svadhâbhir,
amartyo martyenâ sayoniḥ.

Es liegt und atmet, schreitet schnell, lebendig,
Regsam beständig mitten in der Wohnung;
Es lebt und regt sich nach des Menschen Willen,
Unsterblich, doch dem Sterblichen verbunden.

Wie Agni, personifiziert auch er sich noch vor unsern Augen. Ursprünglich ein aus Pflanzensaft gewonnenes, gegorenes und berauschendes Getränk, wird er aus dem Tranke, an dem Götter und Menschen sich laben, selbst zu einem alle Götter überragenden Gotte, welcher alles das, was die Götter ursprünglich durch ihn begeistert wirken, selbst wirkt, sodafs es keine Grofsthat des Agni, Indra, Varuṇa und aller Götter giebt, die nicht gelegentlich ihm zugeschrieben würde. (Die Identifikation des Soma mit dem Monde — vermittelt ohne Zweifel durch die Ähnlichkeit seines Zunehmens und Abnehmens mit dem Austrinken und Wiederfüllen eines Bechers — ist sekundär, im Rigveda noch nicht sicher nachweisbar und noch Atharvaveda 11,6,7 als neu erscheinend.) — Ähnlich wie im Soma der den Göttern dargebrachte Opfertrank zu einem Gotte wird, so wird weiter auch das Gebet *(brahman)* aus einem Stärkungsmittel der Götter selbst zu einem allen Göttern überlegenen Gotte, zuerst als Brihaspati oder Brahmaṇaspati, der Gebetesherr, und sodann, nach Abwerfung der Personifikation, als das Brāhman, von dem als Princip der Welt und Grundbegriff der Philosophie noch später zu handeln sein wird.

Ziehen wir die Summe aus dieser Übersicht, so läfst sich als solche, sozusagen als die Philosophie des Rigveda, Folgendes bezeichnen: alle Kräfte und Wirkungen der Natur im Himmel, Luftraum und auf Erden sind die Willensäufserungen persönlicher, zwar unsterblicher und übermächtiger, aber doch menschenähnlicher Wesen, zu denen man reden, welche man beschenken kann, und die sich durch Gebet und Opfer in ihren Entschliefsungen beeinflussen lassen. Dieser Gedanke führt uns auf die zweite Hauptfrage, welche die Beziehung der Götter zu den Menschen, namentlich als moralischer Mächte, betrifft.

B. Die moralische Seite der vedischen Religion. — Die indogermanische Religionsanschauung unterscheidet sich von der semitischen namentlich darin, dafs der Semit vorzugsweise den Gegensatz zwischen Mensch und Gott, der Indogermane die innere Wesens-Identität beider betont. Darum

II. Die altvedische Religion.

ist bei den Semiten Gott vor allem der „Herr" und der
Mensch sein „Knecht", während bei den Indogermanen die
Vorstellung Gottes als „Vater", und der Menschen als seiner
„Kinder" vorherrscht. (In diesem Sinne läfst sich das Christentum als ein Durchbruch indogermanischer Religionsanschauung
bei den Semiten bezeichnen.) Jedoch soll damit nicht mehr
gesagt sein, als dafs bei den Semiten die Vorstellung der
Knechtschaft, bei den Indogermanen die der Kindschaft
über die andere überwiegt; und wie gelegentlich Gott schon
im Alten Testamente als Vater angerufen wird (Jes. 64,7[8],
freilich mit einem bedenklichen Zusatze), so heifst es hinwiederum z. B. Rigv. 7,86,7, „ich will wie ein Sklave dem
Gabenreichen (Varuṇa) dienen"; und die Vorstellung der Götter
(namentlich der des Himmels) als mächtiger Könige, gegen
deren Willen der Mensch nichts vermag, vor denen man
zittert, deren Gnade man sich zu sichern sucht, ist auch im
Rigveda nicht selten. Aber unendlich viel häufiger als in
dieser despotischen (für die semitische Welt bezeichnenden),
erscheinen die vedischen Götter in einer familiären Stellung
dem Menschen gegenüber als seine Freunde, Verwandte, Brüder
und vor allem als seine vorsorgenden „Väter", ein Ausdruck
der von Agni, Indra, Varuṇa und vielen andern Göttern so
häufig gebraucht wird, dafs wir in diesem aus dem Familienleben entlehnten Bilde Gottes als eines Vaters, von dessen
Fürsorge für den Menschen *(pramati)* und väterlicher Leitung
desselben *(praṇīti)* immer wieder und wieder die Rede ist, die
eigentliche Grundanschauung des Ariers von seinen Göttern
zu sehen haben. Natürlich wollen diese lieben Väter und
Freunde, wenn man ihrer Gunst sich erfreuen will, durch
fleifsiges Opfern und Beten bei guter Laune gehalten werden,
und ein moralisches Verhältnis liegt an sich in dieser familiären Auffassung ebensowenig wie in jener despotischen.
Vielmehr erscheint die semitische Anschauung Gottes als eines
furchtbaren Herrn geeigneter für die erste Aufnahme moralischer Vorstellungen (daher deren frühes Auftreten im Alten
Testamente) als die arische, welche sehr leicht, und in der
That schon im Rigveda, zu einem allzu vertraulichen Verhältnisse zwischen den *ubhe janmani,* „den beiden Völkern", näm-

lich der Götter und der Menschen, und schliefslich zu einer Art Handelsvertrag zwischen beiden führt, kraft dessen die Götter Schutz, Sieg und Beute, Gesundheit, Leben und Nachkommenschaft verleihen und dafür mit Soma und Gebet bezahlt werden, oder auch Vorausbezahlung fordern, wie Gott Indra, wenn er Vāj. Saṃh. 3,50 zu seinem Verehrer sagt: *dehi me, dadâmi te,* „gieb du mir, und ich gebe dir". Wenn diese Auffassung der Götter als genufssüchtiger und der Menschen bedürfender Wesen jede moralische Bedeutung derselben aufhebt, so liegt doch auch in der ältern und edlern Anschauung derselben als gnädiger Herrscher und liebevoller Väter zunächst noch nichts Moralisches; dieses, und damit die eigentlich berechtigte Seite der Religion fängt erst da an, wo jene personifizierten Naturkräfte als Urheber und Wächter des Sittengesetzes erscheinen, welches der Mensch als eine unbegreifliche Macht von Anfang an, wenn auch noch unentwickelt, in sich trägt. Auch diese Anschauung der Götter als moralischer Mächte, als der allwissenden, den Menschen durchschauenden Hüter der sittlichen Ordnung fehlt im Ṛigveda keineswegs. Sie wird namentlich vertreten durch den Begriff des *ṛitam* (des rechten Ganges), welches einerseits die in den Göttern verkörperte **ewige Ordnung der Natur**, anderseits die von ihnen überwachte **sittliche Ordnung des Menschenlebens** bedeutet; die Götter sind *gopâ ṛitasya*, „Hüter der Weltordnung", und zwar sowohl in **physischem** (z. B. 1,163,5) als auch in **moralischem** Sinne (z. B. 6,51,2—3); sie heifsen daher *ṛitâvan*, „im Besitze der Ordnung", und *ṛitâvṛidh*, „an der Ordnung sich freuend", sofern sie vom Menschen innegehalten wird, sie lieben und fördern den Redlichen, den Gerechten, den Guten, sie hassen und strafen den Unredlichen, den Übelthäter, den Bösen, — aber immer wieder verfliefst der Begriff des Guten mit dem des frommen Verehrers und reichlichen Spenders, der des Bösen mit dem des opferlosen Nichtariers und des kärglich spendenden Geizigen. Wenn somit auch das moralische Element den vedischen Göttern keineswegs fehlt, so tritt es doch dem so mächtig entfalteten mythologischen Elemente gegenüber sehr in den Schatten; und im ganzen mufs man sagen, dafs die vedischen Götter zu

II. Die altvedische Religion.

wenig ihrer hohen Aufgabe, *gopâ° ṛitasya*, Hüter des Moralischen zu sein, sich bewufst gewesen sind, zu sehr als egoistische Naturwesen von kräftiger Sinnlichkeit darauf bedacht waren, in Gebet und Opfer zu schwelgen, mit Soma „ihren Bauch zu füllen" (wie es so oft von Indra heifst), als dafs sie nicht ihr Schicksal verdient hätten, welches darin bestand, sehr bald in den Hintergrund gedrängt zu werden, einerseits durch die Riten selbst, mit deren pünktlicher Erfüllung man die Götter in der Gewalt hatte, anderseits durch das philosophische Denken, welches eine höhere Einheit verlangte, als sie in dieser buntfarbigen, weder durch ein physisches noch durch ein moralisches Princip zu einer souveränen Einheit zusammengeschlossenen Götterwelt möglich war.

Diese Unzulänglichkeit der vedischen Götter, als Stütze der Moral zu dienen (und somit also ihre Unzulänglichkeit überhaupt), kann nicht lebendiger illustriert werden als durch das moralische, zur Wohlthätigkeit auffordernde Lied Ṛigv.10, 117, welches wir hier zum Schlusse übersetzen wollen, einerseits um zu veranschaulichen, wie entwickelt das moralische Gefühl schon zu den Zeiten des Ṛigveda war, anderseits weil es die (jedem europäisch Denkenden befremdliche) Erscheinung einer Moral zeigt, welche gar keinen Versuch macht, sich auf Theologie zu gründen, vielmehr die vedische Götterwelt, offenbar im Gefühle ihrer Ungeeignetheit zu diesem Zwecke, kurzweg beiseite schiebt. Ja, der erste Vers ist geradezu gegen solche gerichtet, welche in der Theologie das Mittel fanden, sich der Pflicht des Wohlthuns zu überheben, indem sie das Elend für eine göttliche Strafe erklärten, welche man nicht durch Linderung desselben vereiteln dürfe.

Ṛigveda 10,117.

1. Der Hunger ist doch gottverhängte Strafe nicht!
   Denn Satte auch ereilt der Tod in vieler Art.
   Armen zu spenden, schmälert ja den Reichtum nicht;
   Wer nicht giebt, hat auch keinen, der sich sein erbarmt.

2. Wer, wohlversehn mit Nahrung, wenn der Dürftige,
   Um eine Gabe bittend, naht in seiner Not,
   Sein Herz verhärtet dem, der Ehre stets erwies,
   Der findet selbst auch keinen, der sich sein erbarmt.

3. Der erst geniefst, der auch dem Armen mitteilt,
   Der hinschleicht, Nahrung bittend, abgemagert;
   Wer ihm in seinem Hülferuf Gehör schenkt,
   Hat für die Zukunft einen Freund gewonnen.

4. Der ist kein Freund, der nicht dem Freunde mitgiebt,
   Dem treu anhänglichen, von seiner Speise.
   Weg geht er von ihm, wo kein Trost zu finden,
   Hängt sich an einen Fremden, der ihn sättigt.

5. Es reiche dar dem Flehenden wer Macht hat,
   Hinblickend auf den weitern Weg der Zukunft!
   Reichtum rollt um wie Räder an dem Wagen.
   Oft ging er schon von dem auf jenen über.

6. Vergebens häuft für sich der Thor die Güter;
   Die Wahrheit sag' ich, sie sind sein Verderben!
   Er zieht sich keinen Freund auf, noch Vertrauten, —
   Einsam geniefst er, einsam wird er leiden.

7. Nur wenn sie pflügt, bringt uns die Pflugschar Nahrung;
   Der Weg nützt nur, wenn man ihn pflückt mit Füfsen;
   Den lauten Redner, nicht den stummen liebt man;
   So gilt ein Freund, der schenkt, mehr als ein karger.

8. Der Einfufs schreitet schneller als der Zweifufs wohl,
   Der Zweifufs holt den Dreifufs ein von hinten;
   Der Vierfufs kommt auf der Zweifüfs'gen Ruf herbei,
   Schaut auf zu ihnen, ihre Schar umwedelnd.
   [So ist, wer kargt, oft ärmer, als wer mitteilt.]

9. Die Hände, obschon gleich, sind nicht gleich wirksam;
   Zwei Schwesterkühe sind an Milch oft ungleich;
   Selbst Zwillinge an Leistung sind verschieden, —
   Selbst Blutsverwandte sind nicht gleich mildthätig.

Mit diesem Hinweise auf die grofse, aus natürlichen Gründen nicht erklärliche, ethische Verschiedenheit der Charaktere endet das schöne Lied.

III. Der Verfall der altvedischen Religion und die Anfänge der Philosophie.

1. Zweifel und Spott.

Die altvedische Religion trug, wie gezeigt, die Keime ihres Unterganges in sich, und so werden wir uns nicht wundern, wenn wir schon auf dem Boden des Rigveda selbst den Verfall der Religion hereinbrechen sehen, indem in einigen spätern Hymnen, so viel auch hier von der priesterlichen Überlieferung ausgetilgt sein mag, doch deutliche Spuren von Unglauben, Verspottung der Religion und ihrer Institute, und endlich gänzlicher Ablehnung derselben wahrzunehmen sind. Wir wollen dieselben in der Kürze nachweisen.

Zunächst ist es schon ein bedenkliches Zeichen für die Gläubigkeit eines Zeitalters, wenn in ihm viel von Glauben die Rede ist. Denn wenn auch Lessings Behauptung, dafs „man selten von der Tugend spreche, die man habe, aber desto öfter von der, die uns fehle", nur die halbe Wahrheit so vieler sprichwörtlichen Redensarten haben dürfte, so wird doch in einer Zeit völlig unerschütterten Glaubens dieser, eben weil er die einer solchen Zeit völlig gemäfse Interpretation des Daseins ist, so unbewufst und gleichsam instinktiv die Grundlage des ganzen geistigen Lebens bilden, dafs von ihm so wenig die Rede ist wie etwa von der Verdauung, so lange dieselbe richtig funktioniert. Wie aber dieser, sobald sie irgendwie gestört ist, sogleich die Aufmerksamkeit sich zuwendet, so auch der eigenen Gläubigkeit, wenn man ihrer sich nicht mehr ganz versichert fühlt. In diesem Sinne ist es ein Zeichen der Zeit, wenn wir unter den spätern Liedern des Rigveda folgende Anrufung, nicht irgend eines Gottes, sondern des Glaubens finden:

Rigveda 10,151 (= Taitt. Br. 2,8,8,6—8).

1. Durch Glauben Opferfeuer flammt,
Durch Glauben Opferspende strömt,
Den Glauben auch im Schofs des Glücks
Bekennen wir durch unser Wort.

2. Mach', Glaube, wert dem Spendenden,
   Mach' wert dem spenden Wollenden,
   Dem Opfrer wert, der gerne schenkt,
   Dies Zeugnis, von mir abgelegt!

3. Wie selbst den mächt'gen Unholden
   Die Götter brachten Glauben bei,
   Präg' ein dem Opfrer, der gern schenkt,
   Dies Zeugnis, von uns abgelegt!

4. Den Glauben schätzt der Götter Schar
   Und Opfrer, schützend Lebenshauch;
   Wer ernstlich will, wird gläubig bald,
   Wer glaubt, gewinnt der Güter viel.

5. Den Glauben rufen morgens wir,
   Den Glauben an zur Mittagszeit,
   Den Glauben, wenn die Sonne sinkt, —
   O Glaube! mache gläubig uns!

Dieser Stofsseufzer einer frommen, und nicht weniger begehrlichen, Seele scheint zu beweisen, dafs es zur Zeit unseres Sängers mit der Gläubigkeit der reichen und freigebigen Opferherren nicht mehr recht voran wollte.

Aber wir haben deutlichere Anzeichen des einreifsenden Unglaubens, und es ist merkwürdig, dafs derselbe sich vornehmlich an den Gott Indra wagt, der doch wie kein anderer zum Nationalgotte des streitbaren Inders der vedischen Zeit geworden war. Diese Erscheinung mag zum Teil ihren Grund darin haben, dafs Indra nicht so ununterbrochen wie Varuṇa, Savitar oder Agni, sondern nur hin und wieder, im Gewitter, seine Wirksamkeit entfaltete, zum Teil wohl auch darin, dafs er als Kriegsgott zu öfteren Malen diejenigen, welche auf seine Hülfe vertrauten, im Stiche gelassen haben wird. So heifst es in dem Sajanâsa-Liede 2,12, — so genannt, weil der Sänger, indem er die Grofsthaten des Gottes von Vers zu Vers verkündet, jedesmal mit dem Refrain schliefst: *sa, janâsa', Indra!*, „das ist, ihr Völker, Indra!" — in diesem noch so glaubensmutigen Liede heifst es, Vers 5:

Der Furchtbare, von dem sie zweifelnd fragen:
„Wo ist er?", ja, von dem sogar sie sagen:
„Er ist nicht!", und der doch Spielmarken gleich
Einstreicht die Güter des, der kärglich spendet,
Glaubt nur an ihn, das ist, ihr Völker, Indra!

Ähnlichem Zweifel begegnen wir Rigveda 8,100,3:

Bringt schönes Lob dem Indra um die Wette,
Wahrhaftiges, wenn er wahrhaftig ist!
Zwar sagt wohl der und jener: „Indra ist nicht!
Wer sah ihn je? Wer ist's, dafs man ihn priese?" —

was dann der Dichter durch eine Art Theophanie widerlegt. — Auch der humoristische Ausruf (wahrscheinlich eines Götterbilder verkaufenden Händlers), wie er 4,24,10 in den Text geraten ist, war in den Zeiten des lebendigen Glaubens wohl nicht möglich:

Wer kauft mir diesen Indra ab?
Für zehn Milchkühe geb' ich ihn.
Wenn er die Feinde abgemurkst,
Nehm' ich auch wieder ihn retour! —

Schwerer als solche Späfse eines rohen Gesellen wiegt es, wenn auch elegante Dichter ihr Talent mifsbrauchen, um die Götter, und namentlich wieder Indra, zu verspotten.

Dafs Gott Indra eigentlich, so gut wie andere Leute, ein Egoist ist, dem es vor allem darauf ankommt, tüchtig Soma zu trinken, das lag am Ende in seinem ganzen Charakter, aber man durfte es doch nicht sagen, es wäre denn in der Weise des *satirical rogue*, welcher Rigv. 9,112 launig schildert, wie alles in der Welt dem eigenen Vorteil nachstrebt, und dabei jedesmal mit dem altheiligen, auch sonst öfter (z. B. 9,113. 9,114. 8,91,3) vorkommenden Refrain schliefst: *indrâya indo parisrava*, „Du, o Soma, ströme dem Indra zu". Geldner und Grafsmann freilich haben diesen Refrain, in dem nach unserer Meinung die Pointe des Ganzen liegt, als ungehörig gestrichen. Ob mit Recht, mag die Betrachtung des Liedes selbst lehren, das wir hier übersetzen.

Rigveda 9,112.

1. Gar mannigfach ist unser Sinn,
Verschieden, was der Mensch sich wünscht:
Radbruch der Wagner, Beinbruch der Arzt,
Der Priester den, der Soma prefst, —
„Dem Indra ströme Soma zu!"

2. Der Schmied mit dürrem Reiserwerk
Mit Flederwisch als Blasebalg
Mit Ambofsstein und Feuersglut
Wünscht einen, der das Gold nicht spart, —
„Dem Indra ströme Soma zu!"

3. Ich bin Poet, Papa ist Arzt,
Die Küchenmühle dreht Mama,
So jagen vielfach wir nach Geld,
Wie Hirten hinter Kühen her, —
„Dem Indra ströme Soma zu!"

4. Das Streitrofs wünscht den Wagen leicht,
Zulächeln, wer Anträge stellt,
Hirsutam vulvam mentula,
Es wünscht der Frosch den Wasserpfuhl, —
„Dem Indra ströme Soma zu!" —

Eine ähnliche Verspottung Indra's durch angehängten Refrain scheint das Lied Rigv. 10,86 zu bezwecken, ein Dialog, in dem indessen die Verhältnisse ziemlich unklar liegen. Vielleicht ist die Situation die, dafs Indra, da ihm die Arier nicht mehr opfern wollen (v. 1), wilden Stämmen sich zuwendet, welche symbolisiert werden durch *Vrishâkapi*, den „Mannaffen" (einen Vorläufer des *Hanumant*), bei dem Indra sich mit fetten Ochsen den Bauch füllen und dazu weidlich zechen kann (v. 14—15). Hieran nimmt *Indrânî*, die Gattin des Indra, grofsen Anstofs (zumal da Vrishâkapi etwas unsäuberlich mit ihr umgegangen ist, v. 5. 9), und es kommt zu einem Zwist des göttlichen Ehepaares, nicht ohne derbe Zoten, indefs der Dichter, durch alles dieses unbeirrt, gleichsam als Chorus zur Seite steht und hinter jedem Verse, auch dem ärgsten, seinen Refrain herbetet, der gewifs wieder einem alten Liede entnommen ist: *viçvasmád Indra' uttaraḥ!*, „Indra erhaben über allem ist".

Die Krone dieser Verspottungen des Indra aber bildet doch wohl das berühmte Lied 10,119, in welchem der Gott auftritt, stark von Soma angetrunken, in seligster Geberlaune, zu den tollsten Streichen aufgelegt und mächtig renommierend, wobei der schwer übersetzbare, rülpsartige Refrain den Schlüssel dieser seltsamen Situation liefert:

Rigveda 10,119.

1.* Jetzt wär' ich in der Laune wohl,
   Ein Roſs zu schenken, eine Kuh!
   O ha! kommt das vom Somatrank?

2. Wie Winde stürmend ungestüm
   Hat mich der Trunk gerüttelt auf.
   O ha! kommt das vom Somatrank?

3. Der Trunk hat mich gerüttelt auf,
   Wie schnelle Rosse einen Karr'n.
   O ha! kommt das vom Somatrank?

4. Da brüllt ja ein Gebet mich an
   Wie eine Kuh ihr liebes Kind.
   O ha! kommt das vom Somatrank?

5. Ich wirble wie ein Drechsler rund
   In meinem Herzen das Gebet.
   O ha! kommt das vom Somatrank?

6. Nicht wie ein Sonnenstäubchen groſs
   Erscheint mir jetzt das Menschenvolk.
   O ha! kommt das vom Somatrank?

7. So groſs sind Erd' und Himmel nicht
   Wie eine Schulter hier von mir.
   O ha! kommt das vom Somatrank?

8. Lang bin ich bis zum Himmel hoch,
   Breit wie das ganze Erdenrund.
   O ha! kommt das vom Somatrank?

---

* Die Übersetzer können es auch hier nicht lassen, durch Umstellungen einen strophischen Bau und geordneten Gedankengang herzustellen. — Sie wissen am Ende nicht, wie einem zu Mute ist, der Soma getrunken hat.

9. Jetzt will ich mal die Erde gleich
   Umschmeifsen linkshin oder rechts.
   O ha! kommt das vom Somatrank?

10. Mich brennt's, der Erde eins zu hau'n,
    Dafs sie zerfliegt nach links und rechts.
    O ha! kommt das vom Somatrank?

11. Beug' ich mich halb zum Himmel raus,
    Kann bis nach unten langen ich.
    O ha! kommt das vom Somatrank?

12. Ich bin der Grofse, Grofse, ich,
    Bis in die Wolken rag' ich auf.
    O ha! kommt das vom Somatrank?

13. Ich geh' nach Haus!* Ich hab' genug!
    Den Göttern bring' ich noch was mit!
    O ha! kommt das vom Somatrank?

Wie die Religion, so werden in den Ausläufern der Rigvedalitteratur auch deren Institute verspottet. So namentlich in dem den Vasishṭha-Liedern (Buch VII) angehängten Hymnus an die Frösche; wie diese in der Batrachomyomachie dienen, das heroische Epos, in den Fröschen des Aristophanes, den tragischen Chor zu parodieren, so treten die Frösche hier (Rigv. 7,103) zur Abwechslung einmal für die Götter ein, werden, wie diese, in ihren Heldenthaten besungen und zum Schlusse in der lächerlichsten Weise um ihren Segen angerufen. Das ganze Jahr durch haben die Frösche geschwiegen „wie Priester, die ein Gelübde bindet" (v. 1); in der Regenzeit erheben sie ihr Gequake, wobei der eine dem andern nachplärrt wie in der Brahmanenschule der Schüler dem Lehrer (v. 5). Sie lärmen dabei wie die Priester, wenn sie beim übernächtigen Soma um den vollen Kessel sitzen und reden (v. 7); und nochmals: sie machen ein Geschrei wie Priester, die vom Soma trunken sind, und schwitzen dabei wie die Adhvaryu's, wenn sie den heifsen Milchtrank

---

* Es wird *gṛihán* zu lesen sein (vgl. 10,85,26. 10,86,20. 6,54,2).

bereiten (v. 8). Das Tollste aber ist der Schlufs, wo die Frösche als Hüter der heiligen Ordnung des Jahres gefeiert *(devahitim jugupur drâdaçasya)* und um Schätze, Kühe und langes Leben angefleht werden, wie Geldner und Grafsmann meinen, „um dem Scherz das Ansehen eines Gebetliedes zu geben", wie wir glauben, um die zahlreichen Stellen, in denen alle möglichen Götter um diese Dinge angerufen werden, dadurch lächerlich zu machen, dafs hier die verschiedenen Frösche, der brüllende wie der meckernde, der gelbe wie der bunte, die Stelle der Götter einnehmen. Es ist vielleicht nicht zufällig, dafs der Schlufssatz: *gavâm maṇḍûkâ dadataḥ çatâni sahasrasâve pra tiranta' âyus*, parodierend aus einem Hymnus des Viçvâmitra (3,53,7: *Viçvâmitrâya dadataḥ maghâni sahasrasâve pra tiranta' âyus*) entnommen ist, dem die Schule des Vasishṭha feindlich gegenüberstand.

Ṛigveda 7,103.

1. Das Jahr durch lagen sie so stumm
   Wie Priester unterm Schweiggebot;
   Doch nun der Regengott sie weckt,
   Tönt laut der Frösche Redeschwall.

2. Des Himmels Wasser sind zu ihm gekommen,
   Der in dem Sumpfe trocken lag wie Leder;
   Da, wie von Kühen, die nach Kälbern brüllen,
   Bricht laut aus die Beredsamkeit der Frösche.

3. Sehnsüchtig harrend auf die Zeit des Regens
   Und schmachtend lagen sie, da strömt es nieder;
   Nun grüfsen sie sich, wie der Sohn den Vater,
   Mit freudigem Quaken zu einander redend.

4. Sieh' diese zwei, die freudig sich begegnen,
   Wie ihnen wohl ist beim Ergufs der Wasser!
   Und hier, der Frosch, wie hoch er hüpft im Regen!
   Ein bunter dort tauscht Worte mit dem gelben.

5. Wenn sie so mit einander Worte wechseln,
   Wie Schüler, die nachsprechen ihrem Lehrer, —
   Ihr müfst die Lektion wohl trefflich können,
   Wenn man im Wasser euch so wohlberedt hört!

6. Das brüllt wie Ochsen, meckert wie die Böcke,
   Gesprenkelte und gelbe durcheinander;
   „Viel sind der Formen, aber nur ein Name",
   Vielfach verziert sind ihrer Rede Worte.

7. Wie Priester über Nacht beim Soma sitzen
   Rings um das volle Faſs und Reden halten,
   So feiert ihr wohl auch, o Frösche, heute
   Den Tag, mit dem die Regenzeit begonnen!

8. Ja, Priester sind es, die des süſsen Soma voll
   Das groſse Jahrgebet mit Lärm begehen,
   Geistliche Herrn, beim Milchtrank weidlich schwitzend,
   Recht öffentlich, denn jeder will sich zeigen.

9. Die gottgesetzte Jahresordnung hütend,
   Nicht brechen ihre Zeit die Götterhelden; —
   Da kommt die Regenzeit, und nun ergieſsen
   Die heiſsen Opferkessel ihren Milchtrank.

10. Der Brüllochs schenkt, es schenkt der Meckerbock uns,
    Der bunte und der gelbe reiche Güter!
    Die Frösche „schenken uns ein Hundert Kühe
    Und langes Leben bei dem Tausendopfer!" —

Wo solche Parodien möglich waren, da hatte der Unglaube schon weit um sich gegriffen; und es ist nicht zum Verwundern, wenn es Männer gab, die sich in offener Opposition von der bestehenden Religion und ihrer Ordnung lossagten. Der kühne Ausspruch eines solchen ist uns erhalten in dem Verse, *Ṛigveda 10,82,7:*

> Ihr kennt ihn nicht, der diese Welt gemacht hat;
> Ein andres schob sich zwischen ihn und euch ein:
> Gehüllt in Nebel und Geschwätz umherziehn
> Die Hymnensänger, ihren Leib zu pflegen.

Diese Kraftstelle besagt, daſs die Recitierer der vedischen Hymnen *(ukthaçâs)*, also die Träger der heiligen Überlieferung 1) selbst im Unklaren (im Nebel) sich befinden, 2) andere durch bloſses Geschwätz *(jalpi)* bethören, 3) als *asutṛipaḥ* („Leben sättigend", oder „nicht leicht zu ersättigen" — beides kommt schlieſslich auf dasselbe hinaus) nicht nach Wahrheit,

sondern nach ihrem Lebensunterhalte streben, ein Vorwurf,
welcher seitdem sehr oft gegen die Brahmanen erhoben
worden ist.

2. Aufdämmern des Einheitsgedankens.

Ein Zeitalter, in dem so deutliche Anzeichen des Unglaubens, der Verspottung und der offenen Ablehnung der Religion
sich zeigen, war reif für die philosophische Betrachtung
der Dinge, und eine solche sehen wir denn auch, Hand in
Hand mit den geschilderten Symptomen des verfallenden
Glaubens, in den jüngsten Hymnen des Rigveda klar und
immer klarer hervortreten.

Und zwar thun hier die philosophischen Dichter des Rigveda als ersten und wichtigsten Schritt denselben, durch welchen
in Griechenland Xenophanes die Philosophie begründete, und
der der Natur der Sache nach den Anfang der Philosophie
bedeutet: er besteht in der Erkenntnis, daſs aller der buntgestaltigen Vielheit der Götter und der Wesen in der Welt
zu Grunde liegt eine von ihnen allen verschiedene, ewige
Einheit. Die Art, wie durch diesen Gedanken der Einheit
der Welt in Indien und in Griechenland die Philosophie zum
Durchbruche kommt, ist eine charakteristisch verschiedene.
Xenophanes lehnt sich in offenem Kampfe gegen die homerische
Götterwelt auf; er konnte dies thun, weil ihm keine geschlossene Priestergilde gegenüberstand, und er muſste es
thun, weil die griechischen Götter unter den Händen der
homerischen Poesie und ihrer plastischen Gestaltungskraft zu
sehr zu festen Individuen krystallisiert waren, um vom philosophischen Denken aufgelöst zu werden, es wäre denn in der
künstlichen Weise einer allegorischen Umdeutung, wie sie
später von den Stoikern versucht wurde. Anders in Indien:
hier war eine offene Bekämpfung angesichts des mehr und
mehr sich konsolidierenden Priesterstandes ohne Aussicht auf
Erfolg; es bedurfte aber auch derselben nicht, denn die Personifikation der indischen Götter war so wenig durchgeführt, die
Gestalten derselben waren noch so nebelhaft durchsichtig und
leicht in die entsprechende Naturerscheinung auflösbar, daſs
man es unternehmen konnte, die Götter stehen zu lassen und

durch sie hindurch die Einheit zu ergreifen, welche allen Göttern und allen entsprechenden Naturkräften zu Grunde liegt. Dementsprechend gewahren wir in den spätern Teilen des Rigveda ein eigentümliches Suchen und Fragen nach der Einheit, auf der alle Vielheit der Götter und der Dinge beruht, wobei die Frage immer dringlicher gestellt wird und die Lösung in schrittweise zunehmender Deutlichkeit hervortritt, wie wir jetzt im einzelnen nachweisen wollen.

Zunächst ist hier von einer Eigentümlichkeit der vedischen Götterverehrung zu reden, die derselben eine Mittelstellung zwischen Polytheismus und Monotheismus zuweist, und die man (mit Max Müller) füglich als Henotheismus bezeichnen kann. Der vedische Glaube ist nicht ein Polytheismus wie der der Griechen, wo jeder Gott dem andern Gott in geschlossener Individualität gegenübersteht und in seiner Wirkungssphäre durch die der andern eingeschränkt wird; die Götter des Veda bewohnen nicht in familiärer Gemeinschaft ihren Olympus, sondern jeder steht auf seiner eigenen Höhe, und wenn man sich ihm naht, so treten alle andern Götter in den Hintergrund, ja sie verschwinden mitunter in dem Maſse, als wenn der gerade angerufene Gott, sei es Agni, Indra, Varuṇa oder sonst einer, der allein vorhandene wäre. Daher die auffallende Erscheinung, daſs dieselben Groſsthaten, wie Festgründung der Erde, Stützung des Himmelsgewölbes, Heraufführen der Sonne u. s. w., bald dem Varuṇa, bald dem Indra oder Agni, oder auch andern Göttern beigelegt und schlieſslich sämtlich auf Soma oder Brahmaṇaspati vereinigt werden. Es ist hierbei, als wenn im tiefsten Grunde des Gemütes schon das Bewuſstsein von der Einheit des Göttlichen vorhanden wäre, und als wenn dieses Gottesbewuſstsein die verschiedenen Götter nur als Schemata benutzte, an denen es sich zum Ausdrucke bringt. Hierbei werden häufig zwei Götter im Dual zusammengefaſst, wie *Mitra-Varuṇa*, *Agni-Soma*, *Indra-Vāyu* u. s. w., und als Einheit angerufen: oder der Dichter wendet sich an die *viçve devâḥ*, ursprünglich „alle Götter", welche dann später bei zunehmender Systematisierung als eine besondere Götterklasse neben den andern erscheinen. An sie, unter specieller Anrufung einzelner Götter, ist auch der mystisch dunkel gehaltene Hymnus 3,55 gerichtet, der in allen 22 Versen mit dem merkwürdigen Refrain schliefst: *mahad devānām asuratvam ekam*, d. h. (wenn wir richtig übersetzen): „grofs ist der Götter Lebenskraft, ist eine". — Deutlicher noch tritt der Versuch, zur Einheit vorzudringen, hervor in der *Aditi*, die mythologisch zur Mutter der *Āditya's*, der höchsten Himmelsgötter, wurde, etymologisch aber „die Unendlichkeit" zu bedeuten scheint. Von ihr heifst es 1,89,10:

> Die Aditi ist Himmel, ist der Luftraum,
> Die Aditi ist Mutter, Vater, Sohn.
> Die Aditi ist alle Götter und Menschen,
> Ist was geboren ward und was da sein wird.

Was hier noch schüchtern in mythologischer Verhüllung erscheint, der Gedanke von der Einheit des Universums, findet seine grofsartige Durchführung in zwei Hymnen, die den eigentlichen Kern der Philosophie des Rigveda ausmachen, das dem Dirghatamas zugeschriebene Lied 1,164 und der Schöpfungshymnus 10,129. Mit ihnen haben wir uns jetzt zunächst zu beschäftigen.

3. Das Einheitslied des Dirghatamas, Rigv. 1,164.

Dieser gewaltige Hymnus steht an der Spitze der ganzen Entwicklung der indischen Philosophie, ein Vorrang, der ihm nur durch den Schöpfungshymnus 10,129 streitig gemacht werden könnte. Das Thema bei beiden ist das gleiche: die Einheit in der Vielheit der Welterscheinungen, nur dafs dieser aller weitern Philosophie als Ausgangspunkt dienende Gedanke 1,164 mehr analytisch, 10,129 mehr synthetisch behandelt wird. Der Dichter von 1,164 geht aus von der Vielheit und sucht durch sie zur Einheit vorzudringen, wobei er sich vielfach noch in rituellen Vorstellungen befangen zeigt, während der Dichter des Schöpfungsliedes sich ganz frei von rituellen und dogmatischen Vorurteilen gemacht hat, die ewige Einheit direkt ins Auge fafst und aus ihr die Dinge abzuleiten sucht. Es ist damit ähnlich wie mit dem Grundgedanken des Christentums, der Wiedergeburt, welche bei Paulus noch in ihrer Entstehung und Loswindung von ererbten

Vorurteilen beobachtet werden kann, während sie bei Johannes abgeklärt und als fertiges Resultat auftritt. So wie wir nun hieraus auf die Priorität des paulinischen vor dem johanneischen Gedankenkreise schliefsen müssen, so werden wir auch dem dunkeln Suchen in 1,164 die Priorität vor den abgeklärten Anschauungen von 10,129 einräumen. Hierbei braucht 10,129 nicht direkt von 1,164 abzuhängen, sondern nur eine ähnliche Gedankenarbeit vorauszusetzen, wie wir sie in dem Einheitsliede des Dîrghatamas noch vor Augen haben.

Eine Disposition dieses letztern ist schwer zu geben, da sich in ihm drei Gedanken:

a. die Rätsel des Universums,
b. die Einheit als Lösung derselben,
c. die Identität der Weltordnung und Opferordnung

fast unentwirrbar durcheinander schlingen. Nachdem gleich in v. 1 durch die Koordination der drei Brüder, des Himmelsfeuers (Sonne und Sterne), des Wolkenfeuers (Blitz) und des Opferfeuers, auf die Einheit der himmlischen, atmosphärischen und irdischen Phänomene hingedeutet und somit gleichsam der Dreiklang angeschlagen worden, welcher als Grundaccord das ganze Lied durchklingt, so werden weiter

a. die Rätsel des Universums entwickelt, und zwar speciell des Sternenhimmels als physischen Vertreters der Zeit (v. 2. 13—16. 19—20. 48), der Sonne (v. 5. 7. 8—9. 17. 31—33. 47. 52) und des irdischen Feuers (v. 1. 30).

b. Hierbei kommt wieder und wieder der Gedanke der Einheit in all dieser Mannigfaltigkeit zum Durchbruche (v. 4. 6. 10—12. 18. 21. 22.), bis dann endlich (v. 46) die grofse Wahrheit unverhüllt und in offener Opposition gegen die Orthodoxie ausgesprochen wird: *ekaṃ sad viprā bahudhā vadanti*, „vielfach benennen, was nur eins, die Dichter". (Bis zum *tat tvam asi* der Chândogya-Upanishad hin ist kein so epochemachendes Wort mehr in Indien gesprochen worden.)

c. Begründet wird diese Einheit durch einen durchgängigen Parallelismus der Weltordnung und Opferordnung, indem sowohl die Funktionen des Hotar (7 Hotar's,

Das Einheitslied des Dîrghatamas, Ṛigv. 1,164.

seine Rede, deren Metra) als auch die des Adhvaryu (*Pravargya*, Somaopfer, Tieropfer) mit entsprechenden kosmischen Verhältnissen parallelisiert, ja identifiziert werden. So werden namentlich gleichgesetzt:

die 7 irdischen Hotar's	— 7 himmlische Hotar's, v. 2—3. 36.	
die irdische *Vâc* (Rede)	— die himmlische, v. 37—39. 40—42. 45. 49.	
die irdischen Metra	— die himmlischen, v. 23—25.	
der irdische *Pravargya*	— der himmlische (Gewitter), v. 26—29.	
das Tieropfer	— Stieropfer der Götter, v. 43—44. 50. 51.	
Opferbett	— Ende der Erde,	
Opfer	— Nabel der Welt,	v. 34—35.
Soma	— Sonne und Regen, [Rede,	
Beter (*brahmán*)	— höchster Himmelsraum der	

In diesen Parallelisierungen tritt schon deutlich die Methode der Brâhmaṇa's zu Tage, welche unermüdlich darin sind, die Bestandteile des Opfers in die Bestandteile der Welt symbolisch umzudeuten; zugleich aber schimmert auch das schon durch, dessen praktische Seite diese Symbolisierungen sind, der grofse philosophische Gedanke der Upanishad's, dafs das Princip der Dinge identisch ist mit dem *Brâhman* (Gebet), d. h. mit derjenigen Erhebung des Willens über die eigene Individualität, deren wir in der religiösen Andacht uns bewufst werden.

Noch ist vorauszubemerken, dafs der Hymnus sich von selbst in zwei Teile zerlegt, v. 1—22, welche die Einheit des Universums, und v. 23—46, welche die Einheit der Weltordnung und Opferordnung nachweisen (v. 47—52 ist offenbar ein Nachtrag). Die Atharva-Recension hat diese beiden Teile als besondere Hymnen 9,9 und 9,10 (mit einigen Umstellungen), aber da der Grundgedanke beider übereinstimmend ist, da die Betrachtungen des ersten Teils dem zweiten schon vorgreifen (namentlich in v. 3. 21) und dafür wiederum in diesem nachklingen, so ziehen wir es vor, an der einheitlichen Form des Ṛigveda festzuhalten. Eine Zerlegung des Hymnus in kleinere Stücke, wie sie von den Neuerern wohl noch oft versucht werden wird, mag eine nützliche Übung des philologischen Scharfsinnes sein, hat aber für die philosophischen

Gedanken, um die es uns hier zu thun ist, keine weitere Bedeutung.*

A. Erste Hälfte, v. 1—22.

Vers 1—3. Das Himmelsfeuer (Sonne und Sterne), das Blitzfeuer und das Opferfeuer bilden eine Einheit (sind Brüder), welche der Dichter in dem Opferfeuer anschaut als einen Stammherrn *(viçpati)* mit sieben Söhnen, d. h. den sieben Hotar's. Diesen sieben irdischen Hotar's (die öfter erwähnt werden, z. B. 3,10,4. 8,60,16. 10,63,7) entsprechen für das Firmamentfeuer sieben himmlische Hotar's und für das atmosphärische Feuer sieben Schwestern (vielleicht sieben Blitzflammen). Das Firmament ist ein Wagen, bestehend nur aus einem ungeheuern, sich drehenden Rade, das von der durch die sieben Hotar's angeschirrten Sonne gezogen wird. Erde, Luftraum und Himmel sind drei ineinander steckende Naben des Sternenrades.

1. Dort jener schöne Priester, grau vor Alter [1]!
   Verzehrend ist sein Bruder in der Mitte [2]:
   Schmalz auf dem Rücken trägt der dritte Bruder [3];
   Als Stammherrn sah ich ihn mit sieben Söhnen [4].

1. Das Firmament mit Sonne und Sternen. 2. Der Blitz. 3. Das Opferfeuer. 4. Den sieben *Hotar's*.

2. Einrädrig ist der Wagen [1], den die sieben [2]
   Anschirr'n; ihn zieht *ein* Rofs mit sieben Namen [3];
   Dreinabig ist es, ewig, unaufhaltsam,
   Das Rad [4], auf welchem alle Wesen fufsen.

1. Des Firmamentes. 2. Die sieben himmlischen *Hotar's*. 3. Die Sonne, später *Âditya* genannt; hier sind die sieben *Âditya's* ihre Namen. 4. Des Firmamentes.

---

* Weder was die indischen Exegeten in diesen Hymnus hineingeheimnifst, noch was die europäischen daraus herausgesponnen haben, durfte uns bei der Erklärung desselben leiten, sondern nur der anhaltend und ernstlich durchdachte Wortlaut des Liedes selbst in seinem Zusammenhange mit den übrigen Erzeugnissen der vedischen Philosophie. Haug's Erklärung desselben als „Vedische Rätselfragen und Rätselsprüche" (Sitzungsberichte der Münchener Akademie 1875, II, S. 457—515), die wir hinterher verglichen haben, enthält im einzelnen neben vielem Verfehlten auch manches Gute, fufst aber im ganzen auf der Voraussetzung, dafs sich in dem Hymnus nirgends ein wirklicher Zusammenhang nachweisen lasse. Unsere Darlegung unternimmt es, diese Voraussetzung zu entkräften. Im einzelnen freilich ist vieles problematisch und wird es wohl für immer bleiben.

3. Es sind die [selben] sieben, die dem Wagen hier[1]
Vorstehn mit sieben Rädern[2], sieben Rossen[3];
Und sieben Schwestern[4] jauchzen ihnen zu,
Da wo gesetzt der Kühe sieben Namen[5].

1. Dem Opfer. 2. Den sieben Teilen des jährlichen Opfercyklus. 3. Den sieben Opferflammen, Mund. 1,2,4. 4. Sieben Blitzflammen mit ihren sieben, der Tonleiter entsprechenden Donnerstimmen (den *sapta vāṇīh*, Ṛigv. 3,1,6). 5. Sieben Wolkenarten oder Wolkenströme (die *sapta yahvīh*, ibidem v. 3. 6). — Möglich ist es auch, (mit Haug) unter den Rossen Metra, unter den Schwestern Stoma's und unter den in ihnen ruhenden Kühen die Töne der Skala zu verstehen.

Vers 4—6. Der schon v. 1 erwähnte Stammherr, d. h. die Einheit, welche jener Vielheit der Erscheinungen des Universums zu Grunde liegt, ist zu erforschen.

4. Wer hat gesehn, wie den zuerst Entstandnen,
Den Knochenhaften[1] trägt der Knochenlose[2]?
Wo war der [Lebens-]Hauch, das Blut, das Selbst der
Erde?
Wer ging, den der es weifs darnach zu fragen?

1. Das gestaltete Sein (*vyaktam*). 2. Das gestaltlose Urprincip (*avyaktam*).

5. Als Thor, im Geist nichtwissend, frag' ich jenen
Verborgnen Wohnstätten der Götter nach,
Wo am einjährigen Kalb[1] die Weisen spannten
Die sieben Fäden[2], um sie auszuweben.

1. An der Sonne als Vertreterin des Jahres. 2. Die sieben Jahresopfer.

6. Unkundig frag' ich die hier etwa kundig,
Die Weisen, zu erforschen, was ich nicht weifs:
Wer wohl gestützt hat die sechs Weltenräume
Als Ungeborner; wer war wohl dies Eine? —

Vers 7—22. Der Dichter fährt fort, die rätselhaften Phänomene des Universums zu schildern, und immer wieder wird diese Schilderung unterbrochen durch die Frage nach dem Einen; der Eine ist v. 10 der Träger der drei Weltenväter und Weltenmütter, v. 12 der Vater, v. 13 die Weltachse, v. 18 der göttliche Geist, v. 22 der Vater.

Vers 7—10. Der Eine als Weltträger. Woher stammt die Sonne (v. 7)? Sie ist das vom Vater Himmel mit der

Erdkuh gezeugte Kalb (v. 8—9). Aber der Himmel und die Erde (beide aus drei Schichten übereinander bestehend) werden getragen von dem Einen, was wohl im Himmel, aber nicht überall auf Erden bekannt ist (v. 10).

> 7. Es sage an hier, wer es weifs zu sagen,
> Wo der verborgne Stand des schönen Vogels [1]?
> Aus seinem Haupte melken Milch die Kühe [2],
> Gewandverhüllt, mit [seinem] Fufse Wasser trinkend [3].

1. Der Ursprungsort der Sonne. 2. Die Wolken nähren sich von der Sonne. 3. Mittels des Fufses der Sonne (der über die Erde hinwandelnden Sonnenstrahlen) trinken die Wolken das Erdenwasser.

> 8. Die Mutter liefs dem Vater zu was recht ist,
> Mit Sinn ihm paarend sich und Wunsch zu Anfang.
> Unwillig ward, durchbohrt, sie keimesschwanger,
> Da brachen aus in Preis die Jubelscharen.

> 9. Die Mutter war geschirrt ans Joch der Wackern [1];
> Noch stand das Kind umfriedigt von der Hürde [2]; —
> Da blökt das Kalb und schaut zur Kuh hernieder,
> Zur allgestaltigen, drei Meilen abwärts [3].

1. *dakshiṇâyâḥ*, vielleicht der Morgenröte: eben hatte die Erde den Wagen der Morgenröte (*ratho dakshiṇâyâḥ*, 1,123,1) heraufgeführt, 2. noch war die Sonne nicht aufgegangen; 3. da erhebt sie sich und schaut hoch vom Himmel auf die Erde herab.

> 10. Drei Mütter sind, drei Väter auch; sie trägt
> Aufrecht der Eine, nimmer wird er müde.
> Dort, auf des Himmels Rücken, wird verkündet
> Die Rede, alles wissend, doch nicht jedem kund.

Vers 11—12. Der Eine als Vater im Sternhimmel und Opferfeuer gegenwärtig. Der Fixsternhimmel ist ein Rad, welches sich um Erde und Luftraum als die feste Achse unermüdlich dreht. Diese Umdrehung, wenn auch allnächtlich erfolgend, vollendet sich doch erst im Laufe des Jahres. Daher der Dichter, die tägliche und jährliche Drehung nicht unterscheidend, die zwölf Monate (die zwölf Bildner des Jahres) als Speichen des Rades bezeichnet, auf welchem die 720 Tage und Nächte des Jahres, zu Zwillingspaaren verbunden, befestigt sind. Der Vater, das feurige Lebensprincip des Weltganzen, ist einerseits verkörpert (*purîshin*) in diesem

Fixsternrade, anderseits aber auch der Welt hienieden als das Opferfeuer eingefügt.

11. Mit zwölf der Speichen[1] — denn sie altern nimmer[2] —
 Dreht um den Himmel sich das Rad der Ordnung[3];
 Auf ihm, o Agni! stehn als Zwillingspaare
 Der Zahl nach siebenhundertzwanzig Söhne[4].

1. Die zwölf Monate. 2. Sie kehren alljährlich unverändert wieder. 3. cakraṁ ṛitasya, der regelmäfsige Kreislauf des Jahres. 4. Die 720 Tage und Nächte des Jahres.

12. Der Vater, fünffüfsig[1], zwölffacher Bildung[2],
 Sei leibhaft, heifst es, in des Himmels Jenseits;
 Doch sei er auch weitleuchtend[3] eingefügt
 Dem Untern mit sechs Speichen[4], sieben Rädern[5].

1. Vielleicht die fünf Planeten, über deren Vorkommen im Ṛigveda vgl. Zimmer A J L S. 353—355. 2. dvādaça-ākṛiti; vgl. Ṛigv. 10,85,5: samānām māsa' ākṛitiḥ, „der Monat (nicht gen.) ist die Bildung der Jahre, das die Jahre Bildende". 3. Als Opferfeuer. 4. Sechs Jahreszeiten. 5. Den sieben Teilen des Opfercyklus, wie v. 3.

Vers 13—16. Der Eine als Weltachse. Die Vorstellungen von dem Rade des Fixsternhimmels und von den durch seine Jahresdrehung herbeigeführten zwölf Monaten nebst dem Schaltmonat als dreizehnten werden hier weiter ausgemalt.

13. Das Rad, fünfspeichenhaft[1], rollt um im Kreise:
 In ihm gewurzelt sind die Wesen alle;
 Schwer ist die Last, doch wird nicht heifs die Achse,
 Bricht nicht in Ewigkeit, noch auch die Nabe.

1. Oben waren es zwölf Speichen (v. 11), hier fünf, vielleicht wieder die fünf Planeten. Der Dichter folgt den augenblicklichen Eingebungen seiner Phantasie.

14. Das Rad nebst Radkranz wälzt sich um, nicht altert es,
 An langer Deichsel ziehn zehn Angeschirrte[1];
 Umhüllt vom Luftkreis rollt sein Sonnenauge:
 Auf ihm befestigt sind die Wesen alle.

1. Die zehn Pole (diçaḥ).

15. Paarweis erzeugt, — allein erzeugt der siebente, —
 Sechs Zwillingspaare, Weise, Gottentsprossene,
 Verleihen das Erwünschte sie je nach der Art,
 Unstäten Standorts, an Gestalten wandelbar.

16. Man nennt sie Männer[1], aber Weiber sind sie[2],
Das sieht, wer Augen hat, nur Blinde nicht, —
Ein Weiser, wenn auch jung, wird es bemerken,
Wer dies begreift, ist seines Vaters Vater[3].

1. *mâs* Monat ist Masculinum. 2. Denn sie gebären ja ihre Gaben.
3. Den Wechsel der Jahreszeiten und die Dauer in diesem Wechsel begreift nur, wer in das Wesen der Gottheit eingedrungen und dadurch zu ihr, zum Vater aller Dinge, zum Vater seines eigenen Vaters geworden ist. Dieselbe Wendung Atharvav. 2,1,2 = Vâj. Saṃh. 32,9 = (entstellt) Taitt. Âr. 10,1,4.

Vers 17—19. Der Eine als der göttliche Geist *(deram manas)*, welcher der Vater des Sonnenkalbes ist (v. 18). Seine Mutter ist hier, im Wechsel der Anschauung, nicht die Erde wie v. 8—9, sondern die Morgenröte (v. 17), vor der die Sterne fliehen, um sodann wiederzukehren (v. 19).

17. Abwärts vom Jenseits, aufwärts doch vom Diesseits
Die Kuh emporklimmt[1], mit dem Kalbe schwanger. —
Wohin gewandt, nach welcher Gegend zog sie?
Wo nur gebiert sie? doch nicht in der Herde[2]!

1. *padā́ udasthāt.* 2. Die Herde der Sterne ist bereits verscheucht, wenn die Morgenröte, selbst verschwindend, aus sich in unbegreiflicher Weise die Sonne gebiert.

18. Abwärts vom Jenseits wer des Kalbes Vater
Begriffen hat und aufwärts doch vom Diesseits,
Wer ist so weise, der ihn hier verkünde,
Den Gottesgeist, woher er ist entsprungen?

19. Die herwärts sind, die sind auch wieder hinwärts,
Die hinwärts sind, die sind auch wieder herwärts[1];
Die Indra, und du Soma! ihr gemacht habt,
Wie angeschirrt ziehn an des Luftraums Deichsel[2].

1. Die sich drehenden Sterne. 2. Die Pole wie v. 14, oder auch die Sterne selbst, welche das Fixsternrad ziehen.

Vers 20—22. Der Eine als Weltvater. (Eine wichtige Stelle, namentlich durch die Umdeutung derselben im Vedânta. Die ursprüngliche Bedeutung ist wohl folgende:) Tag und Nacht, zuerst im Dual, wie sie den Weltbaum umschlungen halten, dann im Plural die aufeinanderfolgende (auf dem Weltbaum nistende und sich fortpflanzende) Reihe der Tage und

Nächte; die Nacht schaut still herab, während der Tag an der Frucht des Weltlebens zehrt, welche als höchstes Resultat des Weltbaumes an dessen Gipfel hängt (vielleicht *ânanda*, die Wonne). Nur wer den Weltvater kennt, überschaut das Weltganze und geniefst seine Frucht (v. 22). Beim Opfer der Festversammlung, an dem mit den übrigen Göttern auch Tag und Nacht froh teilnehmen (*ahorâtrebhyaḥ svâhâ!* Vâj. Saṃh. 22,28) und ihre Unsterblichkeit nähren (denn die Götter nähren sich von Opfer und Gebet, *brahmaṇâ vâvṛidhânâḥ*, wie es so oft heifst), ist der Weise, der Weltgeist, in den mit religiöser Andacht *(brahman)* erfüllten Dichter eingegangen (v. 21).

20. Zwei schönbeflügelte verbundene Freunde
  Umarmen einen und denselben Baum;
  Einer von ihnen speist die süfse Beere,
  Der andre schaut, nicht essend, nur herab.

21. Wo, teilzuhaben am Unsterblichen,
  Die Vögel schlummerlos dem Fest zujauchzen,
  Da ist der Fürst des Alls, der Welten Hüter,
  Der Weise in mich Thoren eingegangen.

22. Der Baum, auf dem, an seiner Süfse zehrend,
  Die Vögel alle Nester bau'n und brüten,
  An dessen Wipfel hängt die süfse Beere, —
  Niemand erreicht sie, der den Vater nicht weifs.

B. Zweite Hälfte, v. 23—46.

Vers 23—25. Die irdischen Versmafse, *Gâyatrî*, *Trishṭubh*, *Jagatî* (aus denen Preislied, Singlied und Spruchlied bestehen, und durch welche die Melodie gegliedert wird, v. 24) beruhen auf himmlischen Urmafsen, welche das Universum regeln, wie jene die Rede. Sie beherrschen den Himmelsstrom (vielleicht die Milchstrafse) und haben die Sonne heraufgeführt; ihre höchste Wirkung aber bleibt die Begründung des Opfers (v. 25), zunächst des himmlischen (v. 43. 50).

23. Die Gâyatrî beruht auf einer Gâyatrî,
  Die Trishṭubh zimmerten aus einer Trishṭubh sie;
  Das Mafs der Jagatî ruht auf der Jagatî;
  Wer das versteht, der hat erlangt Unsterblichkeit.

24. Durch Gâyatrî mifst man das Preislied ab:
Singlied durch Preislied, Spruchlied durch die Trishtubh:
Zweifüfsig Spruchlied mifst vierfüfsig Spruchlied[1]:
Durch Silbentakt mifst man die sieben Töne.

1. catushpadam (mit Ludwig).

25. Den Strom am Himmel stützte er durch Jagati:
Die Sonne spähte im Rathantaram er aus:
Die drei Brennhölzer schreibt der Gâyatrî man zu.
Daher durch Macht sie überragt und Gröfse.

Vers 26—29. Der himmlische Pravargya. Der *Pravargya* ist „eine Einleitungsceremonie zum Soma-Opfer, bei welcher frischgemolkene Milch in einen glühend gemachten Topf gegossen wird" (Petersb. Wb.). Diese Verhältnisse werden, ähnlich wie vorher die Metra, auf das kosmische Gebiet übertragen. Der glühende Topf ist, wie es scheint, die in der Sommerhitze verschmachtende Erde, die Kuh die Wolke, die Milch der Regen, das Kalb die Welt der Lebendigen.

26. Ich rufe an die spendereiche Milchkuh,
Mit sanfter Hand soll sie der Melker[1] melken;
Uns keltere Savitar die beste Kelt'rung;
Es glüht der Topf[2], das möchte schön ich preisen.

1. Die Sonne oder der Wind (Sâyaṇa). 2. Die Erde.

27. „Hiñ" schnaubt die Kuh, die Herrin aller Schätze,
Verlangend kam sie her nach ihrem Kalbe[1];
Milch geben soll die glänzende den Açvin's,
Gedeihen möge sie zu grofsem Wohlsein.

1. Nach der Lebewelt.

28. Mattschlummernd ist ihr Kalb[1], nach dem die Kuh brüllt[2],
Sie brüllt ihr „Hiñ", sein Haupt frisch aufzurichten:
Dem heifsen Mund schnaubt brüllend sie entgegen,
Laut tönt ihr Schall, mit Labung es zu tränken.

1. Die lechzende Natur. 2. Der Donner.

29. Auch er[1] erklingt, der in sich auf die Kuh[2] nimmt,
Laut brüllt sie, auf den sprühenden[1] sich senkend:
Bei ihrem Knistern fühlt sich klein der Sterbliche, —
Zum Blitz geworden wirft sie ihren Schleier ab.

1. Der Topf, die Erde. 2. Die Milch, den Regen.

Vers 30. An das Blitzfeuer schliefst sich wieder eine Betrachtung seines Bruders, des irdischen Agni.

30. Es liegt und atmet, schreitet schnell, lebendig,
Regsam beständig mitten in der Wohnung;
Es lebt und regt sich nach des Menschen[1] Willen,
Unsterblich, doch dem Sterblichen verbunden.

1. *mṛita* mortuus, hier mortalis, wie *amṛita* immortalis; vgl. auch Ṛigv. 1,113,8: *ushā́ mṛitam kañcana bodhayantī*.

Vers 31—33. Vom Blitz und Feuer wendet sich der Dichter wieder der Sonne zu. (v. 31 = Ṛigv. 10,177,3.)

31. Den Hüter sah ich, nimmer untergehend,
Herwärts und wegwärts wandelnd seine Bahnen;
Gehüllt in Strahlen, die zusammenschiefsen
Und auseinander, wirkt er in den Wesen.

32. Wer ihn gemacht, weifs nicht, wo er geblieben;
Wer ihn noch schaute, fort ist jetzt von dem er,
Im Schofs der Mutter eingehüllt entschwand er;
Viel zeugend ist er dem Vergang verfallen.

(Die Sonne spricht:)

33. „Der Himmel ist mir Vater, Zeuger, Nabel,
Die grofse Erde Mutter und Gefährtin,
Mein Schofs der weiten Weltenschalen Inn'res,
Dort senkt den Keim der Tochter ein der Vater."

Vers 34—35. Kühn geworden durch die glückliche Lösung der Frage nach dem Ursprunge der Sonne, erhebt sich der Dichter mit Nachdruck zu schwereren Problemen und findet ihre Lösung in einer Identifikation der Kultusordnung mit der ewigen Weltordnung, wobei:

paro antaḥ prithivyāḥ = vediḥ
bhuvanasya nābhiḥ = yajñaḥ
vrishṇo açvasya retaḥ = somaḥ
rúcaḥ paramaṃ vyoma = brahmā́ (m.)

erscheint. *vrishā́ açvaḥ* ist nach einer von Sāyaṇa citierten Stelle des Taittirīyakam *Ādityaḥ*.

34. Ich frag' dich nach der Erde letztem Ende,
Ich frage, wo der Nabel ist des Weltalls,
Ich frag' dich nach dem Samenstrom des Hengstes,
Ich frage nach der Rede höchstem Raume!

35. Die Vedi (das Opferbett) ist der Erde letztes Ende,
Das Opfer auf ihr ist des Weltalls Nabel,
Der Soma hier der Samenstrom des Hengstes,
Der Beter hier der höchste Raum der Rede.

Vers 36. Die Identifikation des Weltalls mit dem Opferraum (v. 34—35) führt auf die sieben Hotar's, denen sieben himmlische Hotar's entsprechen (v. 3). Diese sind „halbentsprossene" *(ardhagarbha)*, vielleicht sofern die andere Hälfte der entsprechende irdische Hotar ist. Wie dieser den Soma in sich aufnimmt, der nach v. 35 der Samenstrom der Sonne ist, so sind die himmlischen Hotar's *bhuvanasya retaḥ*, der Samen der Welt, welche auf *Vishṇu's* (der Sonne) Befehl die ganze Welt umgeben, wie die irdischen Hotar's den der Welt entsprechenden Opferraum.

36. Sieben Halbentsprossene, des Weltalls Samen,
Stehn auf Befehl des Vishṇu am Weltumfange;
Und sie, die Weisen durch Verstand und Einsicht,
Umfassen rings das Weltall, es umgebend.

Vers 37—39. Der himmlische Hotar als Hüter der himmlischen Rede und der von ihm inspirierte irdische Hotar (der Dichter).

37. Ich weifs es selbst nicht, was ich so wohl bin,
Doch wandl' ich hin in mir bereit im Geiste:
Wenn mich erfafst der Wahrheit Erstgeborner [1],
Dann wird ein Anteil mir an jener Rede [2].

1. Der himmlische *Hotar*. 2. An der himmlischen *Vāc*.

38. Er geht, er kommt, wird frei von mir ergriffen,
Unsterblich er dem Sterblichen verbunden;
Und beide ewig streben in die Weite;
Den einen sieht man, nicht sieht man den andern.

39. Des Hymnus Laut im höchsten Himmelsraume,
Auf dem gestützt die Götter alle thronen,

Wenn man den nicht kennt, wozu hilft der Hymnus dann? —
Wir, die ihn kennen, haben uns versammelt hier.

Vers 40—42. Wie den irdischen Hotar's die himmlischen, so entspricht der irdischen Vâc (der heiligen Rede des Veda) die himmlische Vâc, welche im Folgenden als himmlische Kuh erscheint, deren metrisch gegliedertes Gebrüll der Donner ist, und deren Milch als Regen alles Gedeihen befördert.

40. Auf guter Weide grasend sei glückselig!
Glückselig möchten dann auch wir allhier sein.
Dein Gras, o Unverletzliche, ifs ewig
Und trinke reines Wasser herwärts wandelnd.

41. Es brüllt die Kuh und schafft des Wassers Fülle,
Einfüfsig und zweifüfsig und vierfüfsig;
Achtfüfsig dann geworden und neunfüfsig
Und tausendsilbig in dem höchsten Raume.

42. Aus ihr herab ergiefsen sich die Meere,
Den vier Weltgegenden das Leben gebend;
Von dort strömt Unversiegliches,
Davon das ganze Weltall lebt.

Vers 43—44. Der himmlischen Rede entspricht ein himmlisches Opfer als Vorbild des irdischen (v. 43). Unter den Helden, die es darbringen, d. h. den Göttern, treten drei namentlich hervor, *Agni, Sûrya, Vâyu* (v. 44).

43. Des Düngers Rauch von fern aufsteigen sah ich,
Jenseits von diesem niedern in der Mitte[1];
Die Helden brieten einen bunten Stier sich,
Und dieses war der Opferwerke erstes.

1. Von dem irdischen Opferfeuer.

44. Drei, schönbehaart, erscheinen nach der Ordnung,
Der eine schert im Jahreslauf [das Laub] ab;
Herab schaut auf die Welt mit Macht der zweite;
Unsichtbar, doch vernehmbar, braust der dritte[1].

1. dhrájir ekasya dadr̥çe, na rûpam: vgl. von Vâyu R̥igv. 10,168,4: *ghoshá id asya çr̥iṇvire na rûpam.*

Vers 45—46. Was später vom *Purusha* (R̥igv. 10,90,3), das wird hier von der heiligen Rede gesagt; drei Viertel von ihr

bleiben verborgen im Himmel; ein Viertel von ihr ist die
Rede des Veda (v. 45). Dieser vierte Teil offenbart nicht
die volle Wahrheit, denn er beschreibt als eine Vielheit, was
nur Eines ist (v. 46).

45. In vier der Viertel ist geteilt die Rede:
    Sie kennen nur die Priester, welche wissend sind;
    Drei bleiben im Verborgnen unbewegt,
    Der vierte Teil ist, was die Menschen reden.

46. Man nennt es Indra, Varuṇa und Mitra,
    Agni, den schönbeschwingten Himmelsvogel;
    Vielfach benennen, was nur eins, die Dichter:[*]
    Man nennt es Agni, Yama, Mâtariçvan.

Mit diesem grofsen Gedanken würde das Lied am besten
schliefsen (wie auch im Atharvaveda der Fall ist); das Folgende enthält weitere Ausmalungen, vielleicht spätere Zusätze.

C. Nachtrag, v. 47—52.

Vers 47. Der Nachtpfad der Sonne (zu v. 31—32).

47. Beschwingte Rosse ziehn auf dunklem Wege
    Im Wasserkleide neu empor zum Himmel;
    Sie kehren wieder her vom Thron der Ordnung,
    Da strömt von Nahrungssaft die Erde über.

---

[*] Ein Nachklang dieser Stimmung ist das Vâlakhilya-Lied, Ṛigv. 8.58,1—2:

1. Den selbst die Priester als vielfältig ansehn,
    (Die weise doch sind!) wenn sie Opfer bringen,
    (Der angestellte, schriftkund'ge Brahmane!)
    Wie soll den kennen, wer nur zahlt ihr Opfern?

2. Eins ist das Feuer, das so vielfach aufflammt,
    Eins ist die Sonne, strahlend auf das Weltall,
    Die eine Morgenröte überglänzt das Ganze, —
    Eins ist auch dieses und zum All geworden.

Die letzte Zeile: *ekaṃ vâ idaṃ vi babhûva sarvam* entspricht fast wörtlich dem griechischen Losungsworte des Pantheismus: ἓν τὸ ὂν καὶ πᾶν Ξενοφάνην ὑποτίϑεσϑαι φησιν ὁ Θεόφραστος (Simplic. Phys. 6 r 22).

Vers 48. Das Rad der Zeit (der Kreislauf des Jahres; zu v. 2. 11).

48. Zwölf Felgen[1] sind an *einem* Rad befestigt;
Drei Naben auch[2]: wer weifs das zu verstehen?
Auf ihm zumal, wie Zapfen, sind dreihundert
Und sechzig[3] wohlbefestigt, ewig regsam.

1. 12 Monate. 2. Sommer, Regenzeit, Winter (oder, wie oben v. 2, Erde, Luftraum, Himmel). 3. 360 Tage.

Vers 49. Anruf an Sarasvatî, die Göttin der Rede (zu v. 40—42).

49. Oh, deine Brust, die labend, nie versiegend,
Durch die du alles Herrliche erblühn machst,
Die schätzereich, freigebig, Gut verleihend,
Die reich' uns dar, Sarasvatî, zum Trinken!

Vers 50. Die Götter als Stifter des Opferkultus (zu v. 43—44). Auch 10,90,16 erscheint dieser Vers als Nachtrag.

50. Die Götter, opfernd, huldigten dem Opfer,
Und dieses war der Opferwerke erstes;
Sie drangen mächt'gen Wesens auf zum Himmel,
Da, wo die alten, sel'gen Götter weilen.

Vers 51. Götter und Menschen fördern sich gegenseitig.

51. Es ist das gleiche Wasser hier,
Das auf- und absteigt nach der Zeit;
Die Erde fördern Regnende,
Den Himmel fördern Opferfeuer.

Vers 52. Schlufsgebet an die Sonne.

52. Den wohlbeschwingten, grofsen Himmelsvogel,
Der Wasser schönen Ursprung und der Pflanzen,
Rechtzeitig durch den Regen uns erquickend,
Den flutenreichen ruf' ich her zur Hülfe.

4. Der Schöpfungshymnus, Rigv. 10,129.

Dieser berühmte, nach den Eingangsworten das *Nâsadâsîya*-Lied genannte Hymnus ist in seiner edlen Einfachheit, in der

Hoheit und Reinheit seiner philosophischen Anschauungen vielleicht das bewunderungswürdigste Stück Philosophie, welches aus alter Zeit uns überkommen ist.

Schon der äufsere Bau des Hymnus ist ein höchst kunstvoller, indem in den sieben Versen des Liedes, gleichwie in sieben Akten eines Dramas, die Stimmung von Vers zu Vers bis zum Höhepunkte in v. 4 stetig ansteigt, um sodann nach dem Ende zu bis zu dem wunderbaren Schlusse in v. 7 gleichmäfsig wieder zu fallen. Das Ansteigen der vier ersten Verse besteht darin, dafs der Dichter in philosophischer Inbrunst von Vers zu Vers immer tiefer eindringt in das Geheimnis des Daseins, wobei in jedem Verse die erste und zweite Hälfte wie Chor und Gegenchor einander gegenüberstehen, der Chor um zu sagen, was nicht war, der Gegenchor, um ihm das Positive, was trotzdem war, entgegenzuhalten, bis im vierten Verse die letzte Hülle fällt und mit dem Worte *Kâma*, die Liebe, die tiefste Erkenntnis von der Natur der Dinge zum Ausdrucke kommt, zu der der Dichter sich durchgerungen hat. Von diesem Höhepunkt bis zum Schlusse v. 7 senkt sich die Rede höchst kunstvoll, indem den Dichter stufenweise zunehmender, kalter Zweifel ergreift, ob er nicht doch zu viel gesagt, ob er nicht in der Glut seines Dranges nach Wahrheit die Grenzen des Erkennbaren überschritten habe.

Dieser künstlerischen Form entspricht würdig die philosophische Tiefe des Inhalts. Zunächst ist unzweifelhaft, dafs sich unser Dichter von aller Mythologie völlig frei gemacht hat; die Götter werden v. 6 kurzweg beiseite geschoben: sie sind erst später *(arvâk)* im Laufe der Weltentwicklung entstanden, können also nichts über den Weltanfang aussagen; und der es aussagen könnte, wer weifs, ob der überhaupt ein erkennendes, mit Bewufstsein ausgestattetes Wesen, oder nicht vielmehr seiner Natur nach ein Unbewufstes ist (v. 7). Und wie hier, so zeigt sich überall der Dichter von hoher philosophischer Besonnenheit erfüllt, indem er auf Schritt und Tritt seine Aussagen limitiert, in der Befürchtung, schon zu viel gesagt zu haben. So, wenn er v. 1 den Urzustand bezeichnet als einen solchen, der nicht ein Nichtseiendes *(asat)*, aber auch nicht ein im empirischen Sinne Seiendes *(sat)*

gewesen sei; — oder wenn er v. 2 das Urwesen nicht anders
zu benennen wagt als *tad* „dieses" und *ekam* „das Eine", und,
um das eigentümliche Schlummerleben desselben zu kennzeichnen, von ihm sagt „es atmete", aber sogleich hinzufügt,
dafs dieses Atmen kein gewöhnliches, sondern ein „hauchloses"
gewesen sei; — oder endlich, wenn er v. 7 es zweifelhaft
läfst, ob diese Welt überhaupt geschaffen sei oder auf eine
andere, uns unfafsbare Art sich aus dem Urwesen entwickelt
habe, und ob dieses Urwesen ein bewufstes oder nicht vielleicht (wie später die *Prakṛiti* der Sâṅkhya's) ein unbewufstes
Princip gewesen sei. Wenn endlich unser Dichter da, wo er
sich am weitesten wagt, v. 4, als erstes aus dem Urwesen
Geborenes *kâma* „die Liebe" (ἔρως) bezeichnet, so stimmt er
darin nicht nur mit Hesiodos (Theog. v. 120) und Parmenides
(Arist. met. 1,4, p. 984 b 25) sondern am Ende wohl auch mit
der Wahrheit der Sache überein; denn jenes geheimnisvolle
metaphysische Wesen, welches in allen Kräften der Natur
wirkt, in der Pflanze als Triebleben, in Tier und Mensch als
Wille regiert, jene ursprünglich unbewufste und instinktartig
treibende und schaffende Urkraft der Natur tritt in keiner
ihrer Erscheinungen so deutlich hervor, wie in dem, was wir
in uns als den Geschlechtstrieb (*kâma*, ἔρως) unmittelbar
empfinden.

Bei der Wichtigkeit dieses Hymnus wollen wir der metrischen Übersetzung desselben, welche notwendig etwas frei
sein mufs, eine wörtliche Prosaübersetzung mit begleitenden
Erklärungen vorausschicken, welche über unsere Auffassungen
alles einzelnen keinen Zweifel lassen wird. Wiederholt findet
sich v. 4 Taitt. Âr. 1,23,1; v. 5 Vâj. Saṃh. 33,74; und das ganze
Lied Taitt. Br. 2,8,9,3—6.

1. **Nicht das Nichtseiende noch auch das Seiende
war damals; nicht war der Luftraum noch auch der Himmelsraum, welcher jenseits (desselben ist); — was hüllte
(dieses alles so) mächtig ein? Wo (war es), in wessen Obhut?
Was war das Wasser (des Oceans), der Abgrund, der tiefe?**

Der Dichter versetzt sich in die Zeit vor der Weltschöpfung.
Damals war nicht das Nichtseiende, denn dies ist niemals

gewesen, noch auch das im empirischen Sinne Seiende (das *nâmarûpam* der jetzigen Welt, wie der Komm. richtig erklärt), nicht der Luftraum noch der darüber hinausliegende Himmelsraum. Aber sofort wirft sich der Dichter ein: wo war denn dies alles, der Luftraum, der Himmelsraum und das unergründlich tiefe Meer? Irgendwo mufs es doch gewesen sein! Wer hielt es in sich verborgen, hüllte es mächtig (intens.) ein? *âvarîvar* von *var*, nicht von *vart*, da die Frage nach dem ersten Beweger ebenso verfrüht, wie die nach dem Verhüller passend und durch das Vorhergehende gefordert ist.

2. **Nicht Tod war dazumal, nicht Unsterblichkeit, nicht war der Nacht, des Tages Lichtglanz.** — **Es atmete hauchlos durch Selbstsetzung jenes** *(tad)* **Eine** *(ekam)*; **denn ein Anderes aufser ihm, welcher Art es auch sei, war nicht vorhanden.**

Wieder sagt die Strophe, **was nicht war**: Tod und Unsterblichkeit (d. h. die Menschenwelt und Götterwelt, wie Rigv. 10,121,2), Nacht und Tag, diese Urgegensätze des Daseins waren noch nicht. Und wieder hebt die Gegenstrophe hervor, **was doch schon war**, aber ohne es anders zu benennen als durch das pronomen demonstrativum: das *Tad* (späterer Name des Brahman), das Eine; dieses war *sradhayâ* durch Selbstsetzung, durch sich selbst (vgl. *svayambhû*, καϑ' αὑτό, *causa sui*, Ding an sich); es atmete (lebte), aber dies war kein Atmen in unserm Sinne, es atmete hauchlos.

3. **Finsternis war; von Finsternis umhüllt zu Anfang ein lichtloses Gewoge war** *(âs = âsîd*, wenn nicht besser *â* zur Verstärkung von *sarvam)* **dieses Ganze** (die ganze Welt); — **das Lebenskräftige** *(âbhu)*, **welches von der Hülse eingeschlossen war, jenes** *(tad)* **Eine** *(ekam)* **wurde durch die Macht des Tapas geboren.**

Mit wenigen majestätischen Pinselstrichen zeichnet die Strophe den chaotischen Urzustand: Finsternis um und um, ein Ocean ohne Licht war diese ganze Welt! — Wieder führt die Antistrophe das Positive der Sache weiter. Unsere Auffassung weicht von der gewöhnlichen ab; aber wir zweifeln nicht, dafs man uns zustimmen wird. Es ist die später so übliche Vorstellung von dem Weltei, welche hier wohl zum erstenmal und noch unentwickelt auftritt: *tucchya* (Taitt. Br. 2,8,9,4 *tuccha*, beides verwandt und hier wohl gleichbedeutend mit *tusha*) ist die Hülse oder Schale, in der das *Tad, Ekam* aus v. 2 "verborgen steckt als lebenskräftiger Keim, *â-bhu* (*â* = *samantâd, bhavati* = *udpadyate*, wie schon richtig der Komm. hat), und durch die Macht des Tapas ausgebrütet wird. *Tapas* (1. Hitze, 2. Anstrengung, 3. Askese, 4. Zurückziehung von den Aufsendingen und Vertiefung in das eigene Selbst) kann hier noch in der ursprünglichen Bedeutung gefafst werden, doch so, dafs die abgeleiteten Bedeutungen mit hineinspielen und somit durch unsere Stelle das später so oft vorkommende *tapas taptvâ* des Weltschöpfers vorbereitet wird.

4. Da entwickelte sich *(adhi-samavartata)* aus ihm *(tad*, der Accus. abhängig von *adhi*, entwickelte sich über dasselbe hinaus) zu Anfang Kâma (ἔρως, die Liebe), welcher des Manas erster Same war. — Die Wurzelung *(bandhu*, wörtlich die Einbindung, das potentiell-Vorhandensein; vgl. *baddhamûla)* des Seienden in dem Nichtseienden fanden die Weisen, indem sie mit Einsicht forschten, im Herzen!

Dies ist der Höhepunkt des Hymnus. Man beachte die Steigerung, welche darin liegt, dafs das Urwesen v. 1 als das Verhüllende, v. 2 als atmend, lebend, v. 3 als lebenskräftiger, auszubrütender Keim erscheint, bis es v. 4 als Erstgeborenes den *Kâma* (den ἔρως, die *trishṇâ*, die ἐπιθυμία, den Willen zum Leben) hervorbringt, *manaso retaḥ prathamaṃ yad âsît*. Diese Worte sind zweideutig, und es fragt sich, ob das *Manas* den *Kâma*, oder der *Kâma* das *Manas* erzeugt. Ersteres ist die Auffassung der ältesten Auslegung; denn als solche ist schon zu betrachten die Stelle Taitt. Âr. 1,23,1, wo erzählt wird, dafs „in Prajâpati's Gemüte *(manas)* sich ein Verlangen *(Kâma)* entwickelte", wozu als Beleg unser Vers angeführt wird: „dies Verlangen, welches der erste Samenergufs (das erste Erzeugnis) des Gemütes war". Hierfür spricht auch der Wortlaut, namentlich das Wort *retas*, für welches man sonst *vîjam* erwarten würde. Doch ist es nicht ganz ohne Bedenken, dafs in dem Urwesen, in dessen Schilderung der

Dichter bisher so behutsam war, hier plötzlich ein intellektuelles Vermögen, *Manas*, vorausgesetzt wird, um v. 7 wieder bezweifelt zu werden. Auch ist *Kâma* hier nicht ein einzelnes Verlangen, wie Taitt. Âr. 1,23,1, welches ein Gemüt voraussetzt, sondern das Princip des Verlangens, welches vom Gemüt vorausgesetzt wird. Es ist daher möglicherweise *manaso retaḥ* doch nicht gen. subjectivus sondern gen. objectivus, und zu übersetzen: „*Kâma*, welcher *(yat)* der erste Same *(retaḥ = vîjam)*, der erste Ursprung des Gemütes war"; also der unbewufste Wille *(Kâma)* als Grund des bewufsten Willens *(manas)*, ähnlich wie in der Sânkhya-Lehre, die vielleicht in dieser Auffassung fufst, die unbewufste *Prakṛiti* der Grund des (*Mahad*, *Buddhi* und gelegentlich auch *Manas* genannten) Weltintellektes ist. Hierzu stimmt auch der Schlufs des Verses, welcher (mag man *hṛidi* mit *pratishya* oder mit *niravindan* verbinden) eine Bestätigung der grofsen Willenslehre Schopenhauers (1818) ist, ganz ebenso wie das Göthe'sche Wort (zuerst 1827):

„Ihr folget falscher Spur,
„Denkt nicht, wir scherzen!
„Ist nicht der Kern der Natur
„Menschen im Herzen?" —

5. Der fünfte Vers ist bei der grofsen Kürze des Ausdrucks dunkel und wird verschieden erklärt. Der Komm. zu Vâj. Samh. 33,74 liefert sogar drei Erklärungen, eine rituelle, eine mythologische und eine psychologische, welche jedoch alle drei unbrauchbar sind. Besseres bietet der Komm. zu Taitt. Br. 2,8,9,5, welcher *eshâm* auf die Dinge bezieht und den *raçmi* als den geistigen, die Welt durchleuchtenden Lichtstrahl des Brahman auffafst. Ohne die Möglichkeit dieser Erklärung zu bestreiten, ziehen wir es doch vor, *eshâm* auf die unmittelbar vorhergehenden *kavayaḥ* zu beziehen und in dem Verse, in Fortsetzung von v. 4, eine Verherrlichung des in die Tiefen dringenden, forschenden Menschengeistes zu finden, wie solche im Veda öfter vorkommen; vgl. namentlich das schöne Lied Atharvav. 4,1. So bildet der Vers auch einen passenden Übergang zu dem folgenden, welcher in edler

Selbstbescheidung die Zulänglichkeit des Menschengeistes zur Lösung des Weltproblems bezweifelt. Sonach wäre der mutmaſsliche Sinn von v. 5 folgender:

Quer hindurch ist ihre (der Weisen) Meſsschnur ausgespannt: was war darunter, was war darüber? (wörtlich: war es darunter, oder war es darüber?). Da waren Samenträger, waren Machtentfaltungen, (nämlich) Selbstsetzung (v. 2) unterhalb, Anspannung oberhalb.

Die Forscher spannen ihre Meſsschnur aus und ziehen sie quer, in wagerechter Richtung durch das ganze Gebiet des Scienden hindurch, welches dadurch in zwei Hälften, eine untere und eine obere (vergleichbar den unterirdischen und oberirdischen Teilen einer wachsenden Pflanze), geschieden wird; es ist die Unterscheidung zwischen dem Ding an sich und seiner Erscheinung, welche unter den Namen *Avyaktam* und *Vyaktam* (Unoffenbares und Offenbares) dem spätern Inder sehr geläufig ist. Auf welche Seite fällt bei diesem Querschnitt durch die Natur der Dinge das Urwesen? „war es unterhalb, oder war es oberhalb?" Es war auf beiden Seiten, antwortet der Dichter, unterhalb als Samenträger *(natura naturans)*, oberhalb als Machtentfaltungen *(natura naturata)*; — unterhalb als Selbstsetzung (Ding an sich), oberhalb als Anspannung (Erscheinungswelt).

6. Aber wie ist die offenbare Welt aus der unoffenbaren abzuleiten?

Aber doch *(addhā)*! wer weiſs es, wer hier (unter euch Versammelten, vgl. 1,164,6, oben S. 109) möchte es verkündigen, woher sie ursprünglich *(ā)* geworden, woher (sie stammt), diese Umschaffung? Die Götter (können es nicht wissen, denn sie) sind diesseits *(arvāg)* von der Schöpfung *(visarjanena)* dieser Welt *(asyā)*; also (wenn nicht einmal sie es wissen) wer weiſs es, woher sie ursprünglich *(ā)* geworden ist?

Arvāk mit instr. statt des gewöhnlichen abl. wie (anscheinend) auch Atharvav. 5,11,6. Will man dies nicht, so muſs übersetzt werden: diesseits (später, und erst) durch die Schöpfung dieser Welt (geworden); *asya* auf den *adhyaksha* v. 7 zu beziehen, scheint mir unthunlich.

7. (Derjenige), von welchem her ursprünglich diese Schöpfung (welche keine *srishṭi*, sondern nur *visrishṭi* Umschöpfung ist; Er ist auch *upādānam, causa materialis*) geworden ist, mag Er sie nun geschaffen oder nicht geschaffen (sondern auf eine andere Weise hervorgebracht) haben (lies: *yadi vā dadhe yadi vā na dadhe*), Er, der als der Aufseher dieser Welt (das Auge über ihr hat) im höchsten Himmelsraume, der fürwahr! weifs es, — oder weifs auch Er es nicht?

Für einen Augenblick personifiziert sich dem Dichter das Schöpferwesen, aber sogleich fühlt er, dafs er zu weit gegangen ist, und anticipiert die Lehre der Upanishad, nach der eine Erkenntnis nur ist, „wo eine Zweiheit gleichsam ist", nicht aber bei dem Einen, welches zugleich Alles ist. —

Wir versuchen zum Schlusse eine metrische Übertragung, bemerken aber, dafs keine Übersetzung der Schönheit des Originals je genugthun wird.

Rigveda 10,129.

1. Damals war nicht das Nichtsein, noch das Sein,
   Kein Luftraum war, kein Himmel drüber her. —
   Wer hielt in Hut die Welt; wer schlofs sie ein?
   Wo war der tiefe Abgrund, wo das Meer?

2. Nicht Tod war damals noch Unsterblichkeit,
   Nicht war die Nacht, der Tag nicht offenbar. —
   Es hauchte windlos in Ursprünglichkeit
   Das Eine, aufser dem kein andres war.

3. Von Dunkel war die ganze Welt bedeckt,
   Ein Ocean ohne Licht, in Nacht verloren; —
   Da ward, was in der Schale war versteckt,
   Das Eine durch der Glutpein Kraft geboren.

4. Aus diesem ging hervor zuerst entstanden,
   Als der Erkenntnis Samenkeim, die Liebe; —
   Des Daseins Wurzelung im Nichtsein fanden
   Die Weisen, forschend, in des Herzens Triebe.

5. Als quer hindurch sie ihre Mefsschnur legten,
   Was war da unterhalb? und was war oben? —
   Keimträger waren, Kräfte, die sich regten,
   Selbstsetzung drunten, Angespanntheit droben.

6. Doch, wem ist auszuforschen es gelungen,
Wer hat, woher die Schöpfung stammt, vernommen?
Die Götter sind diesseits von ihr entsprungen!
Wer sagt es also, wo sie hergekommen? —

7. Er, der die Schöpfung hat hervorgebracht,
Der auf sie schaut im höchsten Himmelslicht,
Der sie gemacht hat oder nicht gemacht,
Der weifs es! — oder weifs auch er es nicht?

IV. Das Suchen nach dem „unbekannten Gotte".

Nachdem die Erkenntnis zum Durchbruche gekommen war, dafs alle Götter und alle Welten zurückgehen auf eine ewige, unwandelbare Einheit, so mufste das Streben der denkenden Geister dahin gerichtet sein, diese, in den besprochenen Hymnen 1,164 und 10,129 noch ganz unbestimmt auftretende Einheit näher zu bestimmen. Dieses Bestreben ist der Grundzug der ganzen folgenden Entwicklung bis zu den Upanishad's hin, in denen es einen gewissen Abschlufs findet; die Anfänge desselben liegen aber noch auf dem Boden des Rigveda und finden ihren Ausdruck namentlich in den Hymnen über

Prajâpati, 10,121.
Viçvakarman, 10,81. 82.
Brahmaṇaspati, 10,72 u. a.
Purusha, 10,90.

Diese Hymnen setzen vielleicht nicht die Einheitslieder 1.164 und 10,129, jedenfalls aber den in ihnen auftretenden Einheitsgedanken voraus; dafs die Welt auf einer von allen altvedischen Göttern verschiedenen und über sie erhabenen Einheit beruht, steht ihnen von vornherein fest: denn sie sind bemüht, diese Einheit zu bestimmen als ein allen Göttern überlegenes göttliches Wesen, dessen Namen, *Prajâpati* (Herr der Geschöpfe), *Viçvakarman* (Allschöpfer), *Brahmaṇaspati* (Gebetesherr) und *Purusha* (Mann, Geist), schon beweisen, dafs sie nicht, wie die frühern Götter, im Volksbewufstsein wurzeln, sondern Gebilde der denkenden Abstraktion sind.

Typisch für das ihnen allen eigene Streben, für die in abstracto erkannte Einheit einen konkreteren Ausdruck zu gewinnen, ist vor allen der Hymnus an *Prajâpati* 10,121, den wir, aus diesem Grunde und ohne im übrigen über seine chronologische Stelle etwas auszusagen, hier an die Spitze stellen. Nicht unwahrscheinlich ist uns indessen, dafs dieser Hymnus geradezu an den eben besprochenen Schöpfungshymnus 10,129 anknüpft, um die in ihm vorliegenden Gedanken weiterzuführen, wie noch zu zeigen sein wird.

1. Der Prajâpati-Hymnus, 10,121.

Der Form nach ist, wie uns unzweifelhaft scheint, dieses Lied eine Nachbildung des berühmten *Sajanâsa*-Hymnus an Indra 2,12 (vgl. oben, S. 96). Hierfür spricht zunächst schon der ganz analoge Bau. Dort wie hier werden eine Reihe von Großsthaten aufgezählt, worauf am Schlusse jedes Verses durch den gleichmäßig wiederkehrenden Refrain auf den Gott als ihren Urheber hingewiesen wird. Aber während in dem ältern Liede der Refrain lautet: *sa, janâsa'! Indrah*, „das ist, ihr Leute, Indra!", so ist 10,121 an seine Stelle ein unbekannter, erst noch zu suchender Gott getreten, und der Refrain der ersten neun Verse lautet: *Kasmai devâya havishâ vidhema?* — „wer ist der Gott, dafs wir ihm opfernd dienen?" (die auf diesem Refrain beruhende Eruierung eines Gottes *Ka* ist eine Erfindung der Brâhmaṇa's, schon von Çatap. Br. 1,1.1.13 an, welche keine weitere Beachtung verdient), bis endlich im Schlußverse *Prajâpati* als dieser gesuchte, große Unbekannte hervortritt. Weiter aber machen viele Einzelheiten es unzweifelhaft, dafs hier eine bewufste Nachbildung vorliegt. Man vergleiche:

Im Indra-Liede 2,12:	Im Prajâpati-Liede 10,121:
v. 1. *yo jâta' eva prathamo manasvân devo devân kratunâ paryabhûshat*	v. 1. *bhûtasya jâtah patir eka' âsit*
	v. 8. *yo deveshu adhi deva' eka' âsit*
v. 2. *yah prithivîm vyathamânâm adṛiṅhat*	v. 1. *sa dâdhâra prithivîm*
v. 9. *yo viçvasya pratimânam babhûva*	v. 2. *yasya chhâyâ amṛitam, yasya mṛityuh*

Der Prajâpati-Hymnus, Ṛigv. 10,121.

v. 7. *yasya açvâsaḥ pradiçi, yasya gâvo yasya grâmâ, yasya viçve rathâsaḥ*

v. 2. *yaḥ pṛithivîṃ vyathamânâm adṛiṅhat, yaḥ parvatân prakupitân aramṇât, yo antarikshaṃ vimame variyo yo dyâm astabhnât, sa janâsa' Indraḥ!*

v. 8. *yaṃ krandasî saṃyati vihrayete*

v. 9. *yaṃ yudhyamânâ avase havante*

v. 7. *yaḥ sûryaṃ, ya' ushasaṃ jajâna.*

v. 3. *ya' içe asya dvipadaç catushpadaḥ*

v. 5. *yena dyaur ugrâ pṛithivî ca dṛilhâ yena svaḥ stabhitaṃ, yena nâkaḥ, yo antarikshe rajaso vimânaḥ, kasmai devâya havishâ vidhema?*

v. 6. *yaṃ krandasî avasâ tastabhâne abhyaikshetâṃ, manasâ rejamâne, yatra adhi sûra' udito vibhâti.*

Da diese Nachbildung des ältern Dichters durch den jüngern nicht aus poetischer Dürftigkeit des letztern zu erklären ist (denn er zeigt sich im übrigen reich an eigentümlichen Worten, Bildern und Gedanken), so ist die Vermutung vielleicht nicht zu kühn, daß der jüngere Dichter absichtlich in Bau und Ausdrucksweise an den ältern Dichter sich anschließt, um damit zu sagen: „nicht Indra, sondern mein unbekannter Gott ist der Urheber aller dieser großen Werke". Ist diese Auffassung richtig, so gewinnt das Verfahren unseres Dichters eine gewisse Analogie mit dem des ägyptischen Königs Amenḥotep IV. (um 1500 a. C.), welcher an den Monumenten soweit wie möglich den Namen des bis auf ihn zuhöchst verehrten Gottes *Ammon* ausmeißeln und dafür den Namen des von ihm neu eingeführten Gottes *Aten* (die Sonnenscheibe) einschreiben ließ.

Wie unser Dichter der Form nach mit versteckter Polemik das Indralied 2,12 nachbildet, so knüpft er, wie uns scheint, der Sache nach geradezu an den Schöpfungshymnus 10,129 an, um die dort auftretenden Gedanken weiter fortzubilden. Hierauf weist schon die zweimalige Wendung, 10,121,1 *samavartata agre*, 10,121,7 *samavartata*, verglichen mit 10,129,4 *agre samavartata*, hin; noch mehr aber der Inhalt. Wie wir uns erinnern (S. 122), war 10,129,3 der chaotische Urzustand der Welt geschildert worden als „ein lichtloses Gewoge" (*apra-*

ketaṃ salilam), aus dem das schon vorher vorhandene „Eine" als ein „lebenskräftiges, von der Hülse eingeschlossenes" durch die Macht des Tapas geboren wurde. Dies ist ganz der Ausgangspunkt unseres Dichters, nur daſs er das „lichtlose Gewoge", welches doch wohl nur bildlich gemeint war, in eigentlichem Sinne auffaſst und so den ersten Grund giebt zu der später so häufigen Theorie von den Urwassern, aus denen das ewige, schon vorher bestehende Eine, nachdem es als Keim, oder später als Weltei, sich in dieselben versenkt, zum empirischen Dasein als Beherrscher der Welt sich fortentwickelt. Dieses letztursprüngliche „Eine" erscheint unserm Dichter als der unbekannte Gott, nach dem er in den neun ersten Versen forscht, und den er verehren will *(kasmai devâya haviśhâ vidhema?)*, bis er ihn endlich im zehnten Verse mit einem (nicht der Form, wohl aber der Sache nach) neuen Namen ganz abstrakt als *Prajâpati* (d. h. Herr der Geschöpfe) bezeichnet. Die weitere Geschichte dieses hier 10,121,10 zum erstenmal auftretenden obersten Gottes *Prajâpati* wird uns später beschäftigen. Für unsern Dichter ist er der letzte Urgrund der Dinge. Er hat (wie? wird nicht gesagt) die groſsen, glänzenden Wasser erzeugt (v. 9 *yaç ca apaç candrâ bṛihatîr jajâna*) und überschaut sie mit Majestät (v. 8 *mahinâ paryapaçyat*), die Wasser, welche alle Keime (v. 7 *viçvaṃ garbhaṃ dadhânâḥ*) und alle Kräfte (v. 8 *dakshaṃ dadhânâḥ*) in sich enthielten, und unter ihnen keimartig auch das sie erzeugt habende Urwesen selbst, welches aus diesen Urwassern „zu Anfang (der Weltentwicklung) als ein goldener Keim hervorging" (v. 1 *hiraṇyagarbhaḥ samavartata agre*). um sofort, nachdem es „aus ihnen als einziger Lebenshauch der Götter hervorgegangen" (v. 7 *tato devânâṃ samavartata asur ekaḥ*), zum einzigen Herrn des Gewordenen (v. 1 *bhûtasya patir*, in diesem Ausdrucke sehen wir schon den *prajâ-pati* des v. 10 durchschimmern) zu werden. Dieser in die Urwasser, die er selbst erzeugt, eingegangene und als goldener Keim (*hiraṇyagarbha*, hier natürlich noch nicht nomen proprium wie in der spätern Zeit; „golden", weil Gold das edelste der Dinge) weiterhin aus ihnen hervorgegangene „einzige Herr des Gewordenen" wird dann im weitern Ver-

laufe des Liedes als Schöpfer, Erhalter und Regierer
der Welt gefeiert. 1) Als Schöpfer erzeugt er die grofsen,
glänzenden Urwasser (v. 9), erzeugt er den Himmel und die
Erde (v. 9, nach späterer Vorstellung, indem er sie aus den
beiden Schalen des goldenen Welteis, d. i. des *hiraṇyagarbha*
unseres Gedichtes, bildete, z. B. Manu 1,8 fg.); weiter befestigt
er den Himmel und die Erde (v. 1 *dādhāra pṛthivīṃ dyām
uta imām*, v. 5 *yena dyaur ugrā pṛthivī ca dṛḷhā*), stützt das
Himmelsgewölbe *(nāka)* und die Sonne *(svar, v. 5)*, mifst in
dem Raume zwischen Himmel und Erde das Luftreich ab
(v. 5 *yo antarikṣhe rajaso vimānaḥ*), indem er durch Aus-
strecken der Arme die Himmelspole als Weltgrenzen fixiert
(v. 4 *yasya imā pradiço, yasya bāhū*) und den Erde und Luft
umfliefsenden Strom *Rasā* schafft, den jedoch der Dichter
mit einem leisen Anfluge des Zweifels zu erwähnen scheint
(āhuḥ v. 4). Ferner schafft er (v. 4) den Ocean und „jene
schneebedeckten Berge" des Himālaya, an dessen Fufse,
vermutlich noch im Pendschāb, der Dichter zu leben scheint.
Endlich bevölkert er diese so geschaffene und geordnete
Welt, indem er (v. 2) als sein Abbild *(chāyā) amṛitam*
und *mṛityu*, d. h. wohl die unsterblichen Götter und die
sterblichen Wesen (Menschen, Tiere, Pflanzen) erschafft (vgl.
10,129.2, oben, S. 122). 2) Weiter aber ist der eine Gott
auch der Erhalter der Welt; er „umgiebt alles dieses Entstandene" (v. 10), welches somit in ihm, nicht aufser ihm ist;
aus ihm geht die Sonne auf, um zu leuchten (v. 6), er ist der
einzige Lebenshauch der Götter (v. 7), verleiht ihnen und
allem andern Odem und Kraft (v. 2 *ātmadā, baladā*) und ist
durch seine Majestät der einzige Fürst der Lebewelt, wenn
sie atmet, und wenn sie (im Tode) die Augen schliefst (v. 3).
Endlich ist er 3) auch (wie früher Varuṇa) der Regierer
(rājā, v. 3) der Welt; er überschaut mit Majestät sogar *(cid)*
die Urwasser, aus denen alles andere, selbst das belebende
Feuer (v. 7) und das götternährende Opfer (v. 8) hervorging;
alle, auch die Götter, ehren seine Befehle (v. 2), er herrscht
über Zweifüfsiges und Vierfüfsiges (v. 3); zu ihm blicken
zitternd und auf seine Hülfe hoffend die Schlachtreihen auf
(v. 6), denn er kann ebensowohl schaden (v. 9) wie alle

Wünsche und alle Schätze gewähren (v. 10). Ihm will der Dichter daher *havis* spenden (v. 1—9), will ihm opfern, um seine Gunst zu erbetteln (v. 10), wodurch er allerdings von der philosophischen Höhe der vorher besprochenen Hymnen wieder in die alte Superstition zurückfällt.

1. Als goldner Keim ging er hervor zu Anfang;
   Geboren kaum, war einziger Herr der Welt er;
   Er festigte die Erde und den Himmel, —
   Wer ist der Gott, dafs wir ihm opfernd dienen?

2. Der Odem giebt und Kraft giebt, er, dem alle,
   Wenn er befiehlt, gehorchen, auch die Götter,
   Des Abglanz das Unsterbliche, der Tod ist, —
   Wer ist der Gott, dafs wir ihm opfernd dienen?

3. Der, wenn sie atmet, wenn sie schliefst die Augen,
   Die Lebewelt regiert als einz'ger König,
   Zweifüfsler hier beherrschend und Vierfüfsler, —
   Wer ist der Gott, dafs wir ihm opfernd dienen?

4. Durch dessen Macht dort die beschneiten Berge,
   Das Meer, der Weltstrom ist, von dem sie fabeln,
   Des Arme dort die Himmelspole sind, —
   Wer ist der Gott, dafs wir ihm opfernd dienen?

5. Durch den der Himmelsraum, der Erde Festen,
   Der Sonne Glanz, das Firmament gestützt sind,
   Und der im Mittelreich den Luftraum ausmifst, —
   Wer ist der Gott, dafs wir ihm opfernd dienen?

6. Zu dem aufschau'n die Kämpfer beider Heere,
   Auf Hülfe bauend, sorgenvollen Herzens,
   Aus dem aufgeht und fernhin strahlt die Sonne, —
   Wer ist der Gott, dafs wir ihm opfernd dienen?

7. Als ehemals die grofsen Wasser kamen,
   Die allkeimschwangern, die das Feuer zeugten,
   Ging er daraus hervor als Lebenshauch der Götter, —
   Wer ist der Gott, dafs wir ihm opfernd dienen?

8. Der machtvoll selbst die Wasser überschaute,
   Die kräfteschwangern, die das Opfer zeugten,
   Er, der der einzige Gott war von den Göttern, —
   Wer ist der Gott, dafs wir ihm opfernd dienen?

9. Nicht schäd'ge er uns, der der Erde Schöpfer,
Der auch den Himmel schuf, wahrhaft an Satzung,
Der auch erschuf die glanzreich grofsen Wasser, —
Wer ist der Gott, dafs wir ihm opfernd dienen?

10. *Prajâpati!* Du bist es und kein andrer,
Der alles dies Entstandene umfafst hält!
Zu teil werd' uns, was wir, dir opfernd, wünschen;
Uns, die dich kennen, mach zu Herrn der Güter!

Schlufsbemerkung. Die weitere Geschichte des *Prajâpati* und die Umdeutungen, denen er dabei unterworfen wird, gehören der Brâhmaṇazeit an und werden uns weiter unten beschäftigen. Nur einer dieser Umdeutungen wollen wir, vorgreifend, schon hier Erwähnung thun, weil sie vielleicht als Schlüssel gebraucht werden kann für das sonst isoliert dastehende kurze Lied Ṛigveda 10,190. — *Prajâpati* (der Herr der Geschöpfe) ist eine Personifikation der zeugenden Kraft der Natur. Diese zeugende Kraft offenbart sich im Kreislaufe des Jahres, und es lag, namentlich nach den Anschauungen, die wir Ṛigv. 1,164,11—16 (oben, S. 110—112) kennen gelernt haben, nahe, die Zeugekraft der Natur auf das Jahr, im Verlaufe dessen sie zur Erscheinung kommt, zu übertragen, d. h. *Prajâpati* mit dem Jahre *(samvatsara)*, oder abstrakter gesprochen mit der Zeit, zu identifizieren. Hieraus erklären sich nicht nur die beiden Hymnen des Atharvaveda 19,53 und 54, welche die Zeit als Princip der Dinge feiern, sowie wohl auch Atharvav. 13,1—3, in denen die Sonne *(rohita)* an ihre Stelle tritt, sondern auch die so oft im Çatapathabrâhmaṇam vorkommende Wendung, dafs *Prajâpati* das Jahr, *samvatsara*, sei (vgl. Çatap. 1,5,1,16. — 1,5,3,2. — 1,9,2,34. — 1,6,3,35. — 5,1,2,9. — 5,4,5,20—21. — 8,4,3,20. — 10,4,1,16. — 10,4,2,2 — und namentlich 11,1,6,13: „Prajâpati erwog: Dieses fürwahr habe ich als ein Ebenbild meiner selbst erschaffen, was das Jahr ist; darum sagen sie: «Prajâpati ist das Jahr»; denn als ein Ebenbild seiner selbst hat er dasselbe erschaffen"). Diese Anschauung nun scheint schon Ṛigv. 10,190 durchzublicken, wenn wir den Schöpfer in v. 3 auf das vorher v. 2 genannte Jahr beziehen dürfen. —

Als erstes Princip bezeichnet der Dichter, wohl in Anlehnung an Rigv. 10,129,3 (oben, S. 122) das *Tapas* (indem die Thätigkeit des Subjektes zum Subjekte selbst hypostasiert wird, ähnlich wie bei *brahman*). Aus dem Tapas entstehen aufser *ṛitam* (Ordnung), *satyam* (Wahrheit) und *râtrî* (Nacht) die Urwasser, „der wogende Ocean" wie unser Dichter sagt. Aus diesem entsteht (analog dem Goldkeime 10,121,1) *samvatsara*, das Jahr, welches Tage und Nächte ordnet und (wiederum wie *hiraṇyagarbha* 10,121,3) „Gebieter ist über alles, was die Augen aufschlägt" (v. 2). Nach dieser Wendung wird es berechtigt sein, das Jahr als den Schöpfer v. 3 anzusehen (*dhâtâ* v. 3 kann doch wohl kein andrer sein als *vidadhad* v. 2; vgl. auch Taitt. Br. 1,7,2,1 *saṃvatsaro vai dhâtâ*), welcher der Reihe nach (*yathâpûrvam*, der spätere Vedânta übersetzt „wie vordem" und findet hier eine Bestätigung seiner Kalpa-Theorie) Sonne und Mond, den Himmel, die Erde, den Luftraum und das Sonnenlicht schafft.

Ṛigveda 10,190.

1. Aus Tapas, da es glühend ward,
   Entstand die Wahrheit und das Recht;
   Aus ihm geboren ward die Nacht,
   Aus ihm des Meeres Wogenschwall.

2. Und aus des Meeres Wogenschwall
   Geboren wieder ward das Jahr,
   Das, Tag' und Nächte ordnend, herrscht
   Ob allem, was aus Augen blickt;

3. Das auch die Sonne und den Mond
   Der Reihe nach als Schöpfer schuf,
   Den Himmel und die Erde auch,
   Den Luftraum und das Sonnenlicht.

2. Die Hymnen an Viçvakarman, 10,81. 82.

Wenn schon *Prajâpati*, der Herr der Geschöpfe, eigentlich nur eine Personifikation des abstrakten Begriffes der Schöpferthätigkeit ist, so gilt dasselbe, nur noch in höherm Grade, von *Viçvakarman*, dem Allschaffer, unter welchem Namen das Urwesen in den beiden Hymnen 10,81 und 82 gefeiert

wird, die an poetischer Schönheit den Prajâpatihymnus nicht
erreichen, hingegen an philosophischem Tiefsinne und an Freiheit von theologischen Voraussetzungen demselben überlegen
sind. Dem Inhalte nach knüpfen diese beiden Hymnen (die
allem Anscheine nach von einer Hand sind) ziemlich deutlich
an 10,121 an, so wie dieses Lied an 10,129, wobei sich beobachten läfst, wie jedesmal der folgende Dichter die Gedanken
seines Vorgängers weiter fortbildet. Am unentwickeltsten ist
der Schöpfungshymnus 10,129, nach welchem 1) das Urwesen
ganz allein „windlos atmend" vorhanden ist (v. 2), und 2) eben
dieses Urwesen aus dem „lichtlosen Gewoge" (welches doch
nichts von ihm Verschiedenes sein kann) sich als lebenskräftiger Keim *(âbhu, tucchyena apihitam)* entwickelt. — Deutlicher erscheinen diese Vorstellungen im Prajâpatiliede 10,121,
nach welchem, wie gezeigt, 1) das Urwesen die Urwasser
erzeugt, 2) als goldner Keim aus diesen Urwassern hervorgeht. — Diese beiden Seiten des Urwesens als Allschaffendes und wiederum als Ersterschaffenes erscheinen in den
Viçvakarman-Liedern in bedeutender Fortbildung, wobei sich
10,81 vorwiegend mit der ersten, 10,82 mehr mit der zweiten
Seite beschäftigt.

Rigveda 10,81.

Wenn schon 10,129,2 lehrte, dafs aufser dem Urwesen
nichts andres vorhanden war, wenn dementsprechend 10,121,9
erklärte, dafs Prajâpati auch die Urwasser erzeugt habe, so
versichert unser Hymnus noch bestimmter, dafs *Viçvakarman*
sich selbst in die Welt umgewandelt habe, und zieht daraus
zwei Folgerungen: 1) dafs durchaus kein Fundament gewesen
sei, auf das sich der Weltschöpfer gestützt habe (v. 2—3),
und dafs er ebensowenig eine Materie aufser sich gehabt habe,
als er die Welt bildete (v. 4—5) [in späterer Sprache: Gott
ist causa sui *(svayambhû)* und ist ebenso causa materialis
(upâdânam) wie causa efficiens *(nimittam)* der Welt]; 2) dafs,
wenn wir Gott opfern, es eigentlich Gott selbst ist, der sich
dabei selbst ein Opfer darbringt (v. 1. 6—7), ja, dafs der
Wunsch, dieses Opfer zu geniefsen, das eigentliche Motiv der
Weltschöpfung gewesen sei (v. 1). Die Schärfe, mit der dabei

der altvedische Polytheismus verurteilt wird (v. 6 *muhyantu anye abhito janāsaḥ*), wird nur noch überboten durch die analoge Äußerung in dem folgenden Hymnus 10,82,7. — Bemerkenswert ist endlich noch, daß schon in unsern beiden Hymnen die Weltschöpfung als eine Opferhandlung erscheint (10,81,1 *juhvad*, 10,82,1 die Urwasser als *ghṛitam*). Es ist dies analog dem Tapas, aus dem nach 10,129,3 (oben, S. 122) und 10,190,1 (oben, S. 134) die Welt entstanden ist: Tapas und Opfer, diese beiden höchsten Bethätigungen menschlicher Kraft, haben ihr Vorbild in dem Verhalten Gottes bei der Weltschöpfung.

> 1. Der, opfernd, sich in alle diese Wesen
> Als weiser Opfrer senkte, unser Vater,
> Der ging, nach Gütern durch Gebet verlangend,
> Ursprungverhüllend [1] in die niedre Welt ein.

1. Gott steckt selbst in der Welt. Was er vorher war, ist dadurch verhüllt worden *(prathamachad)*.

> 2. Doch was hat wohl als Standort ihm . . .,
> Was hat und wie als Stützepunkt gedient ihm,
> Auf dem die Erde er erschuf, allschaffend,
> Mit Macht den Himmel deckte auf, allschauend? —

Die Antwort auf diese Frage liegt in dem folgenden Verse, nach welchem er keine andre Stütze hatte als sich selbst.

> 3. Allseitig Auge und allseitig Antlitz,
> Allseitig Arme und allseitig Fuß,
> Schweißt schaffend er mit Armen, schweißt mit Flügeln [1]
> Zusammen Erd' und Himmel, Gott, der Eine.

1. Mit Flügeln, die dem Schmied als Blasebalg dienen (9,112,2, oben S. 98). Daß das Bild des Schmiedes vorschwebt, lehrt die älteste Interpretation unseres Verses, welche in 10,72,2 vorliegt (unten, S. 145).

> 4. Was ist das Holz, was ist der Baum gewesen,
> Aus dem sie Erd' und Himmel ausgehauen?
> Ihr Weise, forscht im Geiste diesem nach, worauf
> Er sich gestützt hat, wenn er trägt das Weltenall!

Auch auf diese Frage müssen wir als Antwort die folgenden Verse ansehen, nach denen Gott alles in allem ist, sodaß keine Materie, keine Stütze außer ihm möglich ist, daher auch beim Opfer er allein es ist, der das Opfer sowohl darbringt als empfängt.

5. Was deine höchsten Wohnstätten und tiefsten,
   Und die hier in der Mitte sind, Allschaffer,
   Lehr' deine Freunde! Und, o Herr, beim Opfer
   Du opfre selbst, dein Selbst dadurch zu laben!

6. Am Opfer dich, o Allschaffer, zu laben,
   Du opfre selbst als Erde dir und Himmel!
   Und wenn die andern Menschen ringsum irrgehn,
   Uns hier sei Er der Opferherr, der Reiche.

7. So ruft denn an als Herrn der Rede heute
   Beim Opfermahl den Allherrn, schnell wie Denken,
   Er freue sich an allen unsern Spenden,
   Der hülfreich, gütig allen hilft zum Heile.

Rigveda 10,82.

Während der vorige Hymnus überwiegend die Wesensidentität Gottes und der Welt betonte, so wendet der gegenwärtige mehr seine Aufmerksamkeit der Art und Weise zu, wie die Welt aus dem göttlichen Wesen hervorgegangen ist. Aus dem Opferschmalz *(ghṛitam)* der Urwasser, in welchem die beiden Welten (Himmel und Erde) eingetaucht waren, erzeugt dieselben durch göttlichen Ratschluss *(manas)* der Schöpfer, indem er zuerst die äußersten Enden des Weltgewebes befestigt, worauf Erde und Himmel zwischen ihnen eingewoben werden (v. 1). Die weitere Ausführung des Schöpfungswerkes fällt den Gehülfen des Schöpfers zu, welche hier zum erstenmal auftreten und als *rishayaḥ pûrve* „vorweltliche Weisen" bezeichnet werden. Nachdem dieselben den Urschöpfer gebührend verehrt, schaffen sie die Wesen in dem halb dunkeln, halb hellen Luftraum*, der „sich setzt", d. h. wohl**, die in ihm schwebenden Keime ablagert (v. 4); *rajas*, der Luftraum, scheint hier mit den v. 5 und 6 genannten Urwassern identisch zu sein. In diesen alle Keime enthaltenden

---

* Vgl. die Lehre des Empedokles: εἶναι δὲ κύκλῳ περὶ τὴν γῆν φερόμενα δύο ἡμισφαίρια, τὸ μὲν καθόλου πυρός, τὸ δὲ μικτὸν ἐξ ἀέρος καὶ ὀλίγου πυρός, ὅπερ οἴεται τὴν νύκτα εἶναι (Euseb. praep. ev. 1,8).

** Wie bei Anaxagoras: τὸν ἀέρα πάντων φάσκων ἔχειν σπέρματα, καὶ ταῦτα συγκαταφερόμενα τῷ ὕδατι γεννᾶν τὰ φυτά (Theophr. hist. plant. 3,1,4).

(10.121.7) Urwassern befindet sich als Keim, *garbha* (der *hiraṇyagarbha* 10,121,1), auch das Urwesen selbst, und dieser Keim hielt alle Götter beschlossen (v. 6), die in ihm sichtbar waren (v. 5). Eben dieser Keim wird zur Weltachse (*ekam adhi nābhau arpitam* kann nur die 1,164,13, oben S. 111, genannte Achse sein) und ist von der Weltnabe umgeben, auf deren Rad (in wörtlicher Wiederholung von 1.164.13) „alle Wesen stehen" (v. 6). Wie aber schon 10.129,7 ein Anlauf genommen wurde, das in der Welt verwirklichte Princip als über der Welt schwebendes ewiges Weltauge (*asya adhyakshaḥ parame vyoman*) aufzufassen, so lehrt unser Dichter bestimmter, daſs der als Weltachse fungierende Allschöpfer zugleich (*uta* v. 2) jenseits von Himmel und Erde, von Göttern und Dämonen (v. 5), als „höchster Anblick" (*paramā saṃdṛíç*) thront, dort, wo die sieben Ṛishi's (wohl die Gehülfen des Weltschöpfers, v. 4) als das Siebengestirn zu schauen sind und über ihnen nur noch „der Eine" sich befindet (v. 2). Als solchem jauchzen ihm Opfer und Wünsche der Menschen entgegen (v. 2), als solcher ist er „der Vater des Auges" (v. 1) und der Urquell aller Erkenntnis und Offenbarung (v. 3).

1. Des Auges Vater, treu dem eignen Ratschluſs,
   Schuf die im Urschlammschmalz versunknen Welten:
   Als erst zuäuſserst war der Saum befestigt,
   Da woben zwischenein sich Erd' und Himmel.

2. Der Allschaffer, kraftvoll an Geist und Werken,
   Der Schöpfer, Ordner ward dann höchster Anblick;
   Mit Opfer jauchzt ihm zu der Menschen Wünschen,
   Wo jenseits der Sternscharen thront die Einheit.

3. Er, unser Vater, Schöpfer, er, der Ordner,
   Kennt die Wohnstätten und die Wesen alle;
   Er gab allein den Göttern ihre Namen,
   Von ihm erfragten sie die andern Wesen.

4. Ihm brachten, gleichwie Beter, Opfergaben
   Aus ihrer Fülle dar die Erstlingsweisen,
   Als aus dem Niederschlag des Weltenraumes,
   Dem dunkeln, hellen, sie die Wesen schufen.

5. Der hoch erhaben über Erd' und Himmel,
   Erhaben über Götter und Dämonen, —
   Wer war der Urkeim, den die Wasser bargen,
   In dem die Götter all zu sehen waren?

6. Er war der Urkeim, den die Wasser bargen,
   In dem die Götter all versammelt waren,
   Der Eine, eingefügt der ew'gen Nabe,
   In der die Wesen alle sind gewurzelt.

7. Ihr kennt ihn nicht, der diese Welt gemacht hat,
   Ein andres schob sich zwischen euch und ihn ein;
   Gehüllt in Nebel und Geschwätz umherziehn
   Die Hymnensänger, ihren Leib zu pflegen.

Anmerkung. Als Anhang zu den Viçvakarman-Liedern wollen wir hier den Hymnus 10,31 einschalten, dessen Dunkelheit der Deutung weiten Spielraum läfst, und bei dem unsere Auffassung zu sehr von dem Herkömmlichen sich entfernt, als dafs wir so bald auf Zustimmung hoffen dürften. — Sicher ist nur, dafs unser Hymnus in v. 7 sich auf 10,81,4 bezieht, indem er die dort gestellte und scheinbar unbeantwortet bleibende Frage nach dem Urstoffe wiederholt, sehr wahrscheinlich ferner, dafs in den Worten v. 10 *çamyām gaur jagāra, yad dha pricchān* die Antwort auf 10,81,4 gegeben werden soll: „Die Kuh (d. h. die schaffende Natur) verschlang das Holz, nach dem man etwa fragen könnte", der Urstoff wurde durch die Weltschöpfung verbraucht, daher er nicht mehr zu finden ist.

Merkwürdig als Vorspiel zur Lehre vom *Brahman* ist der erste Teil des Gedichtes (v. 1—5), welcher die Abhängigkeit der Götter vom Gebete oder Liede des Sängers (v. 1 *çansa*, v. 3 *dhīti*, v. 5 *stuti*, v. 6 *sumati*) zu lehren scheint, worauf dann im zweiten Teile (v. 6—10) eben dieses Gebet als vorweltliches, weltschaffendes Princip gefeiert wird. Dieses Princip zerlegt sich weiter in eine Kuh und einen Stier (die empfangende und zeugende Kraft der Natur), aus deren Begattung die Welt hervorgeht, „der Sohn, welcher schon vor den Eltern", nämlich als das zu ihnen sich gestaltende Gebet, da war (v. 10). Der Schlufsvers scheint den Gedanken auszusprechen, daſs auch das scheinbar Unbedeutende (hier das Gebet) sehr bedeutend (weltschaffende Kraft) sein kann. Dies hat vor unserm Dichter noch nie jemand erkannt: *ritam atra nakir asmai apipet* „keiner hat dem, wovon wir hier reden, noch sein volles Recht strömen lassen".

Rigveda 10,31.

1. Loblied der Götter eile zu uns herwärts,
   Durch alle Götter Hülfe bringend, heilig:
   Dann werden wir gut Freund mit ihnen bleiben
   Und siegreich alles Unheil überwinden.

2. Mag immerhin der Mensch nach Reichtum trachten,
   Durch Götterdienst verehrend ihn erstreben! —
   Doch dann besprech' er sich mit seinem Herzen,
   Im eignen Geiste Bess'res zu ergreifen!

3. Geschaffen ward das Lied, Trankspenden rinnen,
   Zum Soma eilen, wie zur Tränke, Götter, —
   Laut braust uns der Gesang, zur Wohlfahrt führend,
   Aufspürer sind der Götter wir geworden.

4. Jetzt freue Agni sich, der stete Hausherr,
   Und wem erregend Savitar die Lust gab;
   Mit Rindern schmücke Bhaga, Aryaman uns,
   Hold scheine er dem Beter, — sei es wirklich.

5. Der Sitz hier sei wie Thron der Morgenröte,
   Zu dem sie, Nahrung bringend, kraftvoll eilen,
   Verlangend alle nach des Sängers Betlied,
   Herströmen mögen ihre Helferkräfte!

6. Und dies Gebet des Sängers, aus sich breitend,
   Ward eine Kuh, die vor der Welt schon da war:
   In dieses Gottes Schoſs zusammenwohnend,
   Pfleglinge gleicher Hegung sind die Götter.

7. Was ist das Holz, was ist der Baum gewesen,
   Aus dem sie Erd' und Himmel ausgehauen,
   Die beiden, alternd nicht und ewig hülfreich,
   Wenn Tage schwinden und Vor-Morgenröten? —

8. So groſs ist auſser ihm nichts mehr vorhanden,
   Er ist der Stier, der Erde trägt und Himmel,
   Das Wolkensieb umgürtet wie ein Fell er,
   Der Herr, wenn er, wie Sûrya, fährt mit Falben.

9. Als Sonnenpfeil bestrahlt er weit die Erde,
Durchbraust die Wesen, wie der Wind den Nebel;
Wo er als Mitra, Varuṇa sich umtreibt,
Zerteilt er Glutschein, wie im Walde Agni.

10. Als, zugetrieben ihm, die Kuh gebar,
' Schuf sie, bewegt, frei weidend, Unbewegtes,
Gebar den Sohn, der älter als die Eltern,
Und schlang hinab das Holz, nach dem sie fragen.

*

11. Ja, Kaṇva selbst war nur des Nṛishad Sohn,
Im Wettkampf siegt wohl auch ein dunkler Renner,
Für Schwarze auch strotzt glänzend hell das Euter. —
Dem, den ich meine, gab sein Recht noch keiner.

3. Die Hymnen an Brahmaṇaspati.

Noch ehe die Erkenntnis der Einheit (1,164. 10,129) zum Durchbruche kam, aber im Zusammenhange mit den Gedanken, die sie veranlafsten, sehen wir in einer Reihe späterer Hymnen des Ṛigveda eine Gottheit auftauchen und immer gröfsere Bedeutung gewinnen, welche, wie der Name *Bṛihas páti* und (völlig identisch damit gebraucht) *Bráhmaṇas páti* besagt, den Herrn *(pati)* des Gebetes *(bráhman,* während *bṛih* als Nomen nicht vorkommt) bedeutet. Ursprünglich ist dieser Gott (ähnlich wie *vástosh-pati, kshetrasya pati* u. a.) nichts weiter als eine jener Personifikationen menschlicher Verhältnisse und Bestrebungen, wie sie, zahlreicher in der griechischen Mythologie, doch auch im Veda nicht selten auftreten. Als solcher, als der Genius des Gebetes, wird denn Brahmaṇaspati (oder, nach Bedarf des Metrums mit ihm wechselnd, Bṛihaspati) öfter neben Indra, Soma, Agni genannt als an ihren Thaten teilnehmend, verfliefst auch gelegentlich mit ihnen (z. B. mit Agni 1,18,9), und manche mochten geneigt sein, sich nicht sonderlich viel aus ihm zu machen (1,190,5 *usrikaṃ manyamānāḥ*). Aber dieser Gott, dem unter allen vedischen Göttern die gröfste Zukunft vorbehalten blieb, kündigt seine innere Bedeutsamkeit schon auf dem Boden des Ṛigveda an. Das Gebet, dessen leicht durchsichtige Personifikation er ist, gilt

schon im Rigveda als ein Stärkungsmittel der Götter, durch
welches ihre Kräfte wachsen, und das sie ebensowenig entbehren
können wie die Menschen die Gaben der Götter, die
sie dafür eintauschen. Sehr häufig wird daher von den Göttern
gesagt, dafs sie „sich durch das Gebet stärken" *(brahmaṇā
vâvṛidhânâḥ)*, oder vom Gebete, dafs es „ein Stärkungsmittel
der Götter" sei *(brahma devânâṃ vardhanam)*. In dem Mafse,
wie dieser Gedanke einer Abhängigkeit der Götter vom
Gebete heranwuchs, mufste auch die Bedeutung des *Brahmaṇaspati*
steigen, und so sehen wir ihn in einigen spätern
Hymnen (an ihn speciell gerichtet sind Buch I, 18. 40. 190;
Buch II, 23. 24. 25. 26; Buch III, 62,4—6; Buch IV, 50;
Buch VI, 73; Buch X, 67. 68) aus seiner ursprünglich bescheidenen
Stellung mächtig emporwachsen und unter den
Händen der Sänger zum „Vater der Götter" (2,26,3. 4,50,6)
werden, dem alle ihre Grofsthaten, und namentlich die des
Indra, zugeschrieben werden; jetzt ist er es, der die Enden
der Erde mit Macht gestützt hat (4,50,1), der, was ihm niemand
nachmacht, Sonne und Mond in regelmäfsigem Wechsel
aufgehen liefs (10,68,10), der die Wolkenburg des Vṛitra, wie
früher Indra, brach (10,68,6), der Sieg in Schlachten, Schutz
gegen böse Geister verleiht, u. s. w. Waren es früher die
Götter, welche, durch das Gebet getrieben, diese Werke
verrichteten, so werden jetzt die Götter zu einem untergeordneten
Faktor oder auch ganz beiseite gelassen, und es ist
das Gebet selbst, in seiner Personifikation als Brahmaṇaspati,
welches, sei es durch die Götter, sei es direkt, die
Wunderwerke der Schöpfung und die Beschützung der Frommen
vollbringt. Dabei ist die ursprüngliche Bedeutung des
Brahmaṇaspati keineswegs vergessen: ihn zeugte der weise
Tvashṭar „aus allen Wesen und allen Liedern" d. h. aus den
Liedern der Menschen (2,23,17), ihn „lassen die Menschen
wachsen" *(vardhayantas)* durch fromme Gebete (10,67,9—10);
er ist der Herr *(îçâno)* durch das Gebet (2,24,15), und wie
Savitar seine Strahlenarme, so streckt er die Preislieder und
Lobgesänge aus (1,190,3), aus denen er besteht. Merkwürdig
ist hier vor allen andern der Vers 2,24,11, in dem wir den
Gott in seinem allmählichen Heranwachsen verfolgen können:

Die Hymnen an Brahmaṇaspati.

yo avare vṛjane viçvathâ vibhur
mahám u raṇvaḥ çavasá vavakshitha, —
sa devo deván prati paprathe pṛthu,
viçvá id u tá paribhúr Brahmaṇaspatiḥ.

„Der du, in der niedern Enge [des Opferraumes oder des Herzens] nach allen Seiten dich entfaltend, mächtig herangewachsen bist zu einem Erfreuer der grofsen Götter, — als Gott zu den Göttern hin breitet er weit sich aus, diese ganze Welt umfassend, Brahmaṇaspati." Hier sehen wir Brahmaṇaspati, wie er 1) im niedern Raum des Herzens oder der Opferstätte entsteht und hinausstrebt, die Götter zu erquicken, wie er dann 2) immer mehr wachsend zu einem Gott unter den Göttern wird, bis er 3) dasteht, die ganze Welt umfassend als das höchste göttliche Wesen.

Die weitere Geschichte des *Brahmaṇaspati*, wie er, nach Abstreifung der Persönlichkeit, zum *bráhman* (neutr.) und als dieses zum Princip aller Dinge wird, gehört der Brâhmaṇazeit an und wird uns weiter unten beschäftigen.

Hier, auf dem Boden des Ṛigveda, haben wir nur noch den Hymnus 10,72 zu behandeln, welcher aus einem ähnlichen Vorstellungskreise heraus, wie wir ihn in den Liedern an Prajâpati und Viçvakarman kennen gelernt haben, die Entstehung der Welt und der Götter aus Brahmaṇaspati schildert.

Ṛigveda 10,72.

Der Dichter will (v. 1) die Entstehung der Götter schildern, so dafs noch späte Geschlechter es bewundern sollen. — *Quid dignum tanto feret hic promissor hiatu?* Nichts weiter als eine Umdeutung gewisser mythologischer Vorstellungen von Aditi und ihren Kindern im Sinne des neuen kosmogonischen Schema's, wie wir es aus den Hymnen 10,129. 10,121. 10,81. 82 kennen gelernt haben. Nach diesem Schema hatten wir 1) das Urprincip, 2) aus ihm hervorgehend die Urmaterie, 3) aus dieser die erschaffene Welt und als Erstgebornen und Beherrscher derselben, sich aus einem Keime in den Urwassern entwickelnd, das Urprincip selbst. Dies ist auch die Grundanschauung unseres Dichters, nur dafs er sie mythologisch zu verbrämen weifs. 1) Das Urprincip ist ihm *Brahmaṇaspati*, welcher (in deutlicher Anlehnung an 10,81,3, oben S. 136) die Welten wie ein Grobschmied zusammenschweifst. Wie 10,81 hat er keinen Urstoff neben sich: *asataḥ sad ajâyata*, das Seiende entstand aus dem Nichtseienden. 2) Dieses erstentstandene Seiende (*sad*, v. 2. 3) mufs nun identisch sein mit der Weltgebärerin (*uttânapad*, v. 3. 4), mit *Aditi* (v. 4. 5) und mit dem Wogenschwall (*salilam*, v. 6), in welchem (wieder in Anlehnung an 10,82,6, oben S. 139) alle Götter herumtanzen (v. 6). 3) Aus der Urmaterie *(sad = uttânapad = Aditi = salilam)* entstehen die Welt und die Welträume, und mit ihnen *Daksha* (der *Hiraṇyagarbha* 10,121,1), welcher aus der *Aditi* (Urmaterie) sich entwickelt, jedoch (als Urprincip, dessen Tochter *Aditi* ist) schon vorher da war; so löst sich das Rätsel in v. 4: *Aditer Daksho 'jâyata, Dakshâd u Aditiḥ pari* „Aus Aditi (der Urmaterie) ist Daksha (als Erstgeborner, Hiraṇyagarbha) entstanden, aber Aditi selbst war wiederum (vorher) aus Daksha (als dem Urprincip, dem Brahmaṇaspati in v. 2) entstanden". Einer ähnlichen Äufserung werden wir in dem weiterhin zu besprechenden Hymnus 10,90,5 begegnen. — Diese (wie die Übereinstimmung der bisher besprochenen Hymnen zu beweisen scheint) ziemlich allgemein in damaliger Zeit angenommene kosmogonische Reihenfolge* von 1) Urprincip, 2) Urmaterie, 3) Erstgeborner wird nun von unserm Dichter mythologisch umgedeutet. Schon früher (oben, S. 105) hatte man versucht, die obersten Himmelsgötter auf einen gemeinsamen Urgrund zurückzuführen, indem man sie als Söhne der *Aditi* (Unendlichkeit, ἄπειρον) auffafste. Solcher Söhne zählte man in der Regel sieben: *Varuṇa, Mitra, Aryaman, Aṅça, Bhaga, Daksha* und einen ungenannten siebenten, auf den *Savitar* am meisten Anspruch hat. Unser Dichter fügt als achten *Sûrya*, den Sonnenvogel, hinzu, welcher, auf- und untergehend, bald geboren wird, bald stirbt, indes die übrigen sieben unsterblich sind. Es lag nahe, diese Aditi

---

* Es scheint derselben eine allgemein menschliche Anschauung zu Grunde zu liegen, da man eine Analogie dazu auch in den Anfangsworten der Genesis finden kann, sofern sich dort 1) אֱלֹהִים 2) חַיִּים 3) רוּחַ אֱלֹהִים von einander unterscheiden lassen.

(ἄπειρον) auf die Urmaterie oder Urwasser zu beziehen. Weniger deutlich ist, warum unser Dichter unter ihren Söhnen gerade den Daksha als Erstgebornen (= *Hiranyagarbha*) und folglich wieder auch als Urprincip (= *Prajâpati, Viçvakarman, Brahmanaspati*) an die Spitze stellt. Aber Varuṇa, Mitra, Aryaman, wie auch Savitar, waren schon zu sehr mythologisch verbraucht, Ança und Bhaga (Verteiler) beziehen sich mehr auf die administrative Thätigkeit Gottes, sodafs für die schöpferische Thätigkeit Daksha (die Tüchtigkeit) am meisten sich empfahl; daher Prajâpati als Weltschöpfer Çatap. Br. 2,4,4,2 mit Daksha identifiziert wird *(sa vai daksho nâma)*, und in spätern Aufzählungen (vgl. Muir V, 55) Daksha geradezu als der *Dhâtar* (Schöpfer) sich bezeichnet findet. Vorangegangen war in dieser Hervorhebung des Daksha vielleicht schon 10,5,7 *(asac ca sac ca parame vyoman Dakshasya janman, Aditer upasthe)*, und auch mit dem *Dhâtar-Samvatsara* in 10,190, oben S. 133, ist sie nicht schwer zu vereinigen.

Somit erscheint unser Hymnus als ein erster Versuch, den neuen Wein in die alten Schläuche zu fassen, die neue Kosmogonie mit der alten Mythologie synkretistisch zu vereinigen. Philosophisch steht sein Dichter daher bedeutend unter den Urhebern der Viçvakarman-Lieder; er verhält sich zu ihnen etwa wie Anaximenes zu Anaximander, wie Leibniz zu Spinoza, wie Hartmann zu Schopenhauer. Den Mangel an Originalität sucht er dann hinter Ruhmredigkeit zu verstecken (v. 1) und für denselben durch pikante Zuthaten zu entschädigen: in dem, was er über die Götter sagt, klingt ein leichtfertiger, fast spöttischer Ton durch, und die Ausmalung der Weltgebärerin als *uttânapad* scheint ein Wohlgefallen an derartigen Vorstellungen zu bekunden.

1. Der Götter Ursprung wollen jetzt
 Wir melden, zur Verwunderung
 Des, der im späteren Geschlecht
 Das Lied vernimmt, wenn es ertönt.

2. Zusammen schweifste diese Welt
 Als Grobschmied Brahmaṇaspati;
 Da ward, noch vor der Götter Zeit,
 Aus dem Nichtseienden was ist.

3. Noch vor der Götter Ursprung ward
   Aus dem Nichtscienden was ist,
   Da bildeten die Räume sich,
   Da, — aus der Weltgebärerin.

4. Die Welt aus der Gebärerin,
   Und aus der Welt die Räume sind,
   Aus Aditi Daksha entstand,
   Jedoch aus Daksha Aditi.

5. Auch Aditi entstand ja erst,
   Die, Daksha! deine Tochter war,
   Aus ihr die Götter wurden dann,
   Selig, unsterblichkeitbeschenkt.

6. Als, Götter! ihr im Wogenschwall
   Euch alle faſstet an der Hand,
   Da, wie von Tanzenden, von euch
   Staubwolken wirbelten empor.

7. Als, Götter! ihr mit Strebekraft
   Heraus die Welten quellen lieſs't,
   Da, der im Meer verborgen lag,
   Hobt ihr den Sonnenball empor.

8. Acht Söhne hatte Aditi,
   Die sie aus ihrem Leib gebar,
   Zu Göttern ging mit sieben sie,
   Indes den Vogel sie verstieſs.

9. Mit sieben Söhnen Aditi
   Stieg auf zum alten Götterstamm,
   Indes sie bald Geburt, bald Tod
   Über den Vogel walten lieſs.

Anmerkung. Die Umwandlung des *Brahmaṇaspati* in das *Brâhman* und die Erhebung desselben, d. h. der im Gebete zu Tage tretenden religiösen Inbrunst, zum schöpferischen Princip aller Dinge gehört, wie bereits bemerkt, der folgenden Periode an. Doch treffen wir noch auf dem Boden des Ṛigveda einen verwandten Versuch an, sofern an mehreren Stellen die *Vâc*, d. h. die heilige, im Vedaworte verkörperte Rede, als die schaffende, alle Götter tragende Urkraft gepriesen wird. Wir sahen bereits (oben, S. 116 fg.) wie Ṛigv. 1,164.37—45 die irdische Rede des Sängers als ein Ausfluſs der göttlichen Rede betrachtet wurde, die im höchsten Himmelsraume thront, auf die alle Götter sich stützen, die als weltnährende Kuh die wilde Rhythmik des Donners ausbrüllt und von der nur ein Viertel den Menschen als Rede gegeben ist, während drei Viertel (ähnlich wie bei dem im nächsten Abschnitte zu besprechenden *Purusha* 10,90,3) im Verborgnen unbewegt bleiben.

Diesen Gedanken schlieſst sich der Hymnus der *Vâc* 10,125 an, sofern in ihm die Rede als das Princip gefeiert wird, welches alle Götter trägt (v. 1—2), welches auch am Anfange *(mûrdhan)* die treibende Kraft in dem Vater des Weltalls war, um sodann (ähnlich wie der *hiraṇyagarbha* 10,121,1) in den Wassern geboren zu werden und sich über alle Wesen zu verteilen (v. 7). Es bedarf keiner Ausführung, daſs die *Vâc*, d. h. die heilige Rede des Veda, ein dem spätern Brahman nahe verwandtes Princip ist.

Ṛigveda 10,125.

1. Ich wandle hin mit Rudra's und mit Vasu's,
Mit den Âditya's und den Viçve devâs,
Ich trage beide, Varuṇa und Mitra,
Ich Indra, Agni, ich die beiden Açvin's.

2. Ich trage die vollsaftige Somapflanze,
Ich den Tvashṭar, den Pûshan und den Bhaga,
Ich bin's, die Güter schenkt dem Spendefrohen,
Der gerne hilft, gern opfert, gerne keltert.

3. Ich bin die Fürstin, der der Reichtum zuströmt,
Bin weise, bin als erste zu verehren,
Die Götter haben mannigfach zerteilt mich,
An vielen Orten vielfach mich verbreitend (-*tas*, Atharvav.).

4. Durch mich iſst Speise, wer nur schaut aus Augen,
Wer Atem holt, wer das Gesprochne höret;
Unmerkend sind auf mir sie doch gegründet;
Du aber, selbst Gehörter! hör' und glaube!

5. Was einer spricht, ich selbst bin's, die es redet,
Was lieblich ist für Götter und für Menschen:
Den, dem ich hold bin, mache ich gewaltig,
Den zum Brahmanen, Weisen, Einsichtsvollen.

6. Ich bin es, die dem Rudra spannt den Bogen
   Für seinen Pfeil, den Brahmanfeind zu treffen;
   Ich flöſse ein die Kampfeslust den Menschen,
   Und ich durchdringe Himmel und die Erde.

7. Des Weltalls Vater trieb ich an am Anfang,
   Doch meine Wiege ist in Meeres Wassern;
   Von da verteil' ich mich auf alle Wesen
   Und reiche, mächtig wachsend, auf zum Himmel.

8. Ich bin es, die dem Winde gleich dahinbraust,
   Anpackend und erschütternd alle Wesen,
   Hinaus streb' über Himmel ich und Erde,
   So groſs bin ich durch meine Macht geworden.

Während dieses Lied, im Anschluſs an 1,164, die Vāc als metaphysisches Princip feiert, so ist hingegen ihre Bedeutung für das praktische Leben (die unser Lied nur vorübergehend streift) das Thema eines andern, nahe verwandten Hymnus, des sogenannten Weisheitsliedes 10,71, welches wir zum Vergleiche und um seines besondern kulturgeschichtlichen Interesses willen hier folgen lassen. Aus v. 11 ersehen wir, daſs das Verkündigen der *jātavidyā* „der Lehre vom Ursprung der Dinge" schon in den letzten Zeiten des Ṛigveda ein beliebter Gegenstand war, an dem die Brahmanen in Festversammlungen ihre Kunst zeigten, und von der die erhaltenen und von uns besprochenen Hymnen gewiſs nur einzelne Proben, aber doch vielleicht das Beste, was in dieser Art geleistet worden, darbieten.

Das Weisheitslied, *Ṛigveda 10,71*.

1. Als, o Bṛihaspati, den ersten Anfang
   Der Rede sie vorbrachten, Namen gebend,
   Da ward, was sie als Bestes, Unbeflecktes
   Verborgen hielten, liebreich offenbaret.

2. Wie durch ein Sieb man das Gedroschne sichtet,
   So schufen Weise durch den Geist die Rede;
   Nun kann der Freund erkennen, wer ihm freund ist,
   Sein holdes Glück im Wort zum Ausdruck bringen.

3. Im Opferdienst der Rede Spur verfolgend,
   Fand man sie in die Dichter eingegangen;
   Dort schöpfend hat man mannigfach zerteilt sie,
   Nun jauchzen sieben Sänger sie im Chore.

4. Wohl mancher sieht sie und erkennt sie nicht,
   Wohl mancher hört sie und vernimmt sie nicht, —
   Und wieder andern strömt sie voll entgegen,
   Gern, wie dem Mann die schöngeschmückte Gattin.

5. Gar mancher ist so ihrer Freundschaft sicher,
   Dafs man nicht leicht im Sängerkrieg ihn fordert, —
   Doch der geht hin, melkt statt der Kuh ein Trugbild,
   So fruchtlos, blütelos hört er die Rede.

6. Wer den ihm gleichgesinnten Freund im Stich läfst,
   Der hat auch keinen Anteil an der Rede;
   Hört er sie gleich, so hört er doch vergebens,
   Weil er nicht weifs, was wohl sich schickt im Handeln.

7. Ja, Augen haben alle, Ohren alle,
   Doch an Gedankenschnelle sind sie ungleich:
   Der eine wogt wie Strom um Haupt und Schultern,
   Der andre ist ein seichtes Badewasser.

8. Und wenn mit herzentsprofsner Geistesschnelle
   Zum Opfer sich anschicken Beter, Freunde,
   Von manchem laufen sie davon wohlweislich,
   Als weise Beter schreiten andre stattlich.

9. Die dann nicht vorwärts und nicht rückwärts können,
   Sind keine Beter, keine Somapresser,
   Sie thaten übel, da das Wort sie nahmen,
   Handhaben ungeschickt ihr Weberschifflein. —

10. Doch alle jubeln, wenn er herrlich auftritt,
    Dem redemächt'gen Freunde zu, die Freunde,
    Sein Lied tilgt ihre Schuld, mehrt ihre Nahrung,
    Er ist zum Sängerkriege wohlgerüstet.

11. Dann läfst der eine blühen seine Hymnen,
    Der andre singt ein Lied in mächt'gen Tönen,
    Und dieser Weise lehrt der Dinge Ursprung,
    Und jener mifst der heil'gen Handlung Mafse.

4. Der Hymnus an den Purusha, Rigv. 10,90.

Den Abschluſs der Philosophie des Rigveda bildet das *Purusha*-Lied, 10,90, einer der spätesten Hymnen des Rigveda, da er, allein unter allen, das Bestehen der vier Kasten und somit wohl schon die dauernde Ansiedlung im Gangesthale voraussetzt, sodaſs man sich wundern mag, wie er wohl noch in der Rigveda-saṃhitâ Aufnahme fand. Er verdankt dieselbe wahrscheinlich der Bedeutung seines Inhaltes, um deren willen er auch in die meisten übrigen Saṃhitâ's aufgenommen wurde, sodaſs sein Fehlen in der Sâmasaṃhitâ (mit Ausnahme der Âraṇyakasaṃhitâ der Naigeyaschule), im Kâṭhakam und in der Maitrâyaṇî vielleicht ein Anzeichen ist, daſs diese Sammlungen (deren erste Ansätze wenigstens v. 9 als *ṛic*, *sâman*, *yajus*, *chandas* als bestehend vorausgesetzt werden) schon vor dem Entstehen oder wenigstens allgemeinen Bekanntwerden unseres Hymnus zum Abschlusse gekommen waren. Auſser im Rigveda findet er sich, mit mancherlei Zusätzen, Versetzungen und Varianten: Taitt. Âr. 3,12, Vâj. Saṃh. 31, Atharvav. 19,6. Völlig überein stimmt mit der Rig-Recension die im Taitt. Âr., nur daſs sie v. 15 nicht unpassend zwischen v. 6 und 7 stellt. Auch die Vâj. Saṃh. bietet, auſser einigen Umstellungen, nur wenig erhebliche Abweichungen, während die Atharva-Recension allerlei rationalisierende Varianten enthält: so beseitigt sie v. 1 die tausend Häupter, weil zu tausend Augen nur fünfhundert gehören würden*, ferner die Schwierigkeit in v. 2, den Widerspruch in v. 5 und die bei der Schöpfung mitwirkenden Rishi's v. 7, wo sie zugleich die Besprengung des Opfers auf die Regenzeit umdeutet. Alle diese Änderungen scheinen willkürlich, gröſstenteils nur zur Erleichterung des Verständnisses ersonnen zu sein, während die wesentliche Zusammenstimmung der Taittirîyaka's und Vâjasaneyin's mit der Rig-Recension für deren Ursprünglichkeit Zeugnis ablegt; daher wir an sie im Folgenden uns halten werden.

Der bedeutendste Fortschritt dieses Hymnus über die bisher behandelten hinaus besteht darin, daſs hier an Stelle

---

* Aus demselben Grunde wird in der Nachbildung des Purushaliedes Taitt. Âr. 10,11,1 *sahasrâksha* in *viçvâksha* verändert.

der personifizierten Abstracta *Prajāpati*, *Viçvakarman*, *Brahmaṇaspati* ein konkretes Wesen tritt, nämlich *Purusha*, das heifst der Mensch. Denn dieses Wort, nebst seinen Ableitungen und dem verwandten *pûru*, bedeutet überall im Rigveda (mit Ausnahme der Stelle 10,51.8, mit der nichts anzufangen ist; vielleicht ist dort *parusham* zu lesen) nur den Menschen, und es ist ein merkwürdiger Gedanke, den Menschen, dieses höchste Produkt der Schöpfung, zugleich als ersten Ausgangspunkt derselben zu betrachten. (Vergleichbar, aber nicht historisch verwandt, ist die Gestalt des Riesen *Ymir* in der Edda.)

Menschenartig waren schon die alten vedischen Götter gewesen, menschenartig sind auch die Götter der Griechen und der Gott des Alten Testaments. Aber während sie alle eine Welt aufser sich haben und neben ihr oder als ein Teil derselben bestehen, so war schon in den Liedern 1,164 und 10,129 die Einheit des Universums erkannt und demgemäfs, namentlich in den Viçvakarman-Liedern, gelehrt worden, dafs das Urwesen sich selbst in diese Welt verwandelt hat. Und auf Grund dieser philosophischen Errungenschaften vollzieht sich in unserm Liede noch einmal der Prozefs der mythologischen anthropomorphischen Personifikation, den wir oben (S. 78—79) als Genesis des Götterglaubens nachwiesen. Aber während es dort einzelne Kräfte und Seiten des Naturlebens waren, welche als *Varuṇa*, *Indra*, *Agni* u. s. w. personifiziert wurden, so ist es jetzt die ganze Natur, der ganze lebensvolle Zusammenhang der Welt, welcher als ein Organismus, ähnlich dem menschlichen, erscheint und als solcher, als der lebendige Leib eines *Purusha*, eines Urmenschen, begriffen wird, dessen Haupt der Himmel, dessen Auge die Sonne, dessen Odem der Wind ist, und der (ohne dafs an der Inkonsequenz dieser gigantischen Plastik Anstofs genommen würde) aus allen den tausend Augen schaut, in allen den tausend Köpfen die Welt, sein eigenes Selbst erkennt, in allen Gliedern alles Lebendigen lebt und sich bewegt. Der grofse Schritt unseres Liedes (mag man ihn nun Fortschritt oder Rückschritt nennen) besteht also darin, dafs die alten Götter nur **Personifikationen von Naturteilen**, hingegen der neue Gott, der *Purusha*, nachdem die Einheit des Weltganzen festgestellt und immer deutlicher entwickelt worden war, eine Personifikation der ganzen Natur, ja diese selbst, nur als organisches, lebendiges, persönliches Wesen angeschaut, ist. Im übrigen ist unser Dichter von den philosophischen Anschauungen seiner Vorgänger abhängig, wie dies eine kurze Übersicht des Einzelnen mehrfach zeigen wird.

Das Lied zerlegt sich deutlich in drei Teile: v. 1—5: die Welt ist der Purusha; v. 6—10 und v. 15 (von den Taittirîyaka's zwischen v. 6 und 7 eingefügt): die Welt ist durch eine Opferung des Purusha entstanden; v. 11—14: die Weltteile sind die Organe seines Leibes. Vers 16 ist, als Erläuterung zu v. 7, vielleicht auch zu v. 4, aus Ṛigv. 1,164,50 hinzugefügt, wie wir meinen, unzweifelhaft von späterer Hand. (Die Heranziehung dieses Verses Çatap. Br. 10,2,2,2 könnte sich auch auf 1,164,50 beziehen, während Çatap. Br. 13,6,2,12 allerdings schon einen sechzehnten Vers, und zwar, wie die entsprechende Saṃhitâ zeigt, unsern Vers als sechzehnten zu kennen scheint. Der Atharvaveda hat ihn durch einen andern ersetzt.)

Inhaltsangabe. Vers 1. Der Purusha, tausendäugig, tausendköpfig, tausendfüfsig, überdeckt, umfafst die Welt von allen Seiten *(vṛitvâ* viel besser als Vâj. Saṃh. *spṛitvâ)* und ragt noch zehn Finger breit über dieselbe hinaus. Der Ausdruck *daçâṅgulam* ist nicht weiter auszudeuten, weder auf die Gröfse des Herzens, noch auf die Distance zwischen Nabel und Herz (wie schon Taitt. Âr. 10,11,7), sondern bedeutet nur soviel wie v. 5: *sa jâto atyaricyata paçcâd bhûmim atho puraḥ*, er überragt die Welt noch bedeutend, ähnlich wie bei Platon, Tim. p. 34 b: ψυχὴν δὲ εἰς τὸ μέσον αὐτοῦ θεὶς διὰ παντός τε ἔτεινε καὶ ἔτι ἔξωθεν τὸ σῶμα αὐτῇ περιεκάλυψε ταύτῃ, „er spannte die Weltseele durch das Ganze und umhüllte auch noch von aufsen den Weltleib durch die Weltseele". — Vers 2. Der Purusha ist diese ganze Welt, ist Vergangenes und Zukünftiges; er ist auch der Beherrscher derjenigen Unsterblichkeit, welche (im Gegensatze zur Unsterblichkeit des Purusha) der Opferspeise bedarf, um sich zu erhalten, d. h. der Unsterblichkeit der Götter, die somit (hier zum erstenmal) für eine blofs relative erklärt wird, wie im spätern Vedânta (mein

„System des Vedânta" S. 71). Der *Purusha* hingegen bedarf dieser Unterhaltung seiner Unsterblichkeit nicht, und während noch *Prajâpati* (10,121,10) und *Viçvakarman* (10,81,7) Opfer und Gebet nicht verschmähen, so enthält unser Hymnus keine Spur davon, dafs der Purusha angerufen oder durch Opfer geneigt gemacht werden könnte. — Vers 3—4. So grofs ist seine Gröfse, dafs sie alles Seiende (Göttliches und Irdisches) umfafst, aber sie ist noch gröfser; denn alle Wesen, die Götter einbegriffen, sind nur ein Viertel von ihm; dasjenige hingegen, was von ihm unsterblich (nicht wie die Götter, sondern im absoluten Sinne) ist, ist noch dreimal so grofs, bildet drei Viertel von ihm (*tripâd* Neutrum, prädikativ). Mit diesen drei Vierteln ist er emporgestiegen (der Sphäre des Werdenden entrückt), während das übrige Viertel hienieden als die Gesamtheit der Wesen entstand (*abhavat*, den Gedanken in v. 5 vorbereitend). Mit diesem Viertel hat er sich über alles verbreitet, was sich nährt und nicht nährt (über die organische und unorganische Natur). — Vers 5 zeigt auch unsern Dichter abhängig von der Vorstellung, der wir schon so oft begegneten; und wenn es z. B. 10,72,4 hiefs, dafs aus *Daksha Aditi* und aus *Aditi* weiterhin wieder *Daksha* geboren worden sei (vgl. oben, S. 144), so sagt unser Dichter: „aus ihm (dem *Purusha*) wurde *Virâj* geboren, und aus *Virâj* wieder der *Purusha;* dieser, nachdem er geboren war, überragte die Erde von hinten und vorne (von allen Seiten)". *Purusha* ist das erste Mal das Urwesen (*Âdipurusha*, wie Sây. richtig erklärt), das zweite Mal der Erstgeborne (dem *Hiranyagarbha* 10,121,1, sowie dem spätern *Nârâyaṇa** entsprechend). Das Zwischenglied, die Urmaterie, erscheint hier als *Virâj* (nach Sây. „der Leib des Brahman-Eis", während der aus der Virâj geborne Purusha von ihm als die dasselbe regierende, individuelle Seele aufgefafst wird). *Virâj* (bisher nur in der Bedeutung „glänzend", „herrschend" sowie als Name eines Metrums vorkommend) wird hier zur mythologischen Personifikation der Urwasser,

---

* *Nârâyaṇa* ist der Purusha als Erstgeborner, mag man es nun mit den Indern als „auf den Wassern (d. h. der *Virâj*) gehend" oder wohl richtiger als „Sohn des Menschen (*nara, purusha*)" erklären.

welche schon 10,121,9 „die grofsen, glänzenden" hiefsen und (wohl im Anschlufs daran) hier als *Virâj* „die nach allen Seiten Strahlende" bezeichnet werden.

Der zweite und dritte Teil des Gedichts (v. 6—10. 11—15) zeigen, wie die Welt aus dem „vorher (v. 5) gebornen Purusha" (*purushaṃ jâtam agratas*, v. 7) gebildet wird, indem die Götter denselben opfern. Das Opfer, diese höchste menschliche Thätigkeit, wird zum Symbole, zum Vorstellungsbilde der Art, wie die Welt entstand. Im übrigen darf man keine Konsequenz der Anschauungen erwarten; die Götter, Sâdhya's und Ṛishi's opfern den Purusha, während doch Sûrya, Indra, Agni und Vâyu erst durch diese Opferung entstehen (v. 13); nach v. 8—9 wird das Opfertier ganz verbrannt, während es nach v. 11 fg. vielmehr zerstückelt wird; nach v. 11—12 entstehen aus Mund, Armen, Schenkeln und Füfsen des Purusha die vier Kasten, während nach v. 14 vielmehr aus Haupt, Nabelgegend und Füfsen Himmel, Luftraum und Erde entstehen. Man wird daher weder das Bild der Opferhandlung noch die Einzelheiten zu sehr pressen dürfen und sich mit dem allgemeinen Gedanken begnügen müssen, dafs die Welt eine Umwandlung des Purusha ist, wobei die edelsten Teile desselben zu den edelsten Elementen der Welt werden.

Vers 6. Als mit dem Purusha als Dargebrachtem (*havis*, hier allgemein) die Götter ein Opfer anrichteten, da war der Frühling das Opferschmalz (die erste Jahreszeit entspricht den *âjya*-Spenden des Voropfers, vgl. Ind. Stud. 10,344. 332), der Sommer das Brennholz (wegen der Hitze), der Herbst das *havis* (hier speciell: Opferkuchen, der nebenbei auch beim Tieropfer dargebracht wird, Ind. Stud. 10,346); der Herbst zeitigt die Gaben der Natur. So sind Frühling, Sommer und Herbst die begleitenden Verhältnisse, unter denen der Purusha geopfert wird, d. h. die Naturkraft sich entfaltet. — Hier würde mit den Taittirîyaka's passend v. 15 einzuschieben sein, der das Opferfeuer beschreibt (es hat 7 Einschlufshölzer und 21 Brennhölzer, entweder wegen der besondern Bedeutsamkeit der Dreizahl und Siebenzahl [wie v. 1 der Zehnzahl] oder aus einem besondern, mir unbekannten Grunde) und die Bindung des Opfertiers (an den Opferpfosten) erwähnt, welche der Be-

sprengung desselben (v. 7) vorhergeht (Ind. Stud. 10,344). —
Vers 7 folgt sodann die Besprengung des Opfertiers (in der
Atharva-Recension im Anschlufs an die v. 4 erwähnten Jahreszeiten auf die Regenzeit, *prâvṛish*, bezogen) und, wie wir hinzudenken müssen, die Schlachtung des Purusha. — Vers 8: Er
ist ein *yajña sarvahut*, wird ganz verbrannt; alle Teile seines
Leibes werden zur Weltbildung in Anspruch genommen. Indem er verbrennt, mischt sich der beim Braten ausfliefsende
Saft mit dem vorher (v. 6) ins Feuer geschütteten Opferschmalze zu *pṛishad-âjyam*, und aus diesem, gleichsam aus
den Abfällen des Purusha, werden Lufttiere, Waldtiere und
Haustiere gebildet (*cakre* „man machte", gemeint sind die
Götter u. s. w. in v. 7). — Vers 9. Hingegen aus dem Leibe des
Purusha selbst werden die *Ṛic*, *Sâman*, *Chandas* und *Yajus*
gebildet; hier haben wir bereits die Unterscheidung der drei
Veden, ja, wie es scheint, schon den Ansatz zu einem vierten
Veda. Dafs der Veda das erste Produkt der Schöpfung ist,
entspricht ganz den späteren Anschauungen darüber; denn
der Veda ist der vorweltliche Kanon, nach dessen Begriffen
sich die Schöpfung der Dinge richtet. — Vers 10 folgt die
Schöpfung der fünf obersten Tiere, derer, die oben und unten
Schneidezähne haben (*ubhayâdantas*, Pferde und Esel, wenn
nicht der Mensch zu verstehen ist), und derer, die nur in der
untern Kinnlade Schneidezähne haben (*anyatodantas*, Rinder,
Ziegen und Schafe). — Nicht ganz zum Bilde des *yajña
sarvahut* v. 8—9 will es stimmen, wenn v. 11—12 von einer
Zerstückelung des Purusha *(vyadadhuḥ)* und einer Umbildung
seiner Teile *(vyakalpayan)* zu den vier Kasten die Rede ist.
Wie der Organismus des Leibes von dem Munde, kraft der
ihm entströmenden Rede, geistig geleitet, von den Armen
geschützt, von den Schenkeln gestützt und von den Füfsen
getragen wird, so der Organismus des brahmanischen Staates
von den Brahmanen, Kshatriya's *(râjanya)*, Vaiçya's und
Çûdra's, welche hier zuerst, und einzig im Ṛigveda, erwähnt
werden. — Mit Verlassung dieses Bildes lassen v. 13—14 aus
dem Leibe des Purusha die Götter und die Teile des Universums hervorgehen; dafs dabei sein Auge zur Sonne, sein
Odem zum Winde wird, ist verständlich, ja eigentlich selbst-

verständlich; auch der Mund als Ursprung des *Indra* und *Agni* (an welche beiden die meisten Hymnen des Rigveda gerichtet sind) läfst sich leicht deuten; dafs endlich sein *Manas* zum Monde wird, hat vielleicht seinen Grund darin, dafs die ruhige Klarheit des Mondlichts (welches ja auch noch Goethe „die Seele löst") als Symbol des Intellektuellen erschien. Weiter werden in v. 14 das Haupt zum Himmel und die Füfse zur Erde, während der Zwischenraum naturgemäfs aus den zwischenliegenden, sich um den Nabel gruppierenden Teilen (der hier für sie alle steht) gebildet ist. Dafs die Ohren zu den Himmelsgegenden werden, begreift sich, wenn wir uns erinnern, dafs bei den Indern der Träger des Schalles der nach allen Seiten sich ins Unendliche erstreckende *Âkâça* ist. Mit den Worten v. 14: „so bildeten sie die Welträume" gewinnen wir einen passenden Schlufs des Liedes, wenn wir v. 15 zwischen v. 6 und 7 einschieben und v. 16 als spätern, erläuternden Zusatz zu v. 6—7 aus Rigv. 1,164,50 betrachten.

Rigveda 10,90.

1. Der Purusha mit tausendfachen Häuptern,
   Mit tausendfachen Augen, tausend Füfsen
   Bedeckt ringsum die Erde allerorten,
   Zehn Finger hoch noch drüber hin zu fliefsen.

2. Nur Purusha ist diese ganze Welt,
   Und was da war, und was zukünftig währt,
   Herr ist er über die Unsterblichkeit, —
   Diejenige, die sich durch Speise nährt.

3. So grofs ist diese, seine Majestät,
   Doch ist er gröfser noch als sie erhoben:
   Ein Viertel von ihm alle Wesen sind,
   Drei Viertel von ihm sind unsterblich droben.

4. Drei Viertel von ihm schwangen sich empor,
   Ein Viertel wuchs heran in dieser Welt,
   Um auszubreiten sich als alles, was
   Durch Nahrung sich und ohne sie erhält.

5. Aus ihm, dem Purusha, ist die Virâj,
   Aus der Virâj der Purusha geworden;
   Geboren überragte er die Welt
   Nach vorn, nach hinten und an allen Orten.

6. Als mit dem Purusha als Darbringung
Ein Opfer Götter angerichtet haben,
Da ward der Frühling Opferschmalz, der Sommer
Zum Brennholz und der Herbst zu Opfergaben.

7. Als Opfertier ward auf der Streu geweiht
Der Purusha, der vorher war entstanden,
Den opferten da Götter, Selige
Und Weise, die sich dort zusammenfanden.

8. Aus ihm als ganz verbranntem Opfertier
Floß ab mit Schmalz gemischter Opferseim,
Daraus schuf man die Tiere in der Luft
Und die im Walde leben und daheim.

9. Aus ihm als ganz verbranntem Opfertier
Die Hymnen und Gesänge sind entstanden,
Aus ihm auch die Prunklieder allesamt,
Und was an Opfersprüchen ist vorhanden.

10. Aus ihm entstammt das Roß, und was noch sonst
Mit Schneidezähnen ist auf beiden Seiten,
Aus ihm entstanden sind die Kuhgeschlechter,
Der Ziegen und der Schafe Sonderheiten.

11. In wie viel Teile ward er umgewandelt,
Als sie zerstückelten den Purusha?
Was ward sein Mund, was wurden seine Arme,
Was seine Schenkel, seine Füße da?

12. Zum Brâhmaṇa ist da sein Mund geworden,
Die Arme zum Râjanya sind gemacht,
Der Vaiçya aus den Schenkeln, aus den Füßen
Der Çûdra damals ward hervorgebracht.

13. Aus seinem Manas ist der Mond geworden,
Das Auge ist als Sonne jetzt zu sehn,
Aus seinem Mund entstand Indra und Agni,
Vâyu, der Wind, aus seines Odems Wehn.

14. Das Reich des Luftraums ward aus seinem Nabel,
Der Himmel aus dem Haupt hervorgebracht,
Die Erde aus den Füßen, aus dem Ohre
Die Pole, so die Welten sind gemacht.

15. Als Einschlufshölzer dienten ihnen sieben,
 Und dreimal sieben als Brennhölzer da,
 Als, jenes Opfer zurüstend, die Götter
 Banden als Opfertier den Purusha.

16. Die Götter, opfernd, huldigten dem Opfer,
 Und dieses war der Opferwerke erstes;
 Sie drangen mächt'gen Wesens auf zum Himmel,
 Da wo die alten, seligen Götter weilen.

Zweite Periode der indischen Philosophie:
Die Brâhmaṇazeit.
(ca. 1000—500 a. C.)

I. Die Kultur der Brâhmaṇazeit.

Den Hymnen des Ṛigveda verdanken wir das helle Licht, in welchem der erste Akt der indischen Geschichte — das Leben der Ârya's im Pendschâb — und die altvedische Kultur in allen ihren Zweigen vor uns liegt. Es folgt jetzt eine dunkle Periode; der Vorhang über der indischen Geschichte fällt, und nachdem er sich geraume Zeit, vielleicht ein paar Jahrhunderte später, wieder gehoben hat, gewahren wir das indische Volk in neuen Wohnsitzen und unter wesentlich veränderten Lebensverhältnissen. Ähnlich wie in der altdeutschen Kultur, die man treffend verglichen hat, auf das helle Bild der Germania des Tacitus das Dunkel der Völkerwanderung und nach derselben eine Gruppierung der germanischen Stämme zu neuen Reichen mit veränderten Namen und Wohnsitzen folgt, so findet die Zeit der Hymnen des Ṛigveda ihren Abschluſs durch eine groſse, vielleicht Jahrhunderte dauernde Wanderung und Schiebung der indischen Stämme nach Osten, welche ohne Zweifel unter fortwährenden Kämpfen nicht nur gegen die zu vertreibenden Urbewohner, sondern auch gegen die nachrückenden arischen Bruderstämme erfolgt ist; auf einer sagenhaften Rückerinnerung an diese Zeit beruht wahrscheinlich die Erzählung von dem Vernichtungskampfe zweier arischer Stämme gegeneinander, der *Kuru*'s und *Pâṇḍava*'s, welche das Grundgewebe des Mahâbhâratam bildet. Die endliche Folge dieser Wanderungen und Kämpfe ist die Verlegung des Schwerpunktes der arischen Nation von dem Fünfstromlande des Indus in die grofse, fruchtbare, schon teilweise der Tropenwelt angehörige Ebene der Gañgâ und ihrer Nebenflüsse. Hier finden wir in der Brâhmaṇazeit die Hauptmasse der arischen Bevölkerung teils schon selshaft, teils noch in fortgesetztem Fortrücken nach der Gangesmündung zu begriffen, während gleichzeitig die indische Kultur anfängt, das Hochplateau von Dekhan bis nach Ceylon hin zu umspannen und in das Innere desselben allmählich einzudringen. Die alten kleinen Königreiche, von denen die Hymnen des Ṛigveda erzählten, sind verschollen, und an Stelle derselben finden wir neue, meist gröfsere Völkerkomplexe, welche, von mächtigen Oberkönigen *(samrâj)* und ihren Vasallen despotisch beherrscht, unter dem Namen der *Kuru* und *Pañcâla* im Westen, der *Koçala* und *Videha* im Nordosten, der *Matsya*, *Kâçi*, *Magadha* und *Añga* im Südosten um den Ganges und seine Zuflüsse gelagert erscheinen. Aber auch die innern Verhältnisse sind gegen die Vorzeit wesentlich verändert, und während das Kulturbild, wie wir es aus den Hymnen des Ṛigveda gewannen (S. 72—77), nicht erheblich von dem ursprünglichen Leben der übrigen indogermanischen Völker abstach, so entwickelt sich, freilich aus den schon vorher vorhandenen und nachweisbaren Keimen, in der Brâhmaṇazeit und in Hindostan jenes so originelle Gebilde der brahmanischen Kultur und Lebensordnung, dessen Hauptzug das Kastenwesen und, auf Grund desselben, die Monopolisierung des Kultus und der Erziehung durch die Brahmanen sowie die Regelung des Lebens durch die Âçrama's oder Lebensstadien ist. Wir wollen versuchen, diese die ganze spätere Entwicklung der Inder beherrschenden Verhältnisse in der Kürze zu charakterisieren. (Vgl. zum Folgenden besonders die wertvolle Zusammenstellung von Weber „Collectanea über die Kastenverhältnisse in den Brâhmaṇa und Sûtra", Ind. Stud. X, 1—160.)

I. Die Kultur der Brâhmaṇazeit.

Der eigentümlichste und am meisten in die Augen springende Zug der spätern indischen Kultur ist die Einteilung der gesamten Bevölkerung in die vier Kasten der Brâhmaṇa's, Kshatriya's, Vaiçya's und Çûdra's. An sie schliefsen sich eine Anzahl von Zwischenkasten, welche, teils durch das nie ganz auszurottende Connubium, teils wohl auch durch Vererbung der Berufsarten entstanden, mit der Zeit immer zahlreicher geworden sind, im Altertume jedoch noch keine grofse Rolle spielen, daher wir hier von ihnen absehen können. Jene vier Hauptkasten also unterscheiden sich von den bei allen Kulturvölkern und so auch schon in der ṛigvedischen Zeit vorkommenden Ständen dadurch, dafs sie nicht durch Wahl zu ergreifen, nicht durch Willkür oder Verdienst abzuändern, sondern durch die Geburt gesetzte und für das ganze Leben unübersteigliche Schranken sind, oder vielmehr sein sollen, denn auch hier kommen Ausnahmen vor, wie denn z. B. *Viçvâmitra*, freilich nur infolge unerhörter asketischer Leistungen, aus einem Kshatriya zu einem Brâhmaṇa wurde. Im übrigen gilt als Gesetz, dafs nur auf dem Wege der Seelenwanderung durch besondere Verdienste die Erhebung in eine höhere Kaste, durch Schuld das Herabsinken zu einer niedern Kaste erfolgt. Hierauf deutet auch das Wort *jâti* „Kaste", eigentlich „Geburt" hin (das Wort *casta* ist portugiesisch und soll die „keusche", der Vermischung mit andern sich enthaltende Lebensstellung bedeuten), während der gewöhnlichste und älteste Sanskritname für Kaste, *varṇa* „die Farbe", eine Bestätigung der auch auf andern Gründen beruhenden Vermutung enthält, dafs der Ursprung des Kastenwesens in einer ursprünglichen Verschiedenheit der Volksrasse begründet ist. Als nämlich die Arier erobernd im Gangesthale vordrangen, fanden sie dort eine dunkelfarbige (noch heute in den Gebirgen des Dekhan erhaltene) Urbevölkerung vor von barbarischer Sprache und fremdartiger Religion, und mutmafslich ist der Name *Çûdra*, welcher aus dem Sanskrit nicht erklärbar ist, der einheimische Name eines einzelnen Stammes oder auch der Gesamtheit dieser Aboriginer, welche, durch die Eroberer ihres Grundbesitzes beraubt, soweit sie nicht in die Gebirge flüchteten, den arischen Staaten teils als wirkliche

Sklaven, teils als besitzlose Tagelöhner einverleibt wurden. Je größer unter diesen Umständen die Gefahr einer allmählichen Vermischung der Ârya's mit den in dienender Stellung unter ihnen wohnenden Çûdra's war, um so mehr drang die Sitte und das Gesetz auf eine strenge Sonderung beider Rassen, und so richtete sich zunächst zwischen *Ârya's* und *Çûdra's* eine Scheidewand auf, welche der Theorie nach für unübersteiglich galt, wenn sie auch in der Praxis oft genug überstiegen worden sein mag. Und selbst die Theorie hat sich erst nach und nach gebildet und zeigt hier, wie auch in manchen andern Punkten, ein vielfaches Auseinandergehen der Ansichten; und während eine ältere, mildere Fassung jedem Ârya gestattet, zu dem Weibe der eigenen Kaste noch je eines aus jeder der tiefer stehenden Kasten und so auch eine Çûdrâ hinzuzunehmen, wobei die Kinder einfach der Kaste des Vaters zugerechnet worden sein mögen, so verbietet die spätere, strengere Fassung mehr und mehr jedes Connubium der Kasten untereinander und weist die Kinder aus gemischten Ehen den mit einem Makel behafteten Mischkasten zu. Im übrigen war die strenge Scheidung der Ârya's und Çûdra's durch den ursprünglichen Unterschied der Rasse, der Sprache und der Religion schon von Anfang an gegeben; die Scheidewand brauchte nicht aufgerichtet, sondern nur erhalten zu werden, und dies geschah, indem man die Çûdra's von jeder höhern Lebensgemeinschaft und namentlich auch von der Religion ausschloß. *Çûdro yajñe 'navakḷiptaḥ*, „der Çûdra ist zum Opfer nicht berechtigt", lautet die viel citierte Gesetzesformel. Es ist verboten, den Çûdra's den Veda mitzuteilen, nur die epischen Gedichte sind auch ihnen zugänglich. Auch der rechtliche Schutz des Çûdra scheint ein sehr mangelhafter gewesen zu sein; er ist, wie das Aitareya-brâhmaṇam (7,29) erklärt: „einem andern dienend, nach Belieben fortzujagen und nach Belieben zu töten", und auch in Manu's Gesetzbuch steht die Strenge, mit der jedes Vergehen des Çûdra gegen den Ârya geahndet wird, in auffallendem Gegensatze zu der Milde der Sühnungen, mit welchen der Ârya ein gegen den Çûdra begangenes Verbrechen zu büßen hat. Diese systematische Unterdrückung der Çûdrakaste hat nicht hindern können,

I. Die Kultur der Brāhmaṇazeit.

dafs in den indischen Staaten das Çûdra-Element immer zahlreicher und mit der Zeit immer mächtiger wurde, einerseits, weil die eingeborne Rasse in Indien eine gröfsere Widerstandskraft besitzen mochte, als sie z. B. die etwa auf gleicher Kulturstufe stehenden Rothäute in Amerika dem Eindringen der Weifsen gegenüber bewährt haben, anderseits, weil die zunehmende Kolonisation und Brahmanisierung Indiens dazu führte, grofse und immer gröfsere Bevölkerungskomplexe der Çûdrakaste einzureihen. Wir werden uns daher nicht wundern, wenn wir von Çûdra's hören, die zu grofsem Wohlstande gelangten, und wenn zuletzt sogar Könige, wie *Candragupta* (315—291 a. C.), aus ihrer Mitte hervorgehen. Mittlerweile war auch von innen heraus, durch den Fortschritt der Philosophie, das Kastenwesen im Princip überwunden worden. Die Upanishad's lehren, dafs jeder Mensch, mithin auch jeder Çûdra, eine Verkörperung des *Âtman* ist und durch Innewerdung dieser Wahrheit der Erlösung teilhaftig wird, und es war eine blofse Umsetzung dieser Gedanken in die Praxis, wenn Buddha sich mit seiner Predigt an alle, auch die Çûdra's, wandte, woraus zum Teil sich die rasche Ausbreitung des Buddhismus erklärt, bis nach dem Verfall desselben und der Neuerstarkung des Brahmanismus auch die Kastenunterschiede in verschärfter Form wieder geltend gemacht wurden.

So verständlich die ursprüngliche Scheidung der Bevölkerung in Ârya's und Çûdra's ist, so auffallend und merkwürdig ist es, dafs das Princip der kastenmäfsigen Absonderung weiter auch innerhalb der Ârya's selbst Platz griff, indem über die Gesamtmasse der *Vaiçya* genannten arischen Nation sich weiter die *Kshatriya*'s und *Brâhmaṇa*'s erhoben und sich von ihnen wie auch von einander in ähnlicher Weise sonderten, wenn auch lange nicht so schroff, wie die Vaiçya's von den Çûdra's. Dafs die Krieger und Priester sich der Masse des Volkes gegenüber als besondere, privilegierte Stände betrachteten, ist natürlich und findet bei allen Kulturvölkern sein Analogon; aber dafs diese Stände sich zu Kasten (*varṇa*) verhärteten, ist nur aus einem Übergreifen des bei der Absonderung der Çûdra's leitenden Princips zu erklären. Daher unterscheidet die brahmanische Staatsordnung nicht zwei, sondern vier *varṇa*'s, vier Farben, gleich als wäre die indische Nation aus vier von Haus aus verschiedenen Rassen zusammengesetzt, und schon das Purusha-Lied lehrt für Brahmanen, Krieger, Vaiçya's und Çûdra's einen völlig verschiedenen Ursprung, wenn es dieselben aus dem Haupte, den Armen, den Schenkeln und den Füfsen des Purusha entspringen läfst (oben S. 155), während spätere Texte (offenbar nur in Ausdeutung des Wortes *varṇa*) den vier Kasten sogar vier verschiedene Hautfarben beilegen. Jedoch ging über dieser Sucht, Klassenunterschiede zu setzen, niemals das Bewufstsein einer engern Zusammengehörigkeit der drei obern Kasten verloren; sie alle drei sind *dvija*, „Zweimalgeborne", d. h. durch die bei Aufnahme in die brahmanische Gemeinde stattfindende Umgürtung mit der Opferschnur *(yajña-upavîtam)* gleichsam Wiedergeborne, gehören also zur selben Religionsgemeinschaft und fahren auch in dieser Zeit fort, den alten (oben S. 38. 74) Volksnamen Ârya (*arya* fromm, *ârya* zu den Frommen gehörig, also ursprünglich in religiösem Sinne gebraucht) zu führen: „der Ârya ist entweder Brâhmaṇa, oder Kshatriya oder Vaiçya" (Çatap. Br. 4,1,6 K., Ind. Stud. 10,4).

Von diesen befassen die Vaiçya's (d. h. *coloni*, Ansiedler) die Hauptmasse der arischen Bevölkerung, wie sie, mit Weib und Kind, mit Herden und Gütern einwandernd, das von ihr selbst unter Führung der Könige und Heerführer eroberte Land in Besitz nahm und durch Ackerbau und Viehzucht, durch Gewerbe und Handel bald zu grofsem Wohlstande gelangen mochte, freilich auch in eine ebenso grofse Abhängigkeit von den leitenden Mächten, denen sie den Schutz gegen die Çûdra's nach innen, gegen die feindlichen Stämme nach aufsen, sowie auch die Gunst der Götter zu verdanken hatte, durch die alles irdische Gedeihen bedingt erschien. Die Aufgaben der Kolonisation einerseits, der fortgesetzt notwendigen Verteidigung des Errungenen anderseits veranlafste eine berufsmäfsige Scheidung des Nährstandes vom Wehrstande und damit eine völlige Herrschaft des letztern über die Vaiçya's, welche, durch friedliche Aufgaben und zunehmende Gemächlichkeit des Lebens dem Dienste der Waffen entfremdet, ihre Beschützung und Vertretung bei den Göttern teuer genug

I. Die Kultur der Brâhmaṇazeit.

bezahlen mufsten und bald nur noch da zu sein schienen, um
von den beiden höhern Ständen ausgebeutet zu werden, oder,
wie ein übermütiges Brahmanenwort (Ait. Br. 7,29) es ausdrückt, „andern Steuern zu zahlen, von andern verzehrt und
nach Belieben geschunden zu werden". Einen bestimmten
Teil ihres Einkommens, später in der Regel ein Sechstel,
mufsten sie dem Könige abgeben; zu höhern Stellen im
Staate konnten sie, wie es scheint, nicht gelangen; ein Vaiçya
ist „auf dem Gipfel des Glückes angelangt" *(gataçrî)*, wenn
er es zum Dorfschulzen *(grâmaṇî)* gebracht hat (Taitt. Saṃh.
2,5,4,4).

Während in den Zeiten des Rigveda alle freien Männer,
Stamm neben Stamm, Dorfschaft neben Dorfschaft, in den
Kampf zogen, und die Hand, welche heute den Pflug führte,
morgen zu Bogen und Schwert griff, so vollzog sich, mit und
nach der Eroberung von Hindustan und in dem Mafse, wie
die Kolonisation des Landes einerseits, der Kriegsdienst anderseits kompliziertere Aufgaben stellte, eine Scheidung der Bevölkerung: Ackerbau, Viehzucht und Handel blieb den Vaiçya's
überlassen, während die Kriegführung das Privilegium eines
besondern Standes und, nach Erblichwerdung der Berufsarten,
einer besondern Kaste, der Kshatriya's oder, wie der ältere
Name lautet, Râjanya's wurde. Beide Namen *(imperiales,*
von *kshi, kshatram* und *regii* von *râjan)* sind gleichbedeutend
und deuten auf eine nähere Beziehung zum Könige hin, welcher, selbst ein Kshatriya, die natürliche Spitze bildet, in
welche die Kriegerkaste ausläuft. An ihn schliefsen sich die
Prinzen des königlichen Hauses, die zahlreichen depossedierten
Fürsten und ihre Familien, die höhern und niedern Offiziere
des Heeres und endlich auch die Gemeinen, mögen sie zu
Wagen, zu Elefant, zu Rofs oder auch zu Fufs kämpfen;
denn die Vaiçya's müssen, wenigstens für die spätere Zeit,
vom Kriegsdienste ausgeschlossen gewesen sein, da schon Manu
ihnen denselben ausdrücklich verbietet (10,96; vgl. auch oben
S. 60), während er die Brahmanen unter gewissen Umständen
zu demselben zuläfst. So hatte sich, nicht unähnlich dem
Ritterstande des abendländischen Mittelalters, ein privilegierter
und erblicher Kriegsadel ausgebildet, welcher, vom Könige

mit Sold, Kriegsbeute, Ländereien u. s. w. reichlich bedacht, auf die Vaiçya's mit Geringschätzung herabsehen und sie die materielle Übermacht wohl oft genug fühlen lassen mochte. Ihre natürlichen Sammelpunkte hatten diese Kshatriya's an den Höfen der Könige und kleinern Fürsten, und in friedlichen Zeiten werden sie nicht nur der Jagd und anderm Sport, sondern auch geistigern Bestrebungen gehuldigt haben. Namentlich scheint die geistige Revolution gegen den brahmanischen Ceremonialkultus, welche zu den Upanishad's führte, ursprünglich in Kshatriyakreisen entstanden und genährt worden zu sein; denn immer wieder kommt in den Upanishad's das Motiv vor, dafs ein Brahmane einen Kshatriya um Belehrung angeht, welche dieser dann, nach einigem Sträuben und Hinweis auf die Ungehörigkeit der Sache, zu erteilen pflegt. Hingegen hat sicherlich die Fortbildung der Upanishadlehre, wie überhaupt alle höhere wissenschaftliche Thätigkeit, in den Händen der Brahmanen gelegen.

Die Brâhmaṇa's, welche den Rang der obersten Kaste nicht nur beanspruchten, sondern auch Fürsten und Völkern gegenüber viele Jahrhunderte hindurch zu behaupten wufsten, sind vielleicht das stärkste Beispiel in der Geschichte dafür, wie sehr der Mensch durch metaphysische Vorstellungen, wenn sie ihm nur glaubhaft beigebracht werden, in allem seinem Wollen und Thun beeinflufst und regiert werden kann. Von seinem abendländischen Analogon, von der päpstlichen Hierarchie im Mittelalter, unterscheidet sich das Brahmanentum dadurch, dafs es nie eine weltliche Herrschaft besessen oder auch nur angestrebt hat, ja auch nie eine geschlossene Organisation, wie die römische Kirche, bildete, und doch, von Anfang an ohne materielle Macht und ohne eine andere Einheit als die der von ihm vertretenen Idee, eine Rolle im indischen Kulturleben zu spielen gewufst hat, neben der die des Papsttums im Mittelalter zahm und bescheiden erscheint. Woher diese Idee, woher diese Übermacht der Brahmanen? Ursprünglich sind dieselben, wie der Name *brâhmaṇa*, d. h. „Beter", besagt, gewifs nichts andres, als wofür sie sich selbst halten, nämlich die wirklichen oder vermeintlichen Nachkommen der alten Ṛishi's, welche vordem im Pendschâb die

I. Die Kultur der Brāhmaṇazeit. 167

Hymnen des Rigveda gesungen hatten. Diese Hymnen, welche
niemals Gemeingut des Volkes wurden, sondern (wie die
Sammlung derselben noch heute beweist) in den Familien der
Sänger als Erbgut fortgepflanzt und erst später durch Austausch zu gröfsern Komplexen vereinigt wurden, gewannen
um so mehr an Ansehen, je weiter man sich zeitlich und
räumlich von ihrem Ursprung entfernt hatte, je dunkler ihre
Sprache und der ganze Vorstellungskreis, aus dem sie entsprungen waren, dem Volke wurde; und als im Gewühl der
Auswanderungsperiode der Quell, aus dem sie entsprungen
waren, nach und nach versiegte, da bildete sich im Volke die
von den Brahmanen, den Inhabern jenes geistigen Schatzes,
gewifs auf alle Weise genährte Vorstellung aus, dafs nur durch
jene alten Lieder und die mit ihnen verknüpften Opferhandlungen der rechte Verkehr mit den Göttern möglich sei, von
deren Gunst wiederum alles irdische Glück, der Sieg über
die Feinde, das Gedeihen der Kinder und Herden, die Er-
langung von Reichtum, Ansehen und langem Leben abzuhängen
schien. Wenn man erwägt, dafs es zu jener Zeit im arischen
Gemeinwesen keine geistige Macht aufser dem Priesterstande
gab, dafs derselbe nur eine unwissende, durch das Kriegshand-
werk und die Aufgaben der Kolonisation vollauf in Anspruch
genommene Menge sich gegenüber sah, so wird verständlich,
wie die Brahmanen, durch geeignete Interpretation aller glück-
lichen und unglücklichen Wechselfälle des Lebens, den Glauben an die Unentbehrlichkeit ihrer Lieder, Sprüche und
Ceremonien bei Fürsten und Unterthanen, bei Kshatriya's
und Vaiçya's in dem Mafse zu befestigen wufsten, dafs ihr
Monopol der richtigen Götterverehrung zur stärksten Macht
des arischen Staates sich gestaltete. Keine kriegerische Unter-
nehmung, keine Königsweihe oder sonstige Haupt- und Staats-
aktion konnte ohne ihre Mitwirkung vollzogen werden, ja
auch bei allen wichtigern Akten des Familienlebens beanspruchten sie, in gröfserer oder kleinerer Zahl zugezogen, ge-
speist und beschenkt zu werden. Sie sind die Vertreter der
Götter auf Erden, die *devāḥ pratyaksham*, sie sind die Verkörperung des *brahman*, und in dem Mafse wie dieses über
alle Götter hinaus wuchs (wovon später), wurden alle Götter

zu blofsen Werkzeugen in der Hand des Brahmanen. „Der
Brahmane, der solches weifs, in dessen Gewalt sind die
Götter" (*tasya devā asan vaçe*, Vāj. Samh. 31,21), lautet ein
Ausspruch, über den sich nur der aufregen kann, welcher unsern
abendländischen, ethischen Gottesbegriff auf die indischen
Götter überträgt. Aber die Götter waren schon im Rigveda,
wie wir sahen, nicht sowohl ethische Mächte, als vielmehr
reine Naturpotenzen, welche in weiterm Verlaufe unter den
Händen der Brahmanen zu einem ganz mechanischen Wirken
erstarrten und daher völlig in der Hand des kundigen Brahmanen waren, wie ja auch eine sehr grofse und starke Maschine einem einzelnen Manne gehorcht, wenn er sie kennt
und richtig zu behandeln versteht. Früher waren die Götter
menschenartige Persönlichkeiten gewesen, deren Gunst man
durch Opfer und Gebet zu erlangen suchte, jetzt sind sie
blofse Werkzeuge, vermittelst derer der Brahmane einen gewollten Erfolg oder auch dessen Gegenteil je nach Belieben
mit Sicherheit herbeizuführen vermag; will er daher seinen
Auftraggeber, den *Yajamāna*, schädigen, so genügt hierzu eine
geringe, dem Laien unmerkliche Änderung der Ceremonie, und
die Brāhmaṇaschriften enthalten geradezu Anweisungen für
den Fall, dafs der opfernde Brahmane, aus Rache oder wegen
zu kärglicher Bezahlung, den Schaden dessen, der durch ihn
opfern läfst, herbeizuführen wünscht; wohingegen dieser wiederum sich durch eine besondere Schwurhandlung, das *Tānū-
naptram*, zu sichern sucht, bei welchem der Brahmane (unter
Anrufung des *Agni Tānūnapāt*) gelobt, das Interesse des
Yajamāna redlich zu vertreten. Auch ein bescholtener Brahmane kann durch richtige Handhabung des Ceremoniells die
gewünschte Wirkung erzielen; hingegen wird dasselbe in der
Hand eines Nichtbrahmanen unwirksam, da nur ein Brahmane
den Opferlohn (*dakshiṇā*) annehmen darf, ohne dessen Spen-
dung das Opfer seine Kraft verliert; auch sind die Brahmanen
allein im stande, den Soma zu trinken und den Opferrest
(*ucchishṭam*) zu verzehren, daher nur sie die Stellung eines
Ṛitvij (gedungenen Opferpriesters) einnehmen können, in welcher dieses erforderlich ist. Durch diese und andere Bestimmungen wufsten die Brahmanen alle Opferhandlungen, mit

1. Die Kultur der Brâhmaṇazeit.

Ausnahme der einfachsten, an ihre Mitwirkung zu knüpfen und somit zu ihrem ausschliefslichen Monopol zu gestalten, von dem sie ihren (nach den Angaben über die *dakshiṇâ*, Opfergabe, zu schliefsen) sehr reichlichen Unterhalt hatten, mochten sie nun als *Purohita*, d. h. angestellte Hauspriester der Fürsten, oder als *Ritvij*, d. h. Opferpriester, celebrieren, welche von den begüterten *Yajamâna*'s, d. h. Veranstaltern der Opfer, je nach Art derselben, in gröfserer oder geringerer Anzahl zu engagieren und durch Rinder, Gold, Kleider u. s. w. zu belohnen waren. So gehören (oben S. 50. 66) zu einem feierlichen Somaopfer, von den untergeordneten Offizianten abgesehen, vier *Ritvij*, 1) der *Hotar* (Rufer), welcher bei Beginn des Opfers die Götter zum Genusse desselben durch eine längere Recitation einladet, 2) der *Udgâtar* (Sänger), welcher die heilige Handlung mit seinem Gesange begleitet, 3) der *Adhvaryu*, welcher die Opferhandlung vollzieht, indem er dabei allerlei Sprüche und Verse murmelt, und 4) der *Brahmán* oder Oberpriester, welcher schweigend dasitzt, dem Gange der Handlung folgt und nur eingreift, wo es etwas zu berichtigen giebt.

Je komplizierter auf diese Weise der Gottesdienst wurde, um so mehr erforderte er (wie wir System des Vedânta S. 14 fg. auseinandergesetzt haben und hier herübernehmen wollen) eine specielle Vorbildung, und dieses praktische Bedürfnis wurde mafsgebend für die Gestaltung der vedischen Litteratur, — wenn man anders dieses Wort gebrauchen will von einem Zustande, wo an irgendwelche schriftliche Aufzeichnung allerdings noch nicht zu denken ist. Nach und nach bildete sich eine feste Tradition über die Verse und Sprüche, mit denen der Adhvaryu seine Manipulationen zu begleiten hatte (*Yajurveda*), sowie über die Gesänge, die der Udgâtar bei der heiligen Handlung anstimmte (*Sâmaveda*); endlich durfte auch der Hotar sich nicht mehr mit der Kenntnis der in seiner Familie erblichen Lieder begnügen; die einzelnen Liederschätze schlossen sich zu Kreisen (*maṇḍalam*), die Kreise zu einem Ganzen zusammen (*Rigveda*), welches dann noch eine gewisse Zeit hindurch für neu hinzukommende Produktionen offen blieb. — Nicht alle alten Lieder fanden in diesem Kanon Eingang; manche mochten ausgeschlossen bleiben, weil man ihren Inhalt anstöfsig oder sonstwie nicht geeignet fand, andere, weil sie, aus dem Volke entsprungen, durch keine Autorität eines berühmten Sängergeschlechtes empfohlen wurden. Zu ihnen gesellten sich immer noch neue Blüten, welche der alte Stamm vedischer Lyrik in der Brāhmaṇa-Periode trieb und die von dem veränderten Bewufstsein der Zeit deutlich Kunde geben. Aus diesen Materialien, die sich längere Zeit aufserhalb der Schulen durch den Volksmund fortpflanzen mochten (worauf ihre vielfache, besonders metrische, Verwahrlosung hindeutet), kam im weitern Verlaufe eine vierte Sammlung *(Atharvaveda)* zu stande, welche lange zu kämpfen hatte, ehe sie eine, immer noch bedingte, Anerkennung errang.

Inzwischen waren jene ältern Sammlungen die Grundlage eines gewissen Schulunterrichts geworden, der mit der Zeit immer fester geregelte Formen annahm. Ursprünglich war es der Vater, welcher seinen Sohn in dem von der Familie überlieferten heiligen Wissen unterwies, so gut er es vermochte (Bṛih. Up. 6,2,4. Chānd. Up. 5,3,5. Kaush. Up. 1,1); bald aber mochte dies der zunehmenden Schwierigkeit des Verständnisses der alten Texte, dem immer verwickelter sich gestaltenden Ritual, dem mehr und mehr sich erweiternden Studienkreise gegenüber nicht mehr genügen; man mufste die für irgend eine der zu erlernenden Theorien *(vidyā)* bewährten Autoritäten aufsuchen, fahrende Schüler *(caraka)* reisten weit umher (Bṛih. Up. 3,3,1), berühmte Wanderlehrer zogen von Ort zu Ort (Kaush. Up. 4,1), und zu manchem Lehrer mochten die Schüler strömen „wie die Wasser zu der Tiefe" (Taitt. Up. 1,4,3). In der Folge erforderte es die Sitte, dafs jeder Ārya eine Reihe von (nach Āpastamba, dharmasūtra 1.1,2,16, mindestens zwölf) Jahren im Hause eines Lehrers weilte, die Brāhmaṇa's, um sich auf ihren künftigen Beruf vorzubereiten, die Kshatriya's und Vaiçya's, um die für ihr späteres Denken und Leben mafsgebenden Einflüsse zu empfangen. Wir müssen annehmen (vgl. Manu 2,241. Çaṅk. ad Bṛih. Up. p. 345,13), dafs das Erteilen dieses Unterrichts mit der Zeit ausschliefsliches Vorrecht der Brahmanen wurde: nur so erklärt sich der

Einfluſs ohnegleichen, welchen die Brahmanen auf das indische Volksleben zu gewinnen und zu erhalten wuſsten. Wie die äuſsere Tracht, so mag auch der Unterricht für die Schüler aus den verschiedenen Kasten ein verschiedener gewesen sein (vgl. Ait. Âr. 3,2,6,9, wo vorgeschrieben wird, eine gewisse Lehre *na apravaktre*, keinem der nicht selbst Lehrer werden will, mitzuteilen). Als Entgelt für diesen Unterricht verrichteten die Schüler die Haus- und Feldarbeit des Lehrers; sie bedienten die heiligen Feuer (Chând. Up. 4,10,1), hüteten das Vieh des Lehrers (Chând. Up. 4,4,5), sammelten für ihn im Dorfe die üblichen Liebesgaben ein und brachten ihm am Schlusse des Kursus Geschenke dar. In der Zeit, die diese mannigfachen Obliegenheiten ihnen frei lieſsen (*guroḥ karmaatiçeshena*, Chând. Up. 8,15), wurde der Veda studiert, d. h. versweise vom Lehrer vorgesagt und von den Schülern nachgesprochen, bis sie das Lehrpensum auswendig wuſsten (vgl. oben S. 101). Im Ganzen mochte es weniger eine Lehrzeit als, wie der Name *Âçrama* zu verstehen giebt, eine „Übungszeit" sein, bestimmt zur Übung im Gehorsam gegen den Lehrer (wovon exorbitante Beispiele überliefert werden, Mahâbh. I, 684 fg.) und in angestrengter, selbstverleugnender Thätigkeit. Es lag in der Tendenz des Brahmanismus, das ganze Leben der Brâhmaṇa's und womöglich aller Ârya's zu einem solchen Âçrama zu gestalten. Nicht alle gingen nach Absolvierung der Lehrzeit dazu über, eine Familie zu gründen: manche blieben im Hause des Lehrers bis an ihr Lebensende (*naishṭhika*); andere zogen in den Wald, um sich Entbehrungen und Kasteiungen hinzugeben; noch andere verschmähten auch diese Form einer geregelten Existenz und warfen alles von sich (*samnyâsin*), um als Bettler (*bhikshu*) umherzuschweifen (*parivrâjaka*). Weiterhin schloſs man die verschiedenen Arten des „Âçrama" oder der „religiösen Kasteiung" zu einem Ganzen zusammen, in welchem dasjenige, was Ev. Matth. 19,21 als abrupte Forderung auftritt, zu einem groſsartigen, das ganze Leben umspannenden Systeme ausgebreitet erscheint. Darnach sollte das Leben jedes Brâhmaṇa, ja eigentlich das eines jeden Dvija (denn eine Beschränkung auf die Brâhmaṇa's ist aus Manu VI nicht mit Sicherheit zu entnehmen), in vier

Übungsstadien oder *Âçrama*'s verlaufen; er sollte 1) als *Brahmacârin* im Hause eines Lehrers leben, sodann 2) als *Grihastha* der Pflicht, eine Familie zu gründen, Folge leisten, hierauf 3) im Greisenalter dieselbe verlassen, um als *Vânaprastha* (Einsiedler im Walde) mehr und mehr zu steigernden Kasteiungen obzuliegen, und endlich 4) gegen Ende seines Lebens als *Saṃnyâsin (Bhikshu, Parivrâjaka)* aller Erdenbande ledig umherzuwandern und von Almosen zu leben. — Wir wissen freilich nicht, inwieweit die Wirklichkeit diesen idealen Anforderungen entsprochen hat.

II. Die Brâhmaṇa's als philosophische Quellen. Übertreibungen und Verschweigungen in denselben.

Die Philosophie, welche wir in den Hymnen des Ṛigveda aufkeimen sahen und an der Hand der Begriffe *Prajâpati*, *Viçvakarman*, *Brahmaṇaspati* und *Purusha* eine Strecke weit verfolgen konnten (oben S. 103—158), hat einige Jahrhunderte später zu dem grofsen und ausgeführten Zusammenhange theologisch-philosophischer Gedanken geführt, welcher in den ältern Upanishad's vor Augen liegt. Zwischen den Hymnen des Ṛigveda aber und den Upanishad's liegt ein Stück der Entwicklung, für welches wir, in Ermangelung eigentlich philosophischer Schriften, auf die Saṃhitâ's des Yajurveda und Atharvaveda (die des Sâmaveda ist ohne Belang für uns, oben S. 67) sowie namentlich auf die Brâhmaṇa's und damit auf ein Material angewiesen sind, welches unserer Aufgabe grofse Schwierigkeiten in den Weg legt.

Die Brâhmaṇa's sind (von den Upanishad's, in welche sie als Schlufskapitel vielfach auslaufen, abgesehen) keine philosophischen Urkunden; sie haben nicht eigentlich den Zweck, über Gott, Welt und Seele Belehrung zu erteilen. Ihre Aufgabe ist es, den Gang der Opferhandlung in allen seinen Einzelheiten zu lehren und die Bedeutung derselben zu erklären, indem sie alle Materialien und Verrichtungen, die beim Opfer vorkommen, symbolisch zu deuten bemüht sind, wobei dann die Opfergeräte und Handlungen in mannigfache Beziehung zu Himmel und Erde, zu göttlichen und menschlichen Dingen gesetzt werden. Hierdurch wird der Inhalt dieser umfangreichen Werke für uns allerdings sehr wenig ansprechend, aber gewifs wären sie nicht die geistige Nahrung langer Zeitalter gewesen, mit diesem Eifer gepflegt, mit dieser Sorgfalt zuerst mündlich, dann schriftlich von Geschlecht zu Geschlecht überliefert worden, wenn nicht mehr in ihnen läge, als unsere einseitige Stellung denselben abzugewinnen vermag. Wer würde wohl über die Bedeutung, die Schönheit und den ästhetischen Wert einer Oper abzuurteilen sich getrauen, von der ihm nichts als das Textbuch bekannt wäre? Ein solcher ästhetischer und das Gemüt erbauender Wert war aber ohne Zweifel auch dem Kultus der Brahmanen eigen, und wir können uns von dem Gepränge der Aufzüge, der Priesterkleidungen und Geräte, von der Schönheit der Recitation und des Gesanges, von der Feierlichkeit und Weihe der Handlung keinen ausreichenden Begriff mehr machen. Was aber die symbolischen Ausdeutungen und Identifikationen betrifft, die freilich für unser Gefühl in das Spielende ausarten und oft alles Mafs zu überschreiten scheinen, so ist doch nicht zu vergessen, dafs dies alles nur die Kehrseite und praktische Umsetzung eines Gedankens ist, dessen philosophische Bedeutung uns noch beschäftigen wird, des Gedankens, dafs das, was der Inder in dem Worte *brahman* zusammenfafst und in Opfer und Gebet praktisch bethätigt, das Höchste und Edelste auf der Welt, der Mittelpunkt alles Seins, ja das Princip aller Dinge ist. So wenig wir somit geneigt sind, über der Litteratur der Brâhmaṇa's als einem „theologischen Gefasel" und über dem sie erzeugenden Zeitalter als einem geistlosen und in Formelkram erstarrten den Stab zu brechen, so sehr müssen wir doch in der philosophischen Verwertung ihrer Angaben vorsichtig sein. Denn die Sucht, alles dabei symbolisch umzudeuten und auszudeuten, kennt, wie gesagt, keine Grenzen, und wir dürfen nicht alles, wozu sich der Verfasser fortreifsen läfst, als ernst gemeint und den Ausdruck einer philosophischen Überzeugung nehmen. So klingt es sehr philosophisch und wie ein erstes Aufdämmern des Upanishadgedankens, wenn wir Çatap. Br. 4,5,9,2 lesen: „Prajâpâti ist das Selbst *(âtmâ vai Prajâpatiḥ)*", und Çatap. Br. 4,5,9,8 sogar: „diese ganze

Welt ist das Selbst *(sarvaṃ vâ idam âtmâ jagat)*"; aber diese Äufserungen verlieren sehr an Gewicht, wenn wir sie in dem Zusammenhange auffassen, in dem sie stehen. Nämlich das Çatapatha-Brâhmaṇam handelt im vierten Buche (dem sogenannten *graha-kâṇḍa*) von den verschiedenen Schöpfungen *(graha)*, mittels deren der gekelterte und abfliefsende Somatrank in Gefäfsen aufgefangen wird, und deren jede ihre mystische Bedeutung hat. Hierbei heifst es von der am vierten Tage der zwölftägigen Somapressung zuerst vorzunehmenden, *âgrayaṇa* genannten Libation, 4,5,9,2: „dann schöpft er die Spenden, indem er mit dem *Âgrayaṇa* beginnt; denn dieser vierte Tag gehört dem *Prajâpati;* nun ist die *Âgrayaṇa*-Spende das Selbst *(âtman)*, das Selbst aber ist *Prajâpati;* darum schöpft er die Spenden, indem er mit dem *Âgrayaṇa* beginnt". Ebenso heifst es beim neunten Tage, 4,5,9,8: „dann schöpft er die Spenden, indem er mit dem *Âgrayaṇa* beginnt; denn dieser neunte Tag gehört der *jagatî* (dem Metrum dieses Namens); nun ist die *Âgrayaṇa*-Spende das Selbst *(âtman)*, das Selbst aber ist diese ganze Welt *(jagat,* Wortspiel mit *jagatî)*: darum schöpft er die Spenden, indem er mit dem *Âgrayaṇa* beginnt". Es ist klar, dafs die hier vorkommende Identifikation des Prajâpati und der Welt mit dem Âtman keinen gröfsern Wert hat, als die danebenstehende des Âtman mit dem Âgrayaṇa; dafs wir es mithin hier nur mit symbolischen Spielereien und nicht mit philosophischen Erkenntnissen zu thun haben. In ähnlicher Weise wird in den Brâhmaṇa's gelegentlich alles Mögliche mit allem Möglichen gleichgesetzt: so ist allein im Çatapathabrâhmaṇam Prajâpati der Reihe nach: das Weltall (1,3,5,10), der Âtman (4,5,9,2), die Somapflanze *(aṅçu,* 4,6,1,1), der Mond (6,1,3,16), Hiraṇyagarbha (6,2,2,5), der Prâṇa (7,5,1,21), das Jahr und zugleich das Opfer (11,1,1,1), das Jahr (11,1,6,13), das Opfer (11,1,8,3), Savitar (12,3,5,1), das *brahman* (13,6,2,8). Diese Gleichsetzungen können unmöglich alle ihre philosophische Bedeutung haben, und doch können sie wiederum auch nicht alle unbeachtet bleiben; darin liegt die Schwierigkeit. So klingt es, um nur noch ein Beispiel anzuführen, höchst bedeutsam, wenn Çatap. Br. 11,2,3,6 gesagt wird, dafs die Götter, anfangs sterblich,

es durch das *Brahman* erlangt hätten, dafs sie unsterblich
geworden; aber dieser schöne, auf die Upanishadlehre hindeutende
Gedanke verliert sehr, wenn wir uns erinnern, dafs
zehn Seiten früher 11,1,2,12 mit denselben Worten gelehrt
wird, dafs die Götter, anfangs sterblich, es durch das Jahr
(*samvatsara*) erlangt hätten, dafs sie unsterblich geworden.
Nun kann man sich zwar helfen, indem man *samvatsara* =
Prajâpati = *brahman* setzt, aber eine besonnene Kritik wird
sich nicht wohl zu solchen luftigen, wiewohl durch die Brâhmaṇa's
selbst überall vorgenommenen Kombinationen verstehen.

Bieten nach dieser Seite hin die Brâhmaṇa's für unsern
Zweck zu viel, so enthalten sie in anderer Hinsicht wieder
zu wenig, denn gewifs war das sie hervorbringende Zeitalter
nicht ohne Philosophie, nur dafs diese in den Brâhmaṇa's,
ihrem Zwecke gemäfs, keine Aufnahme fand und nur in gelegentlichen
und unsichern Äufserungen durchblickt; ja, wir
glauben nachweisen zu können, wie wirkliche philosophische
Gedanken von den Brâhmaṇa's aufgenommen, aber im Sinne ihrer
Opfersymbolik umgeändert und entstellt worden sind. Ein
schlagendes Beispiel bietet die aus der Kâṭhaka-Upanishad
bekannte Geschichte des *Naciketas*, welche schon in einem
ältern Texte, Taittirîya-Brâhmaṇam 3,11,8 erzählt wird, und
zwar, wie wir glauben, in liturgischem Sinne entstellt, worüber
wir dem Leser selbst ein Urteil ermöglichen wollen, indem
wir diese uns ohnehin für einen spätern Zusammenhang notwendige
Erzählung zunächst hier aus Taitt. Br. 3,11,8 wortgetreu
übersetzen.

Taittirîya-brâhmaṇam 3,11,8,1—6.

„Freiwillig gab *Vâjaçravasa* seine ganze Habe [den Brahmanen
als Opferlohn] dahin. Ihm war ein Sohn, mit Namen *Naciketas*.
Ihn, der noch ein Knabe war, überkam, da die Opferlohnkühe
fortgeführt wurden, der Glaube [an die durch Opfer nicht erreichbare
Erlösung, wie in der Kâṭhaka-Upanishad? oder nur an die
Wirksamkeit des Allhabe-Opfers?], und er sprach [der vergeblichen
Bemühung des Vaters spottend? oder, um das Allhabe-Opfer vollständig
zu machen?]: «Vater! wem wirst du mich geben?» — so
sprach er zum zweiten-, zum drittenmal. Ihm antwortete [vom

Zorn] ergriffen der Vater: «Dem Tode gebe ich dich.» — Zu diesem, nachdem er [vom Opfer] aufgestanden, spricht eine Stimme: «Gautama! den Knaben!» — Da sprach er: «Gehe hin zu den Wohnstätten des Todes; denn dem Tode habe ich dich gegeben. Er wird aber, wenn du zu ihm kommst, verreist sein», fuhr er fort, «und dann sollst du drei Nächte, ohne zu essen, in seinem Hause weilen. Wenn er dich darauf fragt: 'Knabe, wie viele Nächte hast du geweilt?' so sollst du antworten: 'drei!' Fragt er, was du die erste Nacht gegessen? so antworte ihm: 'deine Nachkommenschaft'; was die zweite? 'deine Herden'; was die dritte? 'dein gutes Werk'.» — Als er nun zu ihm kam, war der Tod verreist; er aber weilte drei Nächte, ohne zu essen, in seinem Hause. Da traf ihn der Tod an und fragte: «Knabe, wie viele Nächte hast du geweilt?» — Er antwortete: «drei!» — «Was hast du die erste Nacht gegessen?» — «Deine Nachkommenschaft», sprach er. — «Was die zweite?» — «Deine Herden.» — «Was die dritte?» — «Dein gutes Werk.» — Da sprach der Tod: «Verehrung sei dir, ehrwürdiger [Brahmane]! Wähle ein Geschenk!» — «So laſs mich lebend zum Vater wiederkommen.» — «Wähle noch ein Geschenk!» — Er sprach: «so lehre mich die Unzerstörbarkeit [durch den Tod] der Opfer und frommen Werke!» — Da lehrte er ihm jenes Naciketas-Feuer; dadurch wurden seine Opfer und frommen Werke nicht [durch den Tod] zerstört [*akshíyete* falsche Form für *akshíyetām*]. Dessen Opfer und fromme Werke werden nicht [durch den Tod] zerstört, der das Naciketas-Feuer schichtet, und auch dessen, welcher es also weiſs. — «Wähle noch ein drittes Geschenk!» — Da sprach er: «so lehre mich die Abwehr des Wiedersterbens!» — Da lehrte er ihm jenes Naciketas-Feuer; damit, fürwahr, wehrte er das Wiedersterben ab. Der wehrt das Wiedersterben ab, der das Naciketas-Feuer schichtet, und auch der, welcher es also weiſs!" —

Diese Form der Erzählung unterscheidet sich von der in der Kâṭhaka-Upanishad hauptsächlich dadurch, daſs dort als Erfüllung des dritten Wunsches die Einheit der Seele mit Brahman gelehrt wird, indem, wer diese kennt, von dem Wiedersterben entbunden und der ewigen Erlösung teilhaft wird. Hier hat die spätere Form der Kâṭh. Up. den ursprünglichen Sinn der Erzählung bewahrt, während die ältere Form im Taitt. Br. dieselbe im liturgischen Interesse entstellt hat. Denn offenbar muſs ursprünglich in den drei

Wünschen eine Steigerung gelegen haben. Der erste bezieht sich auf irdisches Wohlergehen. Der zweite auf die Vergeltung der guten Werke nach dem Tode; ist sie erfolgt, ist der Schatz der guten Werke verbraucht, so muſs die Seele zu einem neuen Leben und neuen Sterben auf die Erde zurückkehren [*akshiti* ist daher nicht absolute Unvergänglichkeit, sondern nur Fortbestehen über den Tod hinaus, da sie das „Wiedersterben" nicht zu hindern vermag]. Dieser Wunsch wird erfüllt durch Schichtung und Kenntnis des Naciketas-Feuers, d. h. durch die richtige Ausführung des Opferdienstes. Nun folgt der dritte Wunsch, welcher, mit der jenseitigen Vergeltung und Wiederkehr zum Erdendasein nicht zufrieden, nach dem Mittel fragt, das Wiedersterben abzuwehren. Dieses Mittel aber kann nicht wiederum das Naciketas-Feuer sein, eben weil es das Mittel zu dem zweiten Zwecke war, — ganz abgesehen von der Sinnlosigkeit, die darin liegt, nochmals zu lehren, was eben erst gelehrt worden — es muſs also wohl hier schon in der ursprünglichen Erzählung die Lehre von der ewigen Erlösung im Sinne der Upanishad's gestanden haben, welche jedoch von dem Verfasser des Taitt. Br. als zu seinen Zwecken nicht passend beseitigt und (plump genug) durch die nochmalige Erwähnung des Naciketas-Feuers ersetzt wurde. Wer aus der vorliegenden Gestalt einer Erzählung, auch wo sie entstellt wurde, den ursprünglichen Sinn herauszufühlen vermag, für den dürfte der Beweis erbracht sein, daſs hier die philosophische Wendung die ursprüngliche war, die vorliegende liturgische hingegen die sekundäre, im Geiste der Brâhmaṇatheorie, welche nichts Höheres als Werke und Werklohn kennt, umgeänderte. — Ja, man kann in dieser Umänderung eine bewuſste Polemik gegen die aufkommende Theorie der Erlösung durch das bloſse Wissen finden. Der Opferkultus genügt, um die Vergeltung der Werke im Jenseits zu sichern, der Opferkultus muſs auch für alle weiteren Ziele des Menschen, dafern es solche giebt, genügen. Dies ist der gegen den Upanishadstandpunkt polemisierende Standpunkt der Brâhmaṇa's.

Als ein anderes Beispiel für das Vorhandensein und Durchschimmern philosophischer Gedanken in den Brâhmaṇa's, so jedoch, dafs sie, dem Zwecke dieser Texte gemäfs, zurückgedrängt werden und halb latent bleiben, mag folgendes dienen. Der Grundgedanke der spätern Upanishadlehre, die Identität der Seele mit Gott, des individuellen Âtman (Selbstes) mit dem höchsten Âtman, zerlegt sich in folgende drei Momente: 1) Von allen Gliedern, aus denen der Leib besteht, wird unterschieden der *Âtman* (das Selbst, die Seele). 2) Von allen Erscheinungen und Kräften, aus denen das Universum besteht, wird in analoger Weise unterschieden der *Âtman*, das Selbst der Welt. 3) Die Glieder des Universums werden mit den Gliedern des Leibes parallelisiert und identifiziert: und ebenso wird der höchste Âtman mit dem individuellen Âtman als identisch gesetzt und als in ihm gegenwärtig erkannt. — Über die Durchführung und den philosophischen Wert dieses Gedankens werden wir später handeln. Hier wollen wir nur konstatieren, dafs eine der ältesten, möglicherweise die älteste Stelle, in der er uns entgegentritt, keine philosophische, sondern eine rituelle ist. Nämlich Taitt. Br. 3,10,8 ist von einer dem Todesgotte *(Mṛityu)*, um ihn fern zu halten, darzubringenden Libation die Rede, deren Rest der Priester trinkt und dabei unter andern folgende Worte spricht: „Agni ist in meiner Rede beruhend, die Rede *im Herzen, das Herz in mir, ich im Unsterblichen, das Unsterbliche in dem Brahman.*" Ebenso heifst es weiter, indem jedesmal der hervorgehobene Refrain wiederkehrt: „Vâyu ist in meinem Odem beruhend etc., Surya in meinem Auge, der Mond in meinem Manas, die Himmelsgegenden in meinem Ohre, die Wasser in meinem Samen, die Erde in meinem Leibe, die Kräuter und Bäume in meinen Haaren, Indra in meiner Kraft, Parjanya in meinem Haupte, der Herr (*îçâna*, Çiva = Rudra) in meiner Zornmütigkeit, der Âtman in meinem Âtman, der Âtman *im Herzen, das Herz in mir, ich im Unsterblichen, das Unsterbliche in dem Brahman.*

  Zurück soll mir der Leib, das Leben kommen,
  Zurück der Odem und zurück Bewufstsein:
  Vaiçvânara, durch seine Strahlen schwellend,
  Bleib' in mir des Unsterblichen Behüter!" —

II. Die Brâhmaṇa's als philosophische Quellen.

Hier tritt der Gedanke auf, dafs, wie die Naturgötter in meinen Gliedern, so der Âtman in meinem Âtman, die Weltseele in meiner individuellen Seele* beruhend sei, — aber gewifs haben wir hier nicht das erste Auftauchen, sondern nur eine rituelle Verwendung dieses schon vorher vorhandenen, hochbedeutsamen Gedankens vor uns.

Wir kommen zum Schlusse. Die Brâhmaṇa's enthalten, wie die angeführten Proben zeigen, für unsern Zweck teils zu viel, teils zu wenig. Einerseits bemerken wir in ihnen mafslose Übertreibungen, anderseits Verkümmerungen, Entstellungen, ja Verschweigungen philosophischer Gedanken, und unter diesen Umständen wird es allerdings eine sehr problematische Aufgabe sein und noch lange bleiben, aus diesen Urkunden die philosophische Weltanschauung des Zeitalters herauszuschälen und so die Brücke zu schlagen zwischen der klar vorliegenden Philosophie des Ṛigveda und der ebenso klar ausgebreiteten Upanishadlehre, selbst wenn man die philosophischen Hymnen des Atharvaveda, bei denen ähnliche Schwierigkeiten bestehen (unten S. 209 fg.), gebührend mit verwendet. Vielleicht gelingt es noch einmal einem Specialforscher, der in das weitschichtige Material tiefer eingedrungen ist, als es uns bis jetzt möglich war, hier bestimmtere Aufschlüsse zu gewinnen. Wir müssen uns mit allgemeinen Umrissen begnügen, indem wir, anknüpfend an die Philosophie des Ṛigveda und die aus ihr hervorgegangenen Grundbegriffe *Prajâpati*, *Viçvakarman*, *Brahmaṇaspati* und *Purusha*, die Entwicklung dieser Begriffe zu verfolgen suchen bis zu dem Punkte, wo sie in der Âtmanlehre der Upanishad's absorbiert werden. Unter ihnen ist am wenigsten zu sagen von *Viçvakarman*, der nur sporadisch auftritt und zumeist mit Prajâpati oder Brahmaṇaspati zerfliefst; seine Gestalt war zu abstrakt, der Begriff des „Allschöpfers" pafste zu sehr auf jedes andere schöpferische Princip, um sich nicht mit Leichtigkeit in dasselbe aufzulösen, und die Hymnen Ṛigv. 10,81. 82 waren zu dunkel und unpopulär, als dafs eine greifbare Gestalt auf ihnen sich hätte

---

* *âtman* kann hier nicht wohl den Rumpf bedeuten, da *çarîram* „Leib" schon vorher da war.

aufbauen können. Wir beschränken uns daher darauf, die Geschichte des *Prajâpati*, *Brahmaṇaspati* und *Purusha* (an den sich die verwandten Begriffe des *Prâṇa* und *Âtman* anschliefsen) ihren allgemeinen Umrissen nach aus den Brâhmaṇa's und dem Atharvaveda in der Kürze zu skizzieren. Als allgemeines Schema und als Typus dieses Entwicklungsganges können drei Worte aus dem Çatapathabrâhmaṇam dienen:

1) *Prajâpatir vâ' idam agra' âsît (11,5,8,1).*
2) *Brahma vâ' idam agra' âsît (11,2,3,1).*
3) *Âtmâ eva idam agra' âsît (14,4,2,1).*

Wie diese Worte andeuten, durchläuft die Entwicklung der Brâhmaṇazeit drei in einander übergreifende Perioden, in deren erster *Prajâpati* als Princip aller Dinge an der Spitze steht, während er in der zweiten in den Hintergrund tritt vor dem aus *Brahmaṇaspati* hervorgegangenen Begriff des *Brahman*, bis in der dritten der aus dem *Purusha* abzuleitende Begriff des *Âtman* die Hegemonie übernimmt. Hiermit ist der Upanishadstandpunkt erreicht, für welchen Brahman und Âtman durchaus Synonyma sind, während Prajâpati nur noch gelegentlich und nebenbei vorkommt und in den Upanishad's eine ähnliche Rolle spielt, wie θεός und θεοί bei Platon. Wir nehmen also, ganz im allgemeinen betrachtet, ein zeitliches Fortschreiten von dem Mythologischen (*Prajâpati*) zum Rituellen (*Brahman*), und von diesem zum Philosophischen (*Âtman*) an, und wenn von den genannten drei Stellen die über Prajâpati zufällig später als die über Brahman steht, so ändert dies an der Sache nichts und mag nur dienen, uns zu erinnern, dafs auf dem Gebiete der religiösen Entwicklung das Alte in der Regel nicht beseitigt wird, sondern als ein Unantastbares, wiewohl Abgestorbenes, neben dem Neuen sich erhält; daher, wie das Neue Testament nicht mit dem Alten aufräumt, so auch die Upanishad's nicht mit den Brâhmaṇa's, wodurch dann die jüngern und geciftern Religionsurkunden so viel des innerlich Widersprechenden und philosophisch Unverdaulichen neben dem Grofsen und Neuen, welches sie bieten, zu enthalten pflegen.

III. Geschichte des Prajâpati.

Der unbekannte Gott, der nach Ṛigv. 10,121 die Urwasser schuf und selbst als goldner Keim aus ihnen hervorging, um die Dinge zu schaffen, zu beseelen und zu regieren, dieser im Schlufsverse mit dem Namen *Prajâpati* „Herr der Geschöpfe", bezeichnete Gott, ist (auf Grund dieses Hymnus, wie wir annehmen müssen) in der Brâhmaṇazeit zum Princip aller Dinge und zum obersten Gotte des vedischen Pantheons geworden, welcher alle Wesen erschaffen hat, nicht sowohl indem er sie aus sich heraussetzte, als vielmehr indem er sich (oder einen Teil von sich) in dieselben umwandelte, und der dann weiter die von ihm geschaffene, unsterbliche und sterbliche Welt innerlich beseelt und regiert. Weiter aber sehen wir in den Brâhmaṇa's mannigfache Versuche auftreten, über Prajâpati hinauszukommen, teils indem man ihn aus einem noch ursprünglichern Princip ableitet, teils indem man sein Wesen im einen oder andern Sinne umzudeuten bemüht ist. Wir wollen versuchen, diesen Entwicklungsgang, so weit wie möglich, im einzelnen klar zu legen.

1. Prajâpati als Schöpfer.

„*Prajâpatir akâmayata:* «*prajâyeya, bhûyân syâm*» *iti. Sa tapo 'tapyata; sa tapas taptvâ imân lokân asṛijata.*" „Prajâpati begehrte: «ich will mich fortpflanzen, will vielfach sein». Er übte Tapas; nachdem er Tapas geübt, schuf er diese Welten." — Mit dieser oder ähnlichen Formeln wird an zahlreichen Stellen der verschiedenen Brâhmaṇa's ein Hervorgehen der Welt aus Prajâpati in immer neuen Variationen geschildert. Und doch kommt es nirgendwo zu einer wirklich durchgeführten Schöpfungstheorie, sondern die Sache läuft gewöhnlich auf die Verherrlichung irgend eines Ritus hinaus, den Prajâpati geschaffen, oder dessen er sich gar zur Schöpfung der Welt bedient haben soll. Um dies zu verstehen, müssen wir uns erinnern, dafs die Brâhmaṇa's, so wenig sie philosophische, ebensowenig auch mythologische, sondern vielmehr liturgische Urkunden sind, welche eine Mythologie nicht sowohl lehren als vielmehr voraussetzen und für ihre jedesmaligen Zwecke mit großer Freiheit dienstbar machen. Zur Veranschaulichung dieses Verfahrens wollen wir einige Stellen aus den verschiedenen Brâhmaṇa's mitteilen und nur vorher noch die Frage zu beantworten suchen: was heißt jenes so oft vorkommende: *sa tapo atapyata*, was ist jenes *tapas*, durch dessen Ausübung der Schöpfer sich zur Weltschöpfung anschickt? — Die älteste Philosophie denkt in Bildern und Symbolen. Nun giebt es für die erste Schöpfung der Dinge, für das Hervorgehen der Mannigfaltigkeit der Dinge aus einem einheitlichen, homogenen Urgrunde kein so nahe liegendes Beispiel und Symbol in der Natur wie das Hervorgehen des mannigfach gegliederten Vogels aus dem scheinbar ganz homogenen Ei unter dem bloßen Einflusse der Bruthitze. Daher die schon Ṛigv. 10,129,3 von uns nachgewiesene und in der Folgezeit unzähligemal wiederholte Vorstellung von dem Weltei, dessen beide Schalen zu Himmel und Erde werden; und daher die im Zusammenhang mit ihm auftretende Vorstellung (zu Ṛigv. 10,129,3, oben S. 122) von der Thätigkeit des Schöpfers als einer Ausbrütung dieses Welteies, welches er als *Hiraṇyagarbha* (oben S. 130) selbst ist. Ist dieser Gesichtspunkt der richtige, so wird die genaueste Übersetzung des *tapo atapyata* heißen müssen: „er erhitzte sich in Erhitzung" in dem Sinne von „er brütete Brütung", nur daß hier Brütendes und Gebrütetes nicht zwei, sondern ein und dasselbe Wesen sind, welches die Hitze *(tapas)*, die zu seiner Ausbrütung erforderlich ist, nicht von außen empfängt, sondern aus sich selbst erzeugt. Nun aber in dem Maße, wie der Begriff *tapas* (Hitze) im heißen Indien zum Symbol der Anstrengung und Qual wurde, spielte auch jenes *tapo atapyata* über in den Begriff der Selbstkasteiung und trat dadurch in Zusammenhang mit der Vorstellung, der wir noch begegnen werden, daß die Schöpfung von seiten des Schöpfers ein Akt der Selbstentäußerung ist. Beide Vorstellungen also, die der Bebrütung und die der Selbstkasteiung, werden wir immer gegenwärtig halten müssen, wo von dem *tapas* die Rede ist in den Stellen, die wir als Proben der brahmanischen Kosmogonie aus den verschiedenen Brâhmaṇa's hier mitteilen wollen.

1. Prajâpati als Schöpfer, Ait. Br. 5,32.

Aitareya-brâhmaṇam 5,32.

„Prajâpati begehrte: «ich will mich fortpflanzen, ich will mehrfach sein». Er erhitzte sich *(tapo 'tapyata)*; nachdem er sich erhitzt, schuf er diese Welten: die Erde, den Luftraum, den Himmel. Diese Welten überbrütete er *(abhyatapat)*; aus ihnen, nachdem sie überbrütet, entstanden die drei Lichter: nämlich *Agni* aus der Erde, *Vâyu* [der Wind als Vertreter des hellen Luftraums] aus dem Luftraum, *Âditya* aus dem Himmel. Diese Lichter überbrütete er; aus ihnen, nachdem sie überbrütet, entstanden die drei Veden, nämlich der *Rigveda* aus Agni, der *Yajurveda* aus Vâyu, der *Sâmaveda* aus Âditya. Diese Veden überbrütete er; aus ihnen, nachdem sie überbrütet, entstanden die drei Klarheiten, nämlich *bhûr* aus dem Rigveda, *bhuvar* aus dem Yajurveda, *svar* aus dem Sâmaveda. Diese Klarheiten überbrütete er; aus ihnen, nachdem sie überbrütet, entstanden die drei Buchstaben *(varṇa)*, nämlich *a*, *u*, *m*. Diese faſste er in eins zusammen, das war das Wort *Om*. Darum summt [der Priester] *Om! Om!* Denn *Om* ist die Himmelswelt, *Om* ist er, der dort glüht [die Sonne]. Dann breitete Prajâpati das Opfer aus; das ergriff er und opferte es. Mit dem Rigveda vollzog er den Hotardienst, mit dem Yajurveda den Adhvaryudienst, mit dem Sâmaveda den Udgâtardienst; was an dieser dreifachen Wissenschaft die Klarheit ist, daraus machte er den Brahmândienst" u. s. w. [Es folgt dann Weiteres über den Gebrauch von *bhûr*, *bhuvar*, *svar*, um Miſsgriffe beim Opfer wieder gut zu machen.]

Pañcaviṅça-brâhmaṇam 6,1.

„Prajâpati begehrte: «ich will vieles sein, will mich fortpflanzen». Da erschaute er diesen *Agnishṭoma* [eine liturgische Handlung]; den ergriff er, mit dem schuf er diese Geschöpfe. Nämlich mit dem elften Lobgesange, der beim Agnishṭoma vorkommt, schuf er sie und mit dem elften Monate des Jahres, und ebendieselben nahm er in Pflege durch den zwölften Lobgesang des Agnishṭoma und durch den zwölften Monat des Jahres. Daher die Geschöpfe, nachdem sie zehn Monate die Leibesfrucht getragen, gebären sie um den elften; darum halten sie es den zwölften nicht durch: denn im zwölften wurden sie in Pflege genommen. Darum, wer solches weiſs, der nimmt die gebornen Geschöpfe in Pflege und zeugt der gebornen noch weitere. Von diesen, da er sie in Pflege nahm, entlief ihm die Mauleselin; er sprang ihr nach und nahm ihren Samen weg; den verpflanzte er in die Stute, daher die Stute zweisamig ist. Darum ist die Mauleselin unfruchtbar; denn der Same ist ihr weggenommen. Darum eben ist sie auch nicht als Opferlohn zu geben. Denn weil sie bei dem Opfer [des Prajâpati] überschofs, darf sie nur bei dem Überschüssigen Opfergabe sein, gemäfs der Entsprechung, und bei dem [letzten] Lobgesang des sechzehnteiligen Opfers gegeben werden; denn das sechzehnteilige Opfer ist [um eins] überschüssig; beim überschüssigen also mag man die Überschüssige spenden. — Da begehrte er: «ich will das Opfer schaffen!» Da schuf er aus seinem Munde das dreigeflochtene [aus Ṛigv. 9,11 durch Verflechtung der Verse 1. 4. 7. 2. 5. 8. 3. 6. 9. gebildete] Loblied; ihm nach wurde geschaffen die Gâyatrî als Metrum, Agni als Gottheit, der Brahmane als Mensch, der Frühling als Jahreszeit. Darum ist das dreigeflochtene der Mund [das Erste] unter den Lobliedern, die Gâyatrî unter den Metren, Agni unter den Göttern, der Brahmane unter den Menschen, der Frühling unter den Jahreszeiten. Darum übt der Brahmane seine Wirksamkeit durch den Mund; denn aus dem Munde ist er geschaffen. Der übt Wirksamkeit durch den Mund, wer solches weifs. — Da schuf er aus seiner Brust, nämlich seinen Armen, das fünfzehnfache Loblied; ihm nach wurde geschaffen die Trishṭubh als Metrum, Indra als Gottheit, der Râjanya als Mensch, der Sommer als Jahreszeit. Darum gehört dem Râjanya das fünfzehnfache Loblied, die Trishṭubh als Metrum, Indra als Gottheit, der Sommer als Jahreszeit. Darum auch übt er seine Wirksamkeit durch die Arme; denn aus den Armen ist er geschaffen. Der übt Wirksamkeit durch die Arme, wer solches weifs. — Da schuf er aus seiner Mitte, nämlich seinem Zeugungsgliede, das siebzehnfache Loblied; ihm nach wurde geschaffen die Jagatî als Metrum, die Viçve Devâs als Gottheit, der Vaiçya als Mensch, die Regenzeit als Jahreszeit. Darum vergeht der Vaiçya nicht, soviel auch an ihm gezehrt wird: denn er ist aus dem Zeugungsgliede geschaffen. Darum ist er auch reich an Vieh; denn er gehört den Viçve Devâs an und der Jagatî, und die Regenzeit ist seine Jahreszeit. Darum sollen Brahmanen und Râjanya's an ihm zehren, denn zum Unterthan ist er erschaffen. — Da schuf er aus seinen Füfsen, nämlich aus seinem Untergestell, das einundzwanzigfache Loblied; ihm nach wurde geschaffen die Anushṭubh als Metrum, gar keine als Gottheit, der Çûdra als Mensch; daher der Çûdra, auch wenn er viel Vieh hat, doch nicht opferfähig ist, denn er ist ohne Gottheit, denn ihm nach wurde gar keine Gottheit geschaffen. Darum kann er nicht höher als bis zum Füfsewaschen befördert werden, denn aus den Füfsen ist er geschaffen. Darum ist das einundzwanzigfache unter den Lobliedern das Untergestell; denn aus dem Untergestelle ist es geschaffen; darum darf die Anushṭubh mit den übrigen Metren ihren Platz nicht tauschen; damit auseinandergehalten bleibe das Schlechte und das Bessere. Dem wird zu teil Auseinanderhaltung des Schlechten und des Bessern, der solches weifs."

Taittirīya-brāhmaṇam, 2,1,6.

„Prajâpati begehrte: «möge mir ein Selbsthaftes werden!» Da opferte er, und es wurde ihm ein Selbsthaftes, nämlich Agni, Vâyu und Âditya. Die sprachen: «Prajâpati hat geopfert, damit ihm ein Selbsthaftes werden möge, und wir sind ihm geworden. Möge denn auch uns ein Selbsthaftes werden!» so sprachen sie und opferten für die Lebenshauche Agni, für den Leib Vâyu, für das Auge Âditya. Da entstand aus ihrem Geopferten eine Kuh. Um deren Milch gerieten sie in Streit, denn sie sprachen: «aus meinem Geopferten ist sie entstanden, — nein, aus meinem!» Sie gingen, den Prajâpati zu befragen. Und Âditya sprach zu Agni: «wenn einer von uns beiden obsiegt, so soll sie uns beiden gemeinsam gehören.» Prajâpati sprach: «wofür hat der eine, wofür der andere geopfert?» — «Ich für die Lebenshauche», sprach Agni. «Ich für den Leib», sprach Vâyu. «Ich für das Auge», sprach Âditya. — Er sprach: «wer für die Lebenshauche geopfert hat, aus dessen Geopfertem ist sie entstanden; sie ist aus dem Geopferten des Agni entstanden». — Das ist das Agnihotrasein (das Wesen) des Agnihotram. Eine Kuh ist das Agnihotram. Wer solches weifs, dafs das Agnihotram eine Kuh ist, der macht für seinen Einhauch und Aushauch den Agni gedeihen. Nicht ungedeihend ist an Einhauch und Aushauch, wer solches weifs. — Zu den beiden sprach Vâyu: «lafst mich teilnehmen!» — Sie sprachen: «was [von der Milch], wenn man sie auf dem Gârhapatyafeuer aufgesetzt hat, zu dem Âhavanîyafeuer hinläuft (lies: *abhyuddravat*), damit erfreut man dich». — Darum, wenn man sie auf dem Gârhapatyafeuer aufgesetzt hat, so läuft sie zu dem Âhavanîyafeuer hin; damit erfreut man den Vâyu. — Prajâpati also, da er die Götter schuf, hat den Agni als erste der Gottheiten geschaffen. Dieser, da er kein anderes Opfertier zum Schlachten fand, kehrte sich gegen den Prajâpati. Der fürchtete sich vor dem Tode. Darum schuf er aus seinem Selbst (Leibe) jene Sonne. Die opferte jener und liefs von ihm ab. So wehrte Prajâpati den Tod ab. — Der wehrt den Tod ab, wer solches weifs. Darum auch, wenn sie für einen, der solches weifs, sei es einen Tag, sei es zwei Tage, nicht opfern, so ist von ihm doch geopfert: denn jene Sonne ist sein Agnihotram."

Taittirîya-brâhmaṇam 2,2,7.

„Prajâpati schuf die Geschöpfe; diese, nachdem sie geschaffen, klumpten zusammen. Da ging er in sie ein mit der Gestalt *(rûpam)*; darum sagt man: fürwahr, Prajâpati ist die Gestalt. Da ging er in sie ein mit dem Namen *(nâman)*; darum sagt man: fürwahr, Prajâpati ist der Name. [Vgl. das spätere *nâmarûpam*, Erscheinungswelt.] Darum auch zwei Feinde, die zusammentreffen, wenn sie sich mit dem Namen anrufen, so werden sie Freunde [sie erinnern sich, dafs sie gleichen Wesens, dafs sie beide Menschen sind]. — Prajâpati hatte die Götter und Dämonen erschaffen; den Indra aber hatte er noch nicht erschaffen. Da sprachen die Götter zu ihm: «schaffe uns den Indra!» Da erschaute er in seinem Selbst (Leibe) den Indra. Den schuf er, und in den ging die Trishṭubh als Tapferkeit ein, und der fünfzehnspitzige Donnerkeil kam in seine Hand; mit diesem bewaffnet streckte er sie aus und überwältigte die Dämonen. Wer solches weifs, der überwältigt seine Nebenbuhler. Die Götter, nachdem sie [im Kampfe] mit den Dämonen gesiegt hatten, gingen ein in die Himmelswelt. Aber sie litten Hunger in jener Welt und sprachen: «von dort her kommt die Opfergabe; wie (als welche) sollen wir [ohne sie hier] leben!» Da schufen sie das Opfer mit sieben Priestern und sandten den *Ayâsya Âṅgirasa* aus, damit er es dort unten für sie einrichtete. Fürwahr, dieses hier ist seine Einrichtung. Alles was in der Welt ist, wer solches weifs, dem fällt es zu. Dieses, fürwahr, ist unter den Menschen das Opfer mit sieben Priestern; und den Göttern, welche in jener Welt sind, führt es die Opfergabe zu. Wer solches weifs, dem neigt das Opfer sich zu. Er aber [*Ayâsya*] erwog: «gewifs werden die Menschen nun sich aus dieser Welt nach jener Welt hinsehnen». Da sprach er den Spruch: *Vâcaspate, hṛid(vidhe nâman)*, «o, Redeherr, Herz(-ordnender genannt», anders Maitr. Kâṭh.). Darum ist der Sohn das Herz. Darum sehnen sie sich nicht aus dieser Welt nach jener Welt hin. Denn der Sohn ist das Herz" [Polemik der Brâhmaṇa's gegen die aufkommende Weltfluchtlehre der Upanishad's].

Çatapatha-brâhmaṇam, 2,2,4.

„Prajâpati war diese Welt zu Anfang nur allein; der erwog: «wie kann ich mich fortpflanzen?» Er mühte sich ab, er übte

1. Prajâpati als Schöpfer, Çatap. Br. 2,2,4.

Tapas; da erzeugte er aus seinem Munde Agni (das Feuer); weil er ihn aus seinem Munde erzeugte, darum ist Agni Speiseverzehrer. Wer also diesen Agni als Speiseverzehrer weifs, der wird selbst ein Speiseverzehrer." Es folgt eine etymologische Erklärung des Wortes *agni*. — „Prajâpati erwog: «als Speiseverzehrer habe ich diesen Agni aus mir erzeugt; aber es ist hier nichts andres aufser mir vorhanden, was er essen könnte [*na* pleonastisch]»; denn die Erde war damals ganz kahl beschaffen; es gab keine Kräuter und keine Bäume; das war ihm in Gedanken. Da kehrte sich Agni mit aufgerissenem Rachen gegen ihn. Von ihm, da er sich fürchtete, entwich die ihm eigene Gröfse; die Rede *(vâc)* nämlich ist an ihm die ihm eigene Gröfse; die Rede also entwich von ihm." (Erklärung, warum die Handflächen ohne Haare sind. Etymologie von *oshadhi* Pflanze; sodann von dem Opferrufe *svâhâ:*) „Da sprach zu ihm die ihm eigene Gröfse: «opfere!» und Prajâpati erkannte: «die mir eigene *(sva)* Gröfse hat zu mir gesprochen *(âha)*»; und er opferte mit dem Rufe *svâhâ;* darum wird mit dem Rufe *svâhâ* geopfert. Darauf stieg Er empor, der dort glüht (die Sonne); darauf erhob sich Er, der hier läutert (der Wind). Da wandte sich Agni von Prajâpati weg. So hat also Prajâpati dadurch, dafs er opferte, sich fortgepflanzt und zugleich vor dem Tode, der als Agni ihn fressen wollte, sich selbst gerettet; wer das *Agnihotram* opfert, indem er es also weifs [nämlich als *Agni-ho-tram,* „Rettung vor dem Feuer durch Opfern"], der pflanzt sich mit derselben Nachkommenschaft fort, mit der Prajâpati sich fortpflanzte, und rettet ebenso wie er sich selbst vor dem Tode, wenn er als Agni ihn fressen will. Wenn nun einer stirbt, und wenn sie ihn auf das Feuer legen, dann wird er aus dem Feuer wieder geboren; denn nur seinen Leib verbrennt das Feuer, aber wie man von einem Vater oder einer Mutter geboren wird, also wird er aus dem Feuer wieder geboren; aber durchaus nicht wieder ersteht*, wer das Agnihotram nicht opfert; darum ist das Agnihotram zu opfern." [Weiter von der Entstehung der Kuh und dem Streit um ihre Milch, ähnlich wie Taitt.. Br. 2,1,6, oben S. 185.]

Çatapatha - brâhmaṇam 2,5,1,1.

„Prajâpati war diese Welt zu Anfang nur allein. Er erwog: «wie kann ich mich fortpflanzen?» Er mühte sich ab, er übte

---

* Hier ist noch keine Seelenwanderung, wohl aber ein erster Ansatz zu dieser Lehre.

Tapas, da schuf er Geschöpfe. Diese Geschöpfe, die er geschaffen, gingen zu Grunde; es waren so Vögel; nämlich der Mensch steht dem Prajâpati am nächsten, der Mensch aber ist zweifüfsig, darum sind die Vögel zweifüfsig. Da erwog Prajâpati: «so wie ich vorher allein war, so bin ich auch jetzt noch allein». Und er schuf abermals Geschöpfe; und auch die gingen ihm zu Grunde; es war so kleines Kriechzeug, ohne die Schlangen. Und er schuf zum drittenmal Geschöpfe, so sagen sie; und auch die gingen ihm zu Grunde; es waren so Schlangen. Diese [erstgeschaffenen] hat allerdings Yâjñavalkya für zweifach erklärt, für dreifach hingegen erklärt sie [der Rishi] durch einen Vers [Rigv. 8,101,14, s. u.]. Prajâpati, lobsingend und sich abmühend, erwog: «wie kommt es, dafs mir diese Geschöpfe, nachdem sie geschaffen, zu Grunde gehen?» Da erkannte er dieses: «weil sie nichts zu essen haben, gehen die Geschöpfe mir zu Grunde». Da liefs er aus sich zuvor in den Brüsten Milch quellen; und dann schuf er Geschöpfe: diese Geschöpfe, nachdem er sie geschaffen, indem sie zu seinen Brüsten gelangten, so blieben dieselben weiterhin bestehen, und diese gingen nicht zu Grunde. Darum ist dieses von dem Rishi (Rigv. 8,101,14) gesprochen worden: «Vorüber gingen dreimal die Geschöpfe», nämlich die, welche zu Grunde gingen, von denen ist dieses gesagt; «doch andre lagerten rings um den Glanz sich»; nämlich der Glanz ist Agni, und jene Geschöpfe, welche nicht wieder zu Grunde gingen, die lagerten sich rings um den Agni, auf sie bezieht sich dieses; «grofsmächtig stand er in der Wesen Mitte», dies bezieht sich auf Prajâpati; «ein ging er, der da läutert, in die Falben»; die Falben sind die Himmelsgegenden: in sie ging er, der da läutert, nämlich der Wind, ein. Von ihnen also ist dieser Vers gesprochen worden. Und nun werden die Geschöpfe hier in derselben Weise geboren, wie Prajâpati sie geschaffen hat. Denn so ist es: wenn einem Weibe die Brüste schwellen oder den Tieren das Euter, dann wird geboren, was geboren wird; und indem sie sodann an die Brüste gelangen, bleiben sie bestehen. Darum ist die Nahrung die Milch; denn diese hat zu Anfang Prajâpati als Nahrung hervorgebracht; und darum sind die Geschöpfe Nahrung, denn durch Nahrung bestehen sie; nämlich bei denen, welche Milch haben, gelangen sie an die Brüste, und davon bestehen sie; die aber, welche keine Milch haben, die ätzen die Gebornen, darum bestehen dieselben aus Nahrung, darum sind die Geschöpfe Nahrung."

1. Prajāpati als Schöpfer, Çatap. Br. 7,5,2,6.

Çatapatha-brāhmaṇam 7,5,2,6 fg.

„Prajāpati war diese Welt zu Anfang nur allein. Er begehrte: «ich will Nahrung schaffen, will mich fortpflanzen». Da schuf er aus seinen Lebenshauchen die Tiere, nämlich aus dem Manas den Menschen, aus dem Auge das Pferd, aus dem Odem die Kuh, aus dem Ohre das Schaf, aus der Rede die Ziege. Weil er sie aus den Lebenshauchen geschaffen hat, darum sagt man: die Tiere sind die Lebenshauche. Das Manas nun ist der erste unter den Lebenshauchen. Weil er aus dem Manas den Menschen geschaffen hat, darum sagt man, der Mensch ist das erste unter den Tieren, nämlich das stärkste; ja, alle Lebenshauche sind Manas, denn in dem Manas sind alle Lebenshauche gegründet. Weil er aus dem Manas den Menschen gebildet hat, darum sagt man: alle Tiere sind der Mensch; denn dem Menschen gehören sie alle an."

Çatapatha-brāhmaṇam 11,5,8,1 fg.

„Prajāpati war diese Welt zu Anfang nur allein. Er begehrte: «ich will [vieles] sein, will mich fortpflanzen». Er mühte sich ab, er übte Tapas. Aus ihm, da er sich abmühte und Tapas übte, wurden die drei Welten geschaffen, die Erde, der Luftraum und der Himmel. Er bebrütete diese drei Welten. Aus ihnen, da er sie bebrütete, entstanden die drei Lichter, nämlich Agni, der da reinigt, und die Sonne"; u. s. w. wie Ait. Br. 5,32, oben S. 183.

* * *

Diese Proben aus den drei ältern Veden mögen genügen, um eine Anschauung zu geben über die Art, wie die Schöpfung der Welt durch Prajāpati von den Brāhmaṇa's nicht sowohl gelehrt, als vielmehr vorausgesetzt und ihren liturgischen Interessen gemäſs verwertet wird. Im Atharvaveda erscheint der Standpunkt der Weltschöpfung durch Prajāpati bereits als veraltet, und die Saṃhitā wie das Brāhmaṇam erwähnen (von einzelnen mythologischen Floskeln abgesehen, die für sich nichts bedeuten) den Prajāpati nur, um ihn umzudeuten oder auf ein anderes Princip zurückzuführen; so Atharvav. 10,7 und 10,8 auf den *Skambha*, 11,4 auf den *Prāṇa*, 11,5 auf den *Brahmacārin*, 11,7 auf den *Ucchiṣṭa* (masc.), 19,53 auf den *Kāla*, von denen später zu handeln sein wird. Eine förmliche Absetzung des Prajāpati kann man darin finden, daſs Atharvav. 4,2

sein Hymnus Ṛigv. 10,121 wiederholt wird mit Auslassung des
letzten Verses, in dem allein sein Name vorkommt, und hierzu
stimmt, daſs das zum Atharvaveda gehörige Gopathabrâhmaṇam
in dem nicht mehr von Prajâpati, sondern von dem Brâhman
(neutr.) ausgehenden Schöpfungsmythus 1,1 den *Atharvan* für
Prajâpati erklärt: „Zu diesem Atharvan sprach Brahman: «o
Herr der Geschöpfe (*Prajâpate*, so zu lesen), schaffe Geschöpfe
und behüte sie!» Weil er sprach: «o Herr der Geschöpfe,
schaffe Geschöpfe und behüte sie», darum ward er *(Atharvan)*
zu Prajâpati: dies ist das Prajâpatisein des Prajâpati; fürwahr, der Atharvan ist Prajâpati. Der glänzt wie ein Prajâpati
in allen Welten, der solches weiſs." — Diese Erscheinungen
weisen darauf hin, daſs die Atharvasaṃhitâ ihrem Hauptbestande nach jünger als die ältesten Teile der Brâhmaṇa's ist.

Ehe wir Prajâpati als Weltschöpfer verlassen, müssen wir
noch der wunderlichen, oft vorkommenden Vorstellung seiner
durch das Weltschaffen bewirkten Erschöpfung gedenken.
Wie er, um die Welt zu schaffen, sich anstrengt und Tapas
übt, so ist er nach der Weltschöpfung „auſser Atem" *(atâmyat,*
Pañcav. Br. 10,2,1), „fühlt sich ausgemolken, ausgeleert" *(dug-
dho riricâno 'manyata,* Pañcav. Br. 9,6,7. Çatap. Br. 3,9,1,2) und
„mager" (*rûksha,* Pañcav. Br. 24,13,2); seine Glieder lösen sich
auf (Çatap. Br. 1,6,3,35. 4,6,4,1. 10,1,1,1—3), die Lebensodem
entweichen aus ihm (Ç'atap. Br. 8,1,1,3), sein Leib schwillt an
(Çatap. Br. 13,4,4,6), — worauf dann die Sache in der Regel auf
die Empfehlung irgend eines Opfergebrauches hinausläuft, durch
den Prajâpati sich wieder gestärkt haben soll, oder durch den
ihm die Menschen wieder aufhelfen; so Pañcav. Br. 21,4,2: „Das
Auge des Prajâpati schwoll *(açvayat),* es fiel heraus, es ward
ein Roſs *(açva);* das ist die Roſsheit des Rosses; die Götter
setzten durch ein Roſsopfer sein Auge wieder ein. Fürwahr,
der macht den Prajâpati wieder ganz, welcher das Roſsopfer
darbringt." — Aber diesem Mythus dürfen wir vielleicht doch
eine tiefere Bedeutung zuschreiben, wenn wir lesen (z. B.
Çatap. Br. 10,1,1,1—3), daſs Prajâpati das Jahr (wovon Weiteres
später), und daſs seine zerfallenden Glieder die Tage und
Nächte des Jahres seien. Das Jahr ist, hier wie oft, die Zeit
als die allgemeine Form des Weltlebens. Die Einheit des

schöpferischen Princips ist in die Vielheit der Welterscheinungen zerfallen, und auf dem Wege der religiösen Andacht (Opfer u. s. w.) erheben wir uns von dieser Vielheit zur ewigen Einheit und stellen sie wieder her. Hieran schliefst sich der Gedanke, dafs, wie später das Brahman (Taitt. Up. 2,6. Bṛih. Up. 2,3), so auch schon Prajâpati zwei Seiten hat, die eine als Welt, die andere an sich, welche daher unfafsbar und unaussprechlich ist, Çatap. Br. 14,1,2,18: „Fürwahr, dieses Opfer ist Prajâpati; denn Prajâpati ist beides, ausgesprochen und unausgesprochen, ermessen und unermessen. Darum, was der Priester mit dem Opferspruche vollbringt, damit weiht er, was an jenem die ausgesprochene und ermessene Form ist; und was er schweigend vollbringt, damit weiht er, was an jenem die unausgesprochene, unermessene Form ist."

2. Prajâpati als Erhalter und Regierer.

Der indische Schöpfungsbegriff unterscheidet sich von dem im Abendlande üblichen unter anderm dadurch, dafs Gott (wie schon Ṛigv. 1,90. 121. 129) nicht sowohl eine Welt aufser sich setzt, als vielmehr sich selbst ganz oder teilweise (d. h. unbeschadet seines selbständigen Fortbestehens) in die Natur und ihre Erscheinungen umwandelt. Dies gilt, trotz seiner persönlichen Fassung, auch schon von Prajâpati, von dem es z. B. heifst (Vâj. Saṃh. 8,36):

> Er, über dem nichts Höh'res ist vorhanden,
> Der eingegangen in die Wesen alle,
> Prajâpati, mit Kindern sich beschenkend,
> Durchdringt die drei Weltlichter sechzehnteilig.

Die drei Weltlichter sind *Agni*, *Vâyu* und *Sûrya*, welche in der Brâhmaṇazeit die drei Regenten der Erde, des Luftraums und des Himmels sind; sechzehnteilig durchdringt sie Prajâpati als die Einheit des sechzehnteiligen psychischen Organs; nach andern Stellen ist er das über die Körperteile hinaus als siebzehntes bestehende Lebensprincip (Çatap. Br. 10,4,1,16).' „Er hat die Kreaturen, nachdem er sie erschaffen, mit Liebe durchdrungen" (Taitt. Saṃh. 5,5,2,1), wie er denn noch in späterer Zeit speciell derjenige ist, welcher den Keim im

Mutterleibe ausbildet (Vâj. Saṃh. 31,19. Çatap. Br. 14,9,4,20). Er hat alles erschaffen, was vorhanden ist (Çatap. Br. 6,1,2,11), er hat die Götter aus seinem Selbst geformt (*âtmano niramimîta*, Taitt. Br. 1,7,1,5); aber neben den unsterblichen Göttern sind auch die sterblichen Menschen aus ihm entsprungen; „von diesem Prajâpati ward die Hälfte sterblich, die Hälfte unsterblich; das was an ihm sterblich war, damit fürchtete er sich vor dem Tode", den er vorher selbst als den Fresser erschaffen hat (Çatap. Br. 10,1,3,1). Als dritte aufser Göttern und Menschen (Çatap. Br. 14,8,2,1) hat er die *Asura*'s, d. h. die Dämonen erschaffen; ihr Name „der Lebendige" bedeutet im Ṛigveda noch den Gott, erst in einigen spätern Hymnen den Dämon; in den Brâhmaṇa's ist viel von den Asura's die Rede, und ihr Wettstreit mit den Göttern, aus dem diese als Sieger hervorgehen, ist eines der beliebtesten Themata. Ihre Bosheit scheint ihnen ursprünglich von Prajâpati anerschaffen zu sein, und eine merkwürdige Stelle erzählt, wie Prajâpati den Göttern, Vätern (Manen), Menschen und Dämonen ihre Bestimmung zuteilt, in folgender Weise:

Çatapatha-brâhmaṇam 2,4,2,1—6.

„Zu Prajâpati nahten sich die Wesen, denn [seine] Geschöpfe sind die Wesen, und sprachen: «Verordne uns, wie wir leben sollen!» Da geschah es, dafs [zuerst] die Götter, mit der Opferschnur bekleidet und das rechte Knie beugend, sich ihm nahten. Zu denen sprach er: «Das Opfer sei eure Speise, eure Unsterblichkeit sei eure Lebenskraft, die Sonne sei euer Licht!» — Da geschah es, dafs die Väter, mit der Opferschnur über der rechten Schulter [wie sie beim Manenopfer getragen wird] und das linke Knie beugend, sich ihm nahten. Zu denen sprach er: «Monatlich sei euer Essen, euer Labetrank sei eure Gedankenschnelle, der Mond sei euer Licht!» — Da geschah es, dafs die Menschen, bekleidet und einen Schofs machend [mit beiden Knien einknickend] sich ihm nahten. Zu denen sprach er: «Abends und morgens sei euer Essen, eure Nachkommenschaft sei euer Tod [ihr sollt in euren Nachkommen fortleben], das Feuer sei euer Licht!» — Da geschah es, dafs die Tiere sich ihm nahten. Denen liefs er freie Wahl und sprach: «Wann irgend ihr etwas finden mögt, sei es zur Zeit, sei es zur Unzeit, dann mögt ihr essen!» Daher kommt es, dafs diese, wann irgend sie etwas finden, sei es

2. Prajâpati als Erhalter und Regierer, Çatap. Br. 2,4,2,1—6.

zur Zeit, sei es zur Unzeit, so essen sie es. — Da geschah es, so sagen sie, dafs sich ihm sogar *(çaçvat)* die Dämonen nahten. Denen verlieh er Finsternis *(tamas)* und bösen Zauber *(mâyâ);* denn freilich giebt es so etwas, was man dämonischen Zauber nennt. Und freilich sind jene Geschöpfe umgekommen; aber diese Geschöpfe hier leben so, wie es jenen Prajâpati verordnet hat. Die Götter übertreten sein Gebot nicht, noch auch die Väter, noch auch die Tiere; die Menschen sind die einzigen, welche es übertreten. Darum wenn ein Mensch sich mästet, das ist nicht schön, dafs er sich mästet; denn er watschelt und ist nicht im stande zu gehen; denn er hat Unrecht gethan, dafs er sich mästete. Darum soll man nur abends und morgens essen. Wer solches wissend abends und morgens ifst, der kommt zu vollem Alter, und alles was er durch die Rede äufsert, das trifft zu; denn er beobachtet die Wahrheit des Gottes [Prajâpati]; und das ist es, was man den brahmanischen Glanz nennt, dafs einer der Satzung desselben nachzuleben vermag."

Nach dieser Stelle scheint den Dämonen die Finsternis *(tamas)* als ihr Gebiet, die arglistige Zauberkunst *(mâyâ)* als ihre natürliche Thätigkeit anerschaffen zu sein, und eben darauf läuft es hinaus, wenn an andern Stellen z. B. als das vom Vater Prajâpati erhaltene Erbe der Götter und Dämonen die helle und die dunkle Monatshälfte bezeichnet wird (Çatap. Br. 1,7,2,22), oder wenn Prajâpati (Çatap. Br. 11,1,6,7) die Götter aus dem Hauche seines Mundes und die Dämonen aus dem entgegengesetzten *avâṅ prâṇaḥ* schafft, wobei es ihm dunkel wird, und er begreift: „gewifs habe ich ein Übel erschaffen, da es mir beim Schaffen dunkel wurde". — Wir befinden uns eben in einer Periode, wo der Menschheit die grofse Frage: πόϑεν τὸ κακόν, noch nicht aufgegangen war. — Sind nun so auch alle Wesen, Götter, Menschen und Dämonen, von Prajâpati erschaffen, so ist er doch speciell der Vater und Helfer der Götter; er ist zu den dreiunddreifsig Göttern der vierunddreifsigste (Çatap. Br. 5,1,2,13) und thront über den drei Welten, Erde, Luftraum und Himmel, als der vierte (Çatap. Br. 4,6,1,4). [In späterer Zeit, wo er seinen Platz an das Brahman hat abtreten müssen, befindet sich seine Welt *(loka)* zwischen *Brahmaloka* und *Gandharvaloka* (Çatap. Br. 14,6,6,1).] Er ist der Hausherr *(grihapati)* der Götter (Ait.

Br. 5,25), die oftmals in ihren Nöten, z. B. wenn sie von den Dämonen bedrängt werden (Pañcav. Br. 18,1,2), oder wenn sie sich vor dem Tode fürchten (Pañcav. Br. 22,12,1), sich an Prajâpati wenden, der ihnen dann in der Regel durch Mitteilung eines rituellen Spruches oder Gebrauches, der gerade empfohlen werden soll, zu helfen pflegt, übrigens aber, wie ein Vater seinen Söhnen, sich den Göttern hilfreich erweist, ohne von ihnen einen Gegenlohn zu fordern (Çatap. Br. 8,4,1,4). Speciell unterstützt er, durch Mitteilung gewisser Sprüche, den Indra in seinem Kampfe gegen die Dämonen (Pañcav. Br. 12,13,4 u. ö.); ihm hat er die Siegessprüche *(jaya)* verliehen (Taitt. Saṃh. 3,4,4,1), ihm auch die Krone *(sraj)* als Symbol seiner Herrschaft über die Götter gereicht (Pañcav. Br. 16,4,3). Aber auch den Agni nimmt er „als seinen lieben Sohn" an die Brust (Çatap. Br. 9,2,3,50), und die Ṛibhu's haben „seine Liebe gewonnen" (Çāṅkh. Br. 16,1). Bei Streitigkeiten zwischen den Göttern entscheidet er; so zwischen Indra und Vâyu (Çatap. Br. 4,1,3,14) und zwischen Agni, Vâyu und Âditya (Taitt. Br. 2,1,6, oben S. 185); so auch in dem Rangstreite zwischen *Manas* (Verstand) und *Vâc* (Rede), den wir aus *Çatap. Br. 1,4,5,8—11* hier übersetzen:

„Es geschah einmal, dafs der Verstand und die Rede sich um den Vorrang stritten. Der Verstand sprach: «Ich bin besser als du; denn du sprichst nichts, was ich nicht vorher erkannt hätte. Dieweil du nun so nachmachst, was ich thue, und in meinem Geleise läufst, so bin ich besser als du». Da sprach die Rede: «Ich bin besser als du; denn was du erkannt hast, das thue ich kund, das mache ich bekannt». Sie gingen den Prajâpati um Fragentscheidung an. Prajâpati stimmte dem Verstande bei und sprach: «Allerdings ist der Verstand besser als du; denn was der Verstand thut, das machst du nach und läufst in seinem Geleise; es pflegt aber der Schlechtere nachzumachen, was der Bessere thut, und in seinem Geleise zu laufen»."

3. Versuche, den Prajâpati aus einem noch höhern Princip abzuleiten.

Der Prajâpatihymnus, Ṛigv. 10,121, lehrte, wie wir sahen (oben S. 128—133), dafs Prajâpati auch schon die Urwasser aus sich hervorbrachte, um dann als goldner Keim *(hiraṇya-*

3. Versuche, den Prajâpati abzuleiten: Âpas — Prajâpati.

garbha) selbst in ihnen zu entstehen. Hiernach ist Prajâpati das schlechthin oberste Princip, und in diesem Sinne behandeln ihn auch die bisher mitgeteilten Brâhmaṇastellen. Aber schon in jenem Schöpfungshymnus war das Hervorgehen der Urwasser aus Prajâpati nur nebenbei erwähnt, und im übrigen die Entstehung des Prajâpati aus den Urwassern so sehr in den Vordergrund gestellt worden, dafs eine zu einem materiellen Urprincip hinneigende Richtung sehr wohl hieran anknüpfen konnte, um mit allem andern auch den Prajâpati aus den Wassern als letztem Princip abzuleiten.

Âpas — Prajâpati.

Dieses Streben zeigt sich schon in einigen Stellen der Taittirîya-saṃhitâ. So in dem Schöpfungsmythus, *Taitt. Saṃh. 5,6,4,2:*

„Wasser fürwahr war diese Welt zu Anfang, ein Gewoge (*salilam*, Ṛigv. 10,129,3): Prajâpati aber als Wind (vgl. *ánid avátam*, Ṛigv. 10,129,2) wiegte sich auf einem Lotosblatte; er fand keinen Standort; da erblickte er dieses Nestwerk der Wasser, auf dem schichtete er das Feuer, das ward zu dieser Erde; da stützte er sich darauf" u. s. w.

Ebenso *Taitt. Saṃh. 7,1,5,1:*

„Wasser fürwahr war diese Welt zu Anfang, ein Gewoge: auf diesem fuhr Prajâpati als Wind dahin; da sah er diese Erde; die holte er als Eber [in dem Grunde der Wasser wühlend] herauf, die rieb er als Viçvakarman (Ṛigv. 10,82,1 oben S. 138), dafs sie trocken wurde; dadurch ward sie breit, ward zur Erde (*pṛithivî*, eigentlich „die breite"); das ist der Erde Erdesein. Dabei mühte sich Prajâpati ab; da schuf er die Götter" u. s. w.

Deutlicher tritt das Oppositionelle, ja Polemische dieses Standpunktes hervor, wo den weltschaffenden Wassern dieselben asketischen Bemühungen zugeschrieben werden wie früher dem Prajâpati, wiewohl sie nur bei diesem, als einem persönlichen Wesen, einigen Sinn haben. So *Çatap. Br. 11,1,6,1:*

„Wasser fürwahr war diese Welt zu Anfang, ein Gewoge. Diese Wasser begehrten: «wie könnten wir uns wohl fortpflanzen?» Sie mühten sich ab, sie übten Tapas. In ihnen, da sie Tapas übten, entstand ein goldnes Ei. Nämlich das Jahr [die Zeit] war damals noch nicht entstanden. Dieses goldene Ei, solange die

Dauer eines Jahres ist, solange schwamm es umher. Darauf während des Jahres entstand [in dem Ei] ein Mann *(purusha)*, der ist Prajâpati. Daher auch erst in einem Jahre eine Frau oder Kuh oder Stute gebiert, denn in einem Jahre wurde Prajâpati geboren. Da zerbrach er jenes goldene Ei, nämlich damals gab es noch keinen Standort; daher jenes goldene Ei, solange wie die Dauer eines Jahres ist, ihn tragend umherschwamm. Nach einem Jahr verlangte er zu sprechen, und er sprach: *bhûr*, da ward die Erde; *bhuvar*, da ward der Luftraum; *svar*, da ward der Himmel. Darum auch ein Knabe nach einem Jahre zu sprechen verlangt, denn nach einem Jahre hat Prajâpati gesprochen."

Dasselbe Motiv wird in charakteristischer Weise in der zugehörigen Upanishad variiert, *Çatap. Br. 14,8,6,1:*

„Wasser nur war diese Welt zu Anfang; diese Wasser schufen die Wahrheit, die Wahrheit schuf das Brahman, d. i. den Prajâpati, Prajâpati die Götter."

Hier wird, dem Upanishadstandpunkte entsprechend, das goldne Ei mit der Wahrheit, Prajâpati mit Brahman identifiziert. — Gleichfalls einem viel fortgeschrittenern Standpunkte gehört der Schöpfungsmythus im Taittirîya-âraṇyakam 1,23 (p. 141—149) an; doch schließt er sich, wenigstens der Form nach, an die vorherigen Stellen an, da auch er aus den Wassern Prajâpati, aus Prajâpati alles andere hervorgehen läßt; daher wir ihn hier übersetzen wollen, um so mehr, als er eine passende Vorbereitung auf das Folgende bildet, das er vielfach anticipiert oder vielmehr voraussetzt, seiner spätern Stellung in einem Âraṇyakam entsprechend.

Taittirîya-âraṇyakam 1,23.

„Wasser fürwahr war diese Welt, ein Gewoge, da entstand Prajâpati allein auf einem Lotosblatte. In dessen Geiste *(manas)* ging hervor ein Verlangen *(kâma)*: «ich will diese Welt schaffen!» Darum, was ein Mann mit seinem Geiste erstrebt, das spricht er aus durch die Rede, das vollbringt er durch die That. Darüber ist dieser Vers [Ṛigv. 10,129,4; eine abweichende Auffassung oben S. 123 fg.]:

«Da ging aus ihm zuerst hervor Verlangen,
«Des Geistes erster Samenguß war dieses. —
«Des Daseins Wurzelung im Nichtsein fanden
«Die Weisen forschend in des Herzens Triebe.»

Dem neigt sich zu, wonach er Verlangen trägt, wer solches weifs! — Er (Prajâpati) übte Tapas; nachdem er Tapas geübt, schüttelte er seinen Leib von sich ab. Was das Fleisch war, daraus entstanden die *Aruṇaketu*'s, die windumgürteten *(vâtaraçana)* Ṛishi's; aus seinen Nägeln *(nakha)* die *Vaikhânasa*'s, aus seinen Haaren *(vâla)* die *Vâlakhilya*'s; und was sein Saft war, der blieb im Wasser; aus dem entstand eine Schildkröte; zu dieser, da sie umherkroch, sprach er: «Du bist ja doch aus meinem Fleisch entstanden!» (lies: *mama vai tvaṃ mâṅsât samabhûḥ*). — «O nein», sprach sie, «sondern ich war schon vorher *(pûrvam)* hier!» Daher kommt der Name *Purusha*. Dieser (Ṛigv. 10,90,1),

«Der Purusha mit tausendfachen Häuptern,
«Mit tausendfachen Augen, tausend Füfsen»,

entstand und erhob sich. Zu ihm sprach er: «Ja wirklich, du bist vorher gewesen; so mache als Vorheriger diese Welt.» [Priorität des Purusha vor Prajâpati.] Da nahm derselbe von hier Wasser mit den [als Zeichen der Verehrung] zusammengehaltenen hohlen Händen und schüttete davon nach vorne mit den Worten: *evâ hi eva* (Taitt. Âr. 1,20,1. 1,25,3); daraus entstand die Sonne; das war die östliche Himmelsgegend. Darauf schüttete *Aruṇaketu* davon nach rechts mit den Worten: *evâ hi agne*; daraus entstand das Feuer; das war die südliche Himmelsgegend. Darauf schüttete *Aruṇaketu* davon nach hinten mit den Worten: *evâ hi vâyo*; daraus entstand der Wind; das war die westliche Himmelsgegend. Darauf schüttete *Aruṇaketu* davon nach links mit den Worten: *evâ hi indra*; daraus entstand Indra; das war die nördliche Himmelsgegend. Darauf schüttete *Aruṇaketu* davon in die Mitte mit den Worten: *evâ hi pûshan*; daraus entstand Pûshan; das war hier diese Himmelsgegend. Darauf schüttete *Aruṇaketu* davon nach oben mit den Worten: *evâ hi devâḥ*; daraus entstanden die Götter, Menschen, Väter, Gandharva's und Apsaras'; das war die Himmelsgegend nach oben. Die Tropfen, die dabei wegspritzten, aus denen entstanden die Dämonen, Kobolde und Gespenster; darum gingen diese verloren, weil sie aus den Tropfen entstanden sind. Darum heifst es (Ṛigv. 10,121,7, verändert):

«Als ehemals die grofsen Wasser kamen,
«Keimschwanger, *Daksha*-schwanger, zeugend den *Svayambhû*,
«Da sind aus ihm die Schöpfungen entstanden,
«Denn aus dem Wasser ist dies All geworden.
«Darum ist dieses All *Brahma Svayambhu*.»

III. Geschichte des Prajâpati.

Darum war dieses All gleichsam flüssig, gleichsam unfest. Aber wahrlich, diese Welt ist Prajâpati; sich selbst durch sich selbst bauend, ging er in dieselbe ein. Darum heifst es:

«Die Welten bauend, die Wesen bauend,
«Die Zwischenpole bauend und die Pole,
«Prajâpati, der Ordnung Erstgeborner,
«Ging durch sich selber *(âtmaná)* in sich selber *(âtmánam)* ein.»

Der durchdringt diese ganze Welt, der umschliefst sie und geht in dieselbe ein, wer solches weifs."

— Die weltschaffenden Mächte sind nach diesem Mythus der Purusha in Gestalt der Schildkröte und der Rishi Arunaketu. Beide aber sind aus dem Saft und Fleisch des Prajâpati entsprungen, der daher auch am Schlusse als Weltschöpfer gefeiert wird, nur dafs er hier die Priorität den Wassern eingeräumt hat, aus denen Prajâpati als das *Brahma Svayambhu* („das durch sich selbst seiende Brahman", — freilich eine harte contradictio in adjecto: „zeugend den durch sich selbst Seienden", *janayantîh svayambhuvam!)* entstanden ist; auch scheint Prajâpati demjenigen Teile von sich selbst, welcher als Purusha auftritt, die Priorität vor allem übrigen zuzugestehen. Wir sehen also hier die beiden Principien, *Brahman* und *Purusha (Âtman)*, die uns weiter unten beschäftigen werden, gleichsam aus dem *Prajâpati* herauswachsen.

Asad — Prajâpati (= Purusha) — Brahman.

Einen weitern Schritt in der Depossedierung des Prajâpati bezeichnen zwei Mythen, in denen er aus dem Nichtseienden *(asad)* als oberstem Princip abgeleitet wird, Çatap. Br. 6,1,1 und Taitt. Br. 2,2,9. Wir stellen den erstern voran, weil er noch aus dem *Prajâpati* das *Brahman* entspringen läfst, während der letztere, einen Schritt weiter gehend, dem mit *Manas* identifizierten *Brahman* die Priorität vor *Prajâpati* zuerkennt, womit dessen Schicksal, nur noch als mythologischer Zierat (gleichsam als mediatisierter Fürst mit allen Ehren aber ohne Einflufs) fortzubestehen, besiegelt wird.

Çatapatha-brâhmaṇam 6,1,1.

„Om! Nichtseiend *(asad)* fürwahr war diese Welt am Anfang. Da sagen sie: was war dieses Nichtseiende? Nun, das Nichtseiende am Anfang waren diese Ṛishi's. Und wer sind die Ṛishi's? Die Lebenshauche *(prâṇâḥ)* sind die Ṛishi's. Weil sie vor dieser ganzen Welt, dieselbe wünschend, durch Abmühung und Tapas litten *(arishan)*, darum heifsen sie Ṛishi's. Der Lebenshauch hier in der Mitte, der ist Indra; der hat diese Lebenshauche von der Mitte her durch Kraft *(indriya)* entzündet. Weil er sie entzündete *(ainddha)*, darum heifst er *Indha*; denn eigentlich heifst er *Indha*, aber sie nennen ihn *Indra* um des Geheimnisvollen willen, denn die Götter lieben das Geheimnisvolle. Jene Lebenshauche also, nachdem sie entzündet, liefsen aus sich sieben verschiedene Purusha's hervorgehen. Und sie sprachen: «Gewifs werden wir, so seiend, uns nicht fortpflanzen können; lafst uns aus diesen sieben Purusha's einen Purusha machen!» Da machten sie aus diesen sieben Purusha's einen Purusha; was [der Rumpf] oberhalb des Nabels ist, dazu drückten sie zwei zusammen, was unterhalb des Nabels, dazu wieder zwei; die eine [Arm-]Seite ein Purusha, die andre ein Purusha, und das Untergestell noch einer. Was aber von jenen sieben Purusha's die Schönheit *(çrî)*, was ihr Saft *(rasa)* war, den schoben sie nach oben zusammen, das ward sein Haupt *(çi-ras)*. Weil sie die Schönheit zusammenschoben, darum heifst es *çiras*; in ihm lagerten sich *(açrayanta)* die Lebenshauche, und auch darum heifst es *çiras*; und weil sich die Lebenshauche in ihm lagerten, darum heifsen auch die Lebenshauche *çriyaḥ* (Schönheiten); aber weil sie sich auch in dem Ganzen lagerten, darum heifst dasselbe *çarîram* (der Leib). Dieser Purusha war Prajâpati. Und was jener Purusha Prajâpati war, das ist eben dieser, der [beim Agnicayanam] als dieses Feuer geschichtet wird. Denn dieser besteht aus sieben Purusha's; und aus sieben Purusha's [nämlich sieben Mannslängen im Quadrat] besteht dieser Purusha [der in Vogelgestalt zu schichtende Backsteinaltar des Agnicayanam], sofern vier seinen Rumpf, drei seine Flügel und den Schwanz bilden; denn vier [quadratische Mannslängen] bilden ja den Rumpf dieses Purusha [des vogelgestaltigen Altars], und drei seine Flügel und den Schwanz [siehe die Abbildung bei Weber, Ind. Stud. XIII, 235]. Nämlich wenn man den Rumpf um einen Purusha [eine Mannsquadratlänge] gröfser macht, so geschieht es, weil mittels dieser Verstärkung der Rumpf die Flügel und den Schwanz ausstreckt (regiert). Das Feuer aber, welches auf dem [so] geschichteten [Altar] aufgelegt wird, in dem schieben sie von jenen sieben Purusha's die Schönheit und den Saft nach oben zusammen; darum bildet es sein [des vogelgestaltigen Altars] Haupt *(çiras)*, in diesem haben alle Götter sich gelagert *(çrita)*, denn in ihm opfert man allen Göttern, darum ist es das Haupt. — Dieser Purusha Prajâpati begehrte: «ich will vielfach sein, will mich fortpflanzen!» Er mühte sich ab, er übte Tapas; nachdem er sich abgemüht und Tapas geübt, schuf er als Erstgebornes das *Brâhman*, d. h. die dreifache Wissenschaft [*trayî vidyâ*, nämlich des Ṛig- Sâma- und Yajur-Veda]: die ward ihm zur Grundlage; darum sagt man: das Brahman ist die Grundlage dieser ganzen Welt. Darum, wer [den Veda] studiert hat, der ist wohlgegründet; denn das Brahman ist seine Grundlage. Auf dieser Grundlage gegründet, übte [Prajâpati] Tapas; da schuf er das Wasser, und zwar aus seiner Rede als Ort: nämlich diese seine Rede ergofs sich und erfüllte diese ganze Welt, was immer vorhanden ist. Weil sie sie erfüllte *(âpnot)*, darum heifst es *âpas* (Wasser); weil sie sie bedeckte *(avṛiṇot)*, darum *vâr* (Wasser). — Er begehrte: «aus diesen Wassern heraus will ich geboren werden». Da ging er mitsamt dieser dreifachen Wissenschaft in das Wasser ein; daraus entstand ein Ei. Das betastete [zerklopfte] er: «es sei!» so sprach er, «es sei! es sei mehr!» Also sprach er, da ergofs sich als erstes das Brahman, nämlich die dreifache Wissenschaft; darum sagt man: das Brahman ist das Erstgeborne dieser Welt; denn auch vor diesem Purusha vorher ist das Brahman [aus dem Ei, in welches beide eingegangen waren] erschaffen worden; denn als sein Mund wurde es erschaffen; darum sagt man von einem, der den Veda studiert hat, er sei gleich wie Feuer, denn das Brahman ist der Mund des Feuers [des als Feuer hervortretenden Purusha]. Nämlich der Keim, der in [dem Ei] war, der wurde geboren als *Agri*; weil er als der Anfang *(agram)* dieser ganzen Welt geboren wurde, darum heifst er *agr-i* [etwa: «der Vorangehende»]; nämlich dieser *Agri* ist es, den sie *Agni* (Feuer) nennen um des Geheimnisvollen willen, denn die Götter lieben das Geheimnisvolle. Aber die Thränen *(açru)*, die [von dem weinenden Neugebornen?] zusammenflossen, die wurden zu *açru* (masc.); nämlich dieser *Açru* ist es, den sie *Açva* [das Rofs, als höchstes Opfertier] nennen um des Geheimnisvollen willen, denn die Götter lieben das Geheimnisvolle. Und was es gleichsam schrie [*arasat*, oder etwa: sabberte, wegen des folgenden *rasa* Saft], das ward zum *Râsabha* (Eselhengst): aber der Saft, der an der Schale klebte, der ward zur Ziege (*aja*, auch Ungeborner):

was aber die Schale selbst war, die ward zur Erde. Da begehrte
er [Prajâpati]: «aus diesen Wassern will ich diese [Erde] herauswachsen lassen». Da quetschte er sie in den Wassern zusammen
und trieb sie empor. Der Saft von ihr, der dabei nach unten
ausquoll, wurde zur Schildkröte; aber was nach oben ausspritzte,
das ist dies, was oberhalb aus den Wassern sich bildet [Wolken,
Regen]; aber diese ganze Erde hat sich erst nachträglich aus den
Wassern ausgeschieden, denn diese Welt zeigte sich [ursprünglich]
nur als eine Gestalt, nämlich als Wasser. Da begehrte er: «sie
soll mehreres sein, soll sich fortentwickeln!» Und er mühte sich
ab und übte Tapas; und indem er sich abmühte und Tapas übte,
schuf er den Schaum. Da erkannte er: «das ist schon eine andere
Gestalt, eine weitere; ich will mich noch mehr abmühen!» Da
schuf er, indem er sich abmühte und Tapas übte, den Lehm, den
Schlamm, die Salzsteppe, das Geröll, das Gestein, das Erz, das
Gold, die Kräuter und Bäume; mit denen überdeckte er diese Erde,
das sind zusammen neun Schöpfungen. Diese Erde war geschaffen
worden [und sie ist dreifach, *tisro vâ' imâḥ prithivyaḥ*, Çatap. Br.
5,1,5,21]; darum sagt man, das Feuer ist dreifach [*Gârhapatya,
Dakshiṇa, Âhavaniya*]; denn das Feuer ist diese Erde; denn auf
ihr wird alles Feuer geschichtet. Weil sie zum Standort ward
(abhût), darum ward sie zur *bhûmi* (Erde), weil er sie breit
machte *(aprathayat)*, darum zur *prithivî* (Erde). Dieselbe, indem
sie sich ganz und vollständig fühlte, so sang sie; weil sie sang
(agâyat), darum ist sie die *Gâyatrî* (das Metrum); — oder auch
sie sagen: Agni, der auf ihrem Rücken ist, da er sich ganz und
vollständig fühlte, so sang er; weil er sang, darum ist er *Agni
Gâyatra*. Daher kommt es auch, dafs wer sich ganz und vollständig fühlt, der singt entweder oder er freut sich am Gesange." —

Weiter wird erzählt, wie Prajâpati als *Agni* mit der Erde
unter andern Nebenprodukten den *Vâyu* und den Luftraum
zeugt, sodann als Vâyu mit dem Luftraume den *Âditya* und
den Himmel, endlich als Âditya mit dem Himmel den Mond
und die Himmelsgegenden. Hierauf zeugt er ebenso als *Manas*
mit der *Vâc* (*sa manasâ eva vâcaṃ mithunaṃ samabhavat*, 6,1,
2,7) die acht *Vasu*'s, elf *Rudra*'s, zwölf *Âditya*'s und die
Viçve devâḥ.

„Ferner sagt man: Prajâpati, nachdem er diese Welten geschaffen, gründete sich auf die Erde; da wurden ihm die Kräuter
hier als Speise reifen gelassen; die afs er; da ward er schwanger

und schuf aus den obern Lebenshauchen die Götter und aus den untern die sterblichen Geschöpfe. Nun, auf welche dieser Arten er sie erschaffen hat, so hat er sie erschaffen; jedenfalls hat Prajâpati allein alles dieses erschaffen, was irgend vorhanden ist."

— Weiter folgt die Erzählung, wie Prajâpati infolge der grofsen Anstrengung *(sarvam âjim itvâ)* zerfallen sei, worüber wir oben (S. 190 fg.) gesprochen haben.

Nach diesem Mythus ist zwar auch Prajâpati geworden, hat aber noch die Priorität vor dem Brahman, welches er schafft, um sodann mit demselben in das Weltei einzugehen. Aus demselben aber ergiefst sich zuerst das Brahman, und erst nach ihm tritt Prajâpati in Gestalt des Agni hervor. Diese empirische Priorität des Brahman über Prajâpati wird in der folgenden Erzählung zur absoluten, welche daher das Ende der Herrschaft des Prajâpati bezeichnet.

Asad — Manas (= Brahman) — Prajâpati.
Taittirîya-brâhmaṇam 2,2,9.

„Diese Welt fürwahr war zu Anfang gar nichts. Kein Himmel war, keine Erde, kein Luftraum. Dieses nur nichtseiend Seiende that einen Wunsch [*manas = brahman*, s. u.]: «ich möge sein!» Es übte Tapas; aus dieser Tapasübung entstand Rauch. Es übte weiter Tapas; aus dieser Tapasübung entstand Feuer. Es übte weiter Tapas; aus dieser Tapasübung entstand Licht. Es übte weiter Tapas; aus dieser Tapasübung entstand Flamme. Es übte weiter Tapas; aus dieser Tapasübung entstanden die Lichtwellen. Es übte weiter Tapas; aus dieser Tapasübung entstanden die Nebeldünste. Es übte weiter Tapas; da wurde es wie ein Gewölk zusammengetrieben. Da zerrifs es die Eihaut (*vasti*, hier ἀμνίον, nicht κύστις); daraus entstand der Ocean. Darum trinken sie nicht von dem Ocean; denn sie betrachten ihn als eine Ausgeburt [*prajananam*, ein Gebärungsprodukt]; darum, wenn ein Tier geboren wird, so fliefsen zuvor die [Frucht-]Wasser ab. Darauf wurde sodann der *Daçahotar* [ein liturgischer Abschnitt, dessen Verherrlichung die ganze Stelle bezweckt; ein neuer Beleg zu dem S. 172 fg., 181 Gesagten] geboren; denn der Daçahotar ist Prajâpati. — Wer, also die Macht des Tapas wissend, dasselbe übt, der bleibt bestehen. — Die Welt also war Wasser, ein Gewoge. Da weinte Prajâpati und sprach: «wozu bin ich geboren, wenn zu dieser

Standortlosigkeit!» Da ward, [von seinen Thränen] was ins Wasser fiel, zur Erde, was er wegwischte zum Lufträum, was er nach oben wischte, zum Himmel. Weil er geweint hat *(arodit)*, darum heifsen sie *rodasî* (oben S. 84). — Wer solches weifs, in dessen Hause weint man nicht. — Dieses also ist die Entstehung dieser Welten. — Wer also die Entstehung dieser Welten weifs, der gerät in diesen Welten nicht in Bedrängnis. — So hatte er [Prajâpati] also diese Erde als Standort gewonnen. Nachdem er sie als Standort gewonnen, so begehrte er: «ich will mich fortpflanzen!» und übte Tapas. Da ward er trächtig. Da gebar er aus seinem Hinterteil die Dämonen. Denen molk er in einem thönernen Gefäfse Nahrung. Was aber dieser Teil seines Leibes gewesen war, den stiefs er von sich ab, der ward zur dunkeln Nacht. — Da begehrte er: «ich will mich fortpflanzen!» und übte Tapas. Da ward er trächtig. Da gebar er aus seinem Zeugungsgliede die [irdischen] Geschöpfe; darum sind deren am meisten; denn aus seinem Zeugungsgliede sind sie entstanden. Denen molk er in einem hölzernen Gefäfse Milch. Was aber dieser Teil seines Leibes gewesen war, den stiefs er von sich ab, der ward zum Mondlichte. — Da begehrte er: «ich will mich fortpflanzen!» und übte Tapas. Da ward er trächtig. Da gebar er aus seinen Achselgruben die Jahreszeiten. Denen molk er in einem silbernen Gefäfse Schmelzbutter. Was aber dieser Teil seines Leibes gewesen war, den stiefs er von sich ab, der ward zur Dämmerung. — Da begehrte er: «ich will mich fortpflanzen!» und übte Tapas. Da ward er trächtig. Da gebar er aus seinem Munde die Götter. Denen molk er in einem gelben [goldnen] Gefäfse den Soma. Was aber dieser Teil seines Leibes gewesen war, den stiefs er von sich ab, der ward zum Tage. — Dieses fürwahr sind die Melkungen des Prajâpati; wer solches weifs, der melkt die Geschöpfe. [Die Götter sprachen:] «Fürwahr, unsere [Schöpfung] war am Tage *(divâ)*»; daher das Göttersein der Götter *(devâh)*. Wer also das Göttersein der Götter weifs, der wird götterhaft. Dieses fürwahr ist auch die Entstehung des Tages und der Nacht. Wer also die Entstehung des Tages und der Nacht weifs, der gerät nicht in Bedrängnis bei Tage und bei Nacht. — [Zum Schlusse folgende Rekapitulation:] Aus dem **Nicht- seienden** wurde das **Manas** erschaffen. Das Manas hat den **Prajâpati** erschaffen. Prajâpati hat die **Geschöpfe** erschaffen. Darum fürwahr ist diese Welt im Manas zuhöchst gegründet, was auch immer vorhanden ist. Und eben dieses [Manas] ist das **Brahman**, genannt das **Zukunfts-Besserung-bringende**. —

Dem bringt jeder neu aufleuchtende Morgen Besseres und immer Besseres, der pflanzt sich fort an Nachkommenschaft und Herden, der erlangt das volle Mafs des Allerhöchsten (*parameshthin* = Prajâpati, Schol.), wer solches weifs!"

4. Versuche, den Prajâpati durch Umdeutung zu beseitigen.

Weiter gehend als diese Herabrückungen des Prajâpati in zweite Linie und daher später als sie zu besprechen sind die Versuche, den Prajâpati dadurch zu beseitigen, dafs man ihn in einen fafslichern Begriff umdeutete. Solche Umdeutungen des Prajâpati (unbeschadet seines Fortbestehens als mythologische Figur) sind in späterer Zeit ganz gewöhnlich. Die Atharva-Samhitâ versäumt bei keinem der von ihr aufgestellten philosophischen Principien (*kâla, rohita, skambha, brahmacârin, prâṇa, ucchishṭa* u. a.), zu versichern, dafs dieses Prajâpati sei (vgl. oben S. 189 fg.); ebenso wird er in den Upanishad's umgedeutet, worüber es genügt zu verweisen auf Bṛih. Up. 3,9,6, wo Indra als Donner und Donnerkeil, Prajâpati als Opfer und Opfertier erklärt wird, oder auf Ait. Up. 3,3 (p. 241), wo es heifst, der *Âtman* sei Brahman, Indra, Prajâpati und alle Götter; und diesem Kreise der abgeschlossenen Brahman-Âtman-Lehre mag es auch schon angehören, wenn Çatap. Br. 13,6,2,7—8 erklärt wird, Brahman sei das Höchste in dieser ganzen Welt, und sogleich darauf: „Prajâpati ist Brahman, denn Prajâpati ist von Brahman-Art".

Interessanter wäre es, die Vorstufen dieser Wegerklärung des Prajâpati in den Brâhmaṇa's aufzusuchen; aber hier bewegen wir uns, bei der in diesen Texten herrschenden Identifikationslust, auf sehr unsicherem Boden, und ein Blick auf die Zusammenstellung oben S. 174, die sich leicht vermehren liefse, zeigt, dafs wir hier nicht jede gelegentliche Gleichung für eine philosophische halten dürfen. So taucht z. B. in dieser Periode neben Prajâpati ein anderes, durch den Namen als Höchstes gekennzeichnetes Princip auf, der *Parameshthin* (noch nicht im Rigveda, aber vielleicht angelehnt an Ṛigv. 10,129,7 *yo asya adhyakshaḥ parame vyoman*, oben S. 126), welcher bald mit Prajâpati identifiziert, bald ihm über- oder untergeordnet wird, sodafs eine klare Vorstellung sich nicht gewinnen läfst.

4. Versuche, den Prajāpati umzudeuten: Pr. = Manas, Vāc.

Unter diesen Umständen wollen wir uns auf die wichtigsten Umdeutungen des Prajāpati als *Manas* und *Vāc* und als *Samvatsara* und *Yajña* beschränken.

$$Prajāpati = \begin{cases} Manas \\ Vāc. \end{cases}$$

Ursprünglich sind *Manas* (Verstand, Wille) und *Vāc* (Rede) psychische Organe *(karmāṇi)* und als solche, wie alles andere, von Prajāpati erschaffen (Çatap. Br. 14,4,3,30). Wir sahen oben (S. 194), wie Manas und Vāc als solche Organe um den Vorrang stritten, und wie dieser Streit von Prajāpati als oberstem Schiedsrichter zu Gunsten des Manas entschieden wurde. Ähnlich nun aber, wie der λόγος ἐνδιάθετος *(manas)* und λόγος προφορικός *(vāc)* der Stoiker später eine metaphysische Bedeutung erhalten, indem sie von Philo Alexandrinus auf die Ideenwelt und die Erscheinungswelt als Ausdruck derselben bezogen werden, ähnlich erwachsen auch Manas und Vāc aus psychischen zu metaphysischen, das Weltganze konstituierenden Faktoren; und diese Umwandlung war durch Stellen wie Ṛigv. 1,164,18 *devaṃ manas* und 10,129,4 *manaso retaḥ* (oben S. 112. 123) einerseits, durch den Hymnus der *Vāc* (Ṛigv. 10, 125, vgl. 1,164,37—45, oben S. 146 fg., 116 fg.) anderseits genugsam vorbereitet. Zunächst noch erscheinen Manas und Vāc als zwei innerhalb des Prajāpati wirkende, schöpferische Kräfte. So *Pañcav. Br. 7,6*:

„Prajāpati begehrte: «ich will vieles sein, will mich fortpflanzen!» Da meditierte er schweigend in seinem *Manas*; was in seinem Manas war, das bildete sich zum *Bṛihat* [Name eines Sāman]; da bedachte er: «dies liegt als eine Leibesfrucht in mir, die will ich durch die *Vāc* gebären». Da schuf er die Vāc, sie folgte hinter dem [zugleich erschaffenen] *Rathantaram* [Name eines andern Sāman] her. Weil dieses, o Menschen, schnell sich auf den Wagen *(ratha)* schwang *(atāriṭ)* [nämlich auf den Götterwagen Vāc], darum heifst es *Rathantaram*. Ihm nach wurde das *Bṛihat* geboren. Weil dieses, o Menschen, eine grofse *(bṛihat)* Zeit lang in ihm verblieb, darum heifst es *Bṛihat*. Gleichwie ein ältester Sohn, so steht das Bṛihat zu Prajāpati." —

Klarer als in dieser Stelle, welche den sich in dem Manas des Prajāpati entwickelnden und durch die Hebammenhülfe der Vāc zur Geburt gelangenden Keim auf liturgische Verhältnisse bezieht, tritt die Verselbständigung von Manas und Vāc hervor in der (S. 201 besprochenen) Stelle Çatap. Br. 6,1, 2,7, wonach Prajāpati als Manas mit der Vāc den Zeugungsakt vollzieht *(sa manasā eva vācam mithunam samabharat),* aus dem die verschiedenen Götter entspringen. Manas und Vāc sind zwei Ausdrucksformen für den göttlichen Willen, und es hätte nahe gelegen, durch Hypostasierung der einen oder andern die Mythologie in Philosophie zu verwandeln, indem man an die Stelle des **wollenden Weltschöpfers** den **weltschaffenden Willen** setzte. Dieses Ziel wird jedoch nicht erreicht, und nur einige demselben zustrebende Stufen sind noch erkennbar; erstlich von seiten des Manas, indem dieses über Prajāpati erhoben und als erstes Produkt des Asad betrachtet, zugleich jedoch mit dem Brahman identifiziert wird (oben S. 202), endlich auch, jedoch nur vorübergehend, mit Prajāpati (Çānkh. Br. 26,3), oder auch mit dem weder Nichtseienden noch Seienden des Schöpfungshymnus Rigv. 10,129,1 identisch erklärt wird (Çatap. Br. 10,5,3,1); zweitens von seiten der Vāc, indem diese in einigen Stellen eine zunehmende und schliefslich dem Prajāpati gefährliche Selbständigkeit anzunehmen droht. So heifst es *Pañcav. Br. 20,14,2:*

„Prajāpati war diese Welt allein; die *Vāc* war sein Selbst *(svam),* die *Vāc* sein Zweites [sein *alter ego*]; er erwog: «ich will diese Vāc hervorgehen lassen, und sie soll hingehen, dieses All zu durchdringen»; da liefs er die Vāc hervorgehen, und sie ging hin, indem sie dieses All erfüllte."

Ähnlich drückt sich eine von Weber (Ind. Stud. 9,477) mitgeteilte Stelle aus dem *Kāṭhakam* (12,5) aus:

„Prajāpati fürwahr war diese Welt: ihm war die *Vāc* sein Zweites [sein *alter ego*]: mit ihr pflog er Begattung: sie wurde schwanger; da ging sie von ihm aus, da schuf sie diese Geschöpfe, und dann ging sie wieder in Prajāpati zurück."

— In ähnlichem Sinne heifst Prajāpati Çatap. Br. 5,1,1,16 *Vācas pati* (der Herr oder Gatte der Vāc), ja Çatap. Br. 5,1, 3,11 wird der, allerdings vom Verfasser nicht gutgeheifsene, Gedanke geäufsert: „wenn es noch etwas Höheres als Prajā-

Prajâpati = Samvatsara, Yajña.

pati giebt, so ist es die Vâc"; und eben diese wird Çatap. Br. 8,1,2,9 mit *Viçvakarman*, dem Allschöpfer, gleichgesetzt: „die Vâc fürwahr ist der weise Viçvakarman, denn durch die Vâc ist diese ganze Welt gemacht"; hierzu stimmt Çatap. Br. 11,1,6,18, wo Indra, um zum All zu werden, zur Vâc wird: „denn die Vâc ist diese ganze Welt".

— Wenn man bedenkt, dafs *Manas* (Entschlufs) und *Vâc* (Rede) nichts andres als der sich zum Ausdruck bringende Wille sind, dafs somit der Versuch, eines oder das andre von Prajâpati zu emancipieren und als selbständiges Princip der Welt hinzustellen, im Grunde, wie schon oben bemerkt, darauf hinausläuft, an Stelle des wollenden Weltschöpfers den weltschöpferischen Willen zu setzen, so mag man es wohl bedauern, dafs dieser so fruchtbare philosophische Gedanke in Indien so bald nach seinem Auftreten wieder in den Hintergrund gedrängt wurde. Aber das Zeitalter war zu sehr von liturgischen Interessen beherrscht, als dafs der philosophische Gedanke sich dem hätte entziehen können; und ein ursprünglich liturgischer Begriff, das *Brahman*, ist es, um welchen sich, so gut und so schlecht dies gehen mochte, alles konzentrieren sollte, was das vedische Zeitalter an philosophischen Gedanken hervorgebracht hat.

$$Prajâpati = \begin{cases} Samvatsara \\ Yajña. \end{cases}$$

Wiederholt schon sahen wir, dafs der aus Rigv. 10,121 entsprungene Prajâpati auch diejenigen Bestimmungen an sich trägt, welche die übrigen philosophischen Hymnen des Rigveda der Welturursache beilegen. Prajâpati ist der „hauchlos Atmende" Rigv. 10,129,2 (oben S. 195), der *Purusha* Rigv. 10,90 (oben S. 197. 199), der *Viçvakarman* Rigv. 10,81. 82 (Çatap. Br. 7,4,2,5 „fürwahr, Prajâpati ist Viçvakarman"), und so ist er denn auch der Weltenvater, welchen wir schon in dem Einheitsliede des Dîrghatamas Rigv. 1,164 auftreten sehen. Von diesem Vater hiefs es Rigv. 1,164,11—12, er sei einerseits verkörpert (*purîshin*) in des Himmels jenseitiger Hälfte als das Rad der Weltordnung, auf dem die Tage und Nächte als 720 Söhne stehen, anderseits aber sei er auch der niedern

Sphäre als weitleuchtendes Opferfeuer eingefügt (oben S. 110 fg). Auf Anschauungen, wie sie in diesem Liede hervortreten, welches in der Opferordnung das Abbild der Weltordnung sieht, beruht es, dafs Prajâpati (nachdem er schon Ṛigv. 10,190 dem Jahre mit seinen Tagen und Nächten gleichgesetzt worden war, oben S. 133—134), in den Brâhmaṇa's einerseits als das Jahr *(samvatsara)*, anderseits als das Opfer *(yajña)*, noch öfter aber als Jahr und Opfer zugleich bezeichnet wird. Der ursprüngliche Sinn dieser Gleichsetzung muſs gewesen sein, daſs man in den Jahresprodukten sowie auch in der produktiven Thätigkeit des Opferns ein Ebenbild der Schöpferthätigkeit des Prajâpati sah; Çatap. Br. 11,1,6,13: „Prajâpati erwog: «fürwahr, dieses habe ich als ein Ebenbild meiner selbst erschaffen, was das Jahr ist»; darum sagen sie: Prajâpati ist das Jahr, denn als ein Ebenbild seiner selbst hat er es erschaffen"; und ganz analog heiſst es Çatap. Br. 11,1,8,3, Prajâpati habe sein Selbst den Göttern zum Opfer hingegeben; „und indem er den Göttern sein Selbst dahingab, schuf er dieses als Ebenbild seiner selbst, was das Opfer ist; darum sagen sie: Prajâpati ist das Opfer, denn als ein Ebenbild seiner selbst hat er es erschaffen". Weiter aber wird Prajâpati geradezu identifiziert mit dem Jahre (Çatap. Br. 1,5,1,16. 1,6,3,35. 5,1,2,9. 8,4,3,20. 10,4,2,2. 10,4,1,16), mit dem Opfer (Çatap. Br. 1.1,1.13. 1,5,2,17. 1.6.1,20. 2,5,1,7. 4,3,4,3. 4,5,5,1. 5,1,1,2. 5,1,2,11. 5,1,2,12. 5,1,4,1. 11,5,2,1. Pañcav. Br. 7,2,1), mit dem Jahre und dem Opfer zugleich (Çatap. Br. 1,5,3,2. 1,9,2,34. 5,4,5,20. 5,4,5,21); vgl. *Çâṅkh. Br. 6,15:*

„Dieses, der Prajâpati seiende, vierundzwanzigteilige [in 24 Halbmonate eingeteilte] Jahr ist, was die Viermonatsopfer sind: Prajâpati ist das All, und die Viermonatsopfer sind das All; darum erlangt das All durch das All, wer [die Viermonatsopfer bringend] solches weiſs."

Das Motiv dieser Identifikationen liegt nicht fern; Prajâpati, der Herr der Geschöpfe, ist eine Personifikation der Schöpferkraft der Natur, wie sie im Verlaufe des Jahres durch die Produkte der Jahreszeiten zum Ausdrucke kommt. Wie aber die Menschen von den Erzeugnissen des Jahres leben,

so leben die Götter von den im Kreislaufe des Jahres sich
wiederholenden Opfern (Manu 4,25—26: dem *agnihotram*,
darçapûrṇamâsau, *nava-sasya-ishṭi*, *câturmâsyâni*, dem halbjährlichen *paçu*, dem jährlichen *soma*). Nun ist Prajâpati nicht
nur der Erhalter der Menschen, sondern auch der der Götter.
Wie er daher das Jahr und seine Produkte für die Menschen,
so schuf er für die Götter das Opfer, bis er schliefslich sich
in diese seine Schöpfungen auflöst und so (nachdem schon im
Purusha-Hymnus Ṛigv. 10,90 und in den Viçvakarman-Liedern
die Weltschöpfung als Opfer erschienen war) in strengem
Parallelismus selbst zu dem Jahre und zugleich zu dem
Opfer wird.

5. Anhang zur Geschichte des Prajâpati:
Die Hymnen des Atharvaveda an Kâla, Rohita, Anaḍvân, Vaçâ.

Die philosophischen Hymnen des Atharvaveda nehmen
den Ṛigveda-Hymnen, Brâhmaṇa's und Upanishad's gegenüber
vielfach eine isolierte Stellung ein, die es nicht immer möglich
macht, sie an Vorhergehendes mit Sicherheit anzuknüpfen;
und noch weniger gelingt es, das Nachfolgende, die Upanishadlehre aus ihnen abzuleiten. Sie stehen nicht sowohl innerhalb des grofsen Entwicklungsganges, als vielmehr ihm zur
Seite, und auch hier macht es den Eindruck, als wenn die
Atharvandichter in Indien nicht ganz „zur guten Gesellschaft"
gezählt worden seien. Sie rächen sich, wie die Exkludierten
sich zu rächen pflegen: sie lassen es an Ehrerbietung gegen das
Hergebrachte fehlen, zeigen sich skeptisch, rationalistisch und
fortschrittlich, und ihre philosophischen Anschauungen werden
dadurch oft excentrisch, bizarr und mafslos, was in Indien
gewifs viel heifsen will. Um ihres absonderlichen Charakters
willen verdienen sie eine monographische Behandlung; wir
wollen uns hier auf das Wichtigste beschränken und dasselbe,
so gut es gehen will, an das Grundgewebe anschliefsen. Zur
Lehre von Prajâpati stellen wir die Hymnen über *Kâla*, *Rohita*,
Anaḍvân und *Vaçâ*, wozu sie schon selbst auffordern, sofern
von jedem dieser Principien versichert wird, dasselbe sei
selbst Prajâpati, oder auch, es habe diesen hervorge-

bracht: so von *Kâla* 19,53,8. 10; von *Rohita* 13,2,39. 13,3,5; vom *Anaḍvân* 4,11,7. 11, von der *Vaçâ* 10,10,30. Aber auch innere Gründe treten für diese Anschliefsung ein, sofern Prajâpati als *Samvatsara* (Jahr) und *Yajña* (Opfer), wie wir sahen, auch den Brâhmaṇa's geläufig ist. *Samvatsara* aber ist in abstrakterer Fassung *Kâla* (die Zeit), an den Atharvav. 19,53. 54 gerichtet sind, während der *Rohita* Atharvav. 13,1. 2. 3. im Texte selbst für *Kâla* erklärt wird (13,2,39), somit vielleicht die Sonne als konkreter Repräsentant der Zeit ist. Anderseits lassen sich an Prajâpati als *Yajña* die Hymnen an *Anaḍvân* (Ochse) 4,11 und *Vaçâ* (Kuh) 10,10 insofern anknüpfen, als diese Tiere hier als symbolische Vertreter der in der Natur wie im Opfer verwirklichten zeugenden und erhaltenden Kraft zu figurieren scheinen.

Zwei Hymnen an Kâla, die Zeit.
Atharvaveda 19,53.

1. Die Zeit fährt hin, ein Rofs mit sieben Zügeln[1],
   Mit tausend Augen[2], ewig, reich an Samen;
   Auf ihn [den Wagen] steigen weise Seher[3],
   Und seine Räder sind die Wesen alle.

1. Die sieben Planeten (oben S. 111) oder die sieben Âditya's (oben S. 108)? 2. Der durch seine Umdrehung die Zeit regelnde Sternenhimmel. 3. Nur die Weisen sind Wagenlenker, alle andern Wesen sind die passiven Räder.

2. Es fährt dies Rofs der Zeit der Räder sieben[1]
   Mit sieben Naben, ewig ist die Achse;
   Herwärts[2] kommt sie zu allen diesen Wesen,
   So eilt die Zeit hin als der Götter erster.

1. Vielleicht eine der Ṛigv. 1,164,1—5 genannten Siebenheiten, oder blofse Zahlenspielerei? Jedenfalls ist die Anschauung von v. 1, nach dem alle Wesen die Räder sind, hier verlassen, vgl. die Anmerkung zu Ṛigv. 1,164,13 (oben S. 111). 2. Als Zukunft.

3. Es kommt die Zeit mit vollem Krug beladen[1],
   Wir seh'n ja, wie sie ihn ausschüttet vielfach[2];
   Und wegwärts[3] geht sie dann von allen Wesen;
   Man rühmt die Zeit im höchsten Himmelsraume.

1. Das Füllhorn der Zeit, wie wir sagen würden. 2. In der Gegenwart. 3. Als Vergangenheit.

4. Sie hat hervorgebracht¹ die Wesen sämtlich
 Und überdauert² auch die Wesen sämtlich;
 Ihr Vater ist sie und zugleich ihr Sohn³,
 Darum ist keine höh're Macht als diese.

1. Eigentlich herbeigebracht. 2. Eigentlich umschritt, überging. 3. Sie ist vor ihnen und wird nach ihnen sein.

5. Die Zeit schuf einst den Himmel dort,
 Die Zeit die Erdenwelten hier;
 Was war, was sein wird, durch die Zeit
 Getrieben, muſs entfalten sich.

6. Die Zeit erschuf das Erdenrund;
 Es glüht die Sonne in der Zeit;
 Die Wesen all sind in der Zeit,
 In ihr, was nur das Auge schaut.

7. Manas und Prâṇa sind in ihr,
 In ihr befaſst der Name ist¹;
 Und alle Wesen freuen sich,
 Wenn ihre Zeit gekommen ist.

1. Bewuſstsein *(manas)*, Leben *(prâṇa)* und Sprache *(nâman)* sind in der Zeit beschlossen, kommen nur in ihr zur Entwicklung.

8. Das Tapas auch beschlossen ist,
 Brahman, das Höchste, in der Zeit;
 Sie ist des Weltalls Herrscherin,
 War Mutter des Prajâpati¹.

1. Wörtlich: Herrscher und Vater, da *Kâla*, die Zeit, masculinum ist.

9. Durch sie erregt, hervorgebracht,
 Besteht in ihr allein die Welt;
 Die Zeit, Brahman geworden, trägt
 In sich den Parameshṭhin (oben S. 204) selbst.

10. Die Zeit schuf der Geschöpfe Heer,
 Schuf anfangs den *Prajâpati*;
 *Svayambhû*¹ sowie *Kaçyapa*²
 Und *Tapas*³ wurden durch die Zeit.

1. *Svayambhû* „der durch sich selbst Seiende", später als Neutrum Beiwort des Brahman, eine Abstraktion, ähnlich der des *Parameshṭhin*, nicht sowohl an Ṛigv. 10,83,4, als vielmehr an die *sradhâ* „Selbstsetzung" Ṛigv. 10,129,2. 5 anzuschlieſsen. 2. Name eines vedischen Sängers, wie auch alter Name für Schildkröte *(kacchapa)*. Vielleicht auf letzterer Bedeutung beruht (in dem Sinne wie oben S. 197) die Vorstellung des *Kaçyapa* als eines letzten

Trägers der Welt, analog dem Svayambhû und Parameshṭhin, und wie diese vielfach mit andern Principien identisch gesetzt. 3. *Tapas* als Urprincip erschien schon Ṛigv. 10,190 (oben S. 134). — Der Dichter erhebt sein Princip zum höchsten, indem er alle früher aufgestellten, für welche die genannten nur als Beispiele dienen, von ihm abhängig macht. — Ebenso im folgenden Hymnus.

Atharvaveda 19,54.

1. Die Wasser aus der Zeit wurden,
   Brahman, Tapas, der Weltenraum;
   Durch sie geschieht der Sonn-Aufgang,
   In ihr der Sonne Untergang.

2. Durch sie fährt hin der Wind läuternd,
   Durch sie streckt sich die Erde breit,
   In ihr der weite Himmel ruht.

3. In ihr, was war und was sein wird,
   Schuf ebedem das heilige Wort[1];
   Die Hymnen aus der Zeit wurden,
   Die Opfersprüche aus der Zeit.

1. *mantra*, d. h. das *brahman*, die *trayî vidyâ* als schöpferisches Princip in der Zeit.

4. In ihr Opfer man aufbrachte,
   Der Götter unvergänglich Teil;
   In ihr Gandharva's, Apsaras',
   Die Welten selbst gegründet sind.

5. In ihr vom Himmel her auftrat
   Añgiras und *Atharvan* hier;
   Sie schuf die Erdenwelt, die höchste Welt auch,
   Schuf reine Welten, reiner Welt Ausspannung.

6. Die Zeit gewann durch Brahman alle Welten;
   So eilt die Zeit hin als der Götter höchster.

Die Hymnen an Rohita.

Taitt. Br. 2,5,2,1—8. Atharvav. 13,1—3.

Als eine andre Umformung des Prajâpati, oder wenigstens als eine Gestalt, welche wesentliche Züge von ihm entlehnt hat, ist zu betrachten Rohita, „der Rote" oder (nach der in seinen Hymnen beliebten Etymologie) „der [am Firmament]

Prajâpati als Rohita.

Emporgeführte", das heifst ursprünglich die Sonne, dann aber, mit Unterscheidung der körperlichen Erscheinung und der in ihr wirkenden Kräfte, die schöpferische Sonnenkraft, der Genius der Sonne, welcher mit der Sonne selbst bald als identisch betrachtet, bald wieder von ihr unterschieden wird (Taitt. Br. 2,5,2,7 *tasmin çiçriye aja' ekapâd* = Atharvav. 13,1,6; vgl. Atharvav. 13,1,22 *rohita* neben *rohiṇî* = *sûri*, und v. 25, wo Rohita als die strahlende Kraft erscheint, welche der Sonne wie dem Feuer gemeinsam ist). — Schon in einer wichtigen, auch in dem Rohita-Liede Atharvav. 13,2,35 reproduzierten Stelle des Ṛigv. 1,115,1 heifst es von *Sûrya*, der Sonne:

> Es stieg empor der Götter glänzend Antlitz,
> Das Auge Mitra's, Varuṇa's und Agni's,
> Und überstrahlte Himmel, Erd' und Luftraum,
> Sûrya, das Selbst *(âtman)* des, was sich regt und feststeht.

Aus Stellen wie dieser, welche die Sonne als das Selbst, die Seele der belebten und leblosen Natur feiert, mochte die Richtung erwachsen, welche den *Rohita*, die Sonne oder den Genius der Sonne, für das schöpferische Princip der Dinge erklärte und ihn demgemäfs mit den wesentlichen Zügen des Prajâpati ausstattete, sodafs es in den letzten Ausläufern dieser Entwicklung von ihm heifst, *Atharvav. 13,2,39—41*:

> Rohita ward zur Zeit *(Kâla)* anfangs, Rohita zu Prajâpati,
> Er ist der Opfer Uranfang, Rohita brachte uns das Licht.
>
> Rohita ist zur Welt worden, er überstrahlt den Himmelsglanz,
> Rohita ist's, der durchwandert mit seinen Strahlen Erd' und Meer.
>
> Durchstreifend jede Weltgegend ist er des Himmels Oberherr,
> Himmel, Ocean und Meere, alles, was ist, behütet er.

Hier werden auf Rohita nicht nur die Namen *Kâla* und *Prajâpati* übertragen, sondern auch die beiden Grundfunktionen des letztern, die Schöpfung und Erhaltung der Welt, und wenn es in scheinbarem Widerspruch dagegen Atharvav. 13,3.23 heifst, die Götter hätten den Rohita erzeugt, so ist daran so wenig (mit Muir 5,396) Anstofs zu nehmen, wie an der analogen Äufserung Rigv. 10,90, die Götter hätten durch Opferung des Purusha die Welt, zu der sie selbst mit gehören, hervorgebracht (oben S. 154); an beiden Stellen sind die Götter nur mythologischer Zierat und nichts andres.

— Leider ist uns diese so naturwahre Lehre von *Rohita*, der Sonnenkraft als dem schöpferischen und belebenden Princip der Dinge, nicht mehr in ihrer ursprünglichen Gestalt erhalten, sondern nur in zusammengestoppelten und für fremde Zwecke dienstbar gemachten Fragmenten, nämlich in den beiden Stücken Taitt. Br. 2,5,2,1—8 und in den Atharvaliedern 13,1—3.

Das Taittirîya-brâhmaṇam 2,5,2,1—8 verwendet acht Verse des Rohitaliedes in liturgischem Sinne; der aus dem Meere aufsteigende und die Welt schaffende und erhaltende Rohita soll nach Angabe des Scholiasten der *Prajâpatirûpo 'çvaḥ* (p. 600) oder *açvarûpaḥ Prajâpatiḥ* (p. 602) sein, das heifst Prajâpati in Gestalt des aus dem Wasser, in dem es gebadet wurde, herausgeführten, beim Açvamedha zu opfernden Rosses, nachdem schon Taitt. Saṃh. 7,5,25 (sowie später Bṛih. Up. 1,1) das Opferrofs mit dem Weltall symbolisch identifiziert wurde. In dieser Auffassung des Rohita als Opferrofs, von deren Ursprünglichkeit nach dem ganzen Charakter des Textes keine Rede sein kann, haben wir einen neuen und handgreiflichen Beleg für die (oben S. 175 fg. nachgewiesene) Art, wie die Brâhmaṇa's philosophische Texte für liturgische Zwecke zurechtschneiden und entstellen. Den besten Beweis werden die Verse selbst bieten, die wir hier übersetzen:

Taittirîya-brâhmaṇam 2,5,2,1—8.

1. Empor, Kraftvoller, der du weilst in Wassern!
Und dieses Reich betritt, das wonnevolle!
Ja, Rohita, der diese Welt erschaffen,
Mach' uns in unsern Reichen wohlbehalten!

2. Der Steigende *(rohita)* hat Stieg' um Stieg' erstiegen
Wachstum durch Kinder, der Geschöpfe Heimort,
Er, als ihr Inbegriff, fand die sechs Weiten,
Hat, ausschauend nach Bahn, dies Reich erobert.

3. Erobert hat sich Rohita das Reich hier,
Zerstreut die Feinde, Freiheit sei von Furcht uns!
Mit mächt'gen Tönen mögt ihr, Erd' und Himmel,
Mit reichen Klängen uns dies Reich ermelken.

4. Rohita überstreicht die Welt allformig,
Wenn Anstieg ihm und Aufstieg sich vollenden;
Zum Himmel dringend mit gewalt'ger Gröfse,
Mög' er benetzen uns *das Reich* mit seinem Labtrank.

5. Die Völker, die durch deine Glut getreten
Nach deinem Kalb, der Gâyatrî, ins Dasein,
Nimm in dich auf mit ihrer ganzen Fülle,
Zärtlich, wie Sohn und Mutter, komme zu uns!

6. Und ihr, o Marut's, mächt'ge Pṛiçni-Söhne,
Mit Indra's Hilfe rafft hinweg die Feinde;
Gern hört euch Rohita, ihr Himmelstürmende,
Ihr dreimal sieben Marut's, Süfstranklustige!

7. Rohita schuf den Himmel und die Erde,
In ihm der Höchste spannt des Opfers Faden,
Auf ihn stützt sich der ewige Einfüfser (die Sonne),
Er hat mit Kraft befestigt Erd' und Himmel.

8. Rohita hat befestigt Erd' und Himmel,
Er hat gestützt des Himmels Licht und Feste,
Im Mittelreich den Luftraum ausgemessen,
Des Himmels Licht fanden durch ihn die Götter.

Noch weniger als das eben mitgeteilte Brâhmaṇastück können die Rohita-Hymnen des Atharvaveda 13,1. 2. 3 darauf Anspruch machen, die ursprünglichen Texte der Rohita-Lehre zu sein. Vielmehr sind es Verwendungen gewisser auf Rohita bezüglicher Bruchstücke zu Zwecken, welche dieser Lehre ganz fremd sind. — Zunächst nun bedarf es kaum des Hinweises auf die Verschiedenheit der Versmafse, die Zusammenhanglosigkeit des Inhalts, vielleicht auch die Inkonsequenz der Anschauungen, um jedem deutlich zu machen, dafs alle drei Lieder bunt zusammengewürfelte Fragmente sind. So unzweifelhaft aber dies ist, so wenig können wir uns die Schnellfertigkeit mancher Vedaphilologen in Ausscheidung, Umstellung, Zerlegung solcher überlieferter Trümmer zu eigen

machen, wenn wir uns den Prozefs vergegenwärtigen, dessen
letzte Ergebnisse sie sind. Es wurden, so dürfen wir annehmen, ursprünglich Lieder gesungen, welche den Rohita,
die im rötlichen Schimmer der Sonne wie auch des Feuers
sich offenbarende Kraft, zum Princip der Dinge erhoben und
demgemäfs mit den Zügen des Einheitsliedes Rigv. 1,164, der
Viçvakarmanlieder 10,81. 82 und namentlich des Prajāpati-
Hymnus 10,121 ausstatteten. Die Verschiedenheit der Metra
wie der Anschauungen weist darauf hin, dafs es manche dieser
Lieder gegeben hat. Sie wurden gesungen und wieder gesungen, — von einer schriftlichen Aufzeichnung kann für diese
Zeit keine Rede sein, — und soweit sie Anklang und Verständnis fanden, prägten sie sich dem Gedächtnisse ein.
Manches ging hierbei verloren, in der Regel wohl das Un-
bedeutendere, mitunter vielleicht auch das Tiefste und Beste,
weil man es nicht verstand. Die in Gedächtnis behaltenen
Verse der verschiedenen Lieder klumpten dann nach und nach
zu gröfsern Ganzen zusammen, wurden mit andern, wirklich
oder nur scheinbar verwandten Reminiscenzen zu Komplexen
verbunden, mit deren Zusammenstimmung man es nicht sehr
genau nahm, und diese Komplexe verdanken ihre Erhaltung
oft nur dem Umstande, dafs sie in den Dienst praktischer,
oft ganz anderartiger Zwecke gestellt wurden, denen dann die
Lieder durch ungehörige Einschiebungen und Abänderungen,
so gut es gehen wollte, angepafst wurden. So verdanken
wir die Erhaltung des besprochenen Fragmentes Taitt. Br.
2,5,2 seiner Verwendung beim Rofsopfer, und ganz ebenso
stehen die im Atharvaveda erhaltenen Bruchstücke im Dienste
der diesem Veda eigentümlichen Zwecke. — Am deutlichsten
ist dies bei dem dritten Liede, Atharvav. 13,3, welches in
schwungvollen, aber sehr unzusammenstimmenden Rhythmen
und mit mannigfacher, teils wörtlicher, Rückbeziehung auf die
philosophischen Hymnen des Rigveda den Rohita feiert, —
nur um, wie der allen Versen angehängte Refrain sagt, diesem
zornmütigen Gotte als *āgas*, als Objekt des Ärgernisses und
der Rache, als ἀνάϑεμα denjenigen zu weihen, der einen Brahmanen schindet und plagt. Hier kann an der Verwendung
älterer, zum Teil auch anderweit wiederkehrender Verse zu

einem ihnen ganz fremden Zwecke gar kein Zweifel sein. —
Weniger deutlich ist der Zweck des zweiten Liedes,
Atharvav. 13,2. Dasselbe ist seinem Hauptbestande nach ein
aus vielen Bruchstücken zusammengesetzter und namentlich
auch reichlich mit Rigvedaversen durchflochtener Hymnus an
die Sonne, der seine Aufnahme unter die Rohita-Lieder wohl
nur der Einschiebung einiger Rohita-Verse 13,2,25—26 und
39—41 verdankt, in denen allein von Rohita die Rede ist. —
Am rätselhaftesten und interessantesten liegen die Verhältnisse
bei dem ersten Liede, Atharvav. 13,1, welches aus 60 Versen
besteht und sehr heterogene Bestandteile enthält. Wir fangen
bei der Analysis am besten von hinten an. Hier lösen sich
zunächst die beiden Gāyatrīstrophen v. 59—60 ab, welche
um Beharrlichkeit im sittlichen und rituellen Wandel den
Indra anflehen, zu Rohita keine nähere Beziehung haben und
hier vielleicht nur gleichsam als Fußnote zur Erklärung des
zwischen Göttern und Menschen ausgespannten Opferfadens
in v. 6 dienen sollen. — Vorhergehen die Verse 56—58, ein
Fluchlied in der Manier des Atharvaveda gegen den, welcher
eine Kuh tritt, *pratyaṅ sūryaṃ mehati* (welches auch Hesiod
schon verbietet, erga v. 727 μηδ' ἀντ' ἠελίου τετραμμένος ὀρθὸς
ὀμιχεῖν), Feuer und Sonne durch Zwischentreten abschneidet,
ohne weitere Beziehung auf Rohita. — Das vorhergehende Stück
v. 45—55 ist ein zusammenhängender, nur wenig verderbter
Hymnus, in welchem der mit Sonne und Feuer identisch gesetzte Rohita als Ṛishi erscheint, der durch sein Gebet die
beiden Opferfeuer, Winter und Sommer, anfacht, auf denen
das Leben der Natur beruht. — Davor steht v. 36—44 ein
Abschnitt, welcher, übrigens selbst ein Aggregat von Fragmenten, das Geheimnisvolle, nur dem Weisen Verständliche
an dem wechselweisen Erscheinen und Verschwinden der Sonne,
des Rohita, mit mehrfacher Anlehnung an Ṛigv. 1,164,17. 19.
41. 42 feiert. — Endlich bleibt übrig als Hauptbestand des
Liedes der Teil v. 1—35, der zwar keine ursprüngliche Einheit bildet, aber in sekundärer Weise zu einem einheitlichen
Zwecke verschmolzen ist; er bezieht sich nämlich auf einen
König, welcher wiederholt (v. 1. 5. 8. 34. 35) angeredet wird,
dann auch wieder selbst zu reden scheint (v. 12. 13. 14. 28.

III. Geschichte des Prajâpati, Anhang.

30. 32), und welchem Rohita, der König der Welt, sein Reich
verleihen, oder erhalten, oder auch wiederherstellen soll.
Hierbei werden auch die acht Verse Taitt. Br. 2,5,2,1—8,
denen eine solche Beziehung gänzlich fehlt, verwendet, teilweise in anderer, durch die Beziehung auf den König bedingter
Form, ohne daſs sich mit Sicherheit entscheiden ließe, ob
für diese ersten Verse die Beziehung auf den König vom
Atharvaveda später hineingetragen worden, oder ob sie ursprünglich gewesen ist und vom Taittirîya-brâhmaṇam beseitigt
wurde. — Wir übersetzen die Lieder, indem wir versuchen,
die Teile und Unterteile, so gut dies möglich ist, von einander
zu sondern. Die mit einem Kreuz bezeichneten Verse sind
die mit dem Taitt. Br. gemeinsamen; die hervorgehobenen
Stellen beziehen sich auf den König.

Atharvaveda 13,1.
A. Vers 1—35.

† 1. Empor, Kraftvoller, der du weilst in Wassern,
Und dieses Reich betritt, das wonnevolle!
Ja, Rohita, der diese Welt gemacht hat,
Soll wohlbehalten Dich dem Reich erhalten.

2. Die Kraft erschien, die in den Wassern weilte;
Steig' über Völkern auf, die dir entsprungen!
Soma enthaltend, Wasser, Kräuter, Rinder,
Vierfüſsiges und Zweifüſsiges, bring' es her uns!

† 3. Und ihr, o Marut's, mächt'ge Pṛçni-Söhne,
Zermalmt mit Indra's Hülfe unsre Feinde!
Gern hör' euch Rohita, ihr Überquellende,
Ihr dreimal sieben Marut's, Süſstranklustige!

† 4. Die Stiege auf, empor stieg Rohita,
Das Ammenkind [1], zu der Geschöpfe Heimort;
In Windeln ihn auffanden die sechs Weiten,
Er hat, nach Bahn schauend, dies Reich erobert.

1. Die Ammen sind die Stiege, Anstiege und Aufstiege; vgl. v. 9.

† 5. **Für Dich hat Rohita dies Reich erobert,**
Zerstreut die Feinde; **Freiheit ward von Furcht Dir;**
Mit mächt'gen Tönen mögen Erd' und Himmel,
Mit reichen Klängen Dir den Wunsch ermelken.

† 6. Rohita schuf den Himmel und die Erde,
   In ihm der Höchste spannt des Opfers Faden,
   Auf ihn stützt sich der ewige Einfüfser (die Sonne),
   Er hat mit Kraft befestigt Erd' und Himmel.

† 7. Rohita hat befestigt Erd' und Himmel,
   Er hat gestützt des Himmels Licht und Feste,
   Das Mittelreich, den Luftraum ausgemessen,
   Unsterblichkeit fanden durch ihn die Götter.

† 8. Rohita überstrich die Welt der Formen,
   Wenn Anstieg sich und Aufstieg ihm vollenden;
   Zum Himmel steigend mit gewalt'ger Gröfse,
   So möge er Dein Reich mit Milch, mit Butter salben.

9. Auf deinen Stiegen, Anstiegen, Aufstiegen
   Gehst du und füllst den Himmel und den Luftraum,
   Genährt durch ihr Gebet, durch ihre Milch, sei
   Ein Wächter über Volk und Reich für diesen![1]

1. Lies: *rohita, asya.*

† 10. Die Völker, die durch deine Glut getreten
   Nach deinem Kalb, der Gâyatrî, ins Dasein,
   Nimm in dich auf mit mildgesinntem Geiste,
   Zärtlich, wie Kalb und Mutter, komme zu uns!

11. Hoch steht nun Rohita am Firmamente,
   Jung und doch weise, schafft er alle Formen,
   Mit scharfem Lichte glänzt herab sein Feuer,
   Im dritten Himmelsraum schafft er uns Freuden.

* * *

(Die folgenden Verse scheint der König zu sprechen.)

12. Der Stier mit tausend Hörnern, Wesenkenner,
   Besprengt mit Opferbutter, Soma, mannhaft,
   Verlasse nicht mich! Nicht lass' ich dich, dein Schützling,
   Gieb mir Gedeihen an Rindern und an Helden.

13. Rohita ist des Opfers Mund und Zeuger,
   Ihm bring' ich opfernd Rede, Ohr und Herz dar,
   Zu Rohita geh'n Götter, freudigen Gemütes,
   Ansehen geb' er in der Ratsversammlung mir!

III. Geschichte des Prajâpati, Anhang.

14. Rohita setzte Viçvakarman's Opfer ein[1],
 Daher mich diese Kräfte überkamen; —
 So weit die Welt ist, deine Nabe[2] möcht' ich rühmen!

1. Das Selbst-Opfer des *Viçvakarman*, als welches Rigv. 10,81. 82 die Weltschöpfung erschien. 2. Die Weltnabe, auf deren Rad nach Rigv. 1,164,13. 10,82,6 alle Wesen stehen.

* * *

15. Dich hat bestiegen Brihatî und Pañkti,
 Und Kakubh voller Glanz, o Wesenkenner!
 Dich, mit der Ushṇihâ und heil'gem Laut, der Vashaṭ-Ruf,
 Dich hat bestiegen Rohita mit seinem Samen[1].

1. Wie oben v. 10 die *Gâyatrî* das Erstgeborne des Rohita war (vgl. S. 227, v. 5), so werden hier die Metra *Brihatî, Pañkti, Kakubh, Ushṇihâ*, der heilige Laut *Om* und der Opferruf *Vashaṭ* sein Same genannt, mit dem er den *Jâtavedas*, d. h. wohl das (Opfer-)Feuer besteigt. Dürfte man ändern (oder *Jâtavedas* auf den Königsthron beziehen), so könnte es eine Anrede an den Thron des Königs sein, den nach Ait. Br. 8,6 bei der Königsweihe die Götter mit den Metren besteigen, indem der König zum Throne spricht: *Agnish ṭvâ Gâyatryâ sayuk chandasâ ârohatu, Savitâ Ushṇihâ, Somo Anushṭubhâ, Brihaspatir Brihatyâ, Mitrâ-Varuṇau Pañktyâ, Indras Trishṭubhâ, Viçve devâ Jagatyâ. Tân aham anu râjyâya, sâmrâjyâya, bhaujyâya, svârâjyâya, vairâjyâya, pârameshṭhyâya, râjyâya, mâhârâjyâya, âdhipatyâya, srâvaçyâya atishṭhâya ârohâmi.* Vgl. Ait. Br. 8,12, wonach der Thron des Indra aus Metren besteht.

* * *

16. Er hüllt sich in den Schofs der Erde,
 In Himmel sich und Luftraum sich,
 Und er durchdringt die Himmelswelten
 Nach jenseits vom Lichtrosse aus[1].

1. Ein isoliertes Fragment eines Rohita-Liedes.

* * *

Vers 17—20. Anrede des Priesters an den König: *Vâcaspati*, der Genius des Lebens, soll alle segnen, besonders aber soll das Oberhaupt (*parameshṭhin*, hier der König) von Agni. Rohita und dem Priester mit Kraft und Glanz umkleidet werden. (Die Verwendung dieser Verse beim *godânam* ist wohl erst ganz sekundär.)

17. O Lebensherr! gelind sei uns die Erde,
   Gelind die Heimstätte, das Lager lieblich,
   Das Leben auch weil' hier in unsrer Freundschaft, —
   Und Dich, o Oberhaupt, soll Agni
   Mit Lebenskraft und Lebensglanz umgeben!

18. O Lebensherr! unsre fünf Jahreszeiten,
   Die Viçvakarman schuf, uns zu umblühen,
   Das Leben auch weil' hier in unsrer Freundschaft, —
   Und Dich, o Oberhaupt, soll Rohita
   Mit Lebenskraft und Lebensglanz umgeben.

19. O Lebensherr! Frohsinn und Geist verleih' uns,
   Im Kuhstall Rinder, in den Schöfsen Kinder,
   Das Leben auch weil' hier in unsrer Freundschaft, —
   Und Dich, o Oberhaupt, will selbst ich hier
   Mit Lebenskraft und Lebensglanz umgeben.

20. Um Dich sei Savitar, der Gott, und Agni,
   Auf Dir Mitra mit Glanz und Varuṇa,
   Alle Unholde niedertretend, nahe,
   Du hast dies Reich Dir wonnevoll bereitet.

*   *

Vers 21—27 folgt ein Fragment, welches keine erkennbare Beziehung zur Königsweihe zeigt, und in dem neben *Rohita* als folgsame Gattin *Rohiṇi* oder *Sûri*, d. h. wohl der farbenschillernde (*pṛishati*) Sonnenkörper, tritt. *Rohita* ist der zeugungskräftige Stier, *Rohiṇi* die milchreiche, willig gewährende Kuh der Götter. — Voran steht, gleichsam als Thema, der stark veränderte Vers Ṛigv. 8,7,28.

21. Wenn dich im Wagen, Rohita!
   Als Vorspannrofs die Bunte fährt,
   Wandelst du schön, strömst Wasser aus.

22. Dem Rohita zeigt Rohiṇi sich folgsam,
   Die Sonnin, kraftvoll, grofs und schön von Farbe,
   Mit ihr lafst uns in allen Kämpfen siegen,
   Mit ihr bewältigen alle Feindesheere.

23. Dem Rohita dient Rohiṇî zum Wohnsitz,
    Dort ist sein Pfad, wo sie, die Bunte, wandelt,
    Sie ziehn Gandharva's, Kaçyapa's nach oben,
    Und sie behüten Weise unablässig.

24. Der Sonne gelbe, strahlenreiche Rosse
    Ziehn ihren leichten Wagen stets, unsterblich,
    Und Rohita, von Opferbutter glänzend,
    Steigt auf zum Himmel, steigt empor zur Bunten.

25. Rohita ist der Stier mit scharfen Hörnern,
    Die um das Feuer, um die Sonne strahlen,
    Von ihm, der Erd' und Himmel festgestützt hält,
    Von ihm her schaffen Schöpfungen die Götter.

26. Rohita stieg zum Himmel auf
    Dort aus dem großen Ocean,
    Alle Aufstiege Rohita erklomm.

27. Der Milch- und Butterreichen brüll' entgegen,
    Sie ist der Götter Milchkuh, unversagend;
    Nun trinkt den Soma Indra, Friede walte,
    Agni lobsinge, Du treib' weg die Feinde! —

* * *

Vers 28—32. Diese Verwünschungen der Nebenbuhler können wechselweise dem Könige (v. 28. 30. 32) und einem einfallenden Chore (v. 29. 31) zugeteilt werden.

28. Nun ist entzündet, flammt empor
    Agni, mit Butter reich besprengt;
    Bewältigend, allbewältigend
    Treff' meine Nebenbuhler er!

29. Er treffe sie, versenge den,
    Der noch als Feind uns widersteht!
    Mit Agni, dem fleischfressenden,
    Sengen die Nebenbuhler wir.

30. Schlag' nieder, schlag' zu Boden sie,
    Indra, mit deinem Blitz im Arm,
    Durch Agni's Kraft gebunden sind
    Jetzt meine Nebenbuhler mir.

31. Wirf, Agni, seine Nebenbuhler uns zu Füfsen,
Stürz' um, Brihaspati, den stolzen Blutsverwandten,
Hinab lafst fahren sie, Indra und Agni,
Mitra und Varuṇa! ohnmächtig sei ihr Zürnen.

32. Gott-Sûrya, der du steigst empor,
Schlag' meine Nebenbuhler ab,
Mit einem Steinwurf stürze sie
Hinab in tiefste Finsternis! —

* * *

Vers 33—35 scheint das Königslied mit einem Schlufssegen zu Ende zu gehen.

33. Als Kalb der Virâj[1] und als Stier der Lieder
Bestieg mit lichtem Rücken er den Luftraum;
Lobsingt dem Kalb das Lob mit Butterspende,
Brahman (Gebet) ist es, durch Brahman macht es wachsen!

1. *Rohita* ist das Kalb der *Virâj* (Urmaterie) in dem Sinne, den wir oben S. 153 besprachen. (Eine andre Auffassung wäre, dafs *Rohita*, wie sogleich durch das Gebet, so hier durch das Metrum *Virâj* genährt würde.)

34. Zum Himmel steige und zur Erde steige,
Zum Reiche steige und zum Reichtum steige,
Steig' zu Nachkommen, zur Unsterblichkeit auf,
Mit Rohita mög'st Du Dein Selbst verschmelzen[1]!

1. Der Angeredete mufs der König sein, so schlecht die erste Vershälfte auf ihn pafst. Vielleicht hiefs es ursprünglich, in einem Gebete an Rohita: *rohita naḥ tanvam saṃspṛçasva*, „o Rohita, mit uns dein Selbst verschmelze!"

35. Die Götter, reichserhaltende, die um die Sonne kreisen,
Mit diesen im Vereine möge Dir
Wohlwollend Rohita das Reich gewähren! —

B. Vers 36—44.

Das Sonnengeheimnis; in Fragmenten.

36. Dich führen Opfer, durch Gebet geläutert,
Empor, als Rosse wandernd ihre Wege;
Über das Meer hin überstrahlst du seine Flut.

37. Auf Rohita beruhen Erd' und Himmel,
   Auf ihm, der Güter, Rinder schafft und Beute;
   Du, des Nachkommen tausend sind und sieben[1],
   So weit die Welt ist, deine Nabe möcht' ich rühmen[2]!

1. Vielleicht die tausend Fixsterne und die sieben Planeten. 2. Vgl. v. 14.

38. Herrlich durchläufst du Pole, Zwischenpole,
   Herrlich der Tiere Welt und regen Menschen;
   Herrlich im Schofs der Aditi, der Erde,
   O, möchte schön wie Savitar ich werden.

* * *

39. Wenn drüben du, weifst du was hier,
   Wenn hier, schaust du was drüben ist;
   Weit schaut von hier den Himmel man,
   An ihm den weisen Sonnengott.

40. Als Gott sengst du die Götter selbst,
   Und dennoch wandelst du im Meer;
   Ja, alle zünden Agni an,
   Doch nur sehr Weise kennen ihn.

41. Abwärts vom Jenseits, aufwärts doch vom Diesseits
   Die Kuh emporklimmt mit dem Kalbe schwanger. —
   Wohin gewandt, nach welcher Gegend zog sie?
   Wo nur gebiert sie? doch nicht in der Herde![1]

1. = Rigv. 1,164,17. Die Erklärung oben S. 112.

42. Einfüfsig und zweifüfsig und vierfüfsig,
   Achtfüfsig dann geworden und neunfüfsig
   Und tausendsilbig als des Weltalls Metrum,
   Von dem herab die Meere sich ergiefsen[1].

1. Vgl. Rigv. 1,164,41—42, oben S. 117.

43. Zum Himmel steigend fördre, Gott, die Rede mir!
   Dich führen Opfer, durch Gebet geläutert,
   Empor als Rosse, wandernd ihre Wege.

44. Ich weifs es, o Unsterblicher,
   Was dein Aufstieg am Himmel ist,
   Und was dein Wohnsitz ist im höchsten Raume!

C. Vers 45—55.

Rohita schafft die Welt durch Opferung; ein zusammenhängendes Lied, nachgebildet dem Purusha-Liede Ṛigv. 10,90, doch mit bedeutsamer Hervorhebung des Brahmanbegriffes.

45. Die Sonne überschaut Erde und Himmel und die Wasserflut,
    Die Sonne als der Welt Auge empor zum hohen Himmel stieg.

46. Die Pole waren Grenzhölzer, die Erde ward zum Opferbett,
    Wo als zwei Feuer anfachte Kälte und Hitze Rohita.

47. Als Kält' und Hitz' er anfachte, zu Opferpfosten Berge schuf,
    Als Schmalz Regen goſs lichtkundig in beide Feuer Rohita.

48. Durch Rohita's, des lichtkund'gen, Gebet flammt da das Feuer auf,
    Durch ihn Hitze, durch ihn Kälte, durch ihn dies Opfer ward
                                                    vollbracht.

49. Durch sein Gebet die zwei Feuer wuchsen, beopfert durch Gebet;
    Durch Rohita's Gebet flammten, des lichtkund'gen, der Feuer zwei.

50. Im Satyam[1] angelegt eines, in Wassern bricht das andre auf,
    Durch Rohita's Gebet flammten, des lichtkund'gen, der Feuer zwei.

[1]. Ob *Satyam* und Wasser sich hier verhalten wie das Höchste (vgl. das spätere *satyaloka*) und Tiefste, oder etwa wie *causa efficiens* und *materialis*, lassen wir dahingestellt.

51. Er, den der Windgott umschönert, Indra und Brahmaṇaspati,
    Durch Rohita's Gebet flammten, des lichtkund'gen, der Feuer zwei.

52. Er, der als Opferbett Erde, als Opfergabe Himmel schuf,
    Als Opferfeuer schuf Hitze, Rohita, Regen-Schmalz schaffend,
        hat alles *átman*-haft gemacht.

53. Regen ward Schmalz, Hitze Feuer, die Erde ward zum Opferbett,
    Dann hob die Berge hier Agni durch Lobgesänge hoch empor.

54. Durch Loblieder sie hochhebend, sprach dann zur Erde Rohita:
    „Auf dir soll alles dies werden, was ward, und was in Zukunft ist."

55. Und so geschah dies Erst-Opfer, es war und wird fortwährend sein,
    Durch ihn erzeugt ist dies Weltall, und alles was hienieden glänzt,
        durch den allweisen Rohita.

D. Vers 56—58.

Angehängte Verfluchungsformeln.

56. Wer eine Kuh tritt mit Füfsen, Wasser abschlägt zur Sonne hin,
 Dir hau' ich deine Wurzel ab, wirf künftig keinen Schatten mehr.

57. Der du, beschattend mich, vortrittst zwischen das Feuer ein und mich,
 Dir hau' ich deine Wurzel ab, wirf künftig keinen Schatten mehr.

58. Wenn einer heut', o Gott Sûrya, sich eindrängt zwischen dich und mich,
 An dem wischen wir Angstträume und Unrat ab und Ungemach.

E. Vers 59—60.

Schlufsgebet, an Indra.

59. Nicht lafs vom Weg uns weichen ab, vom Somaopfer, Indra, nicht,
 lafs nicht Unholde trennen uns!

60. Der Faden, der als Opfer geht bis zu den Göttern ausgespannt,
 den lafs uns opfernd fassen an!

Atharvaveda 13,2.

Dieses an die Sonne gerichtete Lied (vgl. oben S. 217) enthält nur zwei auf Rohita bezügliche Stellen, von denen die eine schon oben S. 213 mitgeteilt wurde, die andre, v. 25—26, welche einen Viçvakarman-Vers (Rigv. 10,81,3) frei benutzt, hier noch folgen mag.

25. Rohita ist, an Tapas reich, zum Himmel aufgestiegen,
 Und er, im Mutterschofs geboren abermals,
 Ist zu der Götter Oberherrn geworden.

26. Der allerregend, von allen Seiten Antlitz ist,
 Von allen Seiten Hand, Handfläche allseits,
 Er trägt auf seinen Armen, trägt auf Flügeln,
 Der eine Gott, schaffend, Himmel und Erde.

Atharvaveda 13,3.

Obgleich dies Lied eine Anzahl von Rohita-Versen nur benutzt, um daraus eine Verfluchungsformel zu schmieden

gegen den, welcher einen Brahmanen bedrängt, so sind doch
jene Verse, die unzweifelhaft älteren Liedern entnommen sind,
zu reich an poetischer Schönheit und philosophischer Bedeutung, als daſs wir sie hier entbehren möchten.

1. Der Himmel hier und Erde hat erschaffen,
   Der in die Dinge sich wie in ein Kleid hüllt,
   In dem die Pole, die sechs Weiten ruhen,
   Durch die er wie ein Vogel hoch hindurchblickt, —
       ihm, dem zornmüt'gen Gott, sei der ein Greuel,
       wer den dies wissenden Brahmanen schindet;
       erschüttre ihn, o Rohita, zermalm' ihn,
       leg' ihn in Fesseln, den Brahmanenschinder!

2. Durch den zu ihrer Zeit die Winde brausen,
   Von dem herab die Meere sich ergieſsen, —
       ihm, dem zornmüt'gen Gott, u. s. w.

3. Der sterben läſst und leben läſst, von dem
   Ihr Leben die Geschöpfe alle haben, —
       ihm, dem zornmüt'gen Gott, u. s. w.

4. Der, wenn er einhaucht, Erd' und Himmel sättigt,
   Durch seinen Aushauch füllt den Bauch des Meeres, —
       ihm, dem zornmüt'gen Gott, u. s. w.

5. In dem Virâj, Parameshthin, Prajâpati,
   Agni Vaiçvânara und die Pañkti ruhen,
   Der des Höchsten Odem, des Allhöchsten Kraft besitzt, —
       ihm, dem zornmüt'gen Gott, u. s. w.

6. In dem beruh'n sechs Weltweiten, fünf Pole,
   Vier Meere und des Opfers heil'ger Dreilaut *(om)*,
   Des Auge Zorn blickt zwischen Erd' und Himmel, —
       ihm, dem zornmüt'gen Gott, u. s. w.

7. Der Nahrung nimmt und Herr ist aller Nahrung,
   Der Brahmaṇaspati selbst ist, . . .
   Der war, was erst noch werden wird, der Herr der Welt, —
       ihm, dem zornmüt'gen Gott, u. s. w.

8. Der miſst durch Tag und Nacht den dreiſsigteiligen (Monat),
   Der auch den dreizehnten Schaltmonat ausmiſst, —
       ihm, dem zornmüt'gen Gott, u. s. w.

9.[1] Beschwingte Rosse ziehn auf dunklem Wege
Im Wasserkleide neu empor zum Himmel,
Sie kehren wieder her vom Thron der Ordnung, —
    ihm, dem zornmüt'gen Gott, u. s. w.

1. = Ṛigv. 1,164,47 (oben S. 118).

10. O Kaçyapa! Das Schimmernde, Glanzvolle
Prunkhafte, reich an Licht, das du gezimmert,
Und an es setztest alle sieben Sonnen, —
    ihm, dem zornmüt'gen Gott, u. s. w.

11. Das Bṛihat-Sâman kleidet ihn von Osten,
Es hegt ihn das Rathantaram von Westen,
In Licht ihn kleidend ewig, unablässig, —
    ihm, dem zornmüt'gen Gott, u. s. w.

12. Sein einer Flügel Bṛihat war, sein andrer
Rathantaram, kraftvoll zusammenschiefsend,
Als Götter einst den Rohita erzeugten, —
    ihm, dem zornmüt'gen Gott, u. s. w.

13. Er ist allnächtlich Varuṇa, ist Agni,
Und er ist Mitra, wenn er morgens aufgeht,
Als Savitar durchwandelt er den Luftraum,
Als Indra glüht er mitten durch den Himmel, —
    ihm, dem zornmüt'gen Gott, u. s. w.

14. Er spannt die Flügel tausend Tagesweiten,
Wenn er als goldner Vogel fliegt am Himmel,
An seinem Busen hält er alle Götter,
So wandelt er, die Wesen überschauend, —
    ihm, dem zornmüt'gen Gott, u. s. w.

15. Ja, dieser Gott, wenn er im Wasser weilt, ist
Atri,[1] mit tausend Wurzeln, vielen Kräften[2],
Er, welcher diese ganze Welt geschaffen, —
    ihm, dem zornmüt'gen Gott, u. s. w.

1. Schon hier also Deutung des *Atri*-Mythus auf die Sonne. 2. Henry (les hymnes Rohitas p. 48) will *puruçákho* lesen; aber solange die Sonne im Wasser weilt, kann wohl von ihren Wurzeln und Kräften, nicht aber von ihren Zweigen die Rede sein.

16. Den lichten Gott hinführen rasche Rosse,
    Wenn er mit Herrlichkeit am Himmel strahlet;
    Sein Leib glüht hoch am Himmel, und derselbe
    Scheint bis hierher mit goldnen Strahlenstreifen, —
       ihm, dem zornmüt'gen Gott, u. s. w.

17. Auf des Geheifs die Falben die Âditya's fahren,
    Durch dessen Opf'rung viele mit Bewufstsein wandeln,
    Das eine Licht nach vielen Seiten glänzend, —
       ihm, dem zornmüt'gen Gott, u. s. w.

18.[1] Einrädrig ist der Wagen, den die sieben
    Anschirr'n, ihn zieht *ein* Rofs mit sieben Namen;
    Dreinabig ist es, ewig, unaufhaltsam,
    Das Rad, auf welchem alle Wesen fufsen, —
       ihm, dem zornmüt'gen Gott, u. s. w.

1. = Rigv. 1,164,2. Die Erklärung oben S. 108.

19. Achtfach geschirrt zieht ein gewalt'ger Renner,
    Der Götter Vater, der Gebete Zeuger,
    Des Opfers Faden ausmessend im Geiste,
    Durchläutert er die Welt als Mâtariçvan, —
       ihm, dem zornmüt'gen Gott, u. s. w.

20. Derselbe Faden läuft durch alle Weiten
    In die Gâyatrî, die des Ew'gen Schofs ist, —
       ihm, dem zornmüt'gen Gott, u. s. w.

21. Drei Sonnenuntergänge, drei Aufgänge,
    Drei Luftreiche und auch drei Himmel giebt es,
    Wir kennen, Agni, deine drei Geburten,
    Wir kennen die drei Ursprünge der Götter, —
       ihm, dem zornmüt'gen Gott, u. s. w.

22. Der, als geboren er, die Erde aufschlofs,
    Ein Wellenmeer [von Licht] im Luftraum setzte, —
       ihm, dem zornmüt'gen Gott, u. s. w.

23. Du, Agni, angelegt durch Kraft, durch Lichtglanz,
    Entflammt als Sonne, glänzest hoch am Himmel;
    Wie jauchzten da die Marut's, Priçni-Söhne,
    Als Götter einst den Rohita erzeugten, —
       ihm, dem zornmüt'gen Gott, u. s. w.

24.¹ Der Odem giebt und Kraft giebt, er, dem alle,
   Wenn er befiehlt, gehorchen, selbst die Götter,
   Der hier beherrscht Zweifüſsler und Vierfüſsler,
       ihm, dem zornmüt'gen Gott, u. s. w.

1. Aus Ṛigv. 10,121, v. 2 und 3 (oben S. 132).

25.¹ Der Einfuſs schreitet schneller als der Zweifuſs wohl,
   Der Zweifuſs holt den Dreifuſs ein von hinten,
   Der Vierfuſs kommt auf der Zweifüſs'gen Ruf herbei,
   Schaut auf zu ihnen, ihre Schar unwedelnd, —
       ihm, dem zornmüt'gen Gott, u. s. w.

1. = Ṛigv. 10,117,8 (oben S. 94). Der Einfuſs, welcher schneller ist als der Mann, der Greis am Stabe und der Hund, ist (wie Atharvav. 13,1,6, oben S. 219) die Sonne.

26. Aus schwarzer Nacht ward hellglänzend ein junges Kalb ge-
                                            boren uns,
   Und hoch am Himmel aufsteigend erstieg die Stiege Rohita.

Die Hymnen an anaḍvân und vaçâ.

Atharvaveda 4,11. 10,10.

Das philosophische Denken bewegt sich in Abstraktionen, und um so mehr, je allgemeinere Verhältnisse es umspannt. Das Volk hingegen hat nur für das Konkrete Verständnis; ihm müssen daher jene abstrakten Vorstellungen in Symbole umgesetzt werden. Prajâpati ist, rein abstrakt gefaſst, die zeugende und gebärende Kraft der Natur. Ein naheliegendes Symbol für dieselbe ist der zeugende Stier, die gebärende Kuh. Wir werden daher die beiden Hymnen Atharvav. 4,11, welcher *anaḍvân*, den Ochsen, und Atharvav. 10,10, welcher *vaçâ*, die Kuh, als Princip der Welt feiert, am passendsten der Prajâpati-Lehre anschlieſsen, um so mehr, als beide in den Hymnen ausdrücklich mit Prajâpati identifiziert werden (Atharvav. 4,11,7. 11. 10,10,30). Einen Vorgang hat diese Symbolik in dem Hymnus Ṛigv. 10,31, den wir oben S. 139—141 mitteilten, und in welchem die zeugende und gebärende Kraft der Natur als Stier und Kuh auseinandertraten. Dort hieſs es,

Rigv. 10,31,8: *ukshá sa dyâvâpṛithivî bibharti*, während der sogleich mitzuteilende Hymnus Atharvav. 4,11,1 mit den Worten beginnt: *anaḍvân dâdhâra pṛithivîm uta dyâm*. Hiernach ist eine bewußte Bezugnahme des jüngern Dichters auf den ältern wohl möglich.

Prajâpati = anaḍvân.

Atharvaveda 4,11.

Von einem Stieropfer (wie wohl behauptet worden) ist in diesem Hymnus keine Rede; vielmehr heißt es ausdrücklich v. 3, daß der von keinem Ochsen essen wird, welcher weiß, was dieser Hymnus lehrt, daß Prajâpati als Ochse Erde, Himmel und Luftraum trägt (v. 1), daß die sieben Jahreszeiten seine Melkungen sind (v. 9), und daß das *vratam* (die Observanz) des Prajâpati, vermöge dessen ihm zwölf Nächte des Jahres heilig sind, ein *anaḍuho vratam*, ein diesem Weltochsen geltendes Gelübde, ist. Durch diesen welttragenden und welterhaltenden Ochsen sind denn auch (wie vormals durch Prajâpati, oben S. 192. 194) die Götter zur Unsterblichkeit gelangt (v. 6); unter ihnen ist Indra seine besondere Erscheinungsform (v. 7 *Indro rûpeṇa*), „als Indra aber ist er unter den Menschen gegenwärtig als der heiße Kessel *Gharma*" (vielleicht der beim Pravargya gebrauchte), „welcher glüht", d. h. dessen Glühen mit dem Hervorleuchten der Blitze Indra's aus den Wolken verglichen wurde, v. 3. Weiter erinnert dieser *Gharma* durch seine vier Füße (die er gehabt haben muß, v. 5) an die vier Füße des Weltochsen, den er vorstellt. Anderseits entspricht wiederum Agni, das Opferfeuer, dieser Mittelpunkt der Welt, dem *vaha* des Ochsen, welcher von vorn und hinten gleich weit entfernt ist (v. 8), somit hier nicht das Schulterblatt, sondern etwa das Rückenkreuz oder den auf ihm, wie Agni auf der Erde, ruhenden Teil des Geschirrs bedeuten mag. Was endlich v. 10 betrifft, so muß (falls er nicht aus einem Ackerliede zufällig hierher gelangt ist) seine Bedeutung sein, daß der Weltochse mit sich zugleich den Pflüger, d. h. den Verehrer, zur höchsten Seligkeit emporführt.

Atharvaveda 4,11.

1. Der Ochse trägt die Erde und den Himmel,
   Der Ochse trägt dazu den weiten Luftraum.
   Der Ochse trägt die Pole, die sechs Weiten,
   Er in die ganze Welt ist eingegangen.

2. Der Ochs ist Indra, ist des Vieh's Behüter[1],
   Durchmifst als mächt'ger Gott[2] dreifache Wege,
   Was war, was sein wird und was ist[3], ermelkt er,
   Die Satzungen vollbringend aller Götter.

1. Wohl *Pûshan*. 2. Vielleicht *Vishnu*. 3. *Prajâpati* als *Kâla* (Zeit).

3. Als Indra weilt er in der Menschen Mitte,
   Erhitzt als Kessel und [wie Indra] glühend: —
   Der wird nachkommenreich, geht nicht im Nebel,
   Wer, weil er solches weifs, nicht ifst vom Ochsen!

4. Der Ochse melkt im Jenseits die Vergeltung;
   Der Wind, von Osten brausend, macht ihn schwellen,
   Der Regen ist sein Milchstrom, Sturm sein Euter,
   Opfer die Milch, die Melkung Opfergabe.

5. Er, welchen Opfrer nicht, noch Opfer meistert[1],
   Nicht wer die Gabe giebt, noch wer sie annimmt,
   Allsieger er, Allträger und Allschöpfer (*Viçvakarman*), —
   Sagt, kennt ihr des vierfüfs'gen Kessels Wesen?

1. Die Bedeutung des Kessels wird damit, dafs er beim Opfer dient, nicht erschöpft, da er Vertreter des Indra und, durch diesen, des Weltochsen (*Prajâpati*, *Viçvakarman*) ist.

6. Durch den die Götter auf zum Himmel stiegen,
   Des Leibes ledig, zu des Ew'gen Nabe (S. 220),
   Der führe uns zu der Vergeltung Welt auf,
   Ruhmreich durch Tapas, treu des Kessels Satzung[1].

1. *gharmasya vratam* = *anaduho vratam* = *Prajâpater vratam*.

7. Indra an Form, an Kreuz des Rückens Agni,
   Prajâpati, Parameshthin und Virâj, —
      Viçvânara (Indra) habt erstiegen ihr,
      Vaiçvânara (Agni) habt erstiegen ihr,
      Den Ochsen habt erstiegen ihr,
      Er ward [der Welt] Befestiger, er der Träger.

8. Das ist des Ochsen Mittelpunkt, wo hier ihm liegt des Rückens
Kreuz,
Von hier liegt ihm so viel rückwärts, wie von ihm vorwärts
liegt von hier.
9. Wer kennt des Ochsen Melkungen, die sieben unversieglichen,
Erlangt Kinder, erlangt Himmel; die sieben Ṛishi's kannten sie.
10. Was er zertritt, ist Entkräftung, Erquickung was sein Bein
wirft auf,
Zum Himmelstranke durch Mühe geh'n beide, Ochs und Pflüger,
ein.
11. Man sagt ja, diese zwölf Nächte sei'n heilig dem Prajâpati,
Doch wer den Spruch auf sie kennt, weiſs, daſs sie dem Ochsen
heilig sind.
12. Er melkt abends, er melkt morgens, er melkt auch um die
Mittagszeit,
Und seine Melkungen alle kennen als unversieglich wir.

Prajâpati = vaçâ.

Atharvaveda 10,10.

Daſs unter der Kuh *(vaçâ)* dieses Hymnus, nicht in den Anfangsversen, wohl aber von v. 4 an, das schaffende und tragende Princip aller Dinge zu verstehen ist, ergiebt sich im allgemeinen aus den ihr beigelegten Prädikaten. Anderseits aber sind die Aussagen unseres Dichters über die *Vaçâ*, über ihr Verhältnis zu dem Opfer, zu den Göttern, zu den Dingen so wenig zusammenstimmend, und die über dieselben vorgebrachten Mythen tragen so sehr das Gepräge des Geheimnisvollen, ohne doch eigentlich tiefsinnig zu sein, daſs wir nicht an den philosophischen Ernst des Verfassers glauben können, vielmehr in seinem Gedichte ein Stück Philosophie und Geheimnisthuerei im Dienste äuſserer, materieller Zwecke zu erkennen meinen. Welches diese Zwecke sind, darüber giebt Anfang und Schluſs des Ganzen Aufschluſs. — Die Kuh ist die gewöhnliche Opfergabe *(dakshiṇâ)*, und sie als solche anzunehmen, war ein Privilegium der Brahmanen, welches diese auf alle Weise zu schützen suchten. Diesem Zwecke dient auch unser Hymnus, denn sein Grundgedanke ist, daſs nicht jeder würdig ist, die Kuh als Opfergabe entgegenzunehmen, sondern nur derjenige, welcher die schon im Rigveda (z. B. 1,164. 10,31) angedeuteten geheimnisvollen Beziehungen der Kuh zum Universum versteht. Und nun ergeht sich der Verfasser in philosophischen Betrachtungen, die zwar dem Uneingeweihten sehr tief erscheinen mögen, in Wahrheit aber keinen innern Zusammenhang besitzen und nur darauf berechnet sind, zu imponieren. — Wenn es der allgemeine Charakter der Sophistik ist, die Philosophie oder was ihr ähnlich sieht, im Dienste nicht der Erkenntnis sondern äuſserer Zwecke zu betreiben, so können wir vielleicht unsern Hymnus als ein Stück indischer Sophistik betrachten. Wir übersetzen ihn hier, indem wir versuchen, die Teile zu sondern und ihren Grundgedanken zu bestimmen.

Vers 1—3. Nur der darf eine Kuh als Opfergabe annehmen, welcher in ihre Geheimnisse eingeweiht ist.

1. Ehre sei dir, wenn du entstehst, Ehre, wenn du entstanden bist,
Den Hufen und den Schweifhaaren sei Ehre, Kuh, und der Gestalt!
2. Nur wer die sieben Höhen kennt und auch die sieben Fernen weiſs,
Und wer des Opfers Haupt wohl weiſs, soll nehmen zum Geschenk die Kuh.
3. Die sieben Höhen kenne ich, die sieben Fernen weiſs ich auch,
Auch weiſs des Opfers Haupt wohl ich, und Soma, sichtbar in der Kuh.

Vers 4—8. Metaphysik der Vaçā, ohne innere Zusammenstimmung; v. 6 ist sie die Gattin des Parjanya, v. 7 ist derselbe ihr Euter; v. 5 atmen die Götter in der Kuh, v. 6 geht sie erst durch die Macht des Gebetes zu den Göttern ein.

4. Durch sie sind Himmel und Erde behütet und die Wasser hier,
Die Kuh mit tausend Milchströmen begrüſsen wir durch unsern Spruch.
5. Hundert Eimer, hundert sind Melker,
Hundert Behüter sind in ihrem Rücken,
Die Götter, die in ihr atmen, die kennen allzumal die Kuh.

6. Opfer als Fuß, als Milch Labung, Freiheit als Odem hat die Kuh,
Sie geht als Gattin Parjanya's ein zu den Göttern durch Gebet.

7. In dich ging ein der Gott Agni, in dich Soma, o Büffelin,
Euter an dir ist Parjanya, Zitzen, o Hehre, Blitze sind.

8. Wasser war deine Erstmelkung, o Kuh, die zweite Ackerland,
Als dritte hast du Reich, Nahrung und Milch, o Kuh gemolken uns.

Vers 9—12. Mythologie der Kuh: Indra tränkt sie mit Soma, sie aber wendet sich dem Stier (etwa dem Vṛitra) zu, worauf Indra erzürnt ihr die Milch raubt und sie in drei Schalen an den Himmel versetzt; hingegen raubt die Kuh wiederum vom himmlischen Opfersitze des Atharvan in drei Schalen den Soma. — Eine zu Grunde liegende Naturanschauung, und damit eine Existenzberechtigung des Mythus, ist nicht erkennbar.

9. Als du, von Aditi's Kindern gerufen, nahtest, Heilige,
Da reichte dir als Trank Indra in tausend Schalen Soma dar.

10. Als Indra du genaht willig, da rief, o Kuh, der Stier dich an;
Darum hat dir der Feind Vṛitra's zürnend den Trank, die Milch,
geraubt.

11. Die Milch, die zürnend dir damals der Schätzeherr, o Kuh,
geraubt,
Die hält noch heut' in drei Schalen das Firmament in seiner Hut.

12. Dafür hast du in drei Schalen den Soma, Göttin Kuh, geraubt,
Dort oben wo Atharvan saß, geweiht auf goldner Opferstreu.

Vers 13—17. Alle Götter der drei Weltgebiete, von Soma, Vâta und Sûrya geführt und von den entsprechenden Geschöpfen begleitet, sollen Zeugen der Vermählung der Kuh mit dem Ocean, d. h. wohl des Eingießens der Milch *(vaçâ)* in die Soma-Kufe *(samudra)* sein, woraus unser Dichter ein großes Mysterium macht.

13. Nun kommt herbei mit Gott Soma und allem, was da Füße hat;
Die Kuh dem Ocean nahte, geführt von Hochzeitsgenien.

14. Nun kommt herbei mit Gott Vâta und allem, was da Flügel hat;
Die Kuh dem Ocean zutanzt, indem sie Vers' und Lieder trägt.

15. Nun kommt herbei mit Gott Sûrya und allem, was da Augen hat:
Die Kuh den Ocean anschaut, indem die Holde Sterne trägt.

16. Als so umstrahlt von Goldglanze du standest da, o Heilige,
Zum Hengst der Ocean da ward, der dich, o holde Kuh, besprang.

17. Da scharten sich zur Kuh selig die Freiheit und die Lehrerin,
Dort oben, wo Atharvan safs, geweiht auf goldner Opferstreu.

Vers 18—26. Die Kuh, die selbst aus einem dem Gebet entsteigenden Tropfen entstanden ist, wird hier als die Mutter aller möglichen Dinge und Verhältnisse gefeiert, wobei der Dichter seinen andächtigen Zuhörern wieder einigen mystischen und mythologischen Sand in die Augen streut. Hingegen nimmt er es mit der Konsequenz der Anschauungen nicht sehr genau; so war v. 6 das Opfer der Fufs der Kuh; hier ist dasselbe zur Abwechslung v. 18 ihre Waffe; hingegen ist v. 24 die Kuh des Opfers Auge; v. 20 wiederum entsteht das Opfer aus den Weichen der Kuh, während v. 25 die Kuh selbst das Opfer empfängt.

18. Die Kuh ist Mutter des Kriegers, ist, Freiheit, deine Mutter auch,
Das Opfer ist der Kuh Waffe; aus ihr entstand das Geistige.

19. Empor aus des Gebets Gipfel ein kleiner Tropfe stieg hinauf,
Daraus bist du, o Kuh, worden, daraus der Opferpriester auch.

20. Aus deinem Mund quollen Lieder, aus deinem Nacken, Kuh,
die Kraft,
Das Opfer aus der Bauchgegend, aus deinen Zitzen Strahlen aus.

21. Aus deinen Schultern und Schenkeln, o Kuh, entstand der
Sonnengang;
Aus deinen Darmen Frefsgeister, aus deinem Bauch die Pflanzenwelt.

22. Als in Varuṇa's Bauchhöhle, o Kuh, du eingegangen warst,
Heraus der Beter dich führte, denn dein Leitseil entdeckte er.

23. Und alle vor dem Kind bebten, das der Nichtzeuger zeugte da, —
Er zeugte sie, da nannte Kuh auch ihn man[1],
Durch die Gebete ward er ihr Verwandter.

1. Bizarre Verschleierung des häufigen Gedankens, dafs der Weise (der Beter) durch Erkenntnis des Princips der Dinge zu diesem selbst wird.

24. Der wird allein im Kampf siegen, der ihrer sich bemächtigt hat;
Die Opfer sind die Obsieger, Obsieger-Auge ist die Kuh.

25. Sie nimmt die Opfer entgegen, sie hält im Lauf die Sonne hoch,
Ja, in die Kuh geht ein selber der Beter mit dem Opferbrei.

26. Die Kuh ehrt als die Gottwelt man, sie als die Welt der Sterblichen,
Die Kuh allein ward dies Weltall, —
Ward Götter, Menschen, Geister, Manen und Ṛishi's.

Vers 27—34. Schlufsbetrachtung. Nur der Wissende darf eine Kuh als Opfergabe annehmen; den übrigen kann dies sehr gefährlich werden (v. 27—28). Wer aber den Brahmanen eine Kuh schenkt, dem werden als Lohn dafür kurzer Hand alle Welten versprochen (v. 32—33). Untermischt sind diese Ermahnungen mit fortgesetzten Lobpreisungen der Kuh und ihrer metaphysischen Herrlichkeit.

27. Wer solches weifs, der darf die Kuh annehmen,
So wird das Opfer vollständig und willig melkend dem, der giebt.

28. Aber blinkend hat drei Zungen in seinem Rachen Varuṇa,
Zwischen ihnen die Kuh schimmert, als Gabe leicht verhängnisvoll!

29. Vierfach erstreckt der Kuh Nachkommenschaft sich,
Ein Viertel Wasser und ein Viertel Götter,
Ein Viertel Opfer und das Vieh ein Viertel.

30. Die Kuh ist Himmel, ist Erde, ist Vishṇu und Prajâpati,
Der Kuh Gemolkenes tranken die Seligen und Götter all.

31. Der Kuh Gemolkenes trinkend die Seligen und Götter all,
Verehren in dem Jenseits dort vom Himmelsrosse ihren Trank.

32. Manche melken aus ihr Soma, manche schätzen die Butter hoch,
Wer eine Kuh giebt dem, der dies versteht, geht zur Dreiwelt des Himmels ein.

33. Den Brahmanen die Kuh gebend, erwirbt man alle Welten sich,
Denn in ihr ist Ṛitam, Brahman beschlossen und das Tapas auch.

34. Die Götter von der Kuh leben, die Menschen leben von der Kuh,
Die Kuh ward dieses Weltganze, soweit die Sonne niederschaut.

Schlufswort.

Haben wir schon in dem letzten Hymnus die Grenze des zur Philosophie Gehörigen überschritten, so würde dies noch viel mehr der Fall sein, wollten wir alle die Stellen des Atharvaveda herbeiziehen, in welchen irgend einem Gegenstande zu dessen augenblicklicher Verherrlichung allerlei philosophische Bestimmungen zugeschrieben werden. Aber hier, wie überall, müssen wir wohl unterscheiden die echte und die unechte Philosophie; die eine steht erkenntnisdurstig vor den Rätseln des Daseins und sucht sich dieselben zu deuten so gut und so schlecht sie es vermag; die andre hat praktische Zwecke im Auge und bedient sich der ererbten philosophischen Begriffe und Formeln nur, um diesen zu dienen, und an Beispielen dafür ist schon im Atharvaveda kein Mangel. So wird Atharvav. 9,4 ein Stier *(rishabha)* aufs höchste gefeiert: er trägt alle Gestalten in seinen Weichen, er war zu Anfang ein Abbild der Wasser u. s. w. Aber für die Philosophie ist dabei nichts zu gewinnen, denn es handelt sich hier, wie der Zusammenhang beweist, wirklich um einen Stier, der geopfert werden soll, und um dessen Verherrlichung. So wird Atharvav. 7,20 die *Anumati*, eine Genie der göttlichen und zugleich der geschlechtlichen Liebe besungen und am Schlusse die philosophische Floskel angehängt, dafs *Anumati* „zu dieser ganzen Welt geworden ist, zu allem was steht und geht und sich bewegt". An andern Stellen werden Ingredientien des Kultus mit mafslosen Übertreibungen erhoben: so die drei Opferlöffel, von denen es Atharvav. 18,4,5 heifst: „die *Juhû* trägt den Himmel, die *Upabhṛit* den Luftraum und die *Dhruvâ* die Erde"; so das Opfergras *(darbha)*, welchem Atharvav. 19,32,9, mit Reminiscenzen aus dem Rigveda, die Befestigung der Erde, die Stützung des Luftraums und Himmels zugeschrieben werden; endlich gehört hierher auch Atharvav. 4,35, wo jemand durch einen für die Brahmanen gekochten Reisbrei *(brahmaudanam)* der Todesgefahr zu entrinnen hofft und dabei in empörender Weise diesem Reisbrei alle die Bestimmungen beilegt, denen wir nun schon so oft in den philosophischen Hymnen des Veda begegnet sind.

Zu dieser Pseudophilosophie müfsten wir auch den Hymnus an *Ucchishṭa*, Atharvav. 11,7, rechnen, könnten wir uns entschliefsen, der allgemeinen Annahme zu folgen und unter *ucchishṭa* den „Opferrest" zu verstehen. Wir glauben aber, diesem Hymnus doch einen würdigern und mehr philosophischen Sinn beilegen zu dürfen, und werden demgemäfs in dem Kapitel über Purusha, Prâṇa und Âtman noch auf denselben zurückkommen.

IV. Geschichte des Brahman bis auf die Upanishad's.

Die drei Begriffe, in denen sich nach S. 180 das philosophische Denken der Brâhmaṇazeit zwischen Ṛigveda und Upanishad's zusammenfassen läfst, waren Prajâpati, Brahman, Âtman. Bei denselben ist das Vorrücken vom ersten zum letzten, von Prajâpati zu Âtman, ein nach der Analogie anderer philosophiegeschichtlicher Entwicklungen leicht verständlicher Prozess. Denn er bedeutet ein Fortschreiten des Denkens vom Mythologischen zum Philosophischen hin, wie es überall die Regel ist. So bezeichnet Xenophanes in polemischem Anschlusse an die griechische Volksreligion sein Princip als θεός, während von seinen Nachfolgern, Parmenides und Platon, ebendasselbe τὸ ὄν, τὸ ὄντως ὄν benannt wird. So schliefsen sich Descartes und Spinoza der mittelalterlichen Anschauung insoweit an, als auch sie ihr Princip *Deus* nennen, während in der kantischen Philosophie dafür der bescheidenere und unserm Erkenntnisgrade geziemendere Name *Ding an sich* eintritt. Ebenso verhalten sich die Begriffe Prajâpati und Âtman. Aber das ist bezeichnend für Indien und seine Kultur, dafs zwischen den mythologischen und philosophischen Begriff sich ein dritter schiebt, welcher von Haus aus weder das eine noch das andre, sondern ein rein ritueller ist. Es ist charakteristisch für die Zeit, welche die gröfsten Ritualwerke der Welt, die gigantischen Lehrgebäude der Brâhmaṇa's, errichtete, dafs auch das philosophische Denken sich um das *Brahman*, einen ursprünglich rituellen Begriff, konzentrierte und denselben so fest erfafste, dafs er auch später, in der Upanishadzeit und darüber hinaus, ja bis auf die

Gegenwart hin, freilich unter Abstreifung des ursprünglichen rituellen Sinnes, beibehalten wurde, um, als völliges Synonymon von Âtman, dasjenige zu bezeichnen, was dem Inder als der letzte Urgrund der Welt und zugleich als das höchste Ziel alles menschlichen Denkens und Trachtens gilt. Die eigentliche Geschichte des Brahman liegt, wie die des Âtman, auf dem Gebiete der Upanishadlehre nebst ihren Fortsetzungen, welches wir erst in einem spätern Abschnitte betreten werden; hier liegt es uns ob, nur die Vorgeschichte des Brahman-Begriffes zu liefern, indem wir versuchen, aus Brâhmaṇa's und Atharvaveda die Stufen aufzuzeigen, auf denen er zur Dignität eines Weltprincips emporgestiegen ist. Vorher aber werden wir über das Wort *bráhman* (neutr.) zu handeln haben, während seiner Personifikation als *brahmán* (masc.) erst in einem spätern Zusammenhange zu gedenken sein wird, daher wir hier dieselbe noch ganz aufser Augen lassen.

1. Die Bedeutungen des Wortes Brahman.

Schlagen wir das Petersburger Wörterbuch nach, so finden wir unter dem Worte *Bráhman* (Neutrum, Nominativ *Bráhma*) in sorgfältiger Sonderung nicht weniger als sieben Bedeutungen, die wir verkürzt wiedergeben können als: 1) Gebet, 2) Zauberspruch, 3) heilige Rede, 4) heiliges Wissen (Veda), 5) heiliger Wandel (Keuschheit), 6) das Absolutum, 7) der heilige Stand (die Brahmanen). — Hier möchten wir die Frage aufwerfen: ist es möglich, dafs ein Wort so viele Bedeutungen hat? dafs es überhaupt mehr als eine Bedeutung hat? Eigentlich wohl nicht! Denn wenn wir von den Homonymen absehen, bei denen ein zufälliges, durch die Armut der Laute bedingtes Zusammenfallen des Lautwertes für verschiedene Begriffe stattfindet, so hat eine jede Sprache von Rechts wegen, und von besondern, nicht ohne weiteres zuzugestehenden Umständen abgesehen, für jeden Begriff nur ein Wort und für jedes Wort nur einen Begriff, und wenn wir beim Übersetzen aus einer fremden Sprache für dasselbe Wort abwechselnd verschiedene Ausdrücke wählen müssen, so beruht dies darauf, dafs sich die Sphären der Begriffe in den verschiedenen Sprachen nicht völlig decken, dafs vielmehr ein Wort und sein Begriff oft vielerlei Merkmale oder, populär gesprochen, Nebenvorstellungen enthält, von denen bald die eine, bald die andre in den Vordergrund tritt und dadurch den Übersetzer jedesmal zur Wahl eines andern Ausdruckes nötigt. Hierbei wird aber oft die Hauptvorstellung der Nebenvorstellung zuliebe unterdrückt, während in der Ursprache auch bei dem Hervortreten der Nebenvorstellung die Hauptvorstellung, ja Gesamtvorstellung im Hintergrunde des Bewußtseins stehen bleibt und von dort das Denken des Redenden oder Hörenden beeinflußt. Wir wollen davon die Anwendung auf das Wort *Brahman* machen und versuchen, die Einheit zu gewinnen, in der seine sieben Bedeutungen wurzeln.

Zunächst scheidet die Bedeutung 5) heiliger Wandel, Keuschheit, aus, da sie vergleichsweise selten und spät ist und, wie wir mutmaßen, sich erst aus den Begriffen des *brahmacārin* und *bramacaryam*, des Brahmanenschülers und seines Wandels, abgesetzt hat, welchem unter andern Pflichten die der völligen Keuschheit auferlegt wurde. — Von den übrigen Bedeutungen fallen dann weiter die drei ersten: 1) Gebet, 2) Zauberspruch, 3) heilige Rede zu einem Begriffe zusammen, der hier in einer für die Religionsentwicklung Indiens sehr charakteristischen Weise nach verschiedenen Seiten schillert, und diesen einheitlichen Begriff, der zugleich die einzige Bedeutung des Wortes *brahman* im Ṛigveda an den mehr als zweihundert Stellen, in denen es vorkommt, ist, können wir annähernd, wiewohl unzulänglich, wiedergeben durch unser Wort „Gebet". Unzulänglich, weil das Wort *brahman*, wie die Etymologie ergiebt, von einer andern Grundanschauung ausgeht als seine Äquivalente in den abendländischen Sprachen; „ursprünglich nämlich bedeutet das Wort *brahman* (nicht, wie die Vedāntin's etymologisieren, «das Losgelöste», «das Absolutum» von *barh, vellere*, sondern vielmehr) von *barh, farcire*, «die Anschwellung», d. h. «das Gebet», aufgefaßt nicht als ein Wünschen (εὔχεσθαι) oder Wortemachen *(orare, precari)* oder Fordern *(bidjan)* oder Erweichen (молиться) oder gar Beräuchern (עתר), sondern als der zum Heiligen, Göttlichen emporstrebende Wille des Menschen" (System des Vedānta S. 128), wiewohl auch in Indien die Auffassung des *brahman*,

Gebetes, keineswegs jener hohen Intention treu geblieben ist, die sich in seiner Etymologie ausspricht. Der Begriff des Gebetes hat ja überall, und so auch hier, zwei Seiten, eine hohe und edle, und eine niedrige und gemeine; die hohe liegt darin, daſs wir im Gebete uns zu unserm göttlichen Ursprung erheben, vorübergehend mit ihm eins werden, wobei wir alle Sünde und alle Not dieser individuellen Existenz hinter uns lassen, um sodann, gestärkt und geläutert durch das Gebet, zu derselben zurückzukehren; die niedrige Seite besteht darin, daſs wir zu Gott mitbringen was wir dahinten lassen sollten, unsere individuellen Interessen, um für dieselben von ihm, gleich als wäre er ein Mensch, gewisse Vorteile für uns zu erbitten, zu erschmeicheln, oder, wie in Indien, zu erzwingen. Es gereicht dem Vaterunser zu einer nicht geringen Empfehlung, daſs jene hohe Seite durch sechs Bitten, die niedrige nur durch eine (die vierte) vertreten ist. In Indien laufen beide Seiten nebeneinander her und spiegeln sich in jenen beiden Nebenbedeutungen wider, welche *brahman* als heilige Rede (3) und als Zauberspruch (2) hervorkehrt. Wir wollen jene beiden Seiten des Gebetes, welche beide für das Verständnis der indischen Religionsentwicklung im Auge zu behalten sind, als die **überindividuelle** und **individuelle** etwas näher auseinanderlegen. In gewissem Sinne schlieſsen sie sich an die beiden Elemente an, aus denen wir oben (S. 77—82) die Religion selbst erwachsen sahen, und die wir als das **moralische** und **mythologische** unterschieden.

Die überindividuelle Seite des Gebetes kündigt sich deutlich in dem Ursprunge des Wortes *brahman* an. Denn *brahman* ist ursprünglich, wie gezeigt, die Anschwellung des Gemütes, die Erhebung und das Erhabensein über den Individualstand, welche wir erleben, wenn wir auf den Schwingen der Andacht zu einer vorübergehenden Einswerdung mit dem Göttlichen gelangen. Die Worte des Gebetes sind nur der Ausdruck dieses Gefühls der Vereinigung mit Gott, sie gehören nicht dem Menschen als solchen an, sondern Gott ist es, der sie in uns und durch uns redet. Dieses Gefühl der **Inspiration des Betenden** ist schon im Ṛigveda sehr lebendig entwickelt, wie folgende, aus allen Büchern des

Ṛigveda ausgewählte Beispiele zeigen. Ṛigv. 1,37,4: „singet ein von Gott gegebenes Gebet"; 1,105,15: „Varuṇa wirket die Gebete; ihn, den Pfadfinder, flehen wir an, daſs er das heilige Lied durch unser Herz offenbare" *(vyárṇotu hṛdā matim)*. — 2,9,4: „du bist (o Agni) der Ersinner des glänzenden Lobliedes". — 3,34,5: „(Indra) machte diese Lieder dem Sänger kund". — 4,11,3: „von dir, o Agni, kommen die Dichtergaben, von dir die Andachtslieder, von dir die Lobgesänge, wenn sie gelingen sollen". — 5,42,4: „begabe uns, o Indra, mit dem Gebete, welches gottverliehen ist". — 6,1,1: „denn du, o Agni, warst der erste Ersinner dieser Andacht". — 7,97,3: „(Indra), welcher der König des gottgeschaffenen Gebetes *(brahmaṇo devakṛitasya)* ist". — 8,42,3: „o Gott Varuṇa, schärfe diese Andacht, schärfe die Einsicht, die Tüchtigkeit des Lernbegierigen". — 9,95,2: „(Soma) als Gott offenbart der Götter geheimnisvolle Namen (Wesenheiten) auf der Opferstreu, sie zu verkünden". — 10,98,7: „Bṛihaspati hat ihm (dem Dichter) die Rede dargereicht". — Diese Äuſserungen, welche ihr Analogon in allen Regionen der Religion, Kunst und Philosophie finden, beweisen, daſs schon die vedischen Sänger sich vielfach bewuſst sind, nicht als Individuen, sondern im Dienste einer höhern Macht zu reden; und wir lernten in Ṛigv. 1,164,37—39 bereits oben S. 116 eine Stelle kennen, in welcher der Sänger seiner Ergriffenheit von dem Göttlichen einen fast wunderbaren Ausdruck giebt. Und weil das Gebet göttlicher Natur ist, darum ist es auch nicht bloſs auf das beschränkt, was der betende Sänger äuſsert; nur ein Viertel der heiligen Rede weilt unter den Menschen, drei Viertel bleiben im Himmel verborgen (Ṛigv. 1,164,45, oben S. 118) als die heilige Rede, welche Ṛigv. 10,125 personifiziert auftritt (oben S. 147—148). Sie ist die Sprache der Himmlischen und zugleich der Gegenstand ihrer Unterhaltung: „die Götter unterredeten sich über das Brahman" (Taitt. Saṃh. 3,5,7,2); — „das Brahman redeten die Gandharven, sangen die Götter" (Taitt. Saṃh. 6,1,6,6), und nur ein beschränkter Teil dieses Brahman bildet den Veda: „beschränkt sind die Ṛic, beschränkt die Sāman, beschränkt die Yajus, aber dessen ist kein Ende, was das Brahman ist" (Taitt. Saṃh. 7,3,1,4). Vgl. auch die schöne Erzählung von der Unendlichkeit des Veda Taitt. Br. 3,10,11,3. Und diese unendliche Wesenheit fühlte der Betende in sich erwachen, trug er in sich; „in den geheimnisvollen Tiefen der eigenen Brust gewahrte der durch die Andacht des Gebetes *(brahman)* über seine eigene Individualität hinausgehobene Beschauer eine Macht, welche er allen andern Mächten der Schöpfung überlegen fühlte, eine göttliche Kraft, die, wie er empfand, allem irdischen und überirdischen Sein als innerlich regierendes Princip *(antaryâmin)* einwohnt, auf der alle Welten und alle Götter beruhen, aus Furcht vor der das Feuer brennt, die Sonne leuchtet, das Gewitter, der Sturmwind und der Tod ihr Werk verrichten (Kâṭh. Up. 6,3), und ohne welche kein Strohhalm von Agni verbrannt, von Vâyu fortgeführt werden kann (Kena Up. 3,19. 23). Dieselbe poetische Gestaltungskraft nun, welche Agni, Indra und Vâyu mit Persönlichkeit umkleidet hatte, eben dieselbe war es, welche dann weiter jene «in niederer Enge nach allen Seiten sich entfaltende, als Erfreuer der grofsen [Götter] mit Macht wachsende, als Gott zu den Göttern weithin sich ausbreitende und dieses Weltall umfassende» (Ṛigv. 2,24,11) Kraft der Andacht zunächst noch in leicht durchsichtiger Personifikation (als *Bṛihaspati*, *Brahmaṇaspati*), dann aber wahrer, kühner, philosophischer als das *Brâhman* (Gebet), den *Âtman* (Selbst) über alle Götter erhob und diese mit der ganzen übrigen Welt in zahllos variierten Phantasiespielen aus ihm hervorgehen liefs." — Ehe wir den durch diese Worte (aus Syst. des Vedânta S. 18) vorgezeichneten Weg weiter verfolgen, müssen wir auf eine andre Seite der Sache unser Augenmerk richten, welche für die Entwicklung des Brahmanbegriffes nicht weniger von Einfluß gewesen ist.

Die individuelle Seite des Gebetes reicht gerade so weit wie das mythologische Element der Religion (S. 78 fg.), mit dem sie, wie gesagt (S. 242), ebenso eng verwachsen ist wie die überindividuelle mit dem moralischen Elemente, sofern alles Moralische schliefslich auf Entselbstigung, mithin auf den in der religiösen Andacht vorübergehend erreichten Zustand hinzielt. Im Gegensatze dazu macht die mythologische Seite der Religion, statt über alle Individualität hinaus und mit Gott zusammenzuwachsen, diesen selbst zu einem Individuum nach Menschenart, welchem nun der Mensch als ein anderes Individuum, dem Grofsen als Kleiner, dem Mächtigen als Schwacher und Bedürftiger, gegenübertritt. Er trägt ihm seine Wünsche vor und sucht ihre Gewährung zu erreichen, indem er sein Gesuch durch allerlei Mittel, wie Opfergaben, Schmeicheleien (Lob und Dank) u. dgl., unterstützt. Zu diesen Mitteln gehört denn auch das wohlgesetzte Gebet, das *brahman* selbst, wie es als „wohlgezimmertes Loblied" (2,35,2 *mantra sutashṭa*) von dem vedischen Dichter gebaut und recitiert oder gesungen wird. In der individuellen Sphäre, mit der wir es hier zu thun haben, ist das Gebet (entsprechend seinem Etymon in den abendländischen Sprachen, oben S. 241) einerseits der Träger der menschlichen Wünsche, anderseits der notwendige Begleiter der Opfergabe, um die Götter auf diese aufmerksam zu machen und zu ihrem Genusse einzuladen. Dafs die Götter am Somatranke sich laben und aus ihm Begeisterung und Kraft für ihre Thaten gewinnen, beruht auf ihrer anthropomorphischen Natur und ist vollkommen verständlich. Nun aber, wie eine Sache, die immer mit einer andern zusammenliegt, zuletzt auch deren Geruch annimmt, so erstreckt sich das Wohlgefallen der Götter von der Opfergabe aus zugleich auf das sie begleitende Gebet, an dessen kunstvollem metrischen Gefüge sie eine Art ästhetischer Freude empfinden. Wie am Soma, so erquicken und stärken sie sich auch an dem Gebete *(brahmaṇâ vâvṛidhânâḥ),* wie Soma und Butter, so ist auch das Gebet der Frommen für sie ein Stärkungsmittel *(yasya brahma vardhanam, yasya somo,* hiefs es in dem Sajanâsa-Hymnus an Indra 2,12,14, vgl. oben S. 96), „durch welches Indra seine Kraft erhält" *(yena Indraḥ çushmam id dadhe,* 8,6,11); — „dann erst hast du (o Indra) deine grofse Heldenthat verrichtet, nachdem du vor derselben *(asya agre)* dein Ungestüm durch das Gebet aufgeregt hast" (2,17,3); — „möge unser Gebet in den Kämpfen obsiegen" (1.152,7); — hier sehen wir schon das Gebet von der ästhetischen Einwirkung auf die Götter zu einer magischen Kraftwirkung aufsteigen, und diese wird noch deutlicher in den Hymnen an Brahmaṇaspati, der ja selbst eine Verkörperung dieser magischen Kraft ist, und von dem es daher z. B. 2.24.3 heifst: „er trieb die (Wolken-)Kühe aus, indem er die Höhle durch das Gebet spaltete"; — noch weiter geht ein später Hymnus, 10,162,1—2, in welchem das Gebet nicht mehr an Agni gerichtet, sondern vielmehr gewünscht wird, dafs Agni mit dem Gebete sich verbünden soll, um eine Krankheit auszutreiben. Hier ist die ursprüngliche Bedeutung des Gebetes schon völlig verschoben. Früher waren es die Götter, welche durch das Gebet angetrieben wirkten, jetzt wird das Gebet das eigentliche Agens, welches vermittelst der Götter die gewollte Wirkung übt oder auch sie ganz beiseite läfst, in dem einen wie dem andern Falle aber nicht mehr an den guten Willen der Götter gebunden ist, sondern, durch sie oder ohne sie, mit magischer Kraft, als Zauberformel gesprochen, den gewollten Zweck unfehlbar bewirkt. Dies ist der Standpunkt des Atharvaveda, der von Beispielen davon voll ist, wie durch das Gebet *(brahmaṇâ)* eine Krankheit geheilt oder eine sonstige Wirkung erzielt wird; aber auch aufserhalb desselben ist diese Auffassung zu finden; Vâj. Samh. 11,82: „ich vernichte die Feinde durch das Gebet"; Çatap. Br. 5,2,4,18: „durch das Gebet tötet er die Unholdinnen, die Kobolde"; und wenn dieses Gebet ohne Götter von *Ṛic*, *Sâman* und *Yajus* unterschieden und ihnen als *Brahman* (Zauberspruch) koordiniert wird, so nehmen doch alle Gebete des Veda in dieser Periode den Charakter von Zauberformeln an; die Götter sind nur der Durchgangspunkt ihrer Wirkung, sie haben keinen andern Willen als denjenigen des das Gebet sprechenden Priesters: „der Brahmane, der solches weifs, in dessen Gewalt sind die Götter", wie der schon oben S. 168 aus Vâj. Samh. 31,21 citierte Ausspruch lautet, in dem diese Subordination der Götter unter das *brahman*, das Gebet, zum schärfsten Ausdruck kommt.

— Wir haben gesehen, wie in den drei ersten Bedeutungen von *brahman* als 1) Gebet, 2) Zauberspruch, 3) heilige Rede nicht sowohl drei verschiedene Begriffe, als vielmehr ein Stück Entwicklungsgeschichte des einen und einheitlichen Begriffs des Gebetes vorliegt, welches sich einerseits nach der überindividuellen Seite hin entwickelt zu dem unendlichen Gottes-

worte, von dem der Veda nur ein Teil ist, mit welchem der
Betende verschmilzt und welches im Grunde nur der Ausdruck des göttlichen Willens ist, und anderseits nach der
individuellen Seite hin aus einem blofsen Ausdrucke der
menschlichen Wünsche zu der diese Wünsche mit oder ohne
Vermittlung der Götter verwirklichenden Kraft wird.

Ein weiteres Stück Entwicklungsgeschichte liegt in zwei
andern Bedeutungen von *brahman* als 4) heiliges Wissen
(Veda), 7) heiliger Stand (Brahmanen). Wir besprachen oben
S. 159 fg. die Einwanderung der Ârya's in die Gangesebene
und sahen, wie infolge dieser Völkerwanderung nicht nur
ein Versiegen der Liederdichtung, sondern auch das Aufkommen
der Vorstellung bedingt war, dafs nur durch jene alten, aus
dem Pendschâb mitgebrachten und im Besitze bestimmter
Familien befindlichen Gebete und die zugehörigen Ceremonien
eine richtige und wirksame Verehrung der Götter möglich
sei; wir zeigten auch, wie jene Liederschätze durch Austausch
zu *Saṃhitâ*'s, d. h. gröfsern Ganzen, verschmolzen, wie an sie,
als das *brahman*, sich anschlofs das *brâhmaṇam*, d. h. die theologische Auslegung und Gebrauchsanweisung für jene Gebete,
und wie *Saṃhitâ* und *Brâhmaṇam*, nach *Ṛic*, *Sâman* und *Yajus*
gegliedert, sich zur *trayî vidyâ*, der „dreifachen Wissenschaft",
d. h. dem Veda, zusammenschlofs, dessen Besitz und Anwendung
in den Angelegenheiten der Fürsten und Völker das Privilegium eines bestimmten Standes, der *brâhmaṇa*'s, d. h. der
Verwalter des *brahman*, „der Beter", wurde. Es ist sehr bedeutungsvoll für die Religionsentwicklung Indiens, dafs die
Brahmanen den Gesamtkomplex der kanonischen Urkunden
(*saṃhitâ*'s und *brâhmaṇa*'s) mit jenem alten Ausdrucke als
brahman, d. h. Gebet, bezeichneten und wie jenes durchaus für
inspiriert erklärten, sich selbst aber so sehr als Träger dieser
göttlichen Offenbarung betrachteten, dafs sie den Namen
brahman auch auf die Brahmanenkaste, als den Vertreter des
Göttlichen auf Erden, ja als die Personifikation desselben,
ausdehnten, so sehr, dafs sie sich als die *devâḥ pratyakṣham*,
als die offenbar gewordenen Götter betrachteten. — Nunmehr
bedeutet *brahman* nicht nur das Gebet, sondern auch zugleich
den Veda als Inbegriff des Gebetes und die Brahmanen

als Träger desselben, und wenn auch bald die eine oder andre
Bedeutung in den Vordergrund tritt, so ist doch an hundert
Stellen nicht zu entscheiden, ob die wirkungskräftige, zauberkräftige Gebetsformel, oder das ganze *corpus canonicum*, oder
die es handhabenden *canonici* gemeint sind, und es liegt in
dem gemeinsamen Namen *brahman* gleichsam die Aufforderung,
überall, wo dasselbe in der Brâhmaṇalitteratur vorkommt, an
alle drei zu denken und in den Begriff des *Brahman* als Gebet
den des Veda und den der Brahmanen so viel wie möglich
mit einzuschliefsen.

— Noch bleibt uns eine Bedeutung des Wortes *brahman*
übrig, welche nicht, wie die bisher besprochenen, nur verschiedene Seiten eines einheitlichen Begriffes ausdrückt, sondern
dieses seiner bisher besprochenen Entwicklung nach so durchsichtige Wort in einem neuen und auf den ersten Blick höchst
befremdlichen Sinne gebraucht. — Denn wie kommt das Wort
brahman, welches das Gebet, einerseits als Zaubermittel,
anderseits als göttliche Offenbarung, ferner den Veda als
Inbegriff und endlich die Brahmanenkaste als Verkörperung des Gebetes und der göttlichen Offenbarung bedeutet, —
wie kommt dieses Wort nun weiter dazu, den göttlichen Urgrund aller Dinge, das schaffende und erhaltende Princip der
Welt, das Absolutum zu bezeichnen? —

Um dies zu verstehen, müssen wir auf die Philosophie des
Ṛigveda zurückgehen.

2. Brahmaṇaspati und Brahman.

Wir sahen S. 141—143, wie schon in einer Reihe späterer
Hymnen des Ṛigveda unter dem Namen *Bṛihaspati* und (damit
wechselnd) *Brahmaṇaspati* eine Gottheit auftaucht, welche,
ursprünglich ein blofser Genius des Gebetes, in dem Mafse,
wie dessen Bedeutung als Stärkungsmittel der Götter sich
steigerte, immer höher wuchs bis zu einem Vater der Götter,
welchem nunmehr deren Grofsthaten, namentlich die des Indra,
mit Vorliebe zugeschrieben werden, ohne dafs doch seine ursprüngliche Bedeutung vergessen wird (S. 142), wie ja auch
die Namen *Bṛihaspáti* und *Bráhmaṇaspáti* nur lockere Komposita bilden, da jedes derselben zwei Accente trägt. In der

That ist dieser neue Gott blofs eine ganz durchsichtige Personifikation des *brahman* oder Gebetes, und kaum hat in der Brâhmaṇazeit die Interpretation der Hymnendenkmäler begonnen, als auch von allen Seiten die Behauptung auftritt, Brihaspati sei in Wahrheit das Gebet. So Ait. Br. 1,19,1 *brahma vai Bṛihaspatiḥ;* Ait. Br. 1,30,6 *brahma vai Bṛihaspatiḥ;* Taitt. Saṃh. 3,1,1,4 *brahma vai devânâṃ Bṛihaspatiḥ;* Çatap. Br. 13,5,4,25 *brahma vai Bṛihaspatiḥ;* Çatap. Br. 3,9,1 findet sich in § 11. 12. 14 dreimal diese Formel hintereinander, und zum Schlusse heifst es: „das Brahman wahrlich ist Bṛihaspati, ist dieses Weltall, ist alle Götter, das Brahman [nicht «the priesthood», die ja sogleich erst folgt] macht er zum Haupte dieses Weltalls; darum ist der Brahmane das Haupt dieses Weltalls"; während in Çatap. Br. 11,4,3,13 *Bṛihaspatir, Brahma, Brahmaṇatiḥ* eine Interpretation vorzuliegen scheint: „Bṛihaspati, welcher Brahman, nämlich Brahma-pati ist". Hand in Hand mit dieser Identifikation von Brahman und Bṛihaspati geht die Erhebung des Brahman zum obersten göttlichen Princip: Çatap. Br. 2,3,2,9—13 erscheint es als ebenbürtig in einer Reihe neben Rudra, Varuṇa, Indra und Mitra; nach Çatap. Br. 3,3,4,17 „treibt das Brahman die Götter vorwärts" (wenn nicht mehr, *pracyâvayati*); und Çatap. Br. 12,8,3,29 erscheint es, weil identisch mit Bṛihaspati, als Hauspriester *(purohita)* der dreiunddreifsig Götter: „es heifst: die dreiunddreifsig Götter haben Bṛihaspati als Purohita; aber Bṛihaspati ist Brahman; also bedeutet es: sie haben das Brahman als Purohita". Nach Çatap. Br. 2,1,4,10 wird beim Agnyâdhânam das Feuer durch das Brahman angelegt; „denn Brahman ist die Rede (*vâc*, vgl. oben S. 146 fg.), und die Wahrheit (*satyam*, die metaphysische Realität) dieser Rede ist das Brahman"; und nach Çatap. Br. 4,1,4,10 wird es mit dem *ṛitam*, mit der ewigen Weltordnung gleichgesetzt, welche auch über den Göttern steht (oben S. 92).

Auch an andern Gleichsetzungen ist kein Mangel. So ist im *brahmaṇaḥ parimaraḥ* Ait. Br. 8,28 das Brahman der Wind, in welchem die fünf Gottheiten, Blitz, Regen, Mond, Sonne, Feuer, ersterben, um wieder aus ihm hervorzugehen; nach Çatap. Br. 8,4,1,3 sind die Prâṇa's Brahman, während dieselben in der Upanishad Çatap. Br. 14,9,2,7 zum Brahman als Schiedsrichter ihres Rangstreites gehen, wie vordem zu Prajâpati (oben S. 194). — Am häufigsten aber ist in dieser Periode, wo man noch nicht fähig war, den Begriff des Brahman in seiner Abstraktheit festzuhalten, die **Gleichsetzung des Brahman mit der Sonne** (vgl. Praiâpati und Rohita, oben S. 212 fg.). Çatap. Br. 7,4,1,14: „wenn es heifst «Brahman zuerst im Osten ward geboren», so wird als jene Sonne das Brahman Tag für Tag im Osten geboren"; — Çatap. Br. 8,5,3,7: „was dieses Brahman ist, das ist eben das, was als jene Sonnenscheibe glüht"; Taitt. Samh. 5,3,4,4: „das Brahman ist der Gott Savitar"; — Vâj. Samh. 23,48: „das Brahman ist ein sonnengleiches Licht"; — Shadv. Br. 1,2: „jenseits des Luftraums ist der Ort des Brahman"; — Çânkh. Br. 8,3: „jener Mann (*purusha*), den sie in der Sonne zeigen, der ist Indra, ist Prajâpati, ist Brahman"; und so noch später, Taitt. Âr. 10,63.15: „jener Mann in der Sonne ist Parameshṭhin, Brahman, Âtman". — Çatap. Br. 14,1,3,3 (und fast gleichlautend Çânkh. Br. 8,4): „Wenn es heifst: «Brahman zuerst im Osten ward geboren», so wird als jene Sonne das Brahman Tag für Tag im Osten geboren." Hier werden die Anfangsworte eines viel erwähnten Liedes citiert, das wir im Folgenden mitteilen wollen; dasselbe scheint also auch von der Anschauung des Brahman als Sonne auszugehen, doch wohl mehr symbolisch, indem das Erstgeborne des Tages nur als sinnlicher Vertreter für das Erstgeborne der Schöpfung auftritt, als welches das Brahman in den nunmehr zu besprechenden Stellen erscheint.

3. Brahma prathamajam,
das Brahman als Erstgebornes.

Dafs die älteste Philosophie in Bildern denkt, haben wir schon oben S. 182 fg. an den mannigfachen Versuchen kennen gelernt, die Weltentwicklung als die Bebrütung eines vorweltlichen Eies anzuschauen. Ein weiterer Beleg dazu ist es, wenn die Entstehung der Welt aus dem chaotischen Urzustand gleichnisweise als der Anbruch des Tages, als der Aufgang der Sonne geschildert wird, welche aus dem unterschiedslosen Dunkel der Nacht die Gestalten zu schaffen scheint, indem sie dieselben sichtbar macht. Diese Anschauung blickt schon in dem Schöpfungsliede Ṛigv. 1,129 durch, wenn daselbst v. 3 der Urzustand als Finsternis, als ein von Finsternis bedecktes, lichtloses Gewoge geschildert wird (oben S. 122); und dieselbe Anschauung liegt, nach den S. 250 erwähnten Stellen Çatap. Br. 14,1,3,3 und Çāṅkh. Br. 8,4, einem alten, nur in Trümmern erhaltenen Liede mit den Anfangsworten: „*brahma jajñānam prathamam purastād*" zu Grunde, welches ursprünglich nur das Brahman als Sonne zu feiern scheint, während in spätern Verwendungen desselben unter dem Tage, welchen das Brahman durch seinen Aufgang herbeiführt, der grofse Welttag mit seiner Offenbarmachung aller Namen und Gestalten zu verstehen ist, wie denn auch *purastât* sowohl „im Osten" als auch „vormals, vor Zeiten" bedeutet. Dieses Lied wird, teils nur nach den Anfangsworten, teils in mannigfacher Verbindung mit verschiedenen Versen der philosophischen Hymnen des Ṛigveda, vielfach citiert; so in den angeführten Stellen: Çatap. Br. 7,4,1,14. 14,1,3,3. Çāṅkh. Br. 8,4; ferner: Ait. Br. 1,19,1. Taitt. Saṃh. 4,2,8,2. 5,2,7,1; Taitt. Br. 2,8,8,8. 3,12,1,1. Taitt. Ār. 1,13,3. 10,1,10. Atharvav. 4,1. Āçval. Çr. 4.6.3; Çāṅkh. Çr. 5,9,9. Längere Stücke daraus geben die beiden letzterwähnten Sûtrastellen, sowie Taitt. Br. 2,8,8,8 und Atharvav. 4,1. Wir beschränken uns darauf, diese beiden letztern Stellen wiederzugeben.

Taittirīya-brāhmaṇam 2,8,8,8—10.

Die Stelle zerfällt, wie sie vorliegt, in zwei schon durch das Metrum geschiedene Teile, indem in den beiden ersten Trishṭubh-Versen Brahman als Sonne, in den drei angehängten Anushṭubh-Versen Brahman als Princip der Welt besungen wird.

1. Brahman zuerst im Osten ward geboren;
   Vom Horizont deckt auf den Glanz der Holde;
   Die Formen dieser Welt, die tiefsten, höchsten,
   Zeigt er, die Wiege des, was ist und nicht ist.

2. Vater der glänzenden, der Schätze Zeuger,
   Ging ein er in den Luftraum allgestaltig;
   Ihn preisen sie durch Lobgesang; das Junge,
   Das Brahman ist, durch Brahman (Gebet) wachsen machend.

3. Das Brahman hat die Gottheiten, Brahman die Welt hervorgebracht;
Die Kshatriya's brahman-erzeugt sind, Brahman Brahmanen durch
ihr Selbst.

4. In ihm sind diese Welträume, in ihm die ganze Lebewelt,
Der Wesen Erstling ist Brahman; wer wagt, ihm zu vergleichen
sich?

5. In ihm die dreimal zehn Götter, in ihm Indra, Prajāpati,
In Brahman sind die Weltwesen beschlossen wie in einem Schiff.

* * *

Einen etwas andern Sinn als in diesem Fragment zeigen die Verse des Liedes *brahma jajñānam* in ihrer Verwendung Atharvav. 4,1, wo unter dem *vena* „dem Holden" nicht mehr die Sonne, auch nicht mehr Brahman als das geistige, die Welt offenbarende Licht, sondern vielmehr der Seher als Träger dieser göttlichen Offenbarung zu verstehen ist, dessen Verherrlichung hier (wie schon Rigv. 10,129,5) der Zweck ist. Diese Entwicklung hat eine Vorgeschichte, deren Hauptmomente in den Liedern Rigv. 10,123 (nebst dem verwandten Stücke Rigv. 10,139,4—6) und Atharvav. 2,1 liegen und, als zum Verständnis unentbehrlich, hier kurz zu skizzieren sind.

Venas (von *van*, *ven*), d. h. der Liebende, der Holde, ist Rigv. 1,83,5 ein Beiwort der Sonne, wird aber dann Rigv. 10,123 als Bezeichnung des *Gandharva* gebraucht, unter dem wir in diesem Liede und Rigv. 10,139,4—6 (nicht sowohl nach Çānkh. Br. 8,5 Indra, als vielmehr) nach Roths und Grafsmanns sehr annehmbarer Vermutung den Regenbogen „gleichsam als Sohn der Sonne" *(sūryasya çiçum na)* zu verstehen haben werden. So passend nun die Sonne, schon in der Gâyatrî *(dhiyo yo naḥ pracodayât)*, namentlich aber seit ihrer Identifikation mit dem Brahman, als Quelle der göttlichen Offenbarung erschien (oben S. 250), ebenso passend würde der von der Sonne abhängige und vom Himmel zur Erde sich spannende Regenbogen *(Vena, Gandharva)* als Vermittler dieser Offenbarung an die Menschen erscheinen, und diese Rolle spielt der *Gandharva* in der That schon im Ṛigveda in den genannten Liedern und auch anderweit; 10,123,4: „der Gandharva fand Unsterbliches"; 10,123,7: „er erzeugte was lieblich wie das Sonnenlicht ist"; 10,139,6: „der Gandharva möge das Unsterbliche jener (Ströme) verkünden"; 10,139,5: „mit allem, was wahr ist, und was wir nicht wissen, damit möge er (der Gandharva), der die Einsicht fördert, uns zur Einsicht helfen"; 10,177,2: „der (Sonnen-)Vogel trägt die Rede in seinem Geiste; der Gandharva hat sie verkündet schon im Mutterleibe" (nämlich des Sehers, — wenn es nicht zu kühn ist, die auf Ṛigv. 4,26,1. 27,1 beruhende spätere Vorstellung, Çaṅkara ad Brahmas. 3.4,51 p. 1044,10: *garbhastha' eva ca Vâmadevaḥ pratipede brahma-bhâvam*, schon hier zu finden).

An das Gandharva-Lied Ṛigv. 10,123 knüpft zunächst an Atharvav. 2,1, wie nicht nur durch den gemeinsamen Gebrauch mehrerer Ausdrücke (*Pṛiçni, samânaṃ yonim, abhyanûshata vrâḥ*) wahrscheinlich wird, sondern mehr noch dadurch, dafs in beiden Stücken *Vena* und *Gandharva* als identisch erscheinen; nur dafs in dem jüngern Texte die physische Bedeutung des *Vena, Gandharva* verschwunden ist, sodafs er nur noch als derjenige erscheint, welcher die himmlischen Geheimnisse schaut und sie dem Sänger offenbart, der daher als der Sohn des Gandharva, als sein natürlicher Vertreter auf Erden erscheint.

Atharvaveda 2,1.

1. Der Vena schaut das Höchste, das verborgen,
   In dem die ganze Welt ist eingestaltig [1];
   Pṛiçni [2] ermolk die Welt, und die gebornen,
   Des Lichts teilhaftig, jauchzten auf, die Scharen [3].

1. Die Einheit, von der die Einheitslieder Ṛigv. 1,164. 10,129 reden. 2. Wie beim *Gandharva*, so ist auch bei der *Pṛiçni* die ursprüngliche Bedeutung als bunte Wolke (Ṛigv. 10,123) verlassen; sie ist das Princip der Vielheit, ähnlich wie sonst die Urwasser, und so mag sie allerdings (mit Weber, Ind. Stud. 13,130) als Vorläuferin der *Mûlaprakṛiti* angesehen werden. 3. In einem Optimismus, wie er der unerfahrnen Menschheit eigen ist, preisen hier (vgl. auch Ṛigv. 1,164,8, oben S. 110) die Geschöpfe ihre eigene Erschaffung, ähnlich wie Hiob 38,7: „da mich die Morgensterne mit einander lobeten, und jauchzeten alle Kinder Gottes".

2. Uns soll, des Ew'gen kundig[1], der Gandharva
Kund thun das Reich, das höchste, das verborgen:
Drei Viertel davon bleiben im Geheimen[2];
Wer diese weifs, wäre des Vaters Vater[3]!

1. *amritasya vidván*, wie Ṛigv. 10,123,4 *vidad Gandharvo amṛitáni náma*.
2. Die Erklärung liegt in Stellen wie Ṛigv. 1,164,45 und 10.90,3, oben S. 118. 153. 3. Dafs der Vater des Sängers der Gandharva ist, sagt ja der folgende Vers; des Vaters Vater mufs also der schon Ṛigv. 1,164,22 genannte Weltvater sein, welcher alle Geheimnisse kennt (so *aṅga veda*, Ṛigv. 10,129,7), während auch das Wissen des Gandharva ein beschränktes ist. Innerhalb dieser Schranken aber weifs der Gandharva alles, wie der folgende aus dem Viçvakarmanlied 10,82,3 (oben S. 138) entlehnte und etwas adaptierte Vers besagt.

3. Er unser Vater, Zeuger und Verwandter[1]
Kennt die Wohnstätten und die Wesen alle:
Er gab allein den Göttern ihre Namen[2],
Von ihm erfragten sie die Wesen alle.

1. Der Gandharva ist das himmlische Urbild des Dichters. 2. Diese ursprünglich Ṛigv. 10,82,3 von *Viçvakarman* gesagten Worte konnten um so leichter auf den *Gandharva* bezogen werden, als man in seinem Liede Ṛigv. 10,123,4 und 7 die Worte: *vidad Gandharvo amṛitáni náma* und *svar ṇa náma janata priyáni*, wenn man von dem Zusammenhang absieht, auch übersetzen konnte: „der Gandharva erfand die unsterblichen Namen", und: „er erzeugte die wie das Sonnenlicht lieblichen Namen". — Die Verherrlichung des Gandharva geht in den folgenden Versen in eine solche des Dichters über, welcher, von ihm ergriffen, sich durch die ganze Welt und unmittelbar zu dem *prathamajá ṛitasya* geführt fühlt, d. h. wohl zu dem Brahman als Erstgebornem des Ewig-Einen und als gemeinsamem Mutterschofse der Götter.

4. Mit eins umwandelt hab' ich Erd' und Himmel,
Mich der Weltordnung Erstgebornem naht' ich,
Wie einer Stimme des, der spricht: — der durstig
In allem Sein weilt, — ist's der hier? ist's Agni?[1]

1. Wie oben S. 199—201 Prajâpati als *Agni (Agri)* aus dem Weltei hervortrat, so wandelt es hier den Dichter an, den Erstgebornen der Weltordnung, d. h. das Brahman, als unmittelbar gegenwärtig in dem trinklustigen *(dháçyu)* Opferfeuer anzuschauen.

5. Umwandelt hab' ich alle Wesen, ob ich
Gespannt den Faden der Weltordnung sähe,
Da wo die Götter, Ewigkeit erlangend,
Entsprangen aus dem allgemeinen Schofse.

Die Fortbildungen unseres Liedes, Vaj. Saṃh. 32,8—12 und Taitt. Âr. 10,1,1, welche schon ganz auf dem Upanishad-

standpunkte stehen, werden wir später besprechen. Ihnen
gegenüber erscheint die Fassung Atharvav. 2,1 ursprünglicher,
wie sie denn auch die Voraussetzung des schwer zu beur-
teilenden Liedes Atharvav. 4,1 zu sein scheint. Dasselbe ist
zum gröfsten Teil aus Fragmenten des Liedes *brahma jajñānam*
und vielleicht noch anderer zusammengesetzt (v. 1—2 = Āçv.
Çr. 4,6,3 und Çāṅkh. Çr. 5,9,9; v. 3 = Taitt. Saṃh. 2,3,14,6;
v. 4ᵃ ist Einschiebsel, den Übergang zu gewinnen; v. 4ᵇ 5ᵃ =
Taitt. Saṃh. 2,3,14,6 und Āçv. Çr. 4,6,3), welche jedoch der
Form wie dem Sinne nach unter dem Einflusse von Atharvav. 2,1
zu stehen scheinen; der Form nach, sofern die Abänderungen
vorwiegend als von dort herübergenommen erscheinen *(bhura-
neshṭhāḥ, dhāsyave, bandhur)*, dem Sinne nach, sofern auch hier
der Zweck eine Verherrlichung der göttlichen Offenbarung an die Menschen ist; aber während Atharvav. 2,1
diese Offenbarung des Brahman an den Sänger durch Vermittlung des *Gandharva* geschieht, so scheint Atharvav. 4,1
dieser Mittler zu fehlen und die Offenbarung direkt an den
Sänger zu ergehen, der unter dem *kāvya* v. 6, dem *deva kavi*
v. 7, dem *asya (brahmaṇo) bandhuḥ* v. 3 und so wohl auch schon
unter dem *vena* v. 1 zu verstehen ist. Die *pitryā rāshṭrī*, nach
Ait. Br. 1,19 die *Vāc*, scheint diese als Trägerin der Offenbarung zu sein, sofern sie, ganz ähnlich wie Atharvav. 2,1,4
(oben S. 254) und nur noch bestimmter, als in dem Opferfeuer
verkörpert und gegenwärtig vorgestellt wird. — Der veränderten Beziehung entsprechend wird auch die Übersetzung
von v. 1 eine andre als oben S. 251 sein müssen.

Atharvaveda 4,1.

1. Brahman zuerst vor Zeiten ward geboren:
Und später deckt' es auf der Seher, glanzvoll [1],
Indem er seine tiefsten, höchsten Formen,
Den Schofs des, was da ist und nicht ist, aufschlofs.

1. *vena, purastāt, sīm ataḥ* und *suruco* (nom. sing.) zeigen hier veränderten Sinn.

2. Die Fürstin hier, des Vaters Kind, voran geh'
Zur Erstgeburt als der In-Wesen-Weiler [1];
Für ihn spornt' an ich diese Schlange, funkelnd,
Ihm kocht zuerst, dem Durstigen, den Gluttrank.

1. Die *Vāc* erscheint zuerst in der Form als *Agni*, dem dann, als ihrer

Erscheinungsform, die leuchtende Schlange des Feuers entzündet und der Milchtrank gekocht (oder gemischt) wird.

3. Der Wissende entstand, der Ihm Verwandte,
   Alle Geburten kund zu thun der Götter;
   Er riſs heraus das Brahman aus dem Brahman,
   Tief, hoch, zu seinen Satzungen drang durch er.

4. Denn Er, als Ruhesitz, der Heil'ge stützte
   Des Himmels und der Erde groſse Ufer;
   Als groſser stützt die groſsen Er, sich wandelnd
   Zur Himmelswohnung, zu der Erde Räumen.

5. Vom Urgrund auf bis zu der Wesen Spitze
   Reicht Gott Bṛihaspati, der Fürst des Weltalls;—
   Drum, wie der lichte Tag aus Licht entstanden,
   So sollen glanzumstrahlt die Weisen leuchten.

6. Und jetzo wirbelt sie der Weise auf,
   Des groſsen, vorgewes'nen Gottes Schöpfung,
   Wiewohl er mit den Vielen ward geboren,
   Noch schlummernd, als sie vormals ward entbunden.

7. Er, der den Vater, Götterfreund Atharvan,
   In Ehrfurcht, den Bṛihaspati erkannt hat, —
   So wahr du dieses Weltalls Vater bist,
   Laſs leiden nicht den göttlich Weisen, Treuen!

* * *

Ein Vergleich der beiden von uns mitgeteilten Verwendungen des Liedes *brahma jajñānam* (S. 251 fg., 255 fg.) wird lehren, daſs dasselbe ursprünglich in der Anschauung des Brahman unter dem Symbol der Sonne (S. 250) wurzelt, daſs aber in der weitern Geschichte dieses Liedes mehr und mehr unter dem von der Brahmansonne heraufgeführten Tage der groſse Welttag, unter dem Brahman aber nicht mehr das Erstgeborne des Tages, sondern das Erstgeborne der ganzen Schöpfung verstanden wurde, von welchem die ganze Welt abhängt, während es selbst doch noch nicht *svayambhu* (durch sich selbst sciend) sondern nur *prathamajam* (zuerst geboren), d. h. noch von einem höhern Princip abhängig ist. Dieser

Standpunkt wird auch von vielen Stellen der Brâhmaṇa's vertreten. So wenn es heifst, Çatap. Br. 10,3,5,10: „dieses Brahman ist das Vornehmste (Älteste); denn nicht giebt es ein Vornehmeres als dieses; — dieses Brahman ist ohne Früheres und ohne Höheres"; — Çatap. Br. 8,6,1,5: „dieses Brahman ist das Erstgeborne"; — Çatap. Br. 13,6,2,7: „darum sagen sie: das Brahman ist das Oberste dieser ganzen Welt"; — Çatap. Br. 8,4,1,3: „darum sagen sie: durch das Brahman sind Erde und Himmel gestützt worden"; — Çatap. Br. 7,3,1,42: „die ganze Welt ist Brahman". — In Stellen wie diesen sehen wir das Brahman mehr und mehr zum alleinigen Princip aller Dinge erwachsen, und doch bleibt es dabei immer noch das, was es ursprünglich war, das Gebet und der Veda als der Inbegriff alles Gebetes. Das Brahman ist also in den vorhergehenden wie in den nachfolgenden Stellen stets zu denken nicht als eine transscendente, schwer erreichbare Abstraktion, sondern als jenes konkrete, allem übermächtige Wunderding (*yaksham*, Kena Up. 15), welches der Betende in sich trägt und fühlt, und dessen Edukt der Veda oder auch die Silbe *Om* als Inbegriff des Veda ist; Çatap. Br. 10,2,4,6: „(jene Sonne) ist gegründet in dem siebensilbigen Brahman; denn das Brahman ist siebensilbig; nämlich *Ṛic* ist eine Silbe, *Yajus* zwei Silben, *Sâman* zwei Silben, und was aufser diesen noch an Brahman vorhanden, das ist als *Brahman* zweisilbig; darum ist das ganze Brahman siebensilbig, und in ihm ist jener (die Sonne) gegründet"; — Çatap. Br. 10,4,1,9: „Dieses erkennend hat der Ṛishi gesprochen:

> Was war und sein wird, das preis' ich, Brahman, das eine Silbe nur,
> So grofs, und eine Silbe nur!

denn in diese Silbe gehen alle Götter und alle Wesen ein." Unter der einen Silbe ist nach dem Brâhmaṇam die Silbe *Vauk* für *Vâc* (die heilige Rede), vielleicht aber schon die Silbe *Om* zu verstehen; vgl. Taitt. Âr. 7,8: „Die Silbe *Om* ist das Brahman, die Silbe *Om* ist diese ganze Welt"; ib. 10,33 (Â.), p. 914: „diese eine Silbe *Om* ist das Brahman".

* * *

IV. Geschichte des Brahman.

Der weitere Übergang von Brahman als dem Erstgebornen (*prathamaja*) zu Brahman als dem Absolutum (*svayambhu*) läfst sich schrittweise verfolgen in den Schöpfungsberichten, in denen zuerst das Brahman unter Prajâpati steht, dann ihm gleichgesetzt wird, dann über ihn tritt und endlich als das schlechthin oberste Urprincip erscheint.

1) **Brahman von Prajâpati abhängig.** Wir teilten oben S. 199—202 den Schöpfungsbericht aus Çatap. Br. 6,1,1 mit, in dem es von Prajâpati hiefs (S. 200): „nachdem er sich abgemüht und Tapas geübt, schuf er als Erstgebornes (*prathamajam*) das Brahman, das heifst die dreifache Wissenschaft [*trayî vidyâ*, die drei Veden]; die ward ihm zur Grundlage; darum sagt man: das Brahman ist die Grundlage dieser ganzen Welt". Hier sehen wir recht deutlich, wie zwischen dem Schöpfer und der Welt als Mittelglied das Brahman, d. h. der Veda, steht. Das Brahman dient weiter dem Schöpfer als Grundlage, auf der er steht, indem er aus der *Vâc* als Ort, d. h. wiederum aus dem Brahman, dem Veda, die Wasser schafft, in sie mitsamt dem Veda als Weltei eingeht, worauf sich abermals aus dem Weltei als (empirisch) Erstgebornes das Brahman ergiefst und nach ihm erst Prajâpati selbst als Agni (S. 200), worin wir schon oben (S. 202) eine erste Anwandlung erkannten, dem Brahman die Priorität vor Prajâpati zu geben.

2) **Brahman identisch mit Prajâpati.** Diese Anschauung ist vertreten durch den Schöpfungsmythus Taitt. Âr. 1,23 (oben S. 196—198), nach welchem Prajâpati als *Brahma svayambhu* die Welt schafft (oben S. 197 fg.); und demselben Standpunkte entsprechen die Stellen, in welchen Prajâpati dem Brahman gleichgesetzt, oder auch beide im Dual koordiniert werden. So Çatap. Br. 13,6,2,8: „wahrlich Prajâpati ist Brahman, denn Prajâpati ist von Brahmanart"; — Taitt. Âr. 10,31: „du bist Brahmán (hier personifiziert), du bist Prajâpati"; — Taitt. Âr. 4,1,1,3: „Schutz seien mir Brahma-Prajâpatî".

3) **Prajâpati von Brahman abhängig.** Auch diese Stufe lernten wir bereits kennen in dem Schöpfungsmythus

Taitt. Br. 2,2,9 (oben S. 202—204), nach welchem (vgl. die Rekapitulation am Schlusse, oben S. 203) das Manas den Prajâpati schafft; das Manas aber ist das *Çrovasyasam nâma Brahma*, d. h. „das für die Zukunft das Bessere bringende Gebet". (Dieser Unterordnung entspricht es, wenn Çatap. Br. 10,6,5,9 das Brahman zum Lehrer des Prajâpati gemacht wird, während in den Listen Çatap. Br. 14,5,5.22 und 14,7.3,28 Prajâpati ganz beseitigt und durch Parameshṭhin ersetzt ist.) — Aber auch in dem erwähnten Schöpfungsmythus ist das Brahman-Manas zwar Schöpfer des Prajâpati, selbst aber noch von dem *Asad* hervorgebracht worden. Nach Übersteigung dieser letzten Schranke wird es zu dem, was es in der Folge immer geblieben ist, zum *brahma svayambhu*.

4. Brahma svayambhu, das durch sich selbst seiende Brahman.

4) **Das Brahman als höchstes schöpferisches Princip.** Welche grofse Veränderung hier vor sich gegangen ist (unbeschadet dessen, dafs das Alte, Abgestorbene als Schale und Schlacke daneben fortbesteht, worüber oben S. 180), das wird fühlbar, wenn man mit dem alten: „Prajâpati war allein zu Anfang; er begehrte" u. s. w., folgende beiden Kosmogonien aus den letzten Büchern des Çatapatha-brâhmaṇam vergleicht.

Çatapatha-brâhmaṇam 11,2,3:

„Brahman fürwahr war diese Welt zu Anfang. Dasselbe schuf die Götter. Nachdem es die Götter geschaffen, setzte es sie über diese Welten: den Agni über diese Welt, den Vâyu über den Luftraum, den Sûrya über den Himmel. Was aber die Welten betrifft, die noch höher als diese sind, so geschah es, dafs es die Götter, welche noch höher als diese sind, diese über jene Welten setzte; und so wie diese Welten hier offenbar sind und diese Gottheiten, so sind auch jene Welten offenbar und jene Gottheiten, welche es über dieselben setzte. — Es selbst aber, das Brahman, ging ein in die jenseitige Hälfte [die nicht wie alle jene Welten und Götter „offenbar", d. h. zur empirischen Realität gehörig ist: — welcher Tiefblick in diesen Worten!]. Nachdem es in die jenseitige Hälfte eingegangen, erwog es: «wie kann ich nun in diese Welten hineinreichen?» Und es reichte in diese Welten hinein durch zwei, durch die Gestalt *(rûpam)* und durch den Namen *(nâman)*; darum, was immer eines Dinges Name ist, das ist sein Name; und welches Ding keinen Namen hat, und das man an der Gestalt erkennt und spricht: «so ist seine Gestalt», das ist seine Gestalt. Denn diese Welt reicht so weit, wie die Gestalt und der Name reicht. **Diese beiden sind die beiden grofsen Ungetüme** *(abhva)* **des Brahman**; wer diese beiden grofsen Ungetüme des Brahman weifs, der wird zum grofsen Ungetüm; **diese beiden sind die beiden grofsen Erscheinungen** *(yaksha)* **des Brahman**; wer diese beiden grofsen Erscheinungen des Brahman weifs, der wird zur grofsen Erscheinung. [Man vergleiche den *Deus* des Spinoza mit seinen beiden unendlichen Attributen der *Extensio* und *Cogitatio*.] Von diesen beiden ist das Edlere von beiden die Gestalt; denn auch was Name ist, das ist Gestalt. Wer das Edlere der beiden weifs, der wird edler als der, edler als welcher er zu sein wünscht. — Denn sterblich waren zu Anfang auch die Götter; und erst als sie es durch das Brahman erlangten, da wurden sie unsterblich. Wer nun aus dem *Manas* (Verstand) sprengopfert, — denn Manas ist die Gestalt, denn durch das Manas weifs man, dafs es diese Gestalt ist, — der erlangt dadurch die Gestalt; und wer aus der *Vâc* (Rede) sprengopfert, — denn die Vâc ist der Name, denn durch die Vâc greift man den Namen, — der erlangt dadurch den Namen; es erstreckt sich aber diese ganze Welt nur so weit, wie sich Gestalt und Name erstreckt; somit erlangt er das Ganze; das Ganze aber ist unvergänglich; dadurch behält er unvergänglich sein gutes Werk, unvergänglich seine Welt."

Çatapatha-brâhmaṇam 13,7,1,1:

„Brahman, das durch sich selbst Seiende *(brahma svayambhu)*, übte Tapas. Da erwog es: «fürwahr, in dem Tapas ist die Unendlichkeit nicht! Wohlan, so will ich in den Wesen mein Selbst opfern und die Wesen in meinem Selbst». Da opferte es in allen den Wesen sein Selbst und die Wesen in seinem Selbst. Dadurch erwarb es den Vorrang, die Alleinherrschaft, die Oberherrlichkeit über alle Wesen."

An Stellen wie dieser sehen wir die spätere Lehre, wonach durch Brahman der Ursprung, der Bestand und der Vergang der Wesen ist, keimartig sich entwickeln. 1) Brahman opfert sein Selbst in den Wesen, d. h. es schafft sie, jedoch nicht als äufseres Machwerk, sondern indem es sich in sie verwandelt. Daher auch alle Wesen 2) durch Brahman und in Brahman ihren Bestand haben. Als eine andre Stelle, die dies in ihrer Weise lehrt, haben wir schon oben (S. 178—179) die Libationsformel Taitt. Br. 3,10,8 kennen gelernt, nach welcher alle Kräfte der Natur, oder, indisch zu reden, alle Götter *(Agni, Vâyu, Sûrya, Candramâs, Diças, Apas, Pṛithivî, Oshadhi-vanaspatayas, Indra, Parjanya, Îçâna* und der kosmische *Âtman)* in den entsprechenden menschlichen Kräften (Rede, Odem, Auge, Manas, Ohr, Samen, Leib, Haare, Kraft, Haupt, Zornmütigkeit und dem psychischen *Âtman*), diese aber wieder im Herzen, durch dieses im Ich und durch dieses im Brahman beruhen *(brahmaṇi çrita).* Endlich 3) wenn es in obiger Stelle hiefs, dafs das Brahman alle Wesen in seinem Selbst opfert, so ist damit seine dritte spätere Eigentümlichkeit bezeichnet, wonach alle Wesen mit dem Tode wieder in Brahman vergehen; und ebenso heifst es Çatap. Br. 11,3,3,1: „das Brahman überlieferte die Geschöpfe dem Tode".

Aber diese völlige Abhängigkeit der Wesen, nach Entstehen, Bestehen und Vergehen, von Brahman erweckte auch die Hoffnung, nach dem Tode in Lebensgemeinschaft mit dem Brahman einzugehen. So sind nach Çatap. Br. 11,4,4 Agni, Vâyu, Âpas, Candramâs, Vidyut, Âditya die sechs Pforten des Brahman, durch welche man, bei richtigem Opfern, „eingehend, Lebensgemeinschaft, (Himmels-)Weltgemeinschaft mit dem Brahman erwirbt" (vgl. Pañcav. Br. 25,18,6), und Çatap. Br. 11,5,6,9 wird dem, welcher richtig den Veda studiert, verheifsen, dafs er „von dem Wiedersterben *(punarmṛityu)* erlöst werden und mit Brahman in Wesensgemeinschaft *(sâtmatâ)* eingehen" soll. Ob dieses „Wiedersterben" schon die Theorie von der Seelenwanderung voraussetzt oder nur eine unbestimmte Furcht vor einem möglichen abermaligen Sterben im Jenseits ist, wird später zu untersuchen sein.

Nachdem das Brahman in dieser Weise zum absoluten Princip der Welt erhoben war, wurden auf dasselbe naturgemäfs die Gedanken der Schöpfungshymnen des Ṛigveda übertragen. Die Hauptstelle hierfür ist Taitt. Br. 2,8,9,3—7, wo zunächst das *Nâsadâsîya*-Lied Ṛigv. 10,129 recitiert wird (die Abweichungen sind wohl nur Druckfehler) und, sofort

daran anknüpfend, in den Worten des *Viçvakarman*-Liedes
Ṛigv. 10,81,4 die grofse Frage gestellt wird:

> Was ist das Holz, was ist der Baum gewesen,
> Aus dem sie Erd' und Himmel ausgehauen?
> Ihr Weise, forscht im Geiste diesem nach, worauf
> Er sich gestützt hat, wenn er trägt das Weltenall!

Im Ṛigveda bleibt diese Frage, wenigstens scheinbar, unbeantwortet (oben S. 136). Jetzt aber, im Brāhmaṇam, nachdem man die lange gesuchte ewige Einheit endlich da gefunden hat, wo sie allein zu finden ist, im eigenen Innern, bricht der Dichter mit einer Freudigkeit, der man das Neue dieser Erkenntnis anzufühlen glaubt, in die Worte aus:

> Das Brahman ist das Holz, der Baum gewesen,
> Aus dem sie Erd' und Himmel ausgehauen!
> Ihr Weise, euch, im Geiste forschend, melde ich:
> Auf Brahman stützt er sich und trägt das Weltenall.

Das heifst: der Stoff, aus dem die Welt besteht, und zugleich der Grund, auf dem ihr Träger (*Prajāpati*, Ṛigv. 10,121,1) selbst wieder ruht, ist Brahman, — ist das Gebet. — Wer begreift, dafs das Gebet im Grunde nichts andres ist als eine vorübergehende Abstreifung der Individualität, eine Rückkehr des im Beter verkörperten individuellen Willens zu Gott als seinem eigenen, raumlosen, zeitlosen, individualitätslosen Selbst, — dem wird die Thesis des indischen Weisen: „das Gebet ist der Urgrund der Dinge" nicht allzu paradox erscheinen. Ihm fehlt zur vollen Erkenntnis nur noch ein Kleines: dieses nämlich, zu begreifen, dafs das Wesen des Gebetes, dafs das, was er an ihm so über alles andre schätzt, eben jene Rückkehr von der Verirrung ins individuelle Sein zu unserm wahren, metaphysischen, göttlichen Selbst, — mit andern Worten, dafs das *Brahman* der *Ātman* ist.

Auch diese Erkenntnis, mit der der Upanishadstandpunkt erreicht wird, vollzieht sich schon auf dem Boden der Brāhmaṇa's; als zwei Hauptstellen haben wir dafür anzuführen Taitt. Br. 3,12,9 (vgl. Pañcav. Br. 25,18,5) und Çatap. Br. 10,6,3.

Taittirîya-brâhmaṇam, 3,12,9.

1. Den Ṛig-Versen gehört der grofse Osten,
   Den Yajus-Sprüchen uferlos der Süden,
   Den Atharvan's und Aṅgiras' der Westen,
   Der weite Nord gehört den Sâma-Liedern.

2. Durch Ṛic's geht morgens auf der Gott am Himmel,
   Im Yajur-Veda steht zur Mittagszeit er,
   Strahlt, untergehend, durch den Sâma-Veda,
   So zieht die Sonne stets durch die drei Veden.

3. Die Formen all sind aus den Ṛic's geboren,
   Alle Bewegung stammt nur aus den Yajus',
   Und alle Kräfte stets sind sâma-artig;
   Die ganze Welt durch Brahman ist geschaffen.

4. Die Vaiçya-Kaste ist aus Ṛic's entstanden;
   Der Kshatriya entsprang dem Yajur-Veda;
   Der Brâhmaṇa ward aus dem Sâma-Veda;
   So sagten schon die Alten zu den Alten.

Nach dieser Darlegung, wie alles aus dem Veda als dem Inbegriffe des Brahman oder Gebetes entstanden ist, folgt die Erzählung, wie die Götter vor der Schöpfung das Opfer der Allschöpfer *(viçvasṛij)* vollbringen, bei welchem Tapas, Brahman, Satyam u. s. w. als Priester funktionieren. Dann heifst es (p. 292):

1. Als sie zuerst als Allschöpfer begingen
   Die tausendjähr'ge Sitzung, Soma kelternd,
   Da ward geboren, als der Welt Behüter,
   Der goldne Vogel, der da heifset Brahman.

2. Durch den die Sonne scheint, durch Glut entzündet,
   Der Vater wird durch jeden Sohn, der geboren,
   Nur wer den Veda kennt, versteht den grofsen
   Allgegenwärt'gen *Âtman* beim Hinscheiden.

3. Er, der als Grofsheit einwohnt dem Brahmanen,
   Wird nicht vermehrt durch Werke, noch vermindert.
   Das Selbst ist sein Pfadfinder, wer ihn findet,
   Wird durch das Werk nicht mehr befleckt, das böse.

Die hier gelehrte Identität des Brahman mit dem allgegenwärtigen Âtman, die Auffindung dieses Âtman mittels des individuellen Âtman als Pfadfinder, die Befreitheit dessen, der ihn gefunden, von den Werken, sind schon Grundgedanken der Upanishad's, wie denn auch der letzte Vers an einer der schönsten Stellen derselben (Bṛih. Up. 4,4,23) wiederkehrt. Ebenso ist die nunmehr noch mitzuteilende Stelle zum Grundgewebe eines Hauptkapitels der Chândogya-Upanishad (3,14) geworden.

Çatapatha-brâhmaṇam 10,6,3.

„«Als die Realität (satyam) soll man das Brahman verehren. Ja fürwahr, aus Wille (kratu) ist der Mensch gemacht, und welches Willens er aus dieser Welt dahinscheidet, nach diesem Willen wird er, in jene Welt hinübergehend, gestaltet. Ja, den Âtman soll man verehren; Geist ist sein Stoff, Leben sein Leib, Licht seine Gestalt, das Unendliche sein Selbst. Nach Wunsch sich gestaltend, schnell wie der Gedanke, wahrhaften Vorsatzes, wahrhaften Beschlusses, allriechend ist er, allschmeckend, alle Weiten erfüllend, alle Welt durchdringend, schweigend, unbekümmert. Wie ein Reiskorn, oder Gerstenkorn, oder Hirsekorn, oder eines Hirsekornes Kern, so ist dieser Geist (purusha) im innern Selbst, golden wie eine Flamme ohne Rauch; und er ist gröfser als der Himmel, gröfser als der Raum, gröfser als diese Erde, gröfser als alle Wesen. Er ist des Lebens Seele, er ist meine Seele; zu ihm, von hier, zu dieser Seele werde ich hinscheidend eingehen. Wem dieses ward, fürwahr der zweifelt nicht!» — Also sprach Çâṇḍilya: «so ist es!»".

5. Anhang zur Geschichte des Brahman:
Die Hymnen des Atharvaveda über Brahman und den Brahmacârin.

Die hierher gehörigen Hymnen des Atharva-Veda, 10,2. 11,8 und 11,5 erlauben zwar nicht, wie die bisher besprochenen Brâhmaṇastellen, die Entwicklung des Brahmanbegriffes von seiner ursprünglichen Bedeutung bis zu der, welche er später immer behalten hat, von seiner Geltung im Ṛigveda bis zu seiner Geltung in den Upanishad's, stufenweise zu verfolgen, setzen vielmehr (wodurch sie ihre Posteriorität bekunden) den fertig entwickelten Brahmanbegriff voraus, liefern aber doch einen sehr dankenswerten Beitrag zu demselben, sofern sie als Thema die **Verwirklichung des Brahman im Menschen** behandeln, und zwar 10,2 mehr von der **physischen, teleologischen**, 11,8 mehr von der **psychischen** Seite her, während der Hymnus 11,5 das Brahman dadurch verherrlicht, dafs er den Menschen, welcher und solange er ein Träger und gleichsam eine Inkarnation des Brahman ist, d. h. den **Brahmacârin**, über alles andre hinaushebt.

Atharvaveda 10,2.
Das Brahman als teleologisches Princip.

Seiner Form nach erscheint dieser Hymnus als eine Nachbildung von Ṛigv. 10,121. Dort wurde von dem vedischen Ṛishi auf die mannigfachen Wunder der Natur hingewiesen und als Urheber derselben zuletzt *Prajâpati* genannt, — hier vertieft sich ein mehr nüchterner, aber darum nicht weniger interessanter Dichter in Bau und Funktionen des menschlichen Organismus und weist schliefslich zur Erklärung seiner Wunder auf das *Brahman* hin, das ihn gebildet und in ihm seinen Wohnsitz genommen hat. — Der Hymnus gliedert sich in vier Teile, jeder zu acht bis neun Versen:

1) Vers 1—8. **Der Bau des Leibes.**

2) Vers 9—17. **Die Funktionen des Leibes** in Zusammenhang mit der Zweckmäfsigkeit der übrigen Natur, v. 16. (Wer diesen Vers ausscheiden wollte, würde vier vollkommen gleiche Teile gewinnen.)

3) Vers 18—25. **Übermacht des Menschen über die Welt und die Götter.** Bei dieser letzten Darstellung wird auf **Brahman als Urheber der Macht des Menschen** hingewiesen (v. 21. 23. 25).

4) Vers 26—33. **Nachtrag.** Das Haupt als Behälter von Göttern, der Leib als die Burg des Brahman, das Herz als der Wohnsitz desselben. Wer so sich selbst als Verkörperung des Brahman erkennt, wird zu Brahman und dadurch zum Princip aller Dinge (v. 28).

IV. Geschichte des Brahman, Anhang.

Vers 1—8. Bau des Leibes.

1. Von wem geschaffen sind des Menschen Fersen?
   Von wem das Fleisch? von wem der Füſse Knöchel?
   Wer schuf die Öffnungen, der Finger Zierde,
   Die Strecker[1] aus der Mitte, das Gestell wer?

1. *ucchlakhau* ist unbekannt; Ludwig rät auf „Fuſssohlen". Da aber *madhyatas* dazu gezogen werden muſs, können nur zwei parallel vorhandene, von der Mitte ausgehende Glieder gemeint sein, also vielleicht die Arme; denkbar wäre für diese *ucchlikhau* (von *çlikh* nach Dhâtupâṭha 5,13 = *vyâptau*), „die von der Mitte aus sich streckenden".

2. Wie kommt's, daſs sie Fuſsknöchel unten schufen
   Und oberhalb die Kniescheiben am Menschen?
   Daſs sondernd sie die Beine bauten? Wo sind
   Der Kniee Angeln? Wer hat das ergründet?

3. Vier sind gefügt, daſs sie zusammenlaufen[1],
   Als Last den Knie'n, zur leichtbewegten Tonne.
   Wer macht, daſs Hüften sind und Schenkel, sodaſs
   Des Rumpfes Masse wohlgefestigt dasteht?

1. Einer ähnlichen Anschauung über die Entstehung des Rumpfes begegneten wir oben S. 199.

4. Wie viel Götter und welche sind's gewesen,
   Die Brust und Nacken ausgedacht des Menschen?
   Wer brachte die Brustzitzen an, die Schultern,
   Die Ellenbogen[1]? wer erfand die Rippen?

1. *kaphauḍau* wahrscheinlich = *kaphoṇî*, Ellbogen.

5. Wer fügte seine Arme wohl zusammen,
   Daſs er mit ihnen Mächtiges vollbringe?
   Und welcher Gott hat weiterhin an ihm
   Die Schulterblätter auf den Rumpf gesetzt?

6. Wer hat am Kopf die sieben Öffnungen gebohrt,
   Die Ohren hier, die Nase, Augen und den Mund,
   In deren Thatkraft mannigfacher Mächtigkeit
   Vierfüſsler und Zweifüſsler finden ihren Weg?

7. In Kinnladen die vielgewandte[1] Zunge
   Baut er, der Rede Kunst in sie zu legen.
   Er regt sich eifrig in der Wesen Innerm,
   Mit Wasser sich bekleidend[2]. Wer versteht das?

1. *purûcî* (von PW. mit Hinweisung auf Ṛigv. 3,57,5 ohne Not für verdorben aus *urûcî* erklärt) fem. eines fehlenden *puruvyañc*, wie *urûcî* von *uruvyañc*.
2. Vgl. Ṛigv. 10,121,7 (oben S. 132).

8. Der Gott, der sein Gehirn anfänglich baute,
Die Stirn, des Haargeflechtes Wulst [1], den Schädel,
Der, auf das Kinn auftürmend dieses Bauwerk,
Himmelwärts aufstieg [2], welcher Gott ist dieser?

1. *kakâṭikà;* die Nennung der andern Teile läfst auf das Hinterhaupt, die mutmafsliche Verwandtschaft mit *kaṭa* Geflecht, *kaṭi* Hüfte auf den Haarwulst desselben raten. 2. Wohl nur hyperbolisch für: nach oben baute. (*Your ladyship is nearer to heaven than when I saw you last by the altitude of a chopine,* Shakspere, Hamlet 2,2.)

Vers 9—17. Funktionen des Organismus.

9. Die Lust und Unlust vielzweigig, Schlaf, Angstgefühl und
Mattigkeit,
Die Freuden alle und Wonnen, woher nimmt's der gewalt'ge
Mensch?

10. Not, Niedergang, Zugrundgehen und Dürftigkeit, woher sind sie?
Und Glück, Gedeihn, Nichtfehlschlagen, Verstand und alle Art
Erfolg?

11. Wer schuf in ihm den Stromkreislauf, allwärts verzweigt, der
Flüssigkeit,
Scharf, hellrot, dunkelrot, schwärzlich, aufwärts, abwärts und
seitenwärts?

12. Wer war's, der ihm Gestalt schenkte, wer gab Beleibtheit, Namen
ihm,
Den Gang, des Intellekts Leuchte, der Beine kunstvoll Gebewerk?

13. Wer wob in ihm den Aushauch ein, den Einhauch und den
Zwischenhauch,
Den Allhauch auch? Wer war der Gott, der sie im Menschen
setzte ein?

14. Wer war es, der ihm einpflanzte als ein'ger Gott des Opfers
Dienst?
Wer gab ihm Wahrheit, Unwahrheit, wer Tod, wer die Unsterblichkeit?

15. Wer war's, der ihm verlieh Kleidung, wer schuf des Lebens
Dauer ihm,
Wer reichte ihm der Kraft Gabe, wer schenkte ihm die Schnelligkeit?

16. Wodurch hat er gespannt Wasser, wodurch macht leuchten er
 den Tag,
 Liefs Morgenröten aufflammen und gab der Abendwerdung Gut?

17. Wer, dafs er des Geschlechts Faden fortspinne, pflanzt' ihm
 Samen ein,
 Wer häufte auf ihn Geistkräfte, gab Stimme ihm und Mienenspiel?

Vers 18—25. Übermacht des Menschen
und ihr Grund.

18. Wodurch bevölkert die Erde, wird selbst des Himmels Meister er
 Und überwächst die Berghöhen, — wer gab ihm dieses Opfer-
 werk[1]?

1. Durch die Opfer beherrscht er Erde und Himmel (die Götter) und wächst höher als Berge, wie er nach biblischer Hyperbel durch den Glauben Berge versetzt.

19. Wodurch erreicht er Parjanya und Soma, den weitschauenden,
 Wodurch das Opfer, den Glauben, wer hat ihm eingepflanzt den
 Geist?

20. Wodurch erlangt er Schriftwissen, wodurch den Parameshṭhin
 hier,
 Wodurch erlangt er dies Feuer, wodurch mafs er den Jahreslauf?

Bevor der Dichter in die Antwort auf v. 1–20 ausbricht, erscheinen hier als höchste Leistungen, die er am unmittelbarsten dem Göttlichen in ihm verdankt: 1) *çrotriyam* sc. *jñānam*, das Wissen des Schriftkundigen, 2) *Parameshṭhin*, der höchste Geist, d. h. die Kenntnis desselben, 3) *asau agniḥ* dies Feuer, mit Hinweisung auf das Opferfeuer, 4) die Ausmessung des Jahres als Voraussetzung des jährigen Opfercyklus. Und nun endlich die Antwort:

21. Als Brahman[1] hat er Schriftwissen, als Brahman Parameshṭhin
 hier,
 Als Brahman hat er dies Feuer, als Brahman mafs er aus das Jahr.

1. Als Brahman, d. h. vermöge des ihm einwohnenden Brahman, welches zwar hier noch das im Menschen wohnende „Gebet", jedoch schon als eine weltbauende und weltbeherrschende Macht, bezeichnet. — Charakteristisch ist im Folgenden der Wechsel zwischen *brahma* und *brahmaṇā*: der Mensch erlangt seine Übermacht durch das Brahman, ist aber, seinem bessern Teile nach, dieses Brahman selbst.

22. Durch wen wohnt unter Göttern er und unter Menschen, gottentstammt?
 Durch wen heifst jenes Nicht-Kshatram, und dies der Kshatra
 edler Stand?

23. Als Brahman[1] wohnt er bei Göttern und unter Menschen, gottentstammt,
Als Brahman heifst dies Nicht-Kshatram, jenes der Kshatra edler Stand.

1. Die vier Kasten werden, wie Ṛigv. 10,90 auf den *Purusha*, so hier auf das *Brahman* zurückgeführt: der Mensch κατ' ἐξοχήν, d. h. der Brahmane, wohnt unter Göttern, die ihn umgeben und schützen, und er wohnt unter den gottentsprofsnen Stämmen: *Kshatra*, *Vaiçya*, *Çûdra*. Sowohl das edle Kshatram *(sát kshatrám)* als auch das Übrige *(nákshatram* oder, wenn man ändern will, *ná kshatrám)*, nämlich *Vaiçya* und *Çûdra*, hat von Brahman seine Benennung und durch diese seine sociale Ordnung empfangen.

24. Wer schuf hier diesen Erdboden, wer baute hoch den Himmel auf? Wer hat in Höhe und Breite des Luftraums Weite ausgespannt?

25. Brahman[1] schuf hier den Erdboden, Brahman baute den Himmel auf,
Brahman[2] in Höhe und Breite ist als der Luftraum ausgespannt.

1. Als causa efficiens *(brahmaṇā)*. 2. Als causa materialis *(brahma)*.

Vers 26—33. Nachtrag (über Haupt, Leib, Herz).

26. Als zusammen sein Haupt nähte Atharvan und das Herz in ihm,
Regt' er über dem Hirn ihn an als Läuterer vom Haupte her[1].

1. Atharvan, als Soma *(pavamâna)* zu Kopfe steigend, nimmt seinen Sitz oberhalb des Hirns, von wo er den Menschen (d. h. den Brahmanen) anregt.

27. Dem Atharvan gehört dies Haupt, ein Fafs mit Göttern vollgestopft[1],
Es schützen dieses Haupt Prâṇa, Nahrung und Manas im Verein[2].

1. Mund, Nase, Auge, Ohr sind der Sitz von *Agni*, *Vâyu*, *Âditya*, *Diças*, Ait. Up. 1,1,4. Vgl. den Vers Atharvav. 10,8,9, Bṛih. Up. 2,2,3. 2. Vgl. den *prâṇamaya, annamaya, manomaya koça*, Taitt. Up. 2.

28. Der Mensch wächst aufwärts, wächst seitwärts, wird gegenwärtig allerwärts,
Der erkannt hat die Burg Brahman's, deren Bürger er selber ist[1].

1. Der Leib ist die Burg *(pur)* des Brahman, der Mensch ihr Bürger *(purusha)*; wer sich so als das Brahman erkennt, wird, wie dieses, allgegenwärtig.

29. Fürwahr, wer diese Burg Brahman's umhüllt weifs von Unsterblichem[1],
Dem schenkt Brahman und sein Anhang[2] Gesicht, Leben und Nachkommen.

1. Von den v. 27 erwähnten Göttern. 2. Eben die genannten Götter.

30. Fürwahr, dem fehlt die Sehkraft nicht und Leben bis zum Alter
hin,
Der erkannt hat die Burg Brahman's, deren Bürger er selber ist.

31. Acht Räder[1] sind und neun Pforten[2] an dieser festen Götterburg,
In ihr ist ein Gefäfs[3], goldig, himmlisch, von Lichtglanz rings
umhüllt.

1. Vermutlich die Arme, Beine, Hände und Füfse (vgl. *ashṭáñga*). 2. Die neun Öffnungen des Körpers. 3. Das Herz.

32. In diesem goldigen Gefäfs, das drei Speichen[1], drei Stützen[2] hat,
Da wohnt ein Wunderding, selbsthaft[3]; das kennt nur, wer das
Brahman kennt.

1. und 2. Wird sich auf anatomische Verhältnisse beziehen, also etwa die beiden Herzohren nebst der Herzspitze und die drei entsprechenden Stellen des Perikardium bedeuten. 3. Ein *yaksham átmanvat*, nämlich das Brahman.

33. In die strahlende, goldgelbe, mit Herrlichkeit umgeb'ne Burg,
Die goldne, unbezwingbare, — in diese ging das Brahman ein.

Atharvaveda 11,8.

Die Entstehung des Menschen.

Von verwandtem Inhalte wie das vorige Stück, nur weniger ernsthaft und daher auch weniger ernst zu nehmen, ist das Lied Atharvav. 11,8, das die ursprüngliche Entstehung des Menschen durch ein Zusammenfahren psychischer und physischer, übrigens insgesamt von Brahman abhängiger Faktoren schildert. Der Verfasser ist einer jener geistreichen aber paradoxen Gesellen, von denen oben S. 209 die Rede war, und die an der heiligen Überlieferung ihren Mutwillen üben. Aus den Göttern (Indra, Agni, den Açvin's, Soma, Tvashṭar und selbst dem Schöpfer Brihaspati, v. 5. 8. 9) macht er sich sehr wenig; sie sind nur Epigonen, sind nur die Nachkommen ihrer gleichnamigen Vorfahren (v. 9), und auch diese Vorfahren (denen allenfalls auf den Bau des Leibes ein Handlangereinfluss zugestanden wird, v. 18) sind nicht ursprünglich sondern aus *Tapas*, *Karman* und zuhöchst aus *Brahman* entstanden, ebenso wie die zehn Götter, d. h. psychischen Kräfte, die durch ihre Verbindung den Menschen hervorbringen (v. 4. 26), und neben denen noch eine grofse Zahl andrer, auch übler Götter (v. 19 *pâpmâno nâma devatâḥ*) zum Aufbau des menschlichen Organismus bei-

tragen. Dieser Leichtigkeit, mit der aus der Hand unseres
Dichters allerlei neue Götter hervorgehen (zu denen auch die
Saṃdhâ v. 15. 16 und das kurzer Hand kreierte Ehepaar Îçâ
und Vaça v. 17 gehören), entspricht die Leichtfertigkeit,
mit der er die anerkannten Götter, Agni, Indra u. s. w., behandelt, ohne dafs er doch versuchte, ihre Stellung gegenüber
dem Brahman und den im Menschen wohnenden Göttern
ernstlich zu fixieren; und nehmen wir hierzu noch die Re-
nommistereien in v. 3 und 7, den humoristischen Eingang
v. 1—2, die Parodie v. 29, und den schlechten Witz, mit dem
er schliefst, so dürften wir so ziemlich alles zu seiner Charakteristik Nötige beisammen haben.

Seine Grundanschauung, soweit bei ihm von einer solchen
die Rede sein kann, ist folgende. Oberstes Princip ist das
Brahman, das im Menschen verkörpert ist, in dem daher auch
alle Götter wohnen „wie die Kühe im Kuhstall" (v. 32).
Neben dem Brahman steht (ob von ihm abhängig, wird nicht
gesagt) „der grofse Ocean" (v. 2. 6), „die *Virâj*" (v. 30), „die
alten, trägen Wasser" (v. 34), mit andern Worten, die uns
wohlbekannten Urwasser. Aus ihnen gingen hervor als älteste
Götter *Karman* und *Tapas* (v. 2. 6). Von diesen dreien,
Brahman, Karman und Tapas, geht nun, wie es scheint, eine
doppelte Genealogie von Göttern aus, die wir als die mythologische und die psychologische unterscheiden wollen.

a. Die mythologischen Götter: als Beispiele werden
genannt v. 5 der Schöpfer *Bṛihaspati*, *Indra*, *Agni*, die *Açvin's*;
v. 9 *Indra, Soma, Agni, Tvashṭar;* v. 31. 33 *Agni, Vâyu, Sûrya*.
Zu ihnen dürfen wir wohl auch die *Ṛitu's* (Jahreszeiten) v. 5,
die *Bhûmi* (Erde) v. 7, die *Saṃdhâ* (Harmonie) v. 15. 16, endlich *Vaça* (Wille) und *Îçâ* (Macht) v. 17 rechnen. Hingegen
wird *Prajâpati* nicht anerkannt, sondern in v. 30 durch Identifikation mit Brahman wegerklärt. Woher nun diese Götter?
Diese Frage wird v. 5—9, und zwar höchst ungenügend, behandelt. Nach v. 9 stammen sie von gleichnamigen frühern,
also Indra von einem Ur-Indra, Tvashṭar von einem Ur-
Tvashṭar, Bhûmi von einer Ur-Bhûmi (v. 7) u. s. w. Diese
Urgötter scheinen höher zu stehen als die jetzigen; mit der
Kenntnis der Ur-Bhûmi thut der Dichter v. 7 sehr wichtig,

ohne dafs etwas dahinter wäre: vielleicht denkt er sie als identisch mit dem Urwasser. Ur-Tvashṭar leistet nur bei dem Bau des Leibes, und auch hier nur einen nebensächlichen Dienst, indem er die Höhlungen desselben bohrt v. 18; das übrige baut nicht er, sondern die Saṃdhā oder Harmonie v. 15. 16. Weiter ist kein Einflufs dieser Götter, weder der jetzigen noch der ursprünglichen, auf den Menschen zu erkennen, nur dafs Sûrya, Vâyu, Agni sich nach dem Tode in der üblichen Weise in den Leib teilen v. 31. 33. Ohne Zweifel stammen sie von Brahman, Karman, Tapas, v. 5. 6, aber in welcher Weise, das bleibt unklar. Dürften wir v. 10 pressen, nach welchem die mythologischen Götter Kinder *(putrâḥ)* der zehn psychologischen zu sein scheinen, so liefse sich folgende Genealogie herstellen:

1) Brahman, Satyam und Tapas,
2) die zehn psychologischen Götter,
3) die mythologischen Urgötter,
4) die jetzigen mythologischen Götter.

Dadurch würden wir den wertvollen Gedanken gewinnen, dafs die zehn psychologischen Urprincipien, von denen sogleich zu reden sein wird, nicht nur den Menschen, sondern auch den Göttern zu Grunde liegen; aber dieser Gedanke ist kaum angedeutet (v. 10), und so läfst sich aus dem ganzen Abschnitt v. 5—9 nur so viel entnehmen, dafs die Götter der Mythologie nicht über, sondern neben dem Menschen stehen, auf dessen Genesis der Dichter seine ganze Aufmerksamkeit richtet.

b. Die zehn psychologischen Götter und der Mensch. Der erste Knoten zum Wesen des Menschen wird dadurch geschürzt, dafs *Manyu* (θυμός) v. 1 eine Gattin aus dem Hause des *Saṃkalpa* (Entschlufs), und zwar die *Ákûti* (Absicht) v. 4, als Braut heimführt, wobei Brahman, Tapas und Karman Brautführer sind. Der Mensch als eine Ehe zwischen *Manyu* und *Ákûti*, zwischen Wille und Intellekt, das wäre ein eines Philosophen nicht unwürdiger Gedanke. Nur ist das Bild insofern hinkend, als die drei Brautführer in Wahrheit die Schöpfer des Manyu oder vielmehr der zehn Kräfte sind, die nach v. 4 die Braut heimführen *(âvahan,* nicht

„zuführen", da die Brautführer ja Brahman, Tapas, Karman sind, auch *ávah* in v. 1 und 4 nicht wohl in verschiedener Bedeutung genommen werden kann), und die wir daher mit Manyu identifizieren müssen. Diese zehn Kräfte sind 1—4 die vier Lebenshauche, *Prâṇa, Apâna, Vyâna, Udâna,* 5—8 Auge, Ohr, Rede, *Manas,* 9. *Akshiti,* wohl die den Menschen zusammenhaltende, und 10. *Kshiti,* die ihn beim Tode trennende Kraft (wie ja auch die spätere Philosophie für die Funktion des Sterbens eine eigene Seelenkraft, den *Udâna,* annahm). Diese zehn psychischen Götter, welche nach v. 4 die *Âkûti* (das Bewufstsein) heiraten und daher nach v. 1 mit *Manyu* identisch sind, sind nach v. 10 von frühern Göttern *(Brahman, Tapas, Karman)* geboren; sie überlassen die Welt „den Kindern" (den mythologischen Göttern) und schaffen sich eine eigene Welt in Gestalt des Menschen, v. 10. Zu diesem Zwecke tragen sie (v. 11) oder giefsen sie (v. 13) die v. 11—15 genannten Körperteile zusammen, welche dann von der Göttin *Saṃdhâ* (Harmonie) gefügt (v. 15), von der *Îçâ* mit Farbe bekleidet (v. 17), und von Ur-*Tvashṭar* mit Bohrlöchern versehen werden (v. 18), worauf der Leib fertig ist und die Götter, nämlich zunächst die genannten zehn, in ihn eingehen (v. 10. 11. 13. 18. 26. 29). Ferner aber gehen aufser ihnen noch eine grofse Zahl, nämlich über fünfzig andre Götter (psychische Kräfte) in den Menschen ein, die v. 19—27 aufgezählt werden, wobei v. 26 auch jene zehn ersten wieder mit erscheinen. Es werden dann v. 28 noch die acht Wasser des Leibes aufgezählt, v. 29 wird eine kleine Parodie auf Rigv. 10,90,6 eingeflochten, und dann zum Schlusse heifst es v. 30: als die Wasser (die acht v. 28 genannten), als die Gottheiten (die zehn erstern und die mehr als fünfzig andern), und als die mit dem Brahman verbundene Virâj (der grofse Ocean v. 2. 6, die Urwasser, aus denen nach v. 34 der Leib und seine v. 11—15 genannten Teile stammen) fährt das *Brahman* in den Leib, in welchem es „der dem Leibe vorstehende Prajâpati" ist. Darum ist (v. 32) „dieses (Ganze des Menschen) Brahman", denn im Menschen wohnen alle Götter, die Götter aber in Brahman. Die Verse 31 und 33 handeln vom Tode, v. 34 von der ersten Entstehung des Körpers im Urwasser.

Vers 1—4. Die Seele als Brautpaar.

1. Als sich *Manyu* eine Gattin aus des *Saṃkalpa* Haus erkor,
   Wer war Brautführer, wer Werber, wer war der Werber oberster?

2. *Tapas* und *Karman* waren da tief in dem grofsen Ocean,
   Die waren Brautführer, Werber, *Brahman* der Werber oberster.

3. Zehn der Götter[1] geboren sind vordem von Göttern[2] allzumal,
   Wer diese kennt von Angesicht, der mag wahrlich sich rühmen laut.

1. Die im folgenden Verse genannten: *Prâṇa, Apâna, Cakshuḥ, Çrotram, Akshiti, Kshiti, Vyâna, Udâna, Vâc, Manas;* sie sind zusammen der v. 1 genannte *Manyu*, da sie v. 4 die *Âkûti* heimführen. 2. Von *Tapas, Karman* und zuhöchst von *Brahman*.

4. Einhauch und Aushauch, Aug' und Ohr, der Unvergang und der Vergang,
   Querhauch, Aufhauch, Wort und Verstand führten als Braut die Absicht da.

Vers 5—9. Episodisch. Die Naturgötter und ihr Ursprung.

5. Damals gab's noch nicht Jahrzeiten, nicht den Schöpfer *Bṛihaspati*,
   Nicht *Indra, Agni*, nicht *Açvin*'s; — wen ehren die als Ältestes?

6. *Tapas* und *Karman* da waren tief in dem grofsen Ocean,
   Auch *Tapas* ward erst aus *Karman;* dies ehren sie als Ältestes.

7. Und die Erde, die vor dieser, die nur Wahrwissern ist bekannt,
   Wer all diese[1] kennt mit Namen, der dünke sich der Urzeit kund.

1. *Tapas, Karman* und die Ur-*Bhûmi;* diese Zusammenstellung läfst vermuten, dafs unter letzterer der Urstoff (v. 2. 6 *mahân arṇavaḥ*, v. 30 *Virâj*, v. 34 *vṛiddhâḥ stîmâ' âpas*) zu verstehen ist. Die Unterscheidung der Urerde von der jetzigen könnte dann das Motiv gewesen sein zu der wunderlichen Unterscheidung des Indra und Ur-Indra u. s. w. in den beiden folgenden Versen.

8. Woraus stammt Indra und Soma, und Agni, woraus stammt er her?
   Woraus Tvashṭar, der bildende, woraus entstammt der Schöpfer selbst?

9. Indra aus Indra, Soma aus Soma, Agni aus Agni stammt;
   Tvashṭar entsprang nur aus Tvashṭar, der Schöpfer aus dem Schöpfer nur.

Vers 10—18. Zusammenschüttung des Körpers durch die zehn v. 4 genannten Götter.

10. Doch jene zehn geborenen Götter[1] von Göttern[2] ehedem,
 Diesen Kindern[3] die Welt lassend, in welcher Welt[4] verweilen die?

1. *Prâṇa, Apâna* u. s. w. v. 4. 2. *Brahman, Karman, Tapas.* 3. *Indra. Soma* u. s. w. 4. Der menschliche Leib ist ihre Welt (ihr Ort, *loka*).

11. Als man Haare, Knochen, Sehnen und Fleisch und Mark zusammentrug,
 Den Leib nebst seinem Fufsgestell, in welche Welt ging da man ein?

12. Woher[1] trug man sie zusammen, die Haare, Knochen, Sehnen da,
 Wer[2] trug zusammen und woher Glieder, Gelenke, Mark und Fleisch?

1. Aus dem Urstoffe, vgl. v. 7. 2. Die zehn Götter v. 4.

13. Zusammengiefser heifsen sie, die Götter, die dies sammelten,
 Zusammen gossen ihn Götter und gingen in den Menschen ein.

14. Die Schenkel, Füfse, Kniescheiben, das Haupt, die Hände und den Mund,
 Die Rippen, Brustwarzen, Seiten, wer hat so weise das gefügt?

15. Haupt, Hände und den Mund ferner, Zunge, Halswirbel, Brustkorb auch,
 Das hat, in Haut es einhüllend, die grofse Harmonie gefügt.

16. Als fertig dieser Leib vorlag, grofs durch die Harmonie gefügt,
 Wer hat, durch die er glänzt heute, auf ihn die Farbe aufgelegt?

17. Alle Götter sich abquälten, das merkte da ein trefflich Weib,
 Îçâ (die Macht) des *Vaça* (Willens) Eh'gattin, die legte ihm die Farbe auf.

18. Thüren bohrte dann ein Tvashṭar, Tvashṭar's Vater, der höhere,
 So ward als sterblich Haus der Mensch, in den die Götter gingen ein.

Vers 19—27. Einzug der Seelenkräfte.

19. Schlaf, Mattigkeit und Auflösung, — Götter, die Übel sind genannt, —
 Alter, Kahlheit und Grauwerden, die gingen in den Körper ein.

20. Stehlsucht, Unthat und Ränkelust, Wahrheit, Opfer und großer Ruhm,
    Kraft, Herrschaft und Gewalthaben, die gingen in den Körper ein.

21. Da kamen Übermacht, Ohnmacht, Wohlwollen, Übelwollen auch,
    Des Hungers und des Dursts Heerschar, die gingen in den Körper ein.

22. Tadelsucht und Nichttadelsucht, was spricht 'so nimm!' und spricht 'o nein!',
    Glauben, Spenden und Unglauben, die gingen in den Körper ein.

23. Die Wissenschaften, Nichtwissen und alles, was erlernbar ist,
    In den Körper sodann gingen, *Brahman, Ṛic, Sâman, Yajus,* ein.

24. Der Wonnen, Freuden, Lust Heerschar sowie des Jubels froher Schall,
    Das Lachen, Scherzen und Tanzen, die gingen in den Körper ein.

25. Geplauder und Geschwätzigkeit sowie des Jammers Klagelaut,
    Die gingen ein in den Körper, Ansporn und Triebe allerlei.

26. Einhauch und Aushauch, Aug' und Ohr, der Unvergang und der Vergang,
    Querhauch, Aufhauch, Wort und Verstand[1] mit dem Körper verbanden sich.

1. Die zehn Grundkräfte aus v. 4, deren Voranstellung man erwartet hätte. Pedanterie ist der Fehler unseres Dichters nicht.

27. Wunschäußerung und Anordnung, Einzelbefehl und Allbefehl,
    Vorsätze und Entschließungen, die gingen in den Körper ein.

Vers 28—29. Die acht Körperwasser.

28. Das Blasenwasser, Blutwasser, Schweißwasser, Thränenwasser auch,
    Darm-, Same-, Kot-, Gemein-Wasser verlegten sie an ekeln Ort.

29. Einlegend so die acht Wasser, Gebein zum Brennholz[1] machten sie,
    Zum Schmalz[1] den Samen, so gingen die Götter in den Menschen ein.

1. Dieser plötzliche Einfall (da doch nirgends vorher von einer Auffassung der Menschenschaffung als Opfer die Rede war), wird wohl nur als eine scherzhafte Parodie von Ṛigv. 10,90,6 (oben S. 157) aufzufassen sein.

Vers 30. 32. Die Summa.

(Wir stellen v. 31 und 32 um.)

30. Als die Wasser und Gottheiten und Virâj, die mit Brahman war,
Ging Brahman in den Leib ein, ihm als Prajâpati vorzustehn.

32. Drum, wahrlich, wer den Menschen kennt, weiſs, daſs der Leib
hier Brahman ist,
All' jene Götter sind in ihm, wie im Kuhstall die Kühe sind[1].

1. Auch dies dürfte scherzhaft zu nehmen sein.

Vers 31. 33. Das Sterben.

31. In Aug' und Odem des Menschen teilten dann Sonne sich und
Wind;
Was sonst von ihm noch bleibt, reichten die Götter da dem
Agni dar.

33. Sobald das Sterben ihn ankommt, geht dreifach auseinander er,
Nach dorthin geht mit einem er (zur Sonne),
Nach dorthin geht mit einem er (zum Winde),
Hienieden bleibt mit einem er (bei Agni).

Vers 34. Nachträglicher Wortwitz.

34. Im Gerinnsel der Urwasser war sein Körper verborgen einst;
In ihm ward er gelaicht gleichsam, darum wird Leichnam[1] er
genannt.

1. Anders (zwischen çava Leichnam und çaras Kraft), aber nicht besser ist das Wortspiel im Original.

Atharvaveda 11,5.

Der Brahmanschüler als Inkarnation des Brahman.

Das Brahman bringt diese Welt hervor; aber es ist darum doch nicht diese Welt; wollen wir daher zu Brahman gelangen, so müssen wir uns dieser Welt entäuſsern, uns von ihr loslösen, ihr entsagen, kurz, dasjenige üben, was der Inder *tapas* (Askese) nennt. Daher gehören *Brahman* (Erhebung über das Individuelle) und *Tapas* (Entsagung dem Individuellen) eng zusammen, wie Theorie und Praxis, das Tapas ist die Verwirklichung des Brahman im Leben, ist das praktisch gewordene Brahman selbst.

Der Mensch hat das Bedürfnis, dieses Höchste *(brahman)* und seine Verwirklichung *(tapas)* nicht nur in Geist und Gemüt zu erstreben, er will es auch, wenn möglich, im Menschen verwirklicht anschauen, weil er nur so der Möglichkeit, es auch selbst zu verwirklichen, sicher zu sein glaubt, worauf ja auch die Bedeutung der Christusidee in unserer Kirche beruht. In Indien, wo man weniger individuell denkt als bei uns, ist es nicht eine Person, in der der Dichter unseres Hymnus das Göttliche verwirklicht sieht, sondern eine ganze Menschenklasse, der jeder einmal angehören soll, die Klasse der *Brahmacârin*'s oder Brahmanschüler.

Jeder *Dvija* (*Brâhmaṇa*, *Kshatriya* und *Vaiçya*) soll in seiner Jugend eine Reihe von Jahren *Brahmacârin* sein, einerseits um das *Brahman* in Gestalt des Veda in sich aufzunehmen, anderseits um es als *Tapas* durch eine Reihe von Entsagungen praktisch zu üben, worauf alle Vorschriften für den Brahmacârin (Keuschheit, Gehorsam gegen den Lehrer, Bedienung desselben im Hause durch Pflege der heiligen Feuer, aufser dem Hause durch Betteln für ihn u. s. w.) hinauslaufen. So ist dieser Stand, wie schon der Name *brahma-cârin* „der in Brahman Wandelnde" besagt, recht eigentlich dem Brahman und seiner Verwirklichung im Erkennen und Handeln gewidmet; in beiden Richtungen soll der Brahmanschüler nur Brahman und nichts andres sein. Insofern er aber dieses ist, ist er nicht mehr Individuum, sondern das Princip aller Dinge selbst *(aham brahma asmi)*, ist er Schöpfer und Beleber von allem im Himmel und auf Erden, wie unser Hymnus es ausführt, und wenn in demselben für den, welcher mehr an das Individuum als an die Idee denkt, deren Träger es ist, manches übertrieben, ja ungeheuerlich erscheinen mag, so liegt in ihm doch der sehr wahre Gedanke, dafs wir das Princip der Dinge, das Brahman, nicht in irgendeinem Wolkenkuckucksheim zu suchen haben, sondern in unserm eigenen Innern, und zwar nicht in der individuellen Seite desselben, sondern in derjenigen, welche in uns in dem Mafse lebendig wird, in welchem wir in der Weise des Brahmacârin durch Tapas uns über die ganze Sphäre des Individuellen, ihm entsagend, erheben.

Wir übersetzen den Hymnus, indem wir versuchen, seine Teile zu sondern, bemerken aber im voraus, daſs manches in demselben auch uns problematisch bleibt.

Vers 1—2. Der Brahmacârin als Inbegriff der Gottheit.

1. Der Brahmanschüler belebend beide Welten geht.
In ihm sind einmütig die Götter alle.
Er hält und trägt die Erde und den Himmel,
Er sättigt durch sein Tapas selbst den Lehrer [1].

1. Das Betteln für den Lehrer ist *Tapas*.

2. Dem Brahmanschüler nah'n, ihn zu besuchen,
Väter und Götter, einzeln und in Scharen;
... ihm folgen die Gandharven [1] ...
Sechstausend und dreihundertdreiunddreiſsig [2],
Und alle Götter sättigt er durch Tapas [3].

1. Vermutlich Glosse. 2. Nach Ṛigv. 3,9,9 giebt es 3339, nach Bṛih. Up. 3,9,1 3306 Götter. 3. Die Pflege der heiligen Feuer ist *Tapas*.

Vers 3—4. Bedeutung der Einführung und der Holzscheite.

3. Der Lehrer, der den Brahmanschüler einführt,
Nimmt ihn wie eine Leibesfrucht in sich auf;
Drei Nächte [1] trägt er ihn im Mutterleib, dann
Gebiert er, den zu schauen Götter kommen.

1. Vielleicht auf die (freilich nicht allgemeine) Vorschrift bezüglich, nach welcher der Lehrer drei Nächte nach der Einführung (*upanayanam*) dem Schüler als Erstes die Gâyatrî lehrt, Çâṅkh. Gṛihyas. 2,5.

4. Ein Brennholz ist die Erde, eins der Himmel,
Und mit dem dritten füllt er an den Luftraum.
Durch Brennholz, Gürtel, Studium [1], — durch das Tapas
Sättigt die Welträume der Brahmanschüler.

1. Alle diese Dinge sind für den Schüler nach einer Vorschrift geregelt, der er sich unterwerfen muſs, und folglich *Tapas*.

Vers 5—6. Der Brahmanschüler, als Brahman, macht Tag und Nacht.

5. Der Brahmanschüler, im Ost brahmangeboren,
In Glut sich kleidend, steigt empor durch Tapas,
Aus ihm ward Brahmankraft, das höchste Brahman,
Die Götter all, und was sie macht unsterblich.

6. Der Brahmanschüler zieht, brennholzerleuchtet,
Geweiht, schwarzfellgekleidet, langen Bartes[1];
Zieht täglich von der Ostsee zu der Nordsee[2],
Verschlingt die Welt und heifst sie wiederkehren.

1. Poetische Schilderung der Nacht. 2. Auch wir nennen ja so das westliche Meer.

Vers 7—9. Der Brahmanschüler als Welthüter.

7. Er zeugte Brahman, Urwasser und Weltraum,
Er den Prajâpati, Parameshṭhin, Virâj;
Als Keim[1], verborgen in des Ew'gen Schofse,
Hat er zermalmt als Indra die Dämonen.

1. Als Blitz. — Im folgenden Verse erscheinen Lehrer und Schüler, die ja beide Träger des *Brahman* und *Tapas* sind, als Schöpfer und Erhalter der Welt.

8. Der Lehrer baute diese beiden Welten,
Die weiten, tiefen, Erde und den Himmel,
Der Brahmanschüler schützt sie durch sein Tapas,
In ihm sind einmütig die Götter alle.

9. Als Bettelgabe hat die breite Erde
Vormals erbracht der Schüler und den Himmel;
Auf ihnen, die er als Brennhölzer ehrte,
Sind angesiedelt alle diese Wesen.

Vers 10—16. Feuer, Sonne, Gewitter und Regen; Gewinnung des Lichts.

10. Hier einer, über des Himmels Rücken der andere,
Sind zwei Behälter[1] der Brahmankraft verborgen;
Durch Tapas hütet sie der Brahmanschüler;
Nur weil er kennt das Brahman, thut er dieses.

1. Die Behälter des Opferfeuers und des Sonnenfeuers, aus deren Verbindung nach dem Folgenden, wie es scheint, das Blitzfeuer entspringt.

11. Eins hier, jenseits das andre von der Erde,
Zwei Feuer treffen sich zwischen Erd' und Himmel:
In ihnen ruhen gar gewalt'ge Strahlen,
Durch Tapas meistert sie der Brahmanschüler.

12. Er brüllt, er donnert, züngelt rot und weifslich,
Mit mächt'gem Gliede dringt er in die Erde,
Mit seinem Strom benetzt er ihren Rücken,
Davon die vier Weltweiten alle leben.

13. In Feuer, Sonne, Mond, in Wind und Wasser
Legt er sein Brennholz an, der Brahmanschüler,
Davon die Funken in der Wolke stieben,
Als Opferschmalz Dunst[1], Regen, Wasser abtrieft.

1. *purîsham* statt *purusho*, mit Ludwig.

14. Tod, Varuṇa war ihm Lehrer, Soma war Kräuter ihm und Milch,
Die Wolken seine Heerhaufen, durch die dies Licht er hat erbracht.

15. Varuṇa selbst als sein Lehrer nährt ihn daheim mit Butterseim,
Um was man bittet bei Prajâpati,
Das reicht der Brahmanschüler dar als Freund aus seinem eignen Selbst.

16. Der Brahmanschüler ist Lehrer, ja, ist Prajâpati sogar,
Als solcher herrscht er, als Herrscher ward Indra er, der waltende.

Vers 17—19. Kraft des *brahmacaryam*, Brahmanwandels.

17. Durch Brahmanwandel, durch Tapas beschützt der Fürst sein Königreich,
Aus Brahmanwandel der Lehrer wünscht einen Brahmanschüler sich.

18. Durch Brahmanwandel die Jungfrau erlangt den Jüngling zum Gemahl;
Durch Brahmanwandel der Ochse, das Pferd[1] erkämpft die Nahrung sich.

1 Alle Arbeit *(Karman)* ist als solche, und wenn man von dem Zweck absieht, *Tapas*. Daher die häufige Zusammenstellung von *Brahman, Tapas, Karman.*

19. Durch Brahmanwandel, durch Tapas wehrten die Götter ab den Tod,
Durch Brahmanwandel hat Indra das Licht den Göttern zugebracht.

Vers 20—22. Nochmals der Brahmanschüler als Schöpfer.

20. Vergangenes und was künftig, Tag und Nacht, Kräuter und der Baum,
Das Jahr mitsamt den Jahreszeiten vom Brahmanschüler sind erzeugt.

21. Der Erde und der Luft Tiere, wilde Tiere und zahme auch,
Die ohne Flügel, mit Flügeln, vom Brahmanschüler sind erzeugt.

22. Alle Kinder Prajâpati's tragen in sich des Lebens Hauch,
   Doch alle diese schützt Brahman, wie es im Brahmanschüler wohnt.

   Vers 23—24ª. Nochmals Brahman als Sonne.

23. Von Göttern angetrieben glänzt unüberragt die Sonne dort;
   Aus ihr ward Brahmankraft, das höchste Brahman,
   Die Götter all, und was sie macht unsterblich.

24ª. Der Brahmanschüler trägt das Brahman glanzvoll,
   Ihm sind die Götter alle eingewoben.

   Vers 24ᵇ—25. Gebet (wohl an Brahman).

24ᵇ. Einhauch, Aushauch und Zwischenhauch verleihend,
   Rede und Geist, Herz und Gebet und Einsicht,

25. Gieb Auge uns und Ohr, gewähre Ruhm uns,
   Nahrung und Samen, Blut und Leibessegen.

   Vers 26. Das Brahman als Urprincip über den
   Urwassern schwebend — und zugleich in der
   Erscheinung der Brahmanschüler verwirklicht.

26. Dies schuf der Brahmanschüler, über der Wasser Rücken
   Stand er und übte Tapas in dem Urmeer, —
   Und er, gebadet, braun und gelb gekleidet, glänzt im Land
   umher.

V. Geschichte des Âtman (und der verwandten Begriffe, Purusha und Prâṇa) bis auf die Upanishad's.

Soll über das Rätsel, als welches die Welt dem philosophierenden Menschengeiste sich darstellt, ein Aufschluss überhaupt möglich sein, so wird derselbe wesentlich und vor allem aus unserm eigenen Innern geschöpft werden müssen. Denn erstlich ist der Mensch die oberste Stufe der Natur, auf welcher dasjenige, was im Unorganischen, in der Pflanze, im Tiere in gradueller Steigerung erscheint, seinen vollkommensten Ausdruck findet; — zweitens aber ist unser eigenes Sein der einzige Punkt der Welt, in welchem sich uns die Natur von innen öffnet und einen, wenn auch nur beschränkten, Blick in ihre abgründlichen Tiefen gestattet.

Hierauf beruht es, dafs unter den Begriffen, durch welche das indische Denken über die schon im Ṛigveda erkannte ewige Einheit einen nähern Aufschlufs zu gewinnen sucht, diejenigen am bedeutsamsten und erfolgreichsten gewesen sind, welche zum Naturganzen den Schlüssel in der Anschauung des eigenen Selbstes finden, also namentlich die Auffassung jenes ewigen Einen als der *Purusha* (Mann, Geist), der *Prâṇa* (Leben) und vor allem andern als der *Âtman*, d. h. als „das Selbst": ja, man kann sagen, dafs für das Princip der Welt in allen Zeiten, Ländern und Sprachen kein glücklicherer Ausdruck gefunden worden ist, als die Bezeichnung desselben als der *Âtman*, das Selbst, welche in den Upanishad's und weiterhin ganz überwiegend und völlig synonym mit *Brahman* gebraucht wird.

Inzwischen ist eine Geschichte des Wortes *âtman* von seinem ersten Auftreten an bis zu den Upanishad's hin, in denen es neben *brahman* der gewöhnliche Ausdruck für das innerste Wesen sowohl des Menschen als auch der gesamten Natur ist, mit grofsen Schwierigkeiten verknüpft und läfst sich in der Weise, wie wir die Geschichte des *brahman* geliefert haben, gar nicht gewinnen, indem bei diesem Worte die Verhältnisse wesentlich anders liegen.

Oldenberg, der sich, unseres Wissens, am eindringendsten mit dieser Frage beschäftigt hat, unterscheidet zwei parallele Strömungen der Gedanken, von denen die eine das *brahman*, die andre den *âtman* zum Princip erhob, und welche beide innerhalb ihres Gebietes immer mehr und mehr sich erweiterten, bis sie schliefslich zur Einheit der Brahman-Âtman-Lehre, wie sie in den Upanishad's vorliegt, verschmolzen. „Es hat", sagt er (Buddha, 1. Aufl., S. 30. 31), „etwas von der ruhig unaufhaltsamen Notwendigkeit eines Naturprozesses, dieses Vordringen oder dieses Anschwellen jener beiden Vorstellungen, des Âtman und des Brahma, von denen jede erst in ihrem Kreise den Herrscherplatz gewinnt und dann von dem vorwärtsdringenden Gedanken in Weltweiten hinausgetragen wird und auch da eine immer wachsende Macht bethätigt.... Der bestimmte, selbstverständlich gegebene und begrenzte Inhalt, den einst das einfache Bewufstsein in der Vorstellung des Âtman wie in der des Brahma gedacht hatte, dehnt sich zu unbestimmten Weiten aus, und damit schwindet zugleich die Unterschiedenheit beider Vorstellungen immer mehr und mehr.... Und endlich fallen die letzten Schranken... Âtman und Brahman strömen zusammen zu dem Einen, bei dem der suchende Geist, müde von dem Durchirren einer Welt düster gestaltloser Phantasmen, seine Rast findet." (Für die letzten Worte möchten wir die Verantwortung nicht tragen, und wir hoffen, durch unsere Darstellung im Vorhergehenden und Nachfolgenden zu zeigen, dafs der indische Genius weder so düster noch so phantastisch ist, wie er manchen bisher erschien.) — Schon vor Jahren trugen wir Bedenken dieser Ansicht Oldenbergs beizutreten, indem wir derselben eine zweite Auffassung als ebenso möglich zur Seite stellten und es unentschieden liefsen (System des Vedânta, S. 50): „ob der Begriff des Âtman aus dem das Brahman durch eine blofse Verschärfung des subjektiven Momentes, welches in ihm liegt, sich entwickelt hat, oder ob wir vielmehr zwei Strömungen zu unterscheiden haben, eine mehr priesterliche, welche das Brahman, und eine mehr philosophische, welche den Âtman zum Princip erhob, bis dann beide, ihrer Natur nach nahe verwandt, in ein gemeinsames Bette geleitet wurden". — Fortgesetzte Beschäftigung mit der Frage hat uns bestimmt, mehr und mehr der erstern Ansicht zuzuneigen, indem, wie wir jetzt glauben, die letztere, von Oldenberg aufgestellte, an den Quellen nicht durchführbar ist. In der Weise nämlich, wie wir die Geschichte des Brahman geschrieben haben, läfst sich eine Geschichte des Âtman nicht konstruieren. Vielmehr ergiebt sich, dafs *âtman* ursprünglich gar kein philosophischer Begriff ist und erst ganz allmählich zu einem solchen wird, in dem Mafse wie das philosophische Denken sich der in ihm liegenden Vorteile bewufst wird. So sehen wir das Wort *âtman* als Bezeichnung des Princips der Dinge zuerst hie und da gleichsam blitzartig aufleuchten und wieder verschwinden; es ist, als ob es dem noch ungeschulten Denken schwer würde, die hohe Abstraktion, zu welcher dieser Begriff auffordert, festzuhalten, bis erst ganz allmählich die Kraft des abstrakten Denkens so weit erstarkt, um sich mehr und mehr des Wortes *âtman* als des treffendsten Ausdruckes für das, was man von je her suchte, bewufst zu werden, worauf er dann (erst mit den Upanishad's) in den Mittelpunkt der indischen Gedankenwelt tritt, von dem aus alle andern, synonym damit und nebenher gebrauchten Begriffe, *Purusha*, *Prâṇa* und selbst *Brahman*, ihr rechtes Licht erhalten.

Um diese schwierigen Verhältnisse zu entwickeln, müssen wir zunächst nach der Etymologie und ursprünglichen Bedeutung des Wortes *âtman* fragen.

1. Etymologie und Bedeutung des Wortes âtman.

Als Bedeutungsentwicklung des Wortes *âtman* pflegt gewöhnlich „Hauch — Seele — Selbst" angesetzt zu werden, sei es, dafs man *âtman* von *an* „atmen" (P.W.), oder *at* „gehen" (Weber), oder *av = vâ* „wehen" (Curtius, Grafsmann u. a.) herleitet und mit griechischem ἀτμός, ἀϋτμήν, ἀϋτμή, germanischem *âtum*, *âthom*, *aedm* vergleicht. So verlockend diese Zusammenstellung ist, so steht ihr doch neben lautlichen Schwierigkeiten das Bedenken entgegen, dafs *âtman* in der Bedeutung „Hauch", vom Winde gebraucht, nur an vier Stellen des Ṛigveda und vorwiegend in jüngern Hymnen vorkommt und möglicherweise nur eine sekundäre durch „Selbst — Seele — Lebenshauch" vermittelte Bedeutung sein könnte; sowie das schwerere Bedenken, dafs neben *âtman* im Ṛigveda das häufigere und anscheinend ältere, überall (auch 1,63,8) pronominal oder adverbial gebrauchte *tman* (in den Casusformen *tmanam*, *tmanâ*, *tmane*, *tmani*, *tman*) steht. — Sollten nicht in *âtman*, wie vielleicht auch in αὐτός, zwei pronominale Stämme, *a* (in *a-ham*) und *ta* stecken, und als ursprüngliche Bedeutung „dieses Ich", das eigene Selbst sich festhalten lassen? Diese Bedeutung wäre dann in verschiedene auseinandergegangen, je nachdem man das Selbst im seelischen oder (mit Homer: πολλὰς δ'ἰφθίμους ψυχὰς Ἄϊδι προΐαψεν ἡρώων, αὐτοὺς δὲ ἑλώρια τεῦχε κύνεσσιν) im körperlichen Teile des Menschen erblickte, und der Bedeutungsgang würde sein:

Das Selbst (dieses Ich) als:

I. Leib. II. Rumpf. III. Seele, Lebenshauch. IV. Wesen.

Wie dem auch sein mag, Thatsache ist, dafs eine schon
sehr früh auftretende, möglicherweise die älteste, jedenfalls aber
die hauptsächlichste Bedeutung des Wortes *âtman* „das Selbst"
ist, und zwar

„das Selbst im Gegensatze zu dem, was nicht das
Selbst ist".

Diese Grundbedeutung zieht sich durch alle gebräuchlichern
Anwendungen des Wortes *âtman* hindurch, sofern durch dasselbe bezeichnet wird:

    I. die eigene Person, der eigene Leib, im Gegensatze
zur Aufsenwelt;

    II. der Rumpf des Leibes im Gegensatze zu den Aufsen-
gliedern;

    III. die Seele im Gegensatze zum Leibe;

    IV. das Wesen im Gegensatze zu dem Nichtwesentlichen.

Belege zu allen diesen Bedeutungsvariationen werden weiter
unten folgen. Hier wollen wir zunächst nur konstatieren,
dafs *âtman* wesentlich und von Haus aus ein **relativer Begriff** ist, sofern dabei immer etwas vorschwebt, was nicht der
Âtman ist, und ein **negativer Begriff**, sofern der positive
Inhalt nicht in ihm, sondern in dem liegt, was ausgeschlossen
wird. Solche **relativ-negativen**, oder, wie man auch sagen
könnte, **limitierenden Begriffe** sind häufig von den Philosophen und mit grofsem Vorteile gebraucht worden, um das
unerkennbare Princip der Dinge dadurch zu kennzeichnen,
dafs man den ganzen Inhalt der erkannten Welt von ihm
ausschliefst. Solcher Art ist schon die ἀρχή des Anaximandros
im Gegensatze zu allem Dasein, dem ein andres vorhergeht:
das ὄν des Parmenides im Gegensatze zu der γένεσις und dem
ὄλεθρος, welche die Sinnenwelt beherrschen; das ὄντως ὄν des
Platon im Gegensatze zu dem γιγνόμενον καὶ ἀπολλύμενον: die
substantia des Spinoza im Gegensatze zu den *modi*, aus denen
die ganze Welt, die körperliche wie die geistige, besteht:
endlich das *Ding an sich* Kants im Gegensatze zur ganzen
Erscheinungswelt, welche nur die Dinge enthält, wie sie *für
uns*, d. h. für unsern, aus Raum, Zeit und Kausalität ge-
wobenen Intellekt sind. Alle diese Begriffe: ἀρχή, ὄν, ὄντως

ὄν, *substantia*, *Ding an sich*, sind negativ, d. h. sie sagen von dem Princip nur aus, was es nicht ist, nicht aber, was es ist; sie sind daher inhaltsleer, und gerade hierin liegt ihr Wert für die Metaphysik, die es mit einem ewig Unerkennbaren zu thun hat. Solcher Art ist auch der Begriff *Âtman*, welcher uns auffordert, das Selbst der eigenen Person, das Selbst jedes andern Dinges, das Selbst der ganzen Welt ins Auge zu fassen und hinwegzuthun alles, was nicht streng genommen zu diesem Selbst gehört; es ist der abstrakteste und darum der beste Name, den die Philosophie je für ihr eines, ewiges Thema gefunden hat; alle jene andern Namen, ἀρχή, ὄν, ὄντως ὄν, *substantia*, *Ding an sich*, schmecken noch nach der Erscheinungswelt, der sie doch schliefslich entstammen; *âtman* allein trifft den Punkt, an dem das innere, dunkle, nie erscheinende Wesen der Dinge sich uns öffnet. — Es ist kein Zufall, dafs gerade die Inder zu dieser abstraktesten und daher besten Benennung des ewigen Gegenstandes aller Metaphysik gelangt sind; denn dem indischen Genius wohnt ein rastloses Dringen in die Tiefe, ein Verlangen ein, hinauszukommen über alles, was noch als ein Äufserliches, Unwesentliches erscheint, wie sich dies, um nur ein Beispiel anzuführen, so schön im zweiten Teile der Taittirîya-Upanishad bethätigt. Dort wird vor uns gestellt der Mensch, zunächst in seiner äufserlichen, körperlichen Erscheinung; als solcher ist er aus Nahrungssaft bestehend *(annarasamaya purusha)*; aber dieser Körper ist nur eine Hülle *(koça)*, die uns das innere Wesen verdeckt; ziehen wir sie ab, so gelangen wir zum lebenshauchartigen Selbst *(prâṇamaya âtman)*; aber auch dieses wird wieder zur Hülle, nach deren Abzug wir zum verstandartigen Selbst *(manomaya âtman)* gelangen, und so von diesem, auf demselben Wege immer tiefer dringend, zum erkenntnisartigen Selbst *(vijñânamaya âtman)* und von ihm endlich zum letzten Kern, zum wonneartigen Selbst *(ânandamaya âtman)*. Hier sind wir im Centrum angelangt, und es ist höchst charakteristisch, dafs der Philosoph zum Schlusse eine Warnung hinzufügt, von hier nicht noch tiefer dringen zu wollen und nicht auch dieses letzte Innere der Natur noch zum Objekte der Erkenntnis zu machen: „denn er ist es, der Wonne schaffet; denn wenn einer in diesem Unsichtbaren, Unkörperlichen, Unaussprechlichen, Unergründlichen den Frieden, den Standort findet, dann ist er zum Frieden eingegangen; wenn er hingegen in ihm noch einen Unterschied, einen Zwischenraum [zwischen Subjekt und Objekt] annimmt, dann hat er Unfrieden; es ist der Unfriede des, der sich weise dünket".

Bei dieser Beanlagung des indischen Geistes, in die Tiefe zu dringen und durch alles Schalenartige hindurch den innersten Kern zu erfassen, wird es begreiflich, wie die indische Philosophie, um dasjenige auszudrücken, was sie sagen wollte, sich des aus dem gewöhnlichen Leben aufgenommenen, ja schon zum pronomen reflexivum verblafsten Wortes *âtman* bemächtigte, zuerst schüchtern und tastend, dann immer häufiger und zuversichtlicher; — es wird begreiflich, wie in den Händen der indischen Denker alle jene andern mythologischen, anthropomorphischen, rituellen Benennungen des höchsten Wesens zur Schale wurden, durch welche hindurch, hier mehr, dort weniger deutlich, als innerster Kern der *Âtman* hindurchleuchtet, bis das Denken so weit erstarkt ist, im *Âtman* den reinsten Ausdruck für das Princip der Dinge zu finden und alle jene andern, durch die Tradition geheiligten Namen, *Prajâpati*, *Purusha*, *Prâṇa*, ja selbst den am festesten haftenden Begriff *Brahman* nur nebenher zu gebrauchen.

Von *Prajâpati* und *Brahman* war in diesem Sinne schon oben (S. 198. 262—264) die Rede. Es bleibt noch übrig, dafs wir auf die Geschichte des *Purusha* und des *Prâṇa* einen Blick werfen, um auch bei ihnen jenes allmähliche Durchschimmern des *Âtman* durch sie hindurch bestätigt zu finden.

2. Der Purusha.

Schon mehrfach sind wir bedeutsamen Fortbildungen des im Ṛigv. 10,90 (oben S. 150—158) gefeierten, weltschöpferischen *Purusha* begegnet: so, wenn in dem Mythus Taitt. Âr. 1,23 *Prajâpati* die Rolle des Weltschöpfers an den *Purusha* abgiebt (oben S. 197 fg.), oder wenn Çatap. Br. 6,1 aus dem *Asad* die sieben *Purusha*'s hervorgehen, die, zu einem

Der Purusha.

zusammenfahrend, *Prajāpati* sind (oben S. 199 fg.). Hier wollen wir nur noch das bedeutendste Denkmal aus der Geschichte des Purusha zwischen Rigveda und Upanishad's vorführen aus Vājasaneyi-Saṃhitā 31 (parallel mit Taitt. Ār. 3,12—13), woran sich das folgende, nahe verwandte Stück Vāj. Saṃh. 32,1—12 (parallel mit Taitt. Ār. 10,1,2—4) anschliefsen mag. Hier wird zunächst das Ṛigvedalied des *Purusha*, d. h. des *Nārāyaṇa* (oben S. 153, Anm.) mit einigen Abweichungen wiederholt; an dasselbe aber schliefst sich sodann als „zweiter Teil des Purushaliedes", *Uttaranārāyaṇam*, ein Nachtrag Vāj. Saṃh. 31,17—22 (Taitt. Ār. 3,13), welcher nebst dem folgenden, *Tadeva* genannten Abschnitte Vāj. Saṃh. 32,1—12 (Taitt. Ār. 10,1,2—4) eine wesentliche Fortbildung des Purusha enthält, in der wir, wenn auch noch undeutlich, in dem Begriffe des Purusha den des Ātman durchblicken sehen. — Wir halten uns an die Recension der Vājasaneyin's und berücksichtigen die der Taittirīyaka's nur, wo sie ein besonderes Interesse bietet.

Was zunächst die Form betrifft, so haben wir im *Uttaranārāyaṇam* (wie die Verschiedenheit des Metrums und die Wiederkehr einzelner Verse und Versteile an andern Vedastellen zeigt) keine originale Komposition, sondern ein durch die Einheit des rituellen Zweckes zusammengehaltenes Aggregat von umlaufenden Versen vor uns. Dasselbe gilt noch mehr vom *Tadeva*, welches nach einem ihm eigenen Anfange (Vāj. Saṃh. 32,1—3ª) zu einzelnen Versen des Prajāpatiliedes (Ṛigv. 10,121, oben S. 128 fg.) und dann zum Venaliede (Atharvav. 2,1, oben S. 253 fg.) greift, um dieselben unter Einschiebungen und merkwürdigen Modifikationen zu reproduzieren.

Für den Inhalt ist zunächst charakteristisch, dafs der Purusha als erste Schöpfung des Viçvakarman (Vāj. Saṃh. 31,17), als identisch mit Prajāpati (Vāj. Saṃh. 31,19. 32,1. 3. 5) sowie mit Brahman (*brahma* 32,1; *ruca brāhma* 31,21; *ruca brāhmī* 31,20) erscheint und wie letzteres (oben S. 250—252) mit Vorliebe als verkörpert in der Sonne angeschaut und verehrt wird. Hierbei sehen wir schon einige Grundgedanken der Upanishad's ziemlich deutlich durchbrechen; so die Erlösung durch Erkenntnis des Purusha (*tam eva viditvâ ati mrityum eti*, 31,18), die Identität seiner Verkörperung im Menschen und im Weltall (31,19. 32,4), die Verschiedenheit desselben von der ganzen Erscheinungswelt (*na tasya pratimâ asti* 32,3) und die Einswerdung mit ihm auf dem Wege der Erkenntnis (*tad apaçyat, tad abhavat, tad âsît* 32,12). Hierbei kommt es zu dem Ausspruche, dafs der die Welt durchsuchende und so zu Gott gelangende Weise *âtmanâ âtmânam abhisamviveça* „mit seinem Selbst völlig aufgeht in dem göttlichen Selbst" (32,11), worin eine, wenn auch noch undeutliche Überführung des *Purusha*-Begriffes in den *Âtman* in seiner doppelten Bedeutung als Einzelseele und Weltseele gefunden werden kann.

Uttaranârâyaṇam, Vâj. Saṃh. 31,17—22 (Taitt. Âr. 3,13).

Vers 17. Der Purusha ist aus den Urwassern von Viçvakarman geschaffen und von Tvashṭar gebildet worden.

> Aus Wassern und der Erde Saft geschaffen,
> Ging er hervor aus Viçvakarman anfangs;
> Tvashṭar kommt, auszubilden die Gestalt ihm;
> So ist des Menschen erster Ursprung Gottheit[1].

1. Taitt. Âr. 3,13,1: so ist das All des Menschen erster Ursprung.

Vers 18. Der Purusha ist sonnenartig; nur wer ihn erkennt, bleibt vor dem Wiedersterben bewahrt.

> Ich kenne jenen Purusha, den grofsen,
> Jenseits der Dunkelheit wie Sonnen leuchtend;
> Nur wer ihn kennt, entrinnt dem Reich des Todes,
> Nicht giebt es einen andern Weg zum Gehen[1].

1. = Taitt. Âr. 3,13,1, v. 2. Derselbe Vers war schon vorher, im Purushaliede, eingeflochten worden, Taitt. Âr. 3,12, v. 16—17, wo jedoch zwischen der zweiten und dritten Zeile folgende vier merkwürdigen Zeilen eingeschoben werden:

> Den, als er, weise alle Formen denkend
> Und Namen zuteilend, noch müfsig dasafs,
> Der Schöpfer hat hervorgebracht als Erstes,
> Machtvoll, vorauswissend die vier Weltpole, —
> Nur wer ihn kennt u. s. w.

Vers 19. Er, als Prajâpati, ist das belebende Princip im Mutterleibe und in der ganzen Natur.

Prajâpati wirket im Mutterleibe,
Der Ungeborne vielfach wird geboren;
Wie er entsprungen, sehen nur die Weisen,
In ihm gegründet sind die Wesen alle [1].

1. Die letzte Zeile aus Ṛigv. 1,164,13. Statt derselben hat Taitt. Âr. 3,13, v. 3: „die Frommen suchen seiner Strahlen Stätte" (was der Komm. ganz falsch versteht).

Vers 20—21. Der Purusha ist das unter dem Symbol der Sonne angeschaute Brahman *(ruca brâhma* v. 21, oder, des Metrums halber, v. 20 *ruca brâhmi)*. Dasselbe war schon vor den Göttern vorhanden (v. 20) und wurde dann wiederum von den Göttern erzeugt (v. 21), die sich dabei freiwillig dem Brahmanen, als Träger des Brahman, als unterthan erklären.

20. Verehrung ihm, der wärmend strahlt
Den Göttern, der ihr Priester ist,
Der vor ihnen entstanden war,
Dem leuchtenden, von Brahmanart.

21. Den leuchtenden, von Brahmanart
Zeugend, sprachen die Götter dann:
„Dem Priester, der dich also weifs,
„Seien die Götter unterthan!"

Vers 22. Schlufsgebet in Prosa.

Schönheit und Glück sind deine Gattinnen, Tag und Nacht deine Seiten, die Gestirne dein Leib, die Açvin's dein Rachen. Fördernd fördere, jene [Welt] für mich fördere, die Allwelt für mich fördere!

Tadeva, Vâj. Saṃh. 32,1—12. (Parallel Taitt. Âr. 10,1,2—4.)

Vers 1. Der Purusha ist identisch mit den Göttern des Feuers und Windes, der Sonne und des Mondes, mit dem Reinen, d. h. dem Brahman, mit den Wassern (dem Urstoffe) und Prajâpati (der Urkraft).

Das ja ist Agni, Âditya, das ist Vâyu und Candramas,
Das ist das Reine, das Brahman, die Wasser und Prajâpati.

Vers 2—3. Der Purusha ist, wiewohl selbst zeitlos (ein Blitz), doch der Ursprung aller Zeit; er ist nach allen Richtungen unendlich, und kein Abbild vermag, seine Herrlichkeit wiederzugeben. Hieran schliefsen sich Citate früherer Prajâpati-Verse.

2. Alle Zeitteile entsprangen aus dem Blitze*, dem Purusha;
Nicht in der Höhe, noch Breite, noch Mitte ist umspannbar er.

3. Nicht ist ein Ebenbild dessen, der da heifst: grofse Herrlichkeit.

Als goldner Keim etc. (Ṛigv. 10,121,1, oben S. 132).
Der, wenn sie atmet etc. (ib. v. 3, S. 132).
Durch dessen Macht etc. (ib. v. 4, S. 132).
Der Odem giebt etc. (ib. v. 2, S. 132).
Nicht schäd'ge er uns etc. (ib. v. 9, S. 133). [S. 191).
Er, über dem nichts etc. (Vâj. Saṃh. 8,36—37, v. 36 oben

Vers 4—7. Der Purusha (Prajâpati) ist der Erstgeborne der Schöpfung und wird in jedem Mutterleibe wieder neu geboren; er ist im Innern der Menschen (lies: *pratyáñ jánáns* und vgl. *pratyagâtman*) und allgegenwärtig, ist das beseelende Princip in jedem einzelnen und die Seele (*shoḍaçî*, das sechzehnteilige psychische Organ) des Weltalls (der drei Lichter, Agni, Vâyu, Sûrya als Regenten von Erde, Luftraum und Himmel). Zum Schlufs wieder Citate aus dem Prajâpatiliede Ṛigv. 10,121.

4. Er ist der Gott in allen Weltenräumen,
Vordem geboren und im Mutterleibe;
Er ward geboren, wird geboren werden,
Ist in den Menschen und allgegenwärtig.

5. Er, der entstanden ist vor allem andern,
Der sich zu allen Wesen umgestaltet,
Prajâpati, mit Kindern sich beschenkend,
Durchdringt die drei Weltlichter sechzehnteilig (vgl. oben S. 191).

6. Durch den der Himmelsraum etc. (Ṛigv. 10,121,5, oben S. 132).

7. Zu dem aufschaun etc. (ib. v. 6, S. 132).
Als ehemals etc. (ib. v. 7, S. 132).
Der machtvoll selbst etc. (ib. v. 8, S. 132).

Vers 8—12. Nachdem die Identität der Einzelseele und der Weltseele schon im Vorigen ausgesprochen war, blieb

---

* Der Blitz als Symbol der Zeitlosigkeit, wie Kena Up. 29.

dem Dichter nur noch ein letzter Schritt übrig, um zu dem
Gedanken zu gelangen, den Anquetil Duperron mit Recht
seiner Upanishad-Übersetzung als Motto vorsetzte: *quisquis
Deum intelligit, Deus fit.* Der Weise, indem er Gott erkennt
(tad apaçyat), wird zu Gott *(tad abhavat)*, weil er in Wahrheit Gott von je her war *(tad âsît)*, v. 12. Oder, v. 11: die
Erkenntnis des Urgrundes aller Dinge ist in Wahrheit nur
eine Erkenntnis unser selbst; wir gehen dadurch mit unserm
(physischen) Selbst in unser (metaphysisches) Selbst ein
(âtmanâ âtmânam abhisamviveça). — Um diesen grofsen Gedanken zum Ausdrucke zu bringen, greift der Dichter zum
Vena-Liede, dessen Entwicklungsgeschichte von Rigv. 1,83,5
durch Rigv. 10,123 und 10,139 zu Atharvav. 2,1 und endlich
zu Atharvav. 4,1 wir oben verfolgten (S. 252—256). Unser
Dichter schliefst sich an Atharvav. 2,1 an, bietet aber dieses
Lied (dessen Übersetzung, oben S. 253—254, man zum Folgenden vergleichen wolle) in einer Umformung, die weit über
den ursprünglichen Gedanken hinausgeht. Die Deutung des
Liedes in dieser neuen Form ist nicht ohne Schwierigkeit.
Der Scholiast bezieht v. 8 *(vena)*, v. 9 *(gandharva)* und wiederum v. 11—12 auf den Weisen, hingegen v. 10 auf den *Para-
mâtman*, was auch uns als das Annehmbarste erscheint, wiewohl
der Wechsel der Subjekte ein sehr harter ist und die Concin-
nität des Liedes bei dem Versuche, den neuen Gedanken in
ererbte Verswendungen (den neuen Most in alte Schläuche) zu
kleiden (sogar v. 11 wird durch Umdeutung von Taitt. Âr. 1,23
v. 14 = 10,1, v. 19, oben S. 198, gewonnen), ganz verloren geht.

Hiernach wäre der *Vena, Gandharva* nicht mehr wie in
Atharvav. 2,1 ein himmlischer Träger der Offenbarung, sondern
(ähnlich wie in der Fortbildung Atharvav. 4,1, oben S. 255—256)
der irdische Seher selbst, und der Gedankengang würde folgender sein: v. 8: der Seher schaut die ewige Einheit; v. 9:
er soll sie uns verkünden, obwohl sie nur der wissen kann,
welcher seines Vaters Vater, d. h. identisch mit dem Urwesen
ist (womit der Gedanke der Schlufsverse vorbereitet wird);
v. 10: hierzu ist Hoffnung, denn das allwissende Urwesen ist
ja für uns kein Fremdes, sondern unser Verwandter, Vater
und Fürsorger; v. 11: der Weise durchforscht alle Welten

und dringt so durch bis zu dem *prathamajâs* des *ṛitam*, d. h.
zum Urprincip, wie es als Erstling in der Schöpfung geboren
wird und (als himmlischer Hotar, Ṛigv. 1,164,37, oben S. 116,
als *prathamotpannâ trayîrûpâ vâk*, Komm. zu Vâj. Saṃh. 32,11)
die Quelle der Offenbarung ist; in dieses dringt er ein und
findet sich mit ihm identisch *(âtmanâ âtmânam abhisaṃviveça)*;
v. 12: so löst er das verschlungene Gewebe der Weltordnung
(vom Komm. rituell gedeutet, was uns jedoch hier nicht angeht) in seine Elemente auf, erkennt dieselben und sich mit
ihnen als identisch *(tad apaçyat, tad abhavat, tad âsit)*.

8. Der Vena schaut das Höchste, das verborgen,
   In dem die ganze Welt ihr einzig Nest hat,
   Einheits- und Ausgangspunkt der Welt, den Wesen
   Allgegenwärtig ein- und angewoben.

9. Des Ew'gen kundig künde der Gandharva
   Sein als Welt ausgebreitetes Geheimnis;
   Drei Viertel davon bleiben uns verborgen,
   Wer diese weifs, wäre des Vaters Vater.

10. Er, der verwandt uns, Vater und Vorseher,
    Kennt die Wohnstätten und die Wesen alle;
    Da wo die Götter, Ewigkeit erlangend,
    Zum dritten Weltraume empor sich schwangen.

11. Umwandelnd alle Wesen, alle Welten,
    Umwandelnd alle Gegenden und Pole,
    Drang durch er zu der Ordnung Erstgebornem,
    Ging ein mit seinem Selbste in das Selbst er.

12. Mit eins umwandelt hat er Erd' und Himmel,
    Umwandelt Welten, Pole und das Lichtreich;
    Er löste auf der Weltordnung Gewebe:
    Er schaute es und ward es, denn er war es.

3. Der Prâṇa.

Unter den Begriffen, welche in den Upanishad's zur Bezeichnung des höchsten Wesens dienen, findet sich neben
Brahman, *Âtman* und *Purusha* nicht selten auch der des *Prâṇa*
(so namentlich in der Kaushîtaki-Up.), ein Wort, welches ursprünglich den „Odem", dann das durch denselben bedingte

„Leben" bedeutet. In der Mehrzahl gebraucht, sind die *Prâṇa*'s die einzelnen „Lebenskräfte" (z. B. Manas, Rede, Augen, Ohren, die später sogenannten *Indriya*'s) oder auch die „Lebenshauche" (später *Prâṇa*'s genannt; ihre einzelnen Namen sind: *prâṇa, apâna, vyâna, udâna, samâna*). In den Brâhmaṇa's ist die erstere Bedeutung von *Prâṇa*'s überwiegend, während die letztere, später ausschliefslich herrschende, sich erst zu bilden beginnt.

In der Entwicklungsgeschichte der Bezeichnungen für das höchste Wesen nimmt *Prâṇa* naturgemäfs seine Stellung zwischen *Purusha* und *Âtman* ein, da der Versuch, dasjenige, was man wollte, immer schärfer zu bezeichnen, vom *Purusha* auf den *Prâṇa*, wie von diesem weiter auf den *Âtman* führen mufste.

Schon dem Purusha-Liede, Ṛigv. 10,90 lag der Gedanke einer innern Identität des Menschen und des Weltalls zu Grunde, wenn dort aus Manas, Auge, Mund, Odem, Nabel, Haupt, Füfsen und Ohren des Purusha Mond, Sonne, Indra-Agni, Vâyu, Luftraum, Himmel, Erde und Himmelsgegenden werden. Aber dies war von vornherein doch nur eine poetische, bildlich zu verstehende Anschauungsweise, denn die Weltteile sind von den Gliedern des menschlichen Leibes doch sehr verschieden, und die Übereinstimmung liegt nicht in der äufsern Gestalt, sondern darin, dafs in beiden dasselbe **Lebensprincip** herrscht. Hierzu kam die täglich zu machende Beobachtung, dafs bei Menschen und Tieren das Wesen nicht in den Leibesgliedern, sondern in dem sie erfüllenden Leben (*prâṇa*) liegt, wie dies z. B. Çatap. Br. 3,8,3,15 seinen drastischen Ausdruck findet:

„Das Tier ist *Prâṇa* (Odem, Leben); denn solange es durch den Odem atmet, ist es ein Tier; wenn aber der Odem aus ihm entweicht, so liegt es, zu einem blofsen Klumpen (*dâru*, eigentlich Klotz) geworden, zwecklos da."

Erwägungen und Beobachtungen wie diese mochten dazu überleiten, dafs man anfing, das Wesen des Menschen und analog damit das Wesen der Welt nicht mehr in der äufsern Gliederung und Gestaltung, sondern in dem sie durchwaltenden (*anusaṃcaran*) Leben zu sehen, wie es beim Menschen an den Atmungsprozefs gebunden erschien. Aber nicht nur der Odem *(prâṇa)* gab Kunde von einer das Leben erhaltenden Kraft; auch das bewegliche Auge, die rufende Stimme, das sie vernehmende Ohr, ja der sie regierende Verstand gingen auf ähnliche Kräfte zurück, die dann mittels denominatio a potiori ebenfalls *prâṇâḥ* „Lebenskräfte" hiefsen, deren man somit eine Anzahl unterschied. Ein zweiter Schritt war dann, die Einheit zu erkennen, in der alle jene *prâṇa*'s wurzeln, und die man den Lebenskräften als das Leben, den *prâṇa κατ᾽ ἐξοχήν* oder, wie die Upanishad's sagen, den Hauptlebensodem *(mukhya prâṇa)* unterlegte. Ein dritter Schritt war, dieses auf die gesamte Natur zu übertragen und, nachdem man in ihr so oft Analogien für Auge, Ohr, Verstand u. s. w. gefunden, alle Kräfte der Natur, indisch gesprochen alle Götter, aus einem allgemeinen Princip des Lebens, einem *Prâṇa* entspringen zu lassen, welchen man dann gelegentlich schon für das eigentliche Wesen, das Selbst, den *Âtman* des Menschen wie der ganzen Natur erklärte.

Wir wollen diesen Entwicklungsgang durch Stellen aus dem reichhaltigsten Brâhmaṇam, dem Çatapatha-brâhmaṇam illustrieren und zum Schlusse zwei Hymnen der spätern Saṃhitâ's anfügen.

1) Von den *Prâṇa*'s als den das Leben tragenden Lebenskräften ist sehr häufig die Rede. Ihre Anzahl steht noch nicht fest, wie am besten daraus ersichtlich, dafs z. B. Çatap. Br. 12,3,2,1, um die Analogie des Menschen mit dem Jahre durchzuführen, hintereinander willkürlich zwei, drei, fünf, sechs, sieben, zwölf und dreizehn *Prâṇa*'s angenommen werden. Gewöhnlich jedoch werden neun *Prâṇa*'s, nämlich sieben am Haupte und zwei unterhalb gezählt. Çatap. Br. 6,4,2,5: *nava vai prâṇâḥ, sapta çîrshan, avâñcau dvau;* — 12,2,2,15: *nava vai prâṇâḥ;* — 7,5,2,9: *sapta vai çîrshan prâṇâḥ;* — 13,1,7,2: *sapta vai çîrshaṇyâḥ prâṇâḥ;* — 12,5,2,6: *saptasu prâṇa-âyataneshu;* — 11,1,6,29: *pañca ime purushe prâṇâ, ṛite cakshurbhyâm;* — 6,1,1,2: *te (prâṇâḥ) iddhâḥ sapta nânâ purushân asṛijanta.* — Diese neun Prâṇa's sind, wie sich aus der Kombination der Stellen ergiebt, folgende: die sieben am Haupte: *manas, vâc, prâṇa, cakshushî, çrotre,* Verstand, Rede, Odem, Augen und Ohren;

die zwei unterhalb: das Zeugungs- und das Entleerungsorgan;
9,2,2,5: *pañcadhâ vihito vâ' ayam çîrshan prâṇo, mano, vâk,
prâṇaç, cakshuḥ, çrotram*; diese sind auch 10,1,3,4 die *ûrddhvâḥ
prâṇâḥ* des Prajâpati, aus denen er die Götter schafft; denn
die Götter sind die einzelnen Lebenskräfte der Natur, 7,5,1,21:
prâṇâ devâḥ. Etwas abweichend ist 12,9,1,9: *shaḍ vâ' ime çîrshan
prâṇâḥ* (nämlich *cakshushî, nâsike, çrotre*). Hingegen einer
andern Anschauung entspringt es, wenn 12,7,3,22 zwei Prâṇa's
(*prâṇa* und *udâna*), oder 1,1,3,3. 8,4,3,4 drei (*prâṇa, udâna,
vyâna*) gezählt werden, wovon später.

2) Alle diese *prâṇa*'s oder Lebenskräfte wurzeln in einer
Centralkraft, welche der Prâṇa schlechthin, später auch, zum
Unterschiede von den übrigen, der *Mukhya prâṇa* („der Hauptlebensodem", ursprünglich wohl „der Odem im Munde", vgl.
âsanya prâṇa) heifst, und dessen Rangstreit mit den übrigen
prâṇa's und Übermacht über dieselben ein beliebtes Thema
der Upanishad's bildet. Dieser Prâṇa scheint nach Çatap.
Br. 7,2,5,2 in der Mitte des Leibes zu wohnen (*tasmâd ayam
âtman prâṇo madhyataḥ*), von wo aus er alle Glieder durchwaltet (1,3,2,3: *so 'yam prâṇaḥ sarvâṇi aṅgâni anusamcarati*).
Gelegentlich wird ein Versuch gemacht, ihn mit dem *Manas*
(dem spätern Centralorgane der *Indriya*'s) zu identifizieren
(7,5,2,6: *mano vai sarve prâṇâ, manasi hi sarve prâṇâḥ pratishṭhitâḥ*); meist aber heifst er kurzweg der Prâṇa, sei es, dafs
man ihn mit dem Prâṇa im engern Sinne, dem Odem, und
sein kosmisches Äquivalent mit dem Winde identifiziert (wie
in den sogleich mitzuteilenden Stellen 10,3,3,6. 11,1,6,17), sei
es, dafs man ihn allen übrigen Prâṇa's als „den unbestimmten
Prâṇa" (4,2,3,1 *aniruktaḥ prâṇaḥ*) gegenüberstellt. Dies geschieht auch in dem (schon oben S. 199 fg. mitgeteilten)
wichtigen Schöpfungsmythus Çatap. Br. 6,1,1, wo die sieben
Prâṇa's als sieben Ṛishi's aus dem *Asat* entspringen und von
dem, *Indra* genannten, „Lebenshauche in der Mitte" (*madhye
prâṇaḥ*) entzündet werden, worauf sie sieben Purusha's aus
sich hervorgehen lassen, welche sodann zu dem einen Purusha
zusammenfahren, welcher Prajâpati ist. Hierin liegt die Priorität der Prâṇa's vor dem Purusha und der Primat des Hauptlebensodems über die andern deutlich ausgesprochen. Er

verhält sich zu ihnen nach Çatap. Br. 7,5,1,21 wie Prajâpati zu den übrigen Göttern.

3) Wie zu den Lebenskräften im Menschen die centrale Lebenskraft, so verhält sich zu den Naturkräften die Centralkraft der Natur, und nachdem man schon in dem Purushaliede die Lebenskräfte und Naturkräfte gleichgesetzt hatte, so lag es nahe, einen centralen Prâṇa wie dem Menschen, so der Natur unterzulegen und beide miteinander zu identifizieren. Dies geschieht in folgender, hochbedeutsamen Stelle (einer Vorläuferin der *Saṃvarga-vidyâ*, Chând. Up. 4,3), in welcher der Prâṇa als Lebensprincip noch mit dem Odem, und dementsprechend der kosmische Prâṇa mit dem Winde identisch erscheint.

Çatapatha-brâhmaṇam 10,3,3,6.

„Jenes Feuer (das dieses Weltall ist), das ist der *Prâṇa* (das Leben). Denn wenn der Mensch schläft, so geht in das Leben ein die Rede, in das Leben das Auge, in das Leben das Manas, in das Leben das Ohr. Und wenn er erwacht, so werden sie aus dem Leben wieder geboren. So viel in Bezug auf das Selbst. — Nunmehr in Bezug auf die Gottheit. Was diese Rede ist, das ist Agni, was dieses Auge, das Âditya, was dieses Manas, das Candramas, was dieses Ohr, das die Himmelsgegenden; aber was dieses Leben *(prâṇa)* ist, das ist jener Wind, der dort läuternd weht. — Wenn nun das Feuer ausgeht, so verweht es in den Wind; darum sagt man, es ist in ihn verweht, denn in den Wind verweht es. Und wenn die Sonne untergeht, so geht sie in den Wind ein, und so in den Wind der Mond, und in dem Winde sind die Himmelsgegenden gegründet, aus dem Winde also werden sie auch wieder geboren. — Und wer dieses wissend aus dieser Welt abscheidet, der gehet mit der Rede ein in das Feuer, mit dem Auge in die Sonne, mit dem Manas in den Mond, mit dem Ohre in die Himmelsgegenden und mit dem *Prâṇa* (Odem, Leben) in den Wind; und so ihres Wesens geworden, in welcher dieser Gottheiten er will, zu der geworden kommt er zur Ruhe." —

Folgende Stelle zeigt, wie man alsbald diese große, neue Erkenntnis mit der Mythologie zu verknüpfen wußte.

Çatapatha-brâhmaṇam 11,1,6,17.

„Er (Prajâpati), nachdem er geopfert hatte, begehrte: «möge ich dieses Weltall sein!» Da ward er zum *Prâṇa*, denn der Prâṇa ist dieses Weltall. Aber dieser Prâṇa ist er, der dort läuternd weht, und der ist Prajâpati. Und seine Anschauung ist, dafs man eben weifs: «so und so wehet er». — Aber auch alles, was lebend *(prâṇi)* ist, das ist Prajâpati; und wer also diese Anschauung des Prajâpati weifs, der wird gewissermafsen [sich selber] offenbar." —

Wie in dieser Stelle der Prâṇa mit den Anschauungen der Vergangenheit verknüpft wird, so glauben wir an einer andern Stelle schon die Philosophie der Zukunft aus dem Prâṇa-Begriffe hervorblinken zu sehen, wiewohl wir dieser Stelle bei ihrer Kürze und Verwachsenheit mit dem Ritual nicht allzuviel Gewicht beilegen möchten.

Çatapatha-brâhmaṇam 4,2,3,1.

„Der *Ukthya* [eine bestimmte Libation] fürwahr, das ist sein [des Spendenden] unbenannter Lebenshauch (*aniruktaḥ prâṇaḥ*, Kâṇva-Rec.), und dieser ist sein *Âtman* (Selbst); denn dieser unbenannte Lebenshauch ist der *Âtman*, und der ist seine Lebenskraft *(âyur)*. Darum auch schöpft er diese Spende mittels der Erde, denn aus Erde ist das Gefäfs, und mit dem Gefäfse schöpft er sie; denn nichtalternd ist die Erde und unsterblich, und nichtalternd und unsterblich ist die Lebenskraft, darum schöpft er mit der Erde."

Weitern Identifikationen des *Prâṇa* mit dem *Âtman* werden wir erst auf dem Boden der Upanishad's begegnen. Hier wollen wir zum Schlusse nur noch den schönen Hymnus Atharvav. 11,4 mitteilen, welcher den *Prâṇa* als das Princip alles Lebens der Natur feiert; als Brücke zu ihm, vom individuellen zum kosmischen *Prâṇa*, mag vorher noch das Stück Taitt. Âr. 3,14 eine Stelle finden, wiewohl die Haltung desselben nur teilweise philosophischer Art ist.

Der individuelle Prâṇa.
Taitt. Âr. 3,14.

1. Als Träger wird getragen er und trägt selbst,
   Der eine Gott, der einging in die vielen;
   Wenn er es müde wird, die Last zu tragen,
   Wirft er sie ab und rüstet sich zur Heimkehr.

2. Er heifst des Todes Ursach' und des Lebens,
   Er heifst der Träger, und er heifst der Hüter; —
   Der ward getragen, wird getragen, trägt selbst,
   Der ihn erkennt in Wahrheit als den Träger.

3. Manchen verläfst er, kaum dafs er geboren,
   Und manchen nicht, selbst wenn er alt geworden;
   Oft rafft er viele weg an einem Tage,
   Der nimmermüde Gott, stets anzuflehen.

4. Wer das versteht, woher er ist entsprungen,
   Und wie er mit dem Brahman hängt zusammen,
   Den macht er froh, selbst wenn er alt und krank ist,
   Den wird er nicht schon vor der Zeit verlassen.

Vers 5—6. Übergang zu dem kosmischen Prâṇa, der von den Urwassern, wie ein Kalb von den Kühen, gepflegt wird. Er ist gleichsam das Opfer, der Soma *(tvam u vâ iva asi somaḥ)*, von dem die Götter alle leben.

5. Zu dir hin eilen die Gewässer alle,
   Als Kalb dich wissend, Milchtrank hell ausströmend;
   Du zündest an Agni, des Opfers Fährmann,
   Du bist als Wind der Träger der Geschöpfe.

6. Du bist das Opfer, bist der Soma gleichsam,
   Die Götter alle folgen deinem Rufe,
   Du bist der eine und durchdringst die vielen.
   Verehrung dir, sei gern mir zu erhören.

Vers 7—8. Gebet an *Prâṇa* und *Apâna* um Vernichtung der Feinde.

7. Verehrung sei euch, höret auf mein Rufen,
   Einhauch und Aushauch, die ihr streicht so eilig.
   Ich rufe betend euch, schnell herzukommen:
   Den, der mich hafst, verlafst, ihr ewig jungen.

8. Verlafst ihn einmütig, Einhauch und Aushauch,
   Vereint euch nicht mit seinem Lebensodem;
   Zustimmend meiner Bitte übergebt ihn
   Dem Tod, o Götter, den ich hiermit töte.

Vers 9—10. Schlufsvers, zu dem Anfangsgedanken zurückkehrend, und Nachtrag. Das Nichtseiende soll nach dem Kommentator das *Avyaktam*, das Seiende der *Âkâça* sein, aus dem *Vâyu* hervorgeht. Die neun Götter sind natürlich die oben S. 296 besprochenen neun Lebenskräfte.

9. Nichtsein gebar das Sein; aus dem entsprang er.
Wen er erzeugt, der ist auch sein Behüter.
Wenn er es müde wird, die Last zu tragen,
Wirft er sie ab und schickt sich an zur Heimkehr.

10. Damals warst du zur grofsen Lust,
O Prâṇa, dem Prajâpati,
Als du, der Lust zu schaffen viel,
Neun Götter hast hervorgebracht.

Der kosmische Prâṇa.

Atharvaveda 11,4.

Weit hinaus über das eben mitgeteilte Stück geht der Hymnus Atharvav. 11,4, indem er den Prâṇa 1) als Urprincip und Erstgebornen der Schöpfung, 2) als belebendes Princip in der ganzen Natur, 3) als das Beseelende im Menschen feiert.

1) Der *Prâṇa* ist, nach v. 22 (der allerdings aus Atharvav. 10,8,7 herübergenommen sein könnte), das Urprincip, dessen eine Hälfte im Verborgnen bleibt, während er mit der andern Hälfte die ganze Welt hervorgebracht hat und die Umdrehung der Sterne (der sieben Planeten und des Fixsternhimmels mit seinen tausend unversiegbaren Lichtquellen) veranlafst, v. 22. Zugleich aber ist der Prâṇa auch (wie Prajâpati Ṛigv. 10,121) der Erstgeborne der Schöpfung (*bhûta* v. 1, *apâṃ garbha* v. 26). Als solcher steht er v. 21 als Gans in den Urwassern; wollte er aus denselben auch nur einen seiner beiden Füfse (vielleicht *prâṇa* und *apâna*) herausziehen, so würde es kein Heute und kein Morgen mehr geben, Nacht, Tag und Morgenröte würden für immer vergehen (vgl. Chând. Up. 5,1,12). Wie der *Hiraṇyagarbha* Ṛigv. 10,121, ist hier der *Prâṇa* der Träger der ganzen Welt (v. 1. 15, *anaḍvân* v. 13,

oben S. 231 fg.) und ihr Beherrscher (v. 1. 10); er ist Vergangenheit, Gegenwart und Zukunft (v. 15. 20), ist diese ganze Welt (*sarram idam*, ungrammatisch *sarvasmai te idaṃ namaḥ* v. 8). Die Götter verehren ihn v. 11; ja, er ist selbst *Virâj*, *Deshṭri* (Personifikation der göttlichen Unterweisung), *Sûrya*, *Candramas*, *Prajâpati* (v. 12), *Mâtariçvan*, *Vâta* (v. 15) und vielleicht *Purusha* (v. 14).

2) Weiter ist der Prâṇa das belebende Princip der Natur; als solcher erquickt er durch Donner, Blitz und Regen die Pflanzenwelt und Tierwelt, wie v. 2—6. 16—17 eingehend geschildert wird. Seine beiden Seiten, *Prâṇa* und *Apâna* werden symbolisch den beiden Hauptnahrungsmitteln, Reis und Gerste, gleichgesetzt, v. 13. Er ist der Vater der Geschöpfe (v. 10), der in sie als Kinder mit seinen helfenden Kräften eingeht (v. 20).

3) Endlich ist der Prâṇa auch das Beseelende im Menschen, den er als *Purusha* im Mutterleibe bildet, v. 20, und dessen Geburt er sodann veranlafst, v. 14. 20. Als Lebensprincip ist er unermüdlich (v. 24), der auch im Schlafenden nicht liegt sondern aufrecht steht und wacht (v. 25, vgl. Kâṭh. Up. 5,8). Er kommt und geht, er steht und sitzt in dem Menschen und ist in allen diesen Lagen zu verehren (v. 7—8). Er hat eine freundliche Gestalt als die Heilkraft der Natur (v. 9), und er hinwiederum ist Krankheit und Tod (v. 11), wenn er mit schnellendem Bogen naht (v. 23). Er versetzt den Wahrheitredenden in die höchste Welt (v. 11), und das Wissen des Prâṇa erhebt über alle Wesen (v. 18—19). Dafs er der *Âtman* im Menschen ist, wird nirgendwo gesagt und vielleicht nur in den Worten *na mad anyo bhavishyasi* v. 26 dunkel angedeutet.

1. Verehrung dem Prâṇa! in dessen Macht die ganze Welt.
Der entstand als des Weltalls Herr, in dem alles gegründet ist.

Vers 2—6. Der Prâṇa in der Natur.

2. Verehrung sei dir, o Prâṇa, wenn du als Donner dröhnend brüllst.
Verehrung, Prâṇa, als Blitz dir, Verehrung dir als regnendem.

3. Wenn du als Donner, o Prâṇa, über die Pflanzen tosest hin,
Befruchtet dann, keimaufnehmend, werden vielfach geboren sie.

4. Wenn du zur Zeit der Empfängnis über die Pflanzen tosest hin,
Dann schauert wonnevoll alles, was auf der Erde Boden lebt.

5. Und wenn der Prâṇa ausschüttet den Regen auf der Erde weit,
Dann fühlt Wonne die Tierwelt auch, dann wird uns Überfluſs zu teil.

6. Von Regen überströmt, rufen dem Prâṇa dann die Pflanzen zu:
Du schaffest, daſs wir lang leben, du füllest alle uns mit Duft.

Vers 7—9. Der Prâṇa unter den Menschen.

7. Verehrung dir, wenn du herkommst, Verehrung auch, wenn du entweichst,
Verehrung, wenn du stehst aufrecht, und wenn du sitzst, Verehrung dir!

8. Verehrung, wenn du einatmest und ausatmest, o Prâṇa, dir,
Verehrung, wenn du abwendest und wenn du uns zuwendest dich,
Dir, der du dieses Weltall bist!

9. Was deine Huldgestalt, Prâṇa, und was die noch huldvollere,
Und was an dir die Heilkraft ist, von der verleih zum Leben uns!

Vers 10—15. Macht des Prâṇa.

10. Der Prâṇa hüllt ein die Wesen wie ein Vater den lieben Sohn,
Der Prâṇa ist des Weltalls Herr, des, das atmet, und des, das nicht.

11. Prâṇa ist Tod, Prâṇa Krankheit, ihn verehren die Götter selbst;
Den Wahrheitsfreund erhob Prâṇa empor zur höchsten Himmelswelt.

12. Der Prâṇa ist Virâj, Deshṭrî, er, der Prâṇa, den alles ehrt,
Er ist Sûrya und Candramas, ihn auch nennt man Prajâpati.

13. Einhauch ist Reis, Aushauch Gerste, Prâṇa auch jener Ochse (S. 232) ist;
Denn in der Gerste wohnt Prâṇa, Apâna wird der Reis genannt.

14. Einatmend ist und ausatmend im Mutterleib der Purusha,
Wenn du, o Prâṇa, ihn antreibst, wird aufs neue geboren er.

15. Der Prâṇa heifst Mâtariçvan, der Prâṇa Vâta wird genannt,
Er ist Vergangenheit, Zukunft, in ihm alles gegründet ist.

Vers 16—17. Nochmals Prâṇa und die Pflanzen.

16. Kräuter, heilig dem Atharvan, dem Añgiras und Göttern auch
Und für Menschen geborene, entstehn, wenn Prâṇa sie belebt.

17. Denn wenn der Prâṇa ausschüttet den Regen auf der Erde weit,
Ja, dann schiefsen empor Kräuter und Gewächse von aller Art.

Vers 18—19. Lohn des, der den Prâṇa weifs und von ihm hört.

18. Wer dieses von dir weifs, Prâṇa, und worin du gegründet bist,
Dem bringen alle dar Spenden dort in der höchsten Himmelswelt.

19. Und wie, o Prâṇa, dir bringen Spenden alle Geschöpfe hier,
Lafs sie spenden auch dem, der dich, gerngehörten, verkünden
hört.

Vers 20—22. Drei nachträgliche Verse, verschiedenen Metrums.

20. Als Keim im Leibe weilt er unter Göttern,
Geformt, gebildet, wird aufs neu geboren er;
Er, der da war, was ist und was da sein wird,
Der Vater, hülfreich, ging in seinen Sohn ein.

21. Nicht einen Fufs darf herausziehn der Wandervogel aus der Flut,
Denn zöge diesen er heraus, so wär' nicht heut nicht morgen
mehr,
Es gäbe nicht mehr Nacht und Tag, nie mehr erschiene Morgenrot.

22. Acht Räder wälzen sich in einem Umkreis,
Auf östlich, unter westlich, tausendfältig;
Mit einer Hälfte zeugte er das Weltall, —
Kein Schimmer ist von seiner andern Hälfte.

Vers 23—26. Schlufsgebet an Prâṇa.

23. Der du Herr hier über alles, was entsteht und sich reget, bist,
Der auf andre du den Bogen abschnellst, Prâṇa, Verehrung dir!

24. Der du Herr hier über jedes, was entsteht und sich reget, bist,
Unermüdlich und treu bleibend durch Gebet, Prâṇa, steh' mir bei.

25. Aufrecht, in dem der schläft, wachend, steht er, nimmer liegt
nieder er,
Dafs er in dem, der schläft, schliefe, das hat keiner noch je gehört.
26. Prâṇa, sei mir nicht abwendig, nicht sei ein andrer du als ich,
Zum Leben, als der Flut Spröfsling, o Prâṇa, bind' ich dich
in mir!

4. Suchen nach einer noch schärfern Fassung des Princips: Ucchishṭa und Skambha als Anzeichen desselben.

Wir konnten, von *Prajâpati* ausgehend, durch die Begriffe des *Brahman, Purusha, Prâṇa* hindurch schrittweise verfolgen, wie das Denken der Inder mehr und mehr eine subjektive Wendung nahm, um das Princip der Dinge da zu suchen, wo es allein, wenn überhaupt, uns unmittelbar bewufst werden kann, nämlich im eigenen Selbst. Aber alle jene Begriffe, so treffend die Richtung war, die sie einschlugen, boten doch keine völlige Befriedigung. Denn sie alle blieben immer noch bei der Aufsenseite der Sache stehen, und man fühlte, dafs man tiefer zu gehen, dafs man sie alle als Schale zu beseitigen habe, um zu dem, was man eigentlich suchte, zum letzten und innersten Selbst des eigenen Ichs sowohl wie der Aufsenwelt zu gelangen. Ehe wir zeigen, wie man im Begriffe des *Âtman* dieses erstrebte Ziel und damit den Standpunkt der Upanishad's erreichte, haben wir noch zweier Denkmäler zu gedenken, in denen jene Unbefriedigtheit, jenes Streben, alle Schalen abzulösen und zu dem Grund aller Gründe durchzudringen, einen ganz merkwürdigen Ausdruck fand. Es sind dies: 1) Atharvav. 11,7 der Hymnus auf den *Ucchishṭa*, d. h. den, welcher übrig bleibt, wenn man alles abzieht, was abziehbar ist, und 2) Atharvav. 10,7—8 die beiden Hymnen auf den *Skambha*, die Stütze, nach welcher zu suchen man auch dann noch fortfuhr, als man, wie der Dichter dieser Hymnen, die Erkenntnis des Brahman als Princips der Dinge bereits besafs.

1) Der Ucchishṭa, Atharvav. 11,7.

Dieser seltsame, nicht ohne Absicht rätselhafte Hymnus betrachtet die ganze Welt der Namen und Gestalten, die

Gesamtheit alles dessen, was im Himmel und auf Erden vorhanden ist, als hervorgehend aus und beruhend auf dem *Ucchishṭa,* „dem Übrigen" oder „dem Reste", worunter man bisher, soweit wir wissen, allgemein „den Opferrest" verstanden hat. Aber *Ucchishṭa* bedeutet zunächst nur den Rest im allgemeinen; dafs darunter der Rest des Opfers verstanden werden solle, müfste doch aus dem Hymnus selbst erst erwiesen werden, der jedoch hierzu nicht die mindeste Handhabe bietet. Vielmehr werden, neben allen andern Dingen, auch alle möglichen Opfer mit ihren Teilen und Vorgängen aus dem Ucchishṭa abgeleitet. Dafs überdies das Wort an den einzigen Stellen, wo das Genus bestimmbar ist (v. 15. 16), nicht Neutrum sondern Maskulinum ist, ist eine weitere Gegeninstanz, wiewohl darauf kein grofses Gewicht zu legen ist, da der Ucchishṭa hier als Vater des Weltalls nur vorübergehend personifiziert sein könnte. Zwar kann man sich, zur Stütze jener Ansicht, auf die S. 238 erwähnten Stellen des Atharvaveda berufen, in denen, im Geiste der Brâhmaṇa-Theologie, das Opfer oder einzelne Teile und Geräte desselben über alles erhoben und als Princip der Dinge gepriesen werden. Aber wenn dort der Opfernde sein heiliges Gras oder seine Löffel in indischer Weise überschwänglich feiert, oder wenn Atharvav. 11,3,21 von einem Reisbrei geredet wird, der so heilig ist, dafs sogar aus seinem Reste *(ucchishṭam)* noch sechsundachtzig Götter werden, so ist das etwas ganz andres, als wenn hier ein Dichter in einem eigenen, längern Liede zeigt, wie alle Dinge und mit ihnen das ganze Opferwesen aus einem absichtlich ohne alle Bestimmung gelassenen *Ucchishṭa* entspringen. Und wie sollte dieser Ucchishṭa nicht ohne Bestimmungen sein, da der Dichter gleich im ersten Verse „Name und Gestalt", d. h. die ganze Welt der Formen und Bestimmungen, im Ucchishṭa gegründet sein läfst. Ähnlich daher, wie schon Rigv. 1,164,4 alles Knochenhafte (gestaltete Sein) von einem Knochenlosen (Gestaltlosen) getragen wird (oben S. 109), beruhen nach unserm Dichter alle Namen und Formen der Welt auf dem *ucchishṭa,* d. h. dem was übrig bleibt, wenn wir alle Formen der Erscheinungswelt in Abzug bringen. Der Begriff des *ucchishṭa* ist sonach in ähnlicher

Weise negativ und zugleich relativ, wie (oben S. 286) der
des Âtman und diesem auf das nächste verwandt. Es ist
als wenn der Dichter, von der richtigen Erkenntnis durchdrungen, daſs das Princip der Welt keiner seiner Erscheinungen
ähnlich sehen könne, nach einem treffenden Ausdrucke dieser
Erkenntnis ringt, ein Ringen, aus welchem bald darauf die
Bezeichnung des Princips als Âtman hervorgehen sollte. Bei
der Bezeichnung *ucchishṭa* mag dann die Bedeutung „Opferrest" insofern mitgewirkt haben, als z. B. nach Ṛigv. 10,90
die Welt aus einer Opferung des Purusha hervorgegangen
ist, wobei jedoch drei Viertel des Purusha nicht in die
Wesen eingehen, sondern unsterblich im Himmel bleiben
(Ṛigv. 10,90,3—4), somit allerdings als das *ucchishṭam*, der
nicht geopferte „Rest" bei diesem groſsen Weltopfer angesehen werden konnten. Doch enthält der Hymnus keine
Andeutung hierauf, sondern nur die Aufforderung, unsere
Aufmerksamkeit auf das zu richten, welches übrig bleibt,
wenn wir alle Welten, alle Wesen, alle Opfer u. s. w. hinweg-
denken. Zu dem, was wir als bloſse Erscheinung und Schale zu
beseitigen haben, gehört nach v. 4 auch „das Brahman nebst
den zehn Weltschöpfern", worunter in diesem Zusammenhange
wohl nur das *Brahman* als höchstes schöpferisches Princip
(oben S. 259 fg.) verstanden werden kann, über welches
hinaus somit unser Dichter zu einer tiefern Fassung der
Sache drängt, ohne doch schon im Âtman den treffendsten
Ausdruck dafür erreichen zu können. Wie nahe aber unser
Dichter demselben ist, geht besonders daraus hervor, daſs
mit allem andern aus dem *ucchishṭa* auch das Innere des
Menschen hergeleitet wird, welches kurz und rätselhaft dreimal
(v. 5. 12. 14) als „das in mir" (*tán máyi*), einmal (v. 3) als
„der Glanz in mir" (*rrír máyi*) bezeichnet wird. Die
Wesensverwandtschaft des nach Abzug aller Namen und
Gestalten „Übrigen" mit „dem in mir" und die Un-
bestimmtheit, weil Unbestimmbarkeit, beider sind Gedanken,
durch die sich unser Hymnus als ein ziemlich unmittelbarer
Vorläufer der Âtman-Lehre der Upanishad's bekundet. — Die
Übersetzung kann, bei so manchen rätselhaften Ausdrücken
(wie *rra dra* v. 3 u. s. w.) und bei der Notwendigkeit, viele

specielle Termini des Rituals im engen Rahmen des Metrums wiederzugeben, nur als ein Versuch gelten, von dem Inhalte eine ungefähre Vorstellung zu geben.

1. Im Rest ist Name und Gestalt, im Rest die Welt enthalten ist,
   Im Rest ist Indra, ist Agni, vom Rest umschlossen wird das All.

2. Im Rest sind Himmel und Erde nebst allem, was geworden ist;
   Im Rest die Wasser und Meere, der Mond und Wind beschlossen sind.

3. Beide, wer ist und wer nicht ist, im Rest, Tod, Kraft, Prajâpati,
   Im Rest wurzeln aller Welten Hauf und Lauf, — auch der Glanz in mir.

4. Wer fest, unfest, steht und nicht steht, Brahman und die Weltschöpfer zehn,
   Allwärts wie an der Radnabe am Rest stecken die Götter fest.

5. Ṛic, Sâman, Yajus im Rest sind, Udgîtha, Preisgesang und Preis,
   Im Rest der Hiñ-Ruf und Ton sind, Gesangs Brausen, — und das in mir.

6. Indra's und Agni's, Soma's Preis, Nennverse, Hochamtsliturgie,
   Des Opfers Glieder im Rest sind, wie der Keim ist im Mutterleib.

7. Königsweihe und Krafttrinkung, Feuerpreisung und Opferfest,
   Im Rest sind Preis und Roſsopfer, herzerfreuend auf grüner Streu.

8. Feueranlegung, Einweihung, Wahrwunschopfer und Zauberlied,
   Aussetzende, fortlaufende Opfer im Rest enthalten sind.

9. Das Feueropfer, der Glaube, Gelübd', Askese, Vashaṭ-Ruf,
   Opferlohn, Werk und Vergeltung im Rest alle beschlossen sind.

10. Einnachtfeier, Zweinachtfeier, Gleichkauf-, Vorkauf-Fest, Uktha-Gufs
    Sind eingewebt dem Rest alle, Opferfeinheiten, wer sie kennt.

11. Viernachtopfer, Fünfnachtopfer, Sechsnachtopfer mitsamt den zwein,
    Sechzehnpreis, Siebennachtopfer,
    Aus dem Rest all sind entstanden, in ihm befaſst, dem ewigen.

12. Einfallender Gesang, Schluſsvers, Siegopfer, Allsiegopferung,
    Tag- und Nacht-Opfer im Rest sind, Zwölftagsopfer, — und das in mir.

13. Frohsinn, Gewogenheit, Friede, Labung, Kraft, Macht, Unsterbliches
Zusammen all im Rest laufen, wo Liebe sich an Liebe labt.

14. Die neun Erden, die Weltmeere, auch die Himmel im Rest beruhn,
Im Rest die Sonne strahlt nieder, Tag' und Nächte, — und das in mir.

15. Anrufungsfest und Mittelfest und Opfer, deren Dienst geheim,
Sie alle trägt des Alls Träger, der Rest, des Vaters Vater, er.

16. Ja, Vaters Vater ist der Rest, des Lebens kinderreicher Ahn,
Er thront als Herr des Alls kraftvoll, als höchster Gipfel dieser Welt.

17. Recht, Wahrheit, Büfsertum, Herrschaft, Anstrengung, Pflichterfüllung, Werk,
Im Rest Vergangenheit, Zukunft, Heldenmut, Schönheit, Kraft in Kraft.

18. Absicht, Gedeihen, Kraftfülle, Macht, Reich, die sechs Weltrichtungen,
Des Jahres Kreis im Rest wurzelt, Gufs, Aufruf, Opfer-Speis' und -Trank.

19. Vierpriesteropfer, Gunstopfer, Viermonatsopfer, Laderuf,
Im Rest sind Opfer und Opfrer, Tieropfer und wes Teil sie sind.

20. Halbmonate und Monate, Jahres Teile und Zeiten sind
Im Rest, die brausenden Wasser, Donner und Vedaworte grofs.

21. Sand und Kieselgeröll, Steine, Pflanzen, Sträuche und Gräser viel
Mitsamt Wolken, Blitz und Regen im Rest ruhend beruhen sie.

22. Glück und Gelingen, Durchhalten, Erreichen, Fülle und Gedeihn,
Vollendung, Wohlfahrt, all dieses enthält, erhält und hält der Rest.

23. Was immer mit dem Hauch atmet, was immer mit dem Auge schaut,
Aus dem Rest sind sie entstanden, alle Götter im Himmel hoch.

24. Die Ṛic's, die Sâman's und Chandas', die Purâṇa's, die Yajus' auch,
Aus dem Rest sind sie entstanden, alle Götter im Himmel hoch.

25. Einhauch, Aushauch, Ohr und Auge, was nicht vergeht und was vergeht,
Aus dem Rest sind sie entstanden, alle Götter im Himmel hoch.

26. Wonne, Freuden, Erfreuungen, und die sich fröhlich jauchzen zu,
Aus dem Rest sind sie entstanden, alle Götter im Himmel hoch.

27. Die Götter, Väter und Menschen, die Gandharven und Apsaras',
Aus dem Rest sind sie entstanden, alle Götter im Himmel hoch.

2) *Der Skambha, Atharvav. 10,7 und 8.*

Ähnlich wie der eben besprochene Ucchishṭa-Hymnus, und nur in viel gröfserm Stile, streben die beiden Skambha-Lieder nicht nur über den mit Geringschätzung behandelten Volksglauben, sondern auch über die bisher üblichen philosophischen Begriffe, *Prajâpati*, *Purusha* und *Brahman* hinaus, um nach demjenigen zu forschen, was ihnen, wie allen Göttern und Welten, als letzter Grund dient und daher völlig unbestimmt als der *Skambha*, d. h. „die Stütze" bezeichnet wird, welche alle Dinge trägt und in ihnen zur Erscheinung kommt, ohne doch in diesen ihren Erscheinungen aufzugehen. Charakteristisch ist dabei die Unzufriedenheit mit allem Bisherigen und das Suchen nach einer neuen, tiefern Fassung des Princips der Dinge, ähnlich wie in dem Prajâpati-Liede, Rigv. 10,121, welches wohl als Vorbild vorschwebte. Denn so wie dort als Refrain immer wieder die Frage gestellt wurde: *kasmai devâya havishâ vidhema?* „wer ist der Gott, dafs wir ihm opfernd dienen?", bis sich endlich im letzten Verse *Prajâpati* als das lösende Wort einstellte, ebenso, und nur von einem ungleich entwickeltern Standpunkte aus, wird hier im ersten Hymnus sechzehnmal hintereinander die Frage nach dem Wesen des Skambha aufgeworfen: *Skambham tam brûhi katamaḥ svid era sa!* „verkünde diesen Skambha, wer er wohl mag sein", bis dann, nach mancherlei zwischengeschobenen, aber der Sache nicht fernstehenden Betrachtungen, am Schlusse des zweiten Hymnus als die endgültig befriedigende Lösung sich das Wort *Âtman* einstellt, und damit der Standpunkt der Upanishad's erreicht wird.

Allerdings ist es mit der Komposition dieser beiden Lieder
eine eigene Sache. Zunächst ist jedenfalls die Trennung in
zwei Lieder zu je 44 Versen (die wohl nur, ähnlich wie die
Zerlegung von Ṛigv. 1,164 in die beiden Lieder Atharvav. 9,9
und 9,10, auf äufsern Gründen beruht) aufzuheben, da das
Thema des ersten Liedes in den beiden Anfangsversen des
zweiten sich fortsetzt; — von da an aber kommen freilich
weder das Wort *Skambha* noch die beiden Refrains des ersten
Liedes (*skambhaṃ taṃ brûhi katamaḥ svid eva sa*, v. 4. 5. 6.
7. 10. 11. 12. 13. 14. 15. 16. 18. 19. 20. 22. 39, und *tasmai
jyeshṭhâya brahmaṇe namaḥ*, v. 32. 33. 34. 36. 8,1) weiter vor
(statt dessen die Frage nach dem *brâhmaṇam mahad* 8,20. 33.
37. 38), der bisher leidlich strikte Zusammenhang lockert sich,
und der Hymnus verläuft des weitern in einer Reihe von
Versen und Versgruppen, welche keine Kontinuität zeigen und,
ähnlich wie so viele Upanishadsprüche, deren Charakter sie
schon fast ganz annehmen, nur durch den einen grofsen Grundgedanken, um den sie kreisen, und den sie in mannigfacher Weise
beleuchten, zusammenhängen. Wir werden uns begnügen, diese
angehängten Sprüche (8,3—44) durch besondere Überschriften
zu kennzeichnen und wollen hier nur eine Charakteristik des
ersten Teiles dieses Liederkomplexes (7,1—8,2) unternehmen.

Den Volksglauben behandelt der Dichter dieses Stückes
sehr geringschätzig. Die dreiunddreifsig Götter sind, wie alles
andere, in Skambha enthalten (7,13), sind nur ein Glied von
ihm und aus dem Nichtseienden entstanden (7,25. 27); als
solche, als Glied des Skambha, sind die Götter nur dem Brah-
manwissenden, nicht aber dem Volke richtig bekannt (7,27).
Sie sind die Hüter des Skambha (7,23), den sie verehren
(7,24), dem sie Spende darbringen (7,39), zu dem sie sich
verhalten wie die Zweige zum Baume (7,38); nur gemeine
Menschen (*arare*) halten sie für das Reale und verehren als
das Höchste, was doch nur ein unwesentlicher Zweig (*asac-
châkhâ*) des Skambha ist (7,21); sie rufen bei der Frühspende
blofse Namen durch Namen eifrig an (*nâma nâmnâ johaviti*),
statt den Ewigen (*aja*) zu verehren (7,31; ebenso 8,41: „wie
kann der Ewige von denen geschaut werden, welche Opferlieder auf Opferlieder ersinnen!"). Etwas unkonsequent ist

es, wenn daneben doch Skambha für die Anschauung als durch *Indra* vertreten erscheint (7,29—30).

Wie gegen den Volksglauben, so macht unser Dichter auch gegen die bisher herrschenden philosophischen Anschauungen Opposition. 7,28: „die Leute halten *Hiraṇyagarbha*, den Goldkeim (welcher Ṛigv. 10,121 mit *Prajâpati* identifiziert wurde), für das Höchste, nicht mehr durch Reden Überbietbare: aber dieses Gold hat der Skambha zu Anfang in die Welt gegossen." Er ist daher 7,41 das goldne Rohr, welches in der Mitte der Urwasser wuchs, er ist „der esoterische Prajâpati" *(guhyaḥ Prajâpatiḥ)* selbst. In ihm sind folgerecht die drei Lichter, die in Prajâpati sind, 7,40 (nämlich *Agni, Vâyu* und *Sûrya*, vgl. Vâj. Saṃh. 8,36, oben S. 191). In Skambha (als Urprincip) stützt Prajâpati die Welten, 7,7; und Skambha (als Erstgeborner) geht in die von Prajâpati geschaffenen Welten mit einem Teile von sich ein, 7,8. Prajâpati, als von Skambha verschieden, ist hier nur mythologischer Zierat (ähnlich wie Ṛigv. 10,90 die Götter, die den Purusha opfern, aus dessen Gliedern sie doch selbst entstehen); in Wahrheit ist der Skambha eben Prajâpati. Und ebenso ist er der *Purusha*. Denn Skambha ist es, „in welchem als dem Purusha" *(yatra purushe adhi)* Tod und Unsterblichkeit enthalten sind, und als dessen Adern der Ocean sich in dem Purusha befindet, 7,15. — Der Skambha ist ferner das höchste *Brahman*, wie der Refrain 7,32. 33. 34. 36. 8,1 fünfmal versichert: *tasmai jyeshṭhâya brahmaṇe namaḥ*, welches nicht heifst: „*reverence be to that greatest Brahma*" (Muir), oder „diesem höchsten Brahma sei Verehrung" (Ludwig), denn *brahman* ist Neutrum, *tasmai* aber nimmt ein vorhergehendes Maskulinum wieder auf, — sondern: „ihm als dem höchsten Brahman sei Verehrung". Also Skambha ist Prajâpati, ist Purusha, ist Brahman, wie dies ausdrücklich 7,17 zusammenfassend bestätigt wird: „wer in dem Purusha (nicht dem Menschen, sondern dem Weltpurusha, da vorher der Ocean seine Adern sind) das Brahman weifs, der weifs Parameshṭhin; wer aber Parameshṭhin weifs und wer Prajâpati weifs, der weifs die höchste Brahmankraft *(brâhmaṇam = brahman*, wie auch 8,20. 33. 37. 38), der weifs in ihnen und mit ihnen *(anusaṃviduḥ)* den Skambha.

Dieser Skambha, in welchem Prajâpati, Purusha, Brahman zusammenfallen, ist folgerecht das höchste Princip (der Ungeborne, über welchen hinaus es nichts Höheres giebt, 7,31, welcher nur mit einem Teile von sich in alle Wesen eingeht, 7,8. 8,7, wodurch die Fülle seines Wesens nicht gemindert wird, 8,29) und wiederum der Erstgeborne der Schöpfung (der *Hiraṇyagarbha*, 7,28. 41, der in sein eigenes Reich eingeht, 7,31; der, aus *çrama* und *tapas* geboren, alle Welten durchdringt 7,36; der im *tapas* sich auf den Rücken des Urwassers schwang, 7,38). Er enthält in sich als Glieder (wie in ermüdenden Wiederholungen versichert wird) alle Räume und Zeiten, alle Welten und Weltwesen, alle Götter, Veden und moralischen Kräfte. Alles dies beruht auf ihm, ist in ihm als Glied enthalten, wird durch ihn getragen oder strebt ihm zu. So namentlich: die Welten und Behälter, Urwasser, Brahman, Seiendes und Nichtseiendes 7,10; Tod und Unsterblichkeit 7,15; der Ocean als Adern 7,15; die vier Himmelsgegenden als Hauptadern 7,16; Vergangenheit und Zukunft 7,9. 22; 8,1; Jahre, Jahreszeiten, Monate, Halbmonate, Tage und Nächte 7,5, die er in ihrem Wechsel als *Pumân* (*Purusha*) lenkt 7,42—44; ferner Erde, Luftraum, Himmel und was jenseits des Himmels ist, 7,3; 8,2; 7,35. 32; auch die Vorwelt ist nur ein Glied von ihm 7,26. Von Göttern, die in ihm enthalten sind, werden genannt: *Agni, Mâtariçvan, Candramas* 7,2; *Agni, Mâtariçvan* 7,4; *Agni, Candramas, Sûrya, Vâta* 7,12; *Sûrya, Candramas, Agni* 7,33; *Vâta, Diças* 7,34; *Vaiçvânara, Angiras', Yâtu's, Virâj* 7,18—19; *Âditya's, Rudra's, Vasu's* 7,22. In ihm sind ferner: *rishi's, ṛic, sâman, yajus, ekarshi* 7,14; *ṛic, yajus, sâman, atharvângiras* 7,20; sowie auch: *tapas, ṛitam, vratam, çraddhâ* 7,1; *tapas, vratam, ṛitam, çraddhâ, âpas, brahma* 7,11.

Durch alles dies ist die Stellung des Skambha klar gekennzeichnet. Als Urprincip, als Erstgeborner, als Träger, Umfasser, Erhalter der Dinge, die ihm alle zustreben (7,4—6), als der über Finsternis und Übel Erhabene (7,40) tritt er an die Stelle der frühern Begriffe *Prajâpati, Purusha, Brahman*. Der Dichter verwirft diese nicht, ringt aber nach einer tiefern Fassung dessen, was sich in ihnen ausspricht, und darum fragt er immer wieder nach dem *Skambha*, „der Stütze", d. h. dem Stützer, der alle Räume, Welten und Wesen trage, in dem alles **selbsthaft** *(âtmanvat)* sei 8,2, welcher als ein seltsam Wunderding in dem Herzen **selbsthaft** *(âtmanvat)* sei 8,43, — bis endlich nach so mannigfachen durch die Wolke durchschimmernden Lichteffekten im Schlufsverse mit dem Worte *Âtman* die Sonne durchbricht und eine Fassung des Urwesens gewonnen wurde, über welche nicht mehr, wie über alle jene andern, hinausgegangen werden konnte.

Wir übersetzen die beiden Hymnen, bemerken aber, dafs namentlich der letztere viele Rätselspiele enthält, deren Deutung hier, wo sie unseres Wissens zum erstenmal versucht wird, vielfach eine mehr oder weniger problematische ist.

Atharvaveda 10,7. Skambha.

Skambha und seine Glieder.

1. In welchem Glied von ihm thront die Kasteiung,
   In welchem Gliede ist das Recht gegründet,
   Wo weilt in ihm Gelübde, wo der Glaube,
   In welchem Gliede von ihm wohnt die Wahrheit?

2. Aus welchem seiner Glieder strahlt das Feuer,
   Von welchem Glied her läutert Mâtariçvan (der Wind),
   Aus welchem Gliede mifst der Mond die Zeiten,
   Wenn wacker er den Leib des Skambha ausmifst?

3. In welchem seiner Glieder steht die Erde,
   In welchem seiner Glieder steht der Luftraum,
   In welchem Gliede steht gestützt der Himmel,
   In welchem Gliede, was vom Himmel jenseits?

Skambha als Ziel.

4. Zu wem hinstrebend flammt empor das Feuer,
   Zu wem hinstrebend läutert Mâtariçvan?
   Ihn, zu dem strebend ihre Wege gehen, —
   Verkünde diesen Skambha, wer er wohl mag sein!

5. Zu wem geh'n Monate und Monatshälften,
   Zu wem mit ihnen geht der Lauf des Jahres?
   Er, zu dem Jahres Teil' und Zeiten wandeln, —
   Verkünde diesen Skambha, wer er wohl mag sein!

6. Zu wem hinstrebend wandeln zwiegestaltig
 Als Jungfrau'n Tag und Nacht in holder Eintracht?
 Er, zu dem hin auch die Gewässer eilen, —
  Verkünde diesen Skambha, wer er wohl mag sein!

Skambha und die Welt.

7. Er, in welchem der Welt Ganzes stützend hegte Prajâpati, —
  Verkünde diesen Skambha, wer er wohl mag sein!

8. Als Höchstes, Tiefstes und was in der Mitte
 Prajâpati geschaffen allgestaltig,
 Mit welchem Teil ging Skambha in die Welt ein?
 Und was von ihm nicht einging, was war das wohl?

9. Mit welchem Teil erfüllte er Vergangnes,
 Mit welchem Teil reckt er sich in die Zukunft, —
 Als er den einen Leib gestaltet tausendfach,
 Mit welchem Teil ging er da in die Welt ein?

10. In dem Welten und Welträume, Wasser und Brahman jeder weifs,
 In dem, was ist und was nicht ist, —
  Verkünde diesen Skambha, wer er wohl mag sein!

11. In dem Kasteiung fortschreitend hoch und höher Gelübde hält,
 In dem beschlossen Recht, Glaube, die Wasser und das Brahman
  sind, —
  Verkünde diesen Skambha, wer er wohl mag sein!

12. In welchem Erde und Luftraum samt dem Himmel gegründet sind,
 In dem Feuer, Mond und Sonne und der Wind eingebettet sind, —
  Verkünde diesen Skambha, wer er wohl mag sein!

13. Von dem ein Glied alle dreiunddreifsig Götter enthält in sich, —
  Verkünde diesen Skambha, wer er wohl mag sein!

14. In dem Rishi's, erstgeborne, Ṛic, Sâman, Yajus und die Welt,
 Und der eine Ṛishi einwohnt, —
  Verkünde diesen Skambha, wer er wohl mag sein!

Skambha und frühere Principien.

15. In dem, als in dem Purusha, wohnen Unsterblichkeit und Tod,
 In dem, als in dem Purusha, die Adern sind der Ocean, —
  Verkünde diesen Skambha, wer er wohl mag sein!

16. In welchem die vier Weltpole als Hauptadern enthalten sind,
In dem das Opfer wirkt machtvoll, —
Verkünde diesen Skambha, wer er wohl mag sein!

17. Wer im Purusha kennt Brahman, ja der kennt Parameshṭhin auch,
Wer aber kennt Parameshṭhin, und wer kennt den Prajāpati,
Und kennt die höchste Brahmankraft, der kennt mit ihnen Skam-
bha auch.

18. Er, dessen Haupt Vaiçvânara, dessen Auge die Añgiras',
Des Glieder selbst die Kobolde, —
Verkünde diesen Skambha, wer er wohl mag sein!

19. Dessen Mund die Brahmanenschaft, Zunge die Süfstrankpeitsche heifst,
Als des Euter die Virâj gilt,
Verkünde diesen Skambha, wer er wohl mag sein!

20. Von dem Ṛic's sie abhobelten, von dem Yajus' sie schabten ab,
Dessen Haare Sâman-Lieder, des Mund Atharva-Lieder sind, —
Verkünde diesen Skambha, wer er wohl mag sein!

Skambha und die Götter.

21. Ein nichtrealer Zweig vorragt, der als Höchstes den Leuten gilt,
Ihn als real wähnt der Pöbel, wenn er den Zweig an dir verehrt.

22. In dem Âditya's und Rudra's und die Vasu's beschlossen sind,
In dem Vergangenheit, Zukunft und die Welten gegründet sind,
Verkünde diesen Skambha, wer er wohl mag sein!

23. Dessen Schatz alle die dreiunddreifsig Götter behüten stets,
Wer kennt wohl diesen Schatz heute, dessen Hüter ihr Götter seid?

24. Wo, ihr Götter, [besser: *devā́*, wo Götter als] Brahmankenner
dem höchsten Brahman ehrend nah'n,
Wer diese kennt von Angesicht, der Priester ist ein Wissender.

25. Grofs sind freilich auch die Götter, die dem Nichtseienden ent-
stammt,
Doch sind sie nur ein Glied Skambha's; — was jenseits, ist dem
Pöbel nichts.

26. Und wenn in Zeugungskraft Skambha die Vorwelt liefs entwickeln sich,
So stellt nur als ein Glied Skambha's die ganze Vorwelt sich
heraus.

27. Ein Glied von ihm teilten dreiunddreifsig Götter als Leiber sich,
So freilich kennt nur die dreiunddreifsig Götter, wer Brahman kennt.
28. Der „goldne Keim" sei als Höchstes unübersagbar, meint das Volk;
Nun, Skambha hat dies Gold anfangs gegossen in die Welt hinein.
29. Auf Skambha sind gestützt Welten, auf ihn Kasteiung und das Recht,
Und dich, o Skambha, sichtbarlich in Indra weifs verkörpert ich.
30. Auf Indra sind gestützt Welten, auf ihn Kasteiung und das Recht,
Und dich, o Indra, sichtbarlich in Skambha weifs verkörpert ich.
31. Mit Namen eifrig ruft Namen vor Sonne man und Morgenrot, —
Doch als der Ewige ward zuerst geboren,
Ist eingegangen er in dies, sein Weltreich,
Er über den nichts Höheres ist vorhanden.

Skambha und Brahman.

32. Dem die Erde als Grundmafse, dem der Luftraum als Körper dient,
Der den Himmel zum Haupt schuf sich, —
Ihm als dem höchsten Brahman Ehre sei!
33. Dessen Augen sind die Sonne und der stets wieder neue Mond,
Dessen Rachen das Feuer ist, —
Ihm als dem höchsten Brahman Ehre sei!
34. Dem der Wind Einhauch und Aushauch, dem die Añgiras' Auge
Der den Weltpolen gab Weisheit, — [sind,
Ihm als dem höchsten Brahman Ehre sei!
35. Der Skambha trägt Himmel und Erde, beide,
Der Skambha ist des weiten Luftraums Träger,
Der Skambha der sechs weiten Himmelspole,
In Skambha ist die ganze Welt enthalten.
36. Der, aus Abmühung, Kasteiung geboren, diese Welt durchdrang,
Der den Soma erschuf eigens, —
Ihm als dem höchsten Brahman Ehre sei!

Skambha, Welt und Götter.

37. Wie kommt's, dafs nie der Wind ausruht, wie kommt's, dafs
niemals ruht der Geist?
Wie, dafs die Wasser, nach Wahrheit strebend, nimmer zur Ruhe
geh'n?

38. Ein grofses Wunderding in Welten Mitte
Kasteiend schwang sich auf der Wasser Rücken,
Auf ihm beruh'n die Götter samt und sonders,
Wie auf dem Stamm des Baumes rings die Zweige.

39. Ihn, dem mit Händen und Füfsen, mit der Rede, mit Aug' und Ohr
Die Götter Spende stets bringen im engen Raum unendliche. —
Verkünde diesen Skambha, wer er wohl mag sein!

40. Ihm naht die Finsternis nimmer, frei ist von allem Übel er,
In ihm glänzen die drei Lichter, die da sind in Prajâpati.

Erläuterung zu Vers 28 (vgl. Ṛigv. 4,58,5).

41. Das goldne Rohr, wer das erkennt,
Wie es im Wasser wächst, das ist
Der heimliche Prajâpati.

Erläuterung zu Vers 6 (vgl. Ṛigv. 10,130,2).

42. Zwei Jungfrau'n, zwiegestaltig, weben einzeln
Umschichtig am Gespannten durch sechs Pflöcke (v. 35);
Die übergiebt die Fäden, und die nimmt sie,
Nicht brechend sie, nicht spinnend sie zu Ende.

43. Wenn diese beiden so herum sich schwingen,
So weifs ich nicht, welche nachfolgt der andern,
Ein Mann mufs sein, der dies dort webt und schürzte,
Ein Mann, der es am Himmel ausgebreitet.

44. Dies sind die Pflöcke, die den Himmel stützen dort,
Und Sâma-Lieder sind die Weberschifflein.

Atharvaveda 10,8. Skambha und anderes.
Fortsetzung über Skambha.

1. Der dem Vergangnen und Künft'gen und allem vorsteht, was da ist,
Dessen Wesen lauter Licht ist, —
Ihm als dem höchsten Brahman Ehre sei!

2. Durch den Skambha gestützt stehen beide, Himmel und Erde, fest,
In ihm ist alles dies selbsthaft *(âtmanvat)* was atmet und die Augen schliefst.

Vergängliches und Ewiges (vgl. Ṛigv. 8,101,14).

3. Drei Weltgeschlechter zogen schon vorüber,
Und andre scharten neu sich um die Sonne,
Doch er bestand, den Luftraum grofs durchmessend,
Als goldner ging er ein in goldne Kräuter.

Jahre, Monate, Tage (vgl. Ṛigv. 1,164,48, oben S. 119).

4. Zwölf Felgen sind an *einem* Rad befestigt,
Drei Naben auch, wer weifs das zu verstehen?
Auf ihm befestigt sind dreihundert Zapfen
Und sechzig, eingekeilt, dafs sie nicht wanken.

Der Schaltmonat.

5. Das versteh', weiser Savitar: sechs Zwillingspaar', ein Einzelner;
Mit dem wünschen die zwölf Freundschaft, der neben ihnen einzeln
steht.

Das Unendliche.

6. Offen ist's, und geheim bleibt es, „Uralt" heifst es, ein grofses Land,
In ihm steht dieses Weltganze, was lebt und webt, gegründet fest.

Welt und Weltprincip (vgl. Atharvav. 11.4,22, oben S. 304).

7. Acht Räder wälzen sich in einem Umkreis,
Auf östlich, unter westlich, tausendfältig; —
Mit einer Hälfte zeugte er das Weltall,
Doch wo befindet sich die andre Hälfte? —

Der Sternenhimmel.

8. Ein Fünfgespann[1] fährt an des Ganzen Spitze,
Geschirrte Seitenrosse[2] helfen ziehen;
Dafs es stillstände, ist nie dagewesen,
Hohes ist näher hier und Tiefes ferner[3].

---

1. Vielleicht die fünf Planeten, wie Ṛigv. 1,164,12—13 (oben, S. 111). —
2. Etwa: Sonne und Mond. — 3. Gewöhnlich ist das Obere weiter als
das Untere; hier, bei dem unter der Erde durchgehenden Sternenhimmel, ist
es umgekehrt.

Der Kopf.

9. Die Öffnung seitwärts und den Boden oben,
Ist eine Schale, aller Herrlichkeit voll,
Und sieben Ṛishi's[1] sitzen ihr verbunden,
Dieselben, die des grofsen Weltalls Hüter.

1. Augen, Ohren, Nasenlöcher und Mund (vgl. Bṛih. Up. 2,2,3), denen in kosmischem Gebiete Sonne, Mond, Himmelsgegenden, Wind und Feuer entsprechen (vgl. Ait. Up. 1,1,4). Das Ganze könnte vielleicht auch auf das Himmelsgewölbe gedeutet werden.

Ein mystischer Vers.

10. Der Vers[1], der vorher wird verwandt und nachher,
Der überall und allerwärts verwandt wird,
Durch den das Opfer voran wird gewoben, —
Das frag' ich dich, welcher wohl dieser Vers ist?

1. Wie alle Götter auf eine Einheit, so gehen auch alle beim Opfer gebrauchten Verse auf einen Urvers zurück, in dem sie alle enthalten sind. Ob darunter ein imaginärer oder wirklicher Vers zu verstehen, und welcher im letztern Falle, wüfsten wir nicht zu sagen. (Vgl. Atharvav. 9,10,19.)

Die coincidentia oppositorum (vgl. Îçâ-Up. 5).

11. Was regsam ist, was fliegt und dennoch stillsteht,
Was atmet und nicht atmet, was die Augen schliefst,
Das trägt die ganze Erde allgestaltig,
Und das, zusammengehend, wird zur Einheit.

Unendliches und Endliches (etwa: Himmel und Erde).

12. Das Endlose ist vielfach ausgebreitet,
Endlos und Endlich grenzen aneinander;
Des Himmels Hüter wandelt beide scheidend,
Er kennt, was dagewesen und was sein wird.

Die Zeugungskraft der Natur (vgl. Vâj. Saṃh. 31,19, oben S. 291 und Atharvav. 11,4,20, oben S. 304).

13. Prajâpati wandelt im Mutterleibe,
Der Unsichtbare vielfach wird geboren;
Mit einer Hälfte zeugte er das Weltall,
Kein Schimmer ist von seiner andern Hälfte.

Die Verdunstung des Wassers durch die Sonne
(vgl. Rigv. 1,164,7, oben S. 110).

14. Ihn, der das Wasser trägt aufwärts wie Wassertragende im Krug,
Mit ihren Augen seh'n alle, doch nicht alle im Geist versteh'n.

Das höchste Wesen.

15. Fern dort verweilt es in Fülle, fern dort, von allem Mangel frei,
Das grofse Wunderding in Welten Mitte,
Ihm bringen dar auch Könige die Spende.

16. Woher der Sonne Aufgang ist, worein sie wieder untergeht,
Das, meine ich, ist das Höchste, das überragt kein Wesen je.

Der dreifache Vogel (Sonne, Wind, Feuer).

17. Die jetzt und vordem und in alten Zeiten
Um's weise Vedawort in Reden kreisen,
Sie alle kreisen redend um die Sonne
Und um den zweiten Agni[1], den dreifachen Vogel.

1. *agni* scheint interpoliert zu sein.

18. Er spannt die Flügel tausend Tagesweiten,
Wenn er als goldner Vogel fliegt am Himmel,
An seinem Busen hält er alle Götter;
So wandert er, die Wesen überschauend (= Atharvav. 13,3,14 oben S. 228).

19. Durch Wahrheit glüht er dort oben, schaut aus durch das Gebet von hier (als Opferfeuer);
Durch Odem atmet quer durch er, auf den das Höchste ist gestellt.

20. Wer da kennt die zwei Reibhölzer, durch die das Gut uns wird gequirlt,
Der dünke sich Höchstes wissend, er weifs die grofse Brahmankraft[1].

1. Das *mahad brâhmaṇam*, d. h. *Brahman*, ist die Quelle alles Feurigen, Lebendigen im Universum, ist gleichsam die Reibhölzer, aus denen das Feuer der Sonne u. s. w. stammt.

Die Sonne und die Jahreszeiten.

21. Er entstand anfangs einfüfsig, er brachte anfangs her das Licht,
Vierfüfsig als Genufsspender nahm er allen Genufs in sich.

22. Der wird teilhaft…, dem wird zu teil der Nahrung viel,
Der diesem Gott, dem hochhehren, Verehrung zollt, dem ewigen.

23. Der ewige, ja, so heifst er, und doch heut' immer wieder neu.
Tag und Nacht forterzeugt werden immer eins aus dem anderen.

24. Sein Gut ist hundert, tausend, zehnmal tausend,
Tausendmal hunderttausend, ist unzählig;
Und das vertilgen sie vor seinen Augen!
Und daran hat der Gott nur seine Freude!

Gott, unendlich klein und unendlich grofs.

25. Das eine, als ein Haar feiner, unsichtbar fein das eine ist,
Und doch umfassender als dies Weltall, — der Gott ist teuer mir!

Ein Rätselwort.

26. Diese Schöne, die nicht altert, unsterblich in des Menschen Haus, —
Müfsig liegt, wem sie erzeugt ward, wer sie zeugte, der altert hin[1].

1. Vielleicht ursprünglich die Flamme des Opferfeuers, bei der der *Yajamāna* müfsig ist, während der Priester sich abmüht. — Hier könnte es, nach dem Zusammenhang, auch die vom alternden Vater erzeugte, unsterbliche Seele des dabei müfsigen Kindes sein.

Das Göttliche im Menschen.

27. Du bist das Weib, du bist der Mann,
Das Mädchen und der Knabe,
Du wirst, geboren, allerwärts,
Du wankst als Greis am Stabe.

28. Du bist der Leute Vater und ihr Sohn auch,
Der älteste von allen und der jüngste.
Der eine Gott, den ich im Geiste trage,
Ist Erstgeborner und im Mutterleibe.

Die Unerschöpflichkeit Gottes (vgl. Bṛih. Up. 5,1,1).

29. Aus Fülle giefst er aus Fülle, Fülle fliefst aus der Fülle ab;
Das möchten heute wir wissen, woraus dies ausgegossen wird!

30. Die ewige, vor ew'ger Zeit geborne,
Die grofse Gottheit, uralt, allumfassend,
Sie strahlt herab aus jeder Morgenröte
Und schaut aus allem, was da blickt mit Augen.

31. „Die Labende" heifst die Göttin, die umkleidet vom Rechte thront,
Wenn sie erscheint, in Laubkränzen ergrünen diese Bäume hier.

32. Er ist zu nah, zu entweichen; er ist zu nah, zu zeigen sich.
O, seht die Kunst dieses Gottes, er stirbt nicht, und er altert nicht.

33. Von ihm erregt, dem Urersten, strömt nach Mafs heil'ger Rede
Laut,
Wo sie hinwandert ausströmend, das heifst die grofse Brahmankraft.

Des Wassers Blume (Hiraṇyagarbha) und Führer.

34. Woran die Götter und Menschen wie Speichen an der Nabe steh'n,
Nach des Wassers Blume frag' ich, wo sie in Zauberkunst versteckt.

35. Durch die der Wind dahinbraust angetrieben,
Die die fünf Weltpole zusammenhalten,
Die Götter, die gering die Spende achten,
Des Wassers Anführer, wer waren diese? —

36. In diese Erde kleidet sich der eine *(Agni)*,
Der andre kreiset um den weiten Luftraum *(Vâyu)*,
Als Träger lädt sich einer auf den Himmel *(Sûrya)*,
Noch andere behüten alle Räume *(Diças)*.

Gott als Innerstes der Dinge (vgl. Bṛih. Up. 3,7,1).

37. Wer den Faden ausgespannt weifs, dem die Wesen sind angewebt,
Ja, wer kennt des Fadens Faden, der weifs die grofse Brahmankraft.

38. Ich weifs ausgespannt den Faden, dem die Wesen sind angewebt,
Ja, ich weifs des Fadens Faden, ich weifs die grofse Brahmankraft.

Priorität des Sonnenfeuers vor den Göttern.

39. Als einstmals brennend zwischen Erd' und Himmel
Agni, versengend alles, hingewandelt,
Als fernab standen noch die treuen Frauen (die Wasser?),
Wo war da Mâtariçvan, ihn zu bringen? —

40. Ins Wasser war gegangen Mâtariçvan,
In dem Gewoge alle Götter steckten, —
Nur er stand grofs da und durchmafs den Luftraum,
Und er ging in die Kräuter ein als Soma.

Unzulänglichkeit der Hymnensänger.

41. Noch höher als die Gâyatrî schritt er aus im Unsterblichen;
Wer Lied auf Lieder nur ersinnt, wie kann der schau'n den Ewigen?

Er vereinigt die Eigenschaften der Götter
(nach Rigv. 10,139,3).

42. Der alle Güter birgt und in sich aufhäuft,
Er, wie Gott Savitar, wahrhafter Satzung,
Als Indra steht er da im Schlachtgetümmel.

Gott im Herzen.

43. Die Lotosblume, neunthorig und in drei Schichten wohlverwahrt,
Welch Wunderding in der selbsthaft *(âtmanvat)*, das weifs nur,
wer das Brahman kennt.

Und er ist der Âtman!

44. Begierdelos, treu, ewig, durch sich selbst nur,
Genufsdurchsättigt, keinem unterlegen,
Wer diesen kennt, der fürchtet nicht den Tod mehr,
Den weisen, alterlosen, jungen *Âtman*.

5. Der Âtman.

Es ist verdriefslich, dafs die Etymologie des Wortes *âtman* nicht mit Sicherheit festzustellen und dadurch in der Entwicklungsgeschichte dieses wichtigsten Begriffes der indischen Philosophie keine volle Klarheit zu gewinnen ist. Stammt, wie wir oben, S. 285, als möglich hinstellten, das Wort von Pronominalwurzeln, so würde die ursprüngliche Bedeutung „das eigene Ich, das Selbst" sein, und diese würde sich, je nach einer mehr materiellen oder ideellen Anschauung, einerseits zu den Begriffen „die eigene Person, der Leib, der Rumpf", anderseits zu „Lebenshauch, Seele, Wesen" weiter entwickelt haben. Geht hingegen *âtman* zurück auf eine Wurzel, welche „atmen, wehen" bedeutet, so würde die ursprüngliche Bedeutung „Hauch, Lebenshauch" sein, die zweite „das Selbst", und aus dieser müfsten sich dann nach zwei Seiten hin einerseits „Person, Leib, Rumpf", anderseits „Seele, Wesen" entwickelt haben. Dieser letztern Auffassung steht, wie bereits bemerkt (S. 285), nicht nur das neben *âtman* im Ṛigveda bestehende, stets pronominale *tman* entgegen, sondern auch die Schwierigkeit, den Begriff „Selbst", wenn er nicht der ursprüngliche, sondern erst sekundär aus Lebenshauch gewonnen war und somit die Materialität schon abgestreift hatte, wieder in die grobmateriellen Vorstellungen von Person, Leib und gar Rumpf verlaufen zu lassen. Indessen ist anzuerkennen, daſs *âtman* im Ṛigveda überwiegend „den Lebenshauch" und an vier Stellen sogar „den Wind als Hauch" bezeichnet, welches aus „Selbst, Lebenshauch", sekundär abzuleiten wiederum sehr schwierig ist. Wir wollen daher, indem wir unsere obige Hypothese (S. 285) dem Wohlwollen der Etymologen empfohlen sein lassen, im übrigen doch für jetzt bei dem Hergebrachten stehen bleiben und, wenn auch nicht ohne Bedenken, die übliche Entwicklungsreihe:

I. Hauch
II. Lebenshauch
III. Lebenshauch, Seele, Selbst

IVª. Selbst, Person, Leib	IVᵇ. Selbst, Wesen, sowohl andrer Dinge als auch der eigenen Person
Vª. Rumpf	Vᵇ. Wesen der Welt, Princip der Dinge

zu Grunde legen, um sie durch eine Beispielsammlung aus den vedischen Schriften zu belegen, welche für die Saṃhitâ des Ṛig- und Atharva-Veda alle Stellen beibringen soll, in denen das Wort überhaupt vorkommt.

I. *âtman* „der Hauch".

Ṛigv. 7,87,2: *(Varuṇa!) âtmâ te vâto rajâ' â navînot.* — 10,168,4: *(Vâtaḥ) âtmâ devânâm.* — 1,34,7: *âtmâ iva vâtaḥ.* — 10,92,13: *âtmânaṃ, vasyo abhi, vâtam arcata* (den Wind, der euer Lebenshauch ist).

II. *âtman* „der Lebenshauch".

Ṛigv. 10,16,3: *sûryaṃ cakshur gacchatu, vâtam âtmâ* (des Toten). — 1,162,20: *mâ tvâ tapat priyâ' âtmâ apiyantam* (dich, Opferroſs). — 10,97,4.8: *âtmânaṃ tava pûrusha* (dein Leben). —

10,121,2: (Prajâpati ist) *átmadá, baladá*. — 1.73,2: *(Agni) átmâ iva çevo didhishâyyo bhût*. — Auch übertragen: 9.85,3: (du, Soma) *átmâ Indrasya bhavasi*. — 8,3,24: *átmâ pitus* (der Trank ist mir Lebenshauch). — 10,107,7: *dakshiṇâ — yo na' átmâ*.

Atharvav. 19,27,8: *prâṇena átmanvatâṃ jîva!* — 5,5,7: (o Arundhatî), *váto ha âtmâ babhûva te* (dein Lebenshauch). — 7,111,1: *âtmâ devânâm uta mânushâṇâm (asi)*. — 9,4,10: (o Stier) *Tvashṭur, Vâyoḥ pari âtmâ te âbhṛitaḥ*. — 16,3,5: *Bṛihaspatir me âtmâ*.

Vâj. Saṃh. 19,48: *âtmasani, prajâsani, paçusani*.

III. *âtman* „Lebenshauch, Seele, Selbst".

Ṛigv. 10,33,9: *na devânâm ati vrataṃ çatâtmâ cana jîvati*. — 1,149,3: Agni ist *çatâtmâ* (hundert Leben schenkend). — 9,98,4: *rayiṃ çatâtmânam*. — Der Soma ist 9,2,10. 9,6,8: *âtmâ yajñasya* (die Seele des Opfers). — 7,101,6: *tasmin (Parjanye) âtmâ jagatas tasthushaç ca*. — 1,115,1: *sûryo âtmâ jagatas tasthushaç ca*. — 1,164,4: *bhûmyâ' asur, asṛig, âtmâ kva svid?* — 1,116,3: *naubhir âtmanvatîbhir* (mit Schiffen, die, wunderbarerweise, beseelt waren). — 1,182,5: *yuvam* (o Açvin's) *etaṃ cakrathuḥ sindhushu plavam âtmanvantam*. — 9,74,4: *âtmanvad nabho* (wohl die Kuh als beseelte Wolke).

Atharvav. 4,10,7: *tad (kṛiçanam,* Perlmutter) *âtmanvac* (beseelt) *carati apsu antaḥ*. — 14,2,14: *âtmanvatî urvarâ nârî iyam* (das Weib ist ein beseeltes Ackerland). — 4,25,1: *yau âtmanvad viçathaḥ* (die ihr in alles Beseelte eingeht). — Seele im Gegensatz zum Leibe: 1,18,3: *yat te âtmani, tanvâṃ ghoram asti*. — 5,6,11—14: *sarvâtmâ, sarvatanûḥ*. — 16,1,3: *âtmadûshis, tanûdûshis* (seeleverderbend, leibverderbend).

Taitt. Saṃh. 1,1,10,2: *sam âtmâ tanuvâ mama*. — Taitt. Saṃh. 2,3,11,1: *âtmâ* (neben *çarîram, raso, vâg*). — Çatap. Br. 14,3,2,5: *Agnir vai sarveshâṃ devânâm âtmâ*, etc.

IVa. *âtman* „das Selbst, die eigene Person, der eigene Leib".

Ṛigv. 9,113,1: (Indra durch den Soma) *balaṃ dadhâna' âtmani*. — 1,163,6: *âtmânaṃ te* (dein eigenes Selbst, o Rofs,

Bedeutungen von *âtman*.

im Gegensatz zu Striegel, Huftritten, Zügel) *manasâ ârâd ajânâm*. — 10,163,5. 6: *yakshmam sarvasmâd âtmanas tam idam vi vṛihâmi te* (aus deinem ganzen Leibe).

Atharvav.: „Das Selbst, die eigene Person" (oft zum pronomen reflexivum verblafst): 9,5,30: *âtmânam* (mich selbst), *pitaram, putram*. — 5,29,6—9: *âtmanâ, prajayâ*. — 8,2,8: *âtmanâ* (an seiner Person) *bhujam açnutâm*. — 9,5,31—36: *bhavati âtmanâ*. — 19,33,5: *âtmanâ mâ vyathishṭhâs* (Gegensatz: *anyân*). — 12,2,34: *priyam pitṛibhya', âtmane, brahmâbhyaḥ kṛiṇuta*. — 7,57,1: *yad âtmani tanvo me virishṭam* (was an mir von meinem Leibe verrenkt ist). — 11,5,15: *svâd adhi âtmanaḥ*. — 12,3,54: *yathâ vidu' âtman anyavarṇâm (tanvam)*. — 19,48,5: *te na' âtmasu jâgrati, te naḥ paçushu jâgrati*. — Blofses pronomen reflexivum 5,9,7: *sa âtmânam ni dadhe*. — 16,7,5: *yo asmân dveshṭi, tam âtmâ dveshṭu, yam vayam dvishmaḥ, sa âtmânam dveshṭu*. — 4,20,5: *mâ âtmânam apagûhathâs*. — 6,16,2: *yas tvam âtmânam âvayaḥ*. — 8,6,13: *ye âtmânam atimâtram añsa' âdhâya bibhrati* (ihr eigenes Selbst). — 12,4,30: *âvir âtmânam kṛiṇute*. — 19,17,1—10: *tasmai âtmânam paridade*. — 4,18,6. 12,1,10: *âtmane*. — 15,10,2: *çreyâñsam âtmano*. — 7,53,3: *âtmani* (an dir). — 9,1,11—13. 16: *âtmani* (an mir). — 9,6,21: *âtman juhoti*. — 11,5,22: *âtmasu*. — 5,9,8: *âtmasadau* (in mir wohnend, *prâṇa* und *vâc*). — 5,18,2: *âtmaparâjita*, durch sich selbst besiegt. — Mehr und mehr deutlich nimmt dann *âtman* die Bedeutung des eigenen Leibes an, so namentlich, wo es nicht nur im Gegensatz zu Dingen der Aufsenwelt, sondern auch des eigenen Lebenshauches (jetzt *prâṇa* genannt) steht. 6,53,2: *punaḥ prâṇaḥ, punar âtmâ na' aitu, punaç cakshuḥ, punar asur na' aitu*. — 3,29,8: *mâ aham prâṇena, mâ âtmanâ, mâ prajayâ vi râdhishi*. — 3,15,7: *sa naḥ prajâsu, âtmasu, goshu, prâṇeshu jâgṛihi*. — 7,67,1: *punar mâ aitu indriyam, punar âtmâ, draviṇam brâhmaṇam ca*. — 19,51,1: *ayuto 'ham; ayuto me âtmâ, ayutam me cakshur, ayutam me çrotram, ayuto me prâṇo, 'yuto me 'pâno, 'yuto me vyâno, 'yuto 'ham sarvaḥ*. — 11,8,31: *atha asya itaram âtmânam* (aufser *cakshuḥ, prâṇaḥ*) *devâḥ prâyacchan agnaye*. — 12,3,30: *adbhir âtmânam abhi sam spṛiçantâm*. — 12,3,51: *kshatreṇa âtmânam pari dhâpayâthas*. — 5,29,5: *âtmano jagdham yatamat Piçâcaiḥ*. —

9,8,9: *yakshmodhâm antar âtmanaḥ.* — 4,12,2: (was verletzt, gebrochen, gequetscht) *te âtmani.* — 15,1,2: *Prajâpatiḥ suvarṇam âtman apaçyat.* —

Brâhmaṇa's. a. „Das Selbst, die eigene Person". Çatap. Br. 9,1,1,33: *tata' eva etad âtmânam apa-uddharate jîvâtvai, tathâ u ha anena âtmanâ sarvam âyur eti.* — 11,1,1,7: *âtmani eva etat prajâyâm paçushu pratitishṭhati.* — 10,4,2,3: *katham nu aham eva eshâṃ sarveshâm bhûtânâm punar âtmâ syâm?* — 6,6,4,5: *daivo vâ' asya esha âtmâ, mânusho 'yam.* b. Blofses pronomen reflexivum. Taitt. Br. 1,7,1,5: *Prajâpatir âtmano devatâ niramimîta.* — 3,10,11,1: *kaçcid dha vâ' asmâd lokât pretya âtmânaṃ* (sich selbst) *reda, «ayam aham asmi» iti.* — Ait. Br. 2,3,9: *sarvâbhya' eva tad devatâbhyo yajamâna' âtmânaṃ nishkṛîṇîte.* — 6,27,5: *âtmasaṃskṛitir vâva çilpâni, chandomayaṃ vâ' etair yajamâna' âtmânaṃ saṃskurute* (er weiht sein Selbst, sodafs es nur aus Hymnen besteht). — Çatap. Br. 10,4,2,22: *Sa aikshata Prajâpatiḥ: trayyâṃ vâva vidyâyâṃ sarvâṇi bhûtâni; hanta trayîm eva vidyâm âtmânam abhisaṃskaravai! iti.* — 10,5,1,5: *ṛiṅmayaṃ, yajurmayaṃ, sâmamayam âtmânaṃ saṃskurute* (er weiht sein Selbst, sodafs es nur aus Ṛic, Yajus, Sâman besteht; nicht wie Oldenberg, Buddha S. 30, übersetzt: „aus Hymnus, Spruch und Lied besteht des Âtman Natur".) — c. „Der eigene Leib". Taitt. Saṃh. 5,5,8,3: *apâtmâ amushmin loke bhavati,* . . *sâtmâ amushmin loke bhavati.* — Çatap. Br. 3,8,3,37: *so asya kṛitsno amushmin loke âtmâ bhavati.* — 11,2,2,6: *eshâ ha vâ' asya âhutir amushmin loke âtmâ bhavati.* — 10,5,3,3: *tad idam manaḥ sṛishṭam âvir abubhûshat, niruktataram, mûrtataraṃ, tad âtmânam anvaicchat* (wünschte einen Leib). — 6,7,1,21: *manasi hi ayam âtmâ pratishṭhitaḥ.* — Taitt. Saṃh. 7,5,25,1: *saṃvatsara' âtmâ (açvasya medhyasya).* — Vâj. Sâṃh. 11,20: *âtmâ antarîksham (açvasya).* — Çatap. Br. 4,6,1,1: *Prajâpatir vâ' esha yad aṅçuḥ; so asya esha âtmâ eva.* — 7,2,2,20: *ko hi tad veda, yâvanta' ime antar âtman prâṇâḥ?* — 10,3,5,7 = 13,3,8,4: *cakshushâ hi ayam âtmâ carati.* — 6,2,1,24: *madhye hi ayam âtmâ, abhitaḥ prâṇâḥ.* — 7,3,1,2: *tasmâd ayam âtman prâṇo madhyataḥ.* — 4,2,2,1: *so asya esha sarvam eva; sarvaṃ hi ayam âtmâ* (denn dieser Leib ist sein Ganzes).

Vª. *âtman* „der Rumpf" (Gegensatz: *angâni* „die Glieder").

Vâj. Saṃh. 19,93: *angâni âtman bhishajau tad Açvinau (samadhâtâm)*. — Çatap. Br. 1,3,2,2: *âtmana' eva imâni sarvâṇi angâni prabhavanti* (nicht: „aus dem Âtman heraus kommen alle diese Glieder zum Dasein", wie Oldenberg, Buddha S. 26, übersetzt). — 7,1,1,21 und 8,7,2,13: *âtmânam agre samchâdayati; âtmâ hi eva agre sambharataḥ sambhavati; atha dakshiṇam paksham, atha puccham* etc. (falsch l. c. S. 26 und nochmals S. 30: „von dem, was da wird, wird zuerst der Âtman"!). — 12,2,4,8: *plavata' iva hi ayam angais, tishṭhati iva âtmanâ*. — 12,2,3,6: *yatra vâ' âtmâ, tad angâni, yatra angâni, tad âtmâ* etc. — 7,2,2,8: *sa vâ' âtmânam eva vikrishati, na paksha-pucchâni*. — 9,5,2,16: *âtmâ vai yajñasya yajamânaḥ, angâni ṛtvijaḥ*.

IVᵇ. *âtman* „das Selbst, das Wesen".

Ebenfalls aus der Bedeutung III. des Wortes *âtman* als „Lebenshauch, Seele, Selbst" entspringt eine Fortentwicklung desselben in gerade entgegengesetzter Richtung, sofern sie, weit entfernt, sich in das Körperliche und Grobmaterielle zu verlieren, von dem Begriffe des *âtman* den letzten Rest der Materialität abstreift und darunter nicht mehr den Lebenshauch, die Seele als Princip des Lebens, sondern rein abstrakt „das Selbst" als das eigentliche, innerste, von einer Sache unabtrennbare „Wesen" derselben versteht, mag es sich nun um andre Dinge oder das eigene Selbst dabei handeln. Ersteres dürfte dabei das Frühere sein; denn das Auge sieht alles andre eher als sich selbst, und so mochte man jene Abstraktion des reinen Wesens einer Sache zuerst an andern Dingen üben, bis man dann lernte, sie auch in Bezug auf das eigene Ich zu machen.

Hier ist zunächst nochmals das Wort aus dem Dîrghatamas-Liede Ṛigv. 1,164,4 zu erwähnen (oben S. 109),

bhûmyâ' asur, asṛig, âtmâ kva svid?

welches, indem es in steigender Dringlichkeit nach dem Lebenshauche, dem Blute, dem Selbste der Erde (d. h. der Welt) fragt, gleichsam prophetisch die ganze folgende Entwicklung überschaut. — Von Einzelwesen gebraucht findet sich *âtman* auch noch Rigv. 10,97,11: *âtmâ yakshmasya naçyati*, wo vom *âtman*, Wesen, des *Yakshma*, einer auszehrenden Krankheit, die Rede ist; Atharvav. 8,7,9 heifsen die Pflanzen *udaka-âtmânas*, „deren Wesen aus Wasser besteht", und Atharvav. 9,6,38 wird gelehrt, was zu thun sei *yajñasya sâtmatvâya*, „damit das Opfer wesenhaft" d. h. real, wirksam werde. Das Opfer wird dann auch, im Sinne und Stile der Brâhmaṇa's Çatap. Br. 14,3,2,1: *sarveshâṃ vâ' esha bhûtânâṃ, sarveshâṃ devânâm âtmâ yad yajñas*, für das Wesen aller Geschöpfe und Götter erklärt; und Çatap. Br. 2,2,2,8 heifst es, Götter und Dämonen seien anfangs, weil sterblich, *anâtmânas* wesenlos, ohne innere Realität gewesen. Hierher gehört auch das öfter vorkommende *âtmanvat* „wesenhaft", in Stellen wie: Taitt. Br. 2,1,6,1: *Prajâpatir akâmayata, âtmanvad me syad! iti*; — Atharvav. 13,1,52: *(Rohitaḥ) cakâra viçvam âtmanvad*; — 11,2,10: *tava (Paçupate) idaṃ sarvam âtmanvad*; 10,2,32 = 10,8,43: *tasmin* (im Herzen) *yad yaksham âtmanvat*; — 10,8,2: *Skambha' idaṃ sarvam âtmanvat*.

Bald lernte man diese Abstraktion auch auf das eigene Ich anwenden und sprach von einem *âtman*, Selbst, im Unterschiede vom Leibe und den psychischen Organen. Atharvav. 5,9,7: *sûryo me cakshur, vâtaḥ prâṇo, antariksham âtmâ, prithivî çarîram*; — 5,1,7: *asur âtmâ tanuas tat sumadguḥ*. An diesen beiden Stellen wird, wie es scheint, der *Âtman* vom Leibe *(çarîram, tanu)* und Leben *(prâṇa, asur)* ausdrücklich unterschieden. Andre Stellen sind, bei der Vieldeutigkeit des Wortes *âtman*, zweifelhaft. In diesen Zusammenhang dürfen wir denn wohl, wenn auch zweifelnd, zwei schon von Oldenberg citierte Stellen aufnehmen, während wir die fünf übrigen, von ihm für die Entwicklungsgeschichte des *Âtman* (Buddha S. 26—30) verwerteten Citate (es sind Çatap. Br. 1,3,2,2. 4,5,9,8. 7,1,1,21 = 8,7,2,13. 10,5,1,5) als mifsverstanden ablehnen mufsten (oben S. 328—329 und 173—174). Çatap. Br. 4,2,3,1 (vgl. oben S. 299): „Der Ukthya (eine Grahaspende) ist sein

unbenannter Lebenshauch (*prâṇa*, mit den Kâṇva's zu lesen),
und der ist sein *Âtman*; denn der *Âtman* ist dieser unbenannte
Lebenshauch; dieser ist seine Lebenskraft (*âyur*)". (Sogleich
darauf freilich 4,2,3,3 ist *âtman* wieder der Leib). Nicht
sicherer ist die zweite Stelle Çatap. Br. 11,2,1,2: „denn zehn
Lebenshauche (*prâṇâḥ*) sind im Menschen, und der *Âtman* ist
der elfte, in welchem jene Lebenshauche gegründet sind".
Als gesichert dürfen wir festhalten, daſs man allmählich anfing,
von allen physischen und psychischen Organen den *Âtman*,
das eigentliche Selbst, zu unterscheiden, welches man dann
bald als *vijñânam*, bald als *manas* zu fassen suchte: Çatap.
Br. 10,3,5,13: „denn die Wonne ist sein Bewuſstsein, ist sein
Selbst (*âtman*)"; — 3,8,3,8: „zuerst beträufelt er das Herz (des
Opfertieres); denn das Herz ist der *Âtman*, nämlich das *Manas*,
und das Opferschmalz ist der *Prâṇa*; damit also legt er in
den *Âtman*, in das *Manas*, den *Prâṇa*."

V^h. *âtman* „das Wesen des Menschen und der Welt".

Nachdem man den *Âtman* von allen Lebensorganen zu
unterscheiden gelernt hatte, so geschah nun der letzte groſse
Schritt dadurch, daſs man der ganzen Natur, in deren Göttern
man schon längst die eigenen Lebensorgane wiedergefunden
hatte (das Auge in Sûrya, den Odem in Vâyu u. s. w.), nun
auch, wie den Organen im eigenen Ich, einen *Âtman* unterlegte
und diesen entsprechend mit dem eigenen, individuellen *Âtman*
identifizierte. Vorbereitet war dieser Schritt von lange her
durch die Entwicklung, welche die Begriffe *Prajâpati, Purusha,
Brahman* durchlaufen hatten, in denen wir nun schon so oft
den *Âtman* durchschimmern sahen, daſs uns hier nur übrig
bleibt, die wesentlichen, entscheidenden Momente zusammenzufassen.

1) Prajâpati war ein persönlicher Gott, der jedoch die
Welt nicht auſser sich schuf, sondern sich selbst, nach einem
Teile, in die Welt umwandelte, um dann in dieses sein eigenes
Selbst als Erstgeborner (*Hiraṇyagarbha*) einzugehen. Daher
eine von dem allerdings späten Taittirîya-âraṇyakam citierte
Dichterstelle sagt (1,23, den Zusammenhang siehe oben,
S. 196—198):

Die Welten bauend, die Wesen bauend,
Die Zwischenpole bauend und die Pole,
Prajāpati, der Ordnung Erstgeborner,
Ging mit dem eignen Selbst *(ātmanā)* ins eigne Selbst
(ātmānam) ein.

Wenn das Âraṇyakam hinzufügt: „Der durchdringt diese ganze Welt, der umschliefst sie und geht in dieselbe ein, wer solches weifs", — so zieht es von seinem Upanishadstandpunkte eine Konsequenz, die vorher schon im Anschlufs an jenes Dichterwort, dasselbe umformend, der Dichter des Tadeva-Liedes (Vāj. Saṃh. 32,11, vgl. Taitt. Âr. 10,1, v. 19, oben S. 294) gezogen hatte, wenn er von dem Weisen sagt:

Umwandelnd alle Wesen, alle Welten,
Umwandelnd alle Gegenden und Pole,
Drang durch er zu der Ordnung Erstgebornem,
Ging ein mit seinem Selbste *(ātmanā)* in das Selbst *(ātmānam)* er.

2) Vom Purusha war schon Ṛigv. 10,90,13—14 gelehrt worden, dafs sein Manas zum Monde, sein Auge zur Sonne, sein Mund zu Indra und Agni, sein Odem zum Winde, sein Nabel zum Luftraum, sein Haupt zum Himmel, seine Füfse zur Erde, seine Ohren zu den Himmelsgegenden geworden seien. Diese Auseinandersetzung mochte befriedigen, solange man den Menschen als ein Kompositum aus Manas, Auge, Mund, Odem, Nabel, Haupt, Füfsen, Ohren betrachtete. Sobald man jedoch anfing, in der S. 330 fg. besprochenen Weise von allen diesen Lebensorganen den *Ātman* zu unterscheiden, — sobald man anfing zu fragen (wie es später des Ṛitabhāga Sohn Bṛih. Up. 3,2,13 thut), „wenn der Mensch stirbt und seine Rede eingeht zum Feuer, sein Odem zum Winde, sein Auge zur Sonne, sein Manas zum Monde, sein Ohr zu den Himmelsgegenden, sein Leib zur Erde, sein Rumpf zum Äther, wenn seine Haare in Kräuter, sein Haupthaar in Bäume, sein Blut und Same in Wasser verwandelt wird, — wo ist dann der Mensch?" — so lag es nahe, ebenso in betreff des Weltpurusha zu fragen (wiewohl wir keinen Beleg dafür haben): als seine Glieder in die Weltteile umgewandelt

wurden, wo blieb er da selbst? — und die Folge mufste sein, dafs man, wie den Körperteilen die Weltteile, so dem individuellen Âtman einen kosmischen Âtman entsprechen liefs und gleichsetzte. Die älteste, uns bewufste, Stelle, in der dies zu geschehen scheint, ist die schon oben S. 178 fg. besprochene Libationsformel an *Mrityu*, Taitt. Br. 3,10,8, nach welcher Agni in meiner Rede, Vâyu in meinem Odem, Sûrya in meinem Auge, der Mond in meinem Manas, die Himmelsgegenden in meinen Ohren, die Wasser in meinem Samen, die Erde in meinem Leibe, die Kräuter und Bäume in meinen Haaren, Indra in meiner Kraft, Parjanya in meinem Haupte, Îçâna in meiner Zornmütigkeit, und so auch der Âtman in meinem Âtman beruht. (Hiefse hier *âtman* „Rumpf", so würde es wohl, wie oben, Brih. Up. 3,2,13, mit *âkâça* oder *antariksham* parallelisiert werden.)

3) Das Brahman ist, wie wir S. 241 fg. entwickelten, die „Anschwellung" und Erhebung des Gemütes über den Individualstand, in der uns unser wahres, metaphysisches, göttliches Selbst zum Bewufstsein kommt (in der Kindheit der Völker zu einem besondern, der Individualität gegenüberstehenden Individuum hypostasiert, zu dem man redet). Dieses Bewufstsein der Wesensidentität des Menschen, vor allem des Brahmanen, mit dem Brahman sprach sich in dem schon oben S. 251 fg. mitgeteilten Liede aus, in dem es hiefs (Taitt.Br.2,8.8,9): die Götter, die Welten seien von *Brahman* erzeugt, die Kshatriya's von ihm gebildet worden, hingegen: *brahma brâhmaṇa' âtmanâ*, „der Brahmane ist Brahman durch sein eigenes Selbst". Dem entsprechend wird Çatap. Br. 11,5,6,9 demjenigen, der das Brahmanopfer, d. h. das Vedastudium betreibt, verheifsen: „er wird fürwahr von dem Wiedertode befreit, er geht ein mit dem Brahman zur Wesensgemeinschaft *(sa-âtmatâ)*". — Man fühlte, wie Stellen dieser Art bekunden, dafs man im *Brahman* nur das eigene Selbst nach seiner göttlichen Seite hin besafs. Aber man besafs es in ritueller Hülle und war bemüht, dieselbe abzustreifen. Wir sahen, wie in dem freisinnigern Atharvaveda in den Hymnen auf *Ucchishṭa* und *Skambha* diese Unbefriedigtheit sich äufserte. Die Dichter derselben stehen auf dem Standpunkte der Brahmanlehre,

streben aber zu einer tiefern Fassung des Brahman; sie fragen nach dem „Rest", welcher bleibt, wenn man alles, auch das Rituelle, abgestreift hat, und auf dessen Verwirklichtsein im eigenen Selbst dunkel durch das *tan mayi* hingedeutet wird (oben S. 307), — sie fragen nach dem „Stützer", auf dem *Purusha, Brahman, Parameshṭhin, Prajâpati* beruhen (S. 312), und dem als dem höchsten Brahman die Verehrung zu zollen ist, — und die volle Antwort darauf giebt der Schlufsvers der Skambha-Lieder, er ist die erste und älteste Stelle, die wir kennen, in der rückhaltlos der *Âtman* als Weltprincip proklamiert wird, Atharvav. 10,8,44:

> Begierdelos, treu, ewig, durch sich selbst nur,
> Genufsdurchsättigt, keinem unterlegen, —
> Wer diesen kennt, der fürchtet nicht den Tod mehr,
> Den weisen, alterlosen, jungen *Âtman!*

— Und bald ergriff diese grofse Erkenntnis auch die Kreise der Orthodoxie; man glaubt, die Prätension durchzufühlen, mit der sie diese Lehre als ihr Privilegium in Anspruch nahm, in den schon oben (S. 263) mitgeteilten Worten, Taitt. Br. 3,12,9,7:

> Durch den die Sonne scheint, durch Glut entzündet,
> Der Vater wird durch jeden Sohn, der geboren,
> Nur wer den Veda kennt, versteht den grofsen
> Allgegenwärt'gen *Âtman* beim Hinscheiden.
>
> Er, der als Grofsheit einwohnt dem Brahmanen,
> Wird nicht vermehrt durch Werke, noch vermindert.
> Das Selbst ist sein Pfadfinder, wer ihn findet,
> Wird durch das Werk nicht mehr befleckt, das böse.

Ist die Lesart *tasya eva âtmâ padavit* richtig (Çatap. Br. 14,7,2,28 = Bṛih. Up. 4,4,23 hat freilich *tasya eva syât padavit*), so liegt darin der wertvolle Gedanke, dafs der individuelle Âtman der „Pfadfinder" des höchsten Âtman ist (vgl. Bṛih. Up. 1,4,7). Die Identität beider wird, wie in den Upanishad's unzähligemal, so z. B. auch schon ausgesprochen in den Versen, Taitt. Âr. 3,11,1:

Der in uns wohnt als Menschenregierer,
Der einer ist, vielfach verbreitet,
In dem des Himmels hundert Lichter eins sind,
In welchem auch die Veden alle eins sind,
In dem auch alle Opferpriester eins sind,
Der ist das geistigartige Selbst *(mânasîna' âtmâ)* der Menschen!

Eine schöne Stelle verwandten Inhalts, die unter dem Namen *Çivasaṃkalpa* auch unter den Upanishad's Aufnahme gefunden hat, befindet sich Vâj. Saṃh. 34,1—6:

1. Der göttliche, der in die Ferne schweifet
 Beim Wachenden, der auch im Schlafe schweifet,
 Fernwandernd, das alleine Licht der Lichter,
 Der Geist sei mir von freundlicher Gesinnung!

2. Durch den werktüchtig ihre Werke Weise
 Beim Opfer und der Festversammlung üben,
 Der als vorzeitlich Wunder wohnt im Menschen,
 Der Geist sei mir von freundlicher Gesinnung!

3. Der als Bewußtsein, Denken und Entschließen,
 Der als unsterblich Licht verweilt im Menschen,
 Ohn' dessen Zuthun keine Hand sich reget,
 Der Geist sei mir von freundlicher Gesinnung!

4. Der diese Welt, Vergangenheit und Zukunft,
 Der alle Dinge in sich schließt, unsterblich,
 Durch den das Opfer flammt mit sieben Priestern,
 Der Geist sei mir von freundlicher Gesinnung!

5. In dem die Ṛic's, die Sâman's und die Yajus'
 Befestigt sind wie Speichen in der Nabe,
 Dem eingewebt alles, was Menschen denken,
 Der Geist sei mir von freundlicher Gesinnung!

6. Der, wie ein guter Lenker seine Rosse,
 Die Menschen wie an Zügeln sicher leitet,
 Im Herzen fest und doch des Schnellen Schnellstes,
 Der Geist sei mir von freundlicher Gesinnung!

* *

Wir sind am Ziele eines langen, schwierigen und, bei dem Charakter der Brâhmaṇa's, nicht selten dunkeln Weges angelangt und haben nur noch die Stelle zu kennzeichnen, in der in den Brâhmaṇa's zum erstenmal mit voller Deutlichkeit der ganze Grundgedanke der Upanishad's, die Identität des individuellen mit dem höchsten *Âtman*, oder, wenn man letztern mit *Brahman* bezeichnen will, die Identität des *Âtman* mit dem *Brahman*, der Seele mit Gott, zum Ausdrucke kommt. Es ist dies die *Çâṇḍilya-vidyâ*, die wir aus Çatap. Br. 10,6,3 schon oben S. 264 mitteilten. Indem wir ihr hier zum Vergleiche die Form gegenüberstellen, in der sie innerhalb der Upanishad's Chând. Up. 3,14 erscheint, nehmen auch wir Abschied von dem dunkeln, noch so wenig durchwanderten Urwalde der Brâhmaṇa's und betreten die sonnige Hochebene der Upanishad's mit ihrer Rundsicht über Welt und Leben, — der höchsten, welche Indien zu bieten vermag.

Chând. Up. 3,14.

„«Gewifslich, dieses Weltall ist Brahman; als *Tajjalân* [in ihm werdend, vergehend, atmend] soll man es ehren in der Stille.

Fürwahr, aus Willen *(kratu)* ist der Mensch gebildet; wie sein Wille ist in dieser Welt, darnach wird der Mensch, wenn er dahingeschieden ist; darum möge man trachten nach [gutem] Willen!

Geist ist sein Stoff, Leben sein Leib, Licht seine Gestalt; sein Ratschlufs ist Wahrheit, sein Selbst die Unendlichkeit [wörtlich: der Äther]; allwirkend ist er, allwünschend, allriechend, allschmeckend, das All umfassend, schweigend, unbekümmert: — dieser ist meine Seele *(âtman)* im innern Herzen, kleiner als ein Reiskorn, oder Gerstenkorn, oder Senfkorn, oder Hirsekorn, oder eines Hirsekornes Kern; — dieser ist meine Seele im innern Herzen, gröfser als die Erde, gröfser als der Luftraum, gröfser als der Himmel, gröfser als diese Welten. —

Der Allwirkende, Allwünschende, Allriechende, Allschmeckende, das All Umfassende, Schweigende, Unbekümmerte, dieser ist meine Seele im innern Herzen, dieser ist das Brahman, zu ihm werde ich, von hier abscheidend, eingehen. — Wem dieses ward, fürwahr, der zweifelt nicht!»

Also sprach Çâṇḍilya, Çâṇḍilya."—